天下文化
BELIEVE IN READING

AGE OF REVOLUTIONS

革命的年代

從十七世紀至今的全球化、科技化、地緣政治的衝擊

Progress and Backlash from 1600 to the Present

法理德・札卡瑞亞——著
江威儀——譯

Fareed Zakaria

猶太教經典《密西拿》中的一位賢者曾說過：「願你被你的拉比腳步揚起的塵土覆蓋。」

此致我人生當中的老師與導師，感謝你們在我旅程中的幫助，我懷著感激之情承載著你們的塵土。

庫什萬特・辛格（Khushwant Singh）
吉里拉爾・傑恩（Girilal Jain）
羅賓・溫克斯（Robin W. Winks）
保羅・甘迺迪（Paul M. Kennedy）
薩謬爾・杭亭頓（Samuel P. Huntington）
史丹利・霍夫曼（Stanley Hoffmann）
羅伯特・基歐漢（Robert O. Keohane）
約瑟夫・奈伊（Joseph S. Nye Jr.）
小詹姆斯・霍格（James F. Hoge Jr.）
雷斯里・蓋博（Leslie H. Gelb）
理查德・史密斯（Richard M. Smith）
馬克・惠特克（Mark Whitaker）
喬納森・克萊恩（Jonathan Klein）
理查德・普萊普勒（Richard Plepler）
傑夫・朱克（Jeff Zucker）

不斷革新生產方式、不斷擾動社會條件、永恆的不確定性與動盪，使資產階級時代有別於所有早期時代。所有固定、僵化的關係，連同它們所帶來的古老而可敬的偏見和觀點，都被一掃而空；所有新形成的關係在尚未僵化之前就已經過時。一切堅固的事物皆煙消雲散，所有神聖的事物盡遭褻瀆。最終，人們不得不清醒地面對自己真實的生活狀況，以及自己與他人的關係。

——馬克思與恩格斯，《共產黨宣言》

革命的年代——AGE OF REVOLUTIONS

第一部——革命：過去

第二部——革命：現在

導論

為數眾多的革命

喜劇演員羅賓威廉斯（Robin Williams）偶爾會在個人脫口秀表演中談到政治，開場白都是先向觀眾說明字源。他會這麼說：「政治的英文『politics』〔源自於〕拉丁文的『poli』，[1]意思是『許多』，『tics』則是指「吸血動物。」他每一次都能逗得觀眾哄堂大笑。不過呢，政治的英文「politics」其實源自古希臘文的「*polites*」，意指「公民」，而其本身又來自「*polis*」，意思是「城邦」或「社群」。亞里斯多德（Aristotle）在西元前四世紀完成《政治學》（*Politics*），他在這本著作中談論治理社群的方法，並探討現代人備感熟悉的所有政治元素，也就是權力的本質、政治制度的類型、革命的成因等等。政治是少數歷經數千年後依然變化不大的人類事業。政治的外在形式變了，但其核心考量還是一樣，依然是如何獲得權力，以及該如何運用之。西元前六十四年，羅馬最偉大的雄辯家西塞羅（Cicero）要競選執政官的公職。西塞羅的弟弟決定撰寫一份勝選指南，為他那位偶爾太過理想化的兄長提供一系列實用的教戰手則。他的眾多建議包括如下：向所有人承諾一切、總是讓人看見自己在公共場合被熱情支持者包圍，以及，提醒選民切記競選對手的性醜聞。經過兩千多年，現在的政治顧問會收下巨額費用提供同樣的建議。

儘管存在這些恆常不變的因素地方，但在近幾百年來，政治已呈現出對古代或中世紀時代人們而言相當陌生的特定意識型態。在現代，世界各地的政治被描繪成左派和右派之間的競爭。傳統上來說，透過簡單地劃分成左右兩派，就能相當清楚地說明一個人的立場，無論是套用在巴西、美國、德國或印度都可以。左派更強烈支持加強經濟管制和重分配，右派則支持更少的政府干預和更自由的市場。左右派的分立，長期主導世界的政治格局，成為決定選舉、公共辯論和政策的關鍵，甚至能引發暴力衝突和革命；但如今，這樣的基本意識型態分立已經瓦解了。

以川普（Donald Trump）和他在二〇一六年競選美國總統為例。川普在許多方面都背離過往的認知，例如他不按常理的古怪個性、對公共政策的無知，以及對民主規範的藐視。不過關於川普的與眾不同，最重要的一點是意識型態。數十年來，共和黨（Republican Party）一直擁護一套可稱之為雷根公式（Reagan formula）的信念。雷根（Ronald Reagan）透過提倡有限政府、低稅收、撙節政府支出、強化軍武，以及在海外發揚民主制度，成為極受歡迎的共和黨員。此外，他的政見也偏向社會上的保守派，例如贊成禁止墮胎；不過他經常輕描淡寫地帶過這些，尤其是在當選之後。對雷根的眾多支持者來說，他爽朗又樂觀，不僅頌揚美國的自由市場、貿易開放、寬鬆的移民政策，並且希望將美國的民主模式散播到世界各地。

川普反對雷根公式的多數內容，但確實也會提倡其中的幾項相同政策，如低稅收和限制墮胎，只不過他絕大多數的時間和精力都是投注在截然不同的議題上。川普長達一小時的競選演講可以濃縮成以下四句話：**中國人正在搶走你**

們的工廠。墨西哥人正在搶走你們的飯碗。穆斯林正在試著殺死你們。我會打敗他們所有人，讓美國再次偉大。這樣的訊息蘊含了民族主義、沙文主義、貿易保護主義和孤立主義。川普打破了許多共和黨經濟正統觀念的核心要素，並承諾永遠不會刪減社會保障和醫療保險等權利，這都顛覆了共和黨維持數十年的財政保守主義。他除了譴責小布希（George W. Bush）對阿富汗和伊拉克的軍事干預，也譴責其傳播民主制度的地緣政治計畫。事實上，川普幾乎無一遺漏地將近代每位共和黨領袖都猛烈抨擊了一遍，而且所有在世的共和黨前任總統，以及幾乎所有在世的提名候選人都抵制他。[2] 儘管川普膜拜雷根神話，卻完全是截然不同的人物，他憤怒且悲觀，警告美國注定會失敗，並且承諾要重返神話般的美好昔日。

川普並不是唯一打破傳統右派意識型態的右派人士，事實上，他是全球趨勢的一部分。英國保守黨（Conservative Party）在強森（Boris Johnson）的帶領下，公開擁護大規模支出的政策。保守派經濟學家堅持主張英國在失去與歐盟的自由貿易後將會陷入困境，而強森和其他支持英國脫歐（Brexit）的擁護者並不予理會。匈牙利民粹主義（populist）領袖奧班（Viktor Orban）在實行政府重大計畫的同時，一邊也任意攻擊移民和少數族群。義大利右派領袖梅洛尼（Giorgia Meloni）在指責消費主義和市場資本主義的同時，一邊又根據民族、宗教和文化認同發展新的民族主義運動。歐洲之外，莫迪（Narendra Modi）在印度促進經濟成長和改革，但他和他的政黨同時也以犧牲穆斯林、基督徒和其他少數族群的利益為代價，積極地從事印度教民族主義工作。在巴西，波索納洛（Jair Bolsonaro）的右派政黨表示該黨計畫要讓巴西重新成為基督教國家，遠離在世界主義、左派和少數族群帶領下而誤入的歧途。左派運動也突然興起，他們和右派人士一樣藐視當權派，並且渴望推翻現有的秩序。儘管如美國的桑德斯（Bernie Sanders）和英國的柯賓（Jeremy Corbyn）等人未能爭得政權，但左派民粹主義者已在長期由保守派政黨主導的拉美國家中——如智利、哥倫比亞和墨西哥——贏得了政權。

儘管右派和左派民粹主義者的政綱會因不同國家而異，但對於如言論自由、議事程序和獨立機關的規範和實務，他們的態度同樣都是不屑一顧。自由主義民主的重點在於規則，而非結果。我們主張言論自由，而不是偏愛特定的言論；我們希望選舉能自由、公平，而不是偏袒其中一位候選人；我們是透過共識和妥協制定法律，而不是政令。但漸漸地，有些人會因為對這個程序灰心、對自身的德行無比自信，並厭惡相反意見，因而希望禁止他們所謂的「不好」言論、透過法令制定政策，或甚至是操縱民主程序。他們認為目的能夠正當化手段。而這種危險的非自由主義（illiberalism）在右派中更普遍，但左右兩派都存在這樣的例子，如墨西哥的羅培茲．歐布拉多（Andres Manuel Lopez Obrador）就是左派的典型非自由民粹主義者。

英國前首相布萊爾（Tony Blair）曾在二〇〇六年有先見之明地觀察到，二十一世紀的「傳統左右派界線」正逐漸變得模糊。取而代之的是，「開放和封閉」的巨大分歧。[3]在這個分立中，一邊是讚揚市場、貿易、移民、多樣性，以及開放和無約束科技的支持者，另一邊則是對所有這些勢力抱持懷疑看法並希望能封閉、放慢速度或徹底停止的人士。這樣的分立無法簡單地對應在舊有的左右派分立上，而革命時代的徵兆之一就是政治隨著新路線變得雜亂無章。

革命的起源

我曾和巴農（Steve Bannon）一起到過羅馬最古老廣場之一的鮮花廣場（Campo de' Fiori），他那時興奮地指著矗立在廣場正中央的雕像。當時是二〇一八年六月，巴農正在羅馬促成兩個迥然不同的民粹主義政黨合併，當時這兩個政黨在義大利選舉中共同贏得一半選票。他要傳遞的訊息是，儘管這兩個團體在傳統政治光譜上看似天差地遠，卻是在新政治格局上的盟友。兩黨在貿易、移民和歐盟等議題都擁抱「封閉」政策，也都反對數十年來在義大利占主導地位的既定左派和右派政黨，此外，儘管稍有差異，但兩黨都支持自由市場改革、開放貿易、歐洲統合和多元文化主義。巴農個性鮮明、充滿爭議，而且反覆多變，他在白宮僅擔任川普的首席策士幾個月。他的光環早已變得暗淡，而且儘管他從未對政策有太多直接影響（也沒什麼道德準則），但他對於席捲全球的民粹主義確實頗有一番見解。巴農無視數十名販賣橄欖油、T恤等五花八門商品的小販，開始自顧自地讚美那尊身穿飄逸長袍，臉部幾乎被帽兜完全蓋住的黑色沉思塑像。那是布魯諾（Giordano Bruno）的紀念雕像；布魯諾是修士哲學家，一六〇〇年他就在這個地點遭到處死。巴農對布魯諾非常感興趣，曾在幾年前拍攝過一部布魯諾的紀錄片，只是影片從未完成。

巴農對布魯諾的崇敬來自於布魯諾是激進的反抗者，他公開挑戰當時的當權派——天主教會。布魯諾對教會最重要的教條表示異議，並堅持主張地球不是世界的中心，以及宇宙實際上是無限的。巴農說：「我們現在視為英雄的伽利略（Galileo），其實後來撤回主張了。」他談起同樣主張恆星不是繞著地球轉動的知名義大利天文學家。「這位布魯諾才是在五百年前真正被綁上火刑柱燒死的人」，因為他拒絕撤回主張。（為了鎮壓自由思想和異端而成立的教宗宗教裁判所，其辦公室由上往下地俯瞰鮮花廣場。）

我向巴農點出在他的義大利英雄和他的美國雇主之間有個最重要的差別，那就是，布魯諾是支持進步的改革派人士，他挑戰保守派人士和傳統主義者，並主張一些在後來成為啟蒙運動根基的觀念。這點似乎不會對巴農造成困擾。

對巴農而言，布魯諾是大無畏的自由思想者，反抗既有的權力架構。巴農的骨子裡就是革命份子，想要推翻當權者，並從任何角度加以攻擊。他欣賞列寧（Lenin）的革命戰術。巴農承認，自己之所以被布魯諾吸引，是因為他相信在動盪的時刻，態度強硬的激進主義（radicalism）是唯一選擇。巴農說：「索羅斯（George Soros）某天在談到義大利選舉時，曾說我們都生活在革命時代。我也這麼想。我想大家都正在目睹一場根本性的重建。」

我們使用「revolution」來形容社會上激進、突然、有時甚至是暴力的變革，其實是很奇怪的事。在科學上，第一次提到「revolution」時，指的是完全不一樣的事情。革命的英文是「revolution」，根據其原始定義，是指物體環繞固定軸的穩定移動，通常指行星或恆星的規律運行。其暗示的意義是秩序、穩定性、固定模式，也就是一定會讓物體返回其原始位置的運動。地球是以既定的可預測方式繞著太陽轉動。繼原始定義之後，「revolution」很快就出現第二種現在最常見的意思，意指「突然、激進或徹底的改變」[4]、「根本性的改變」，或是「推翻」，亦即讓人遠離原本位置的運動；法國大革命就是第二種意思的原型。

為什麼一個字會產生兩種幾乎相反的定義？「revolution」源自拉丁文的「*revolvere*」，意思是「反轉」。衍生出來的字除了有「revolve」（繞轉），還有「revolt」（反叛），後者源自於「推翻」一個人對國王或體制的忠誠。或許這兩個意思之間存在某種不可思議的相似性。從天文學家哥白尼（Nicolaus Copernicus）初次在科學上提到「revolution」的最知名用法中，就可以看見這樣的二元論。哥白尼在一五四三年發表《天體運行論》（*On the Revolutions of Heavenly Spheres*）時，使用的是「revolution」的第一層科學意涵：「運行」。不過，儘管哥白尼是指一般的「運行」之意，他提出的論文卻徹底重新排列了我們對宇宙秩序的了解，將地球從宇宙的中心移到了宇宙的外圍。由於這個論述推翻了天文學和神學，他啟動的改變便成為後來所謂的「哥白尼式革命」（Copernican Revolution）。他的論述是能同時符合「運行」和「革命」兩種意涵的理論。

我們的時代是符合「revolution」通常意涵的革命時代。無論你看向哪裡，都能看到驟然的激進改變。過去一直看似穩定而熟悉的國際體制，現在正在快速改變，並面臨了兩項挑戰：崛起的中國，以及抱持復仇主義的俄羅斯。在各個國家內部，隨著超越傳統左右派分立的新運動逐漸占上風，可以看到舊有的政治秩序遭到徹底顛覆。在經濟方面，共產主義瓦解後所形成的以自由市場和自由貿易為主的共識遭到了推翻，而關於社會和經濟體該如何駕馭這些未知領域則存在極大的不確定性。所有這一切的背景是數位革命的全面開展，以及人工智慧的出現，並伴隨著全新且具破壞性的後果。

事實上，我們這個看似前所未有的時刻，也形成了「revolution」另一個「反轉」的意思，一種回到初始原點的懷舊渴望。在激進的進步後，隨之而來的是反彈，以及對過去黃金年代的思念，在想像中，那是單純、有秩序且純粹的時代。縱觀歷史，滿滿都是這樣的模式：貴族在火藥時代降臨時，仍渴望英勇高潔的騎士精神；反對自動化的盧德主義者（Luddite）破壞機器，試著阻擋工業化的未來；在現代，則有政客吹捧家庭價值，並承諾讓時光倒流，使國家**再次**偉大。

現代歷史中，曾多次出現和過去決裂的廣泛而根本性的驟變。有些是智識方面的變化，如啟蒙運動，有些則是科技和經濟上的改變。事實上，這個世界經歷了許多次工業革命，甚至必須編號區分，第一次、第二次、第三次，現在是第四次。政治和社會方面的革命次數更多，而且現在同樣正在發生。

幾十年來，我們目睹了一個超速運作的世界，科技和經濟變化不斷加速進行、認同概念不停變動，地緣政治也在迅速轉變。冷戰催生的新秩序才過了短短幾十年，已經開始出現裂痕。許多人讚揚這些變革的速度和性質，其他人則給予譴責。不過首先，我們需要了解這些變革對生理和心理方面的顛覆程度，因為這個加速時代引發了各式各樣的反彈，我們必須加以理解並回應。

請看看本書的題詞：「一切堅固的事物皆煙消雲散，所有神聖的事物盡遭褻瀆，人們最終不得不認真正視其生活的真實情況，以及和彼此的關係。」這幾句話看起來就像是今天寫的，甚至可能是出自悲嘆傳統社會崩解，並渴望回歸更單純年代的右派知識份子之手。不過，這些文字事實上是一八四八年出版的內容，當時也正經歷類似的革命時代，新工業時代正逐步取代舊有的農業世界，政治、文化、認同和地緣政治也因為結構性變化吹起的強風而徹底遭到顛覆。此外，這段文字的作者也不是保守派人士，這是馬克思（Karl Marx）和恩格斯（Friedrich Engels）寫在《共產黨宣言》（*The Communist Manifesto*）中的內容。馬克思對資本主義和科技的巨大破壞性影響，以及隨之而來的許多問題，的確有出色的了解，即便事後證明，無論在何時何地試行他對這些問題的解決方案，都只會造成災難。這段題詞也有可能出自現代右派人士之手，這生動地表明了，我們正在進入一個推翻舊有分立情形的政治年代。

各國之間的革命

在這些國家**內部**發生革命的同時，不同國家**之間**的革命也正在進行，從根本上重新排列全球政治的秩序。自一九四五年以來，整個世界在持續四分之三的世紀間一直處於極穩定狀態。首先，在持續近半個世紀的冷戰期間，擁有核武的兩大強權互相牽制，他們的激烈競爭往往轉變成在韓國和越南等地的血腥衝突，不過在最強大的國家，亦即可能引發第三次世界大戰的國家之間，則呈現僵持狀態。接著，在蘇聯於一九九一年解體之後，世界便進入歷史上極度罕見，至少是自羅馬帝國衰落以來僅有的一個超級強權時代。

最接近的類似情況是全盛時期的大英帝國（British Empire），但在最重要的地緣政治舞臺——歐洲，十九世紀的英國始終是不斷爭奪優勢的列強之一。但在一九九一年後，美國超越了全球各地的所有國家，並因而產生前所未有的單極霸權世界，強權競爭消失了。在歷史上，國際情勢大都由最富庶和最強大國家之間的政治與軍事抗衡所決定，並使其本質上變得緊張和不穩定。但在一九九一年之後，突然出現了缺乏競爭所帶來的平靜狀態。當時怎麼可能會有競爭對手？那時的中國還是貧窮的發展中國家，國內生產毛額（GDP）僅占全球GDP不到二%；俄羅斯正因為共產主義垮臺而搖搖欲墜，其GDP在一九九〇年代下降了五〇%，衰退幅度更甚於二戰期間。甚至如日本和德國等經濟競爭對手，也不算真正有競爭實力。當時日本已進入長期的經濟蕭條，德國則全心忙著將東半部併入新統一的國家。

處於單極霸權狀態的華府決心要依自身形象塑造世界。美國會犯錯，有時是因為過度謹慎，有時則因為越界太多，但決定性的影響有兩個。第一，單極霸權創造出全球穩定的時代，沒有重大的地緣政治對抗、沒有軍備競賽，也沒有強權戰爭。第二，美國思想成為全球思想。美國鼓勵全球其他國家實現全球化、自由化和民主化。市場、社會和政治體制全部開放，而科技則在廣大的開放平臺上將全球各地的人們連結起來。這一切似乎都是自然而然、必然會發生的結果，是人類與生俱來的欲望的表現。美國人確實是這麼想。

當時人們的感覺是，政治不再像過去一樣重要，而是改由經濟掛帥。我記得在一九九〇年代，有位印度高級官員曾經告訴我，即便他的政黨失勢，反對黨上任後也會制定相當類似的政策，因為反對黨也認可必須找出吸引投資、提升效率和成長的方法。柴契爾（Margaret Thatcher）十年前在英國為她的自由放任政策辯護時，就曾說過：「別無選擇。」（There is no alternative.）二十世紀九〇年代和二十一世紀初是穩定、低通膨、全球合作和科技進步的時代，似乎確實體現了經濟自由化是必然結果的看法；但並不完全正確。在這些勢力背後，實際上是靠著美國做為全球單極霸權，以其具壓倒性優勢的軍事和經濟力量在支撐。世界各地的自由主義民主國家會激增也是因為如此。

請注意一個重點，當我在本書使用「自由」（liberal）一詞時，通常代表的都不是現代美國人會拿來和「左派」交替通用的「自由派」意涵。相反地，我指的是古典自由主義（liberalism），是源自於啟蒙運動、反對君主與宗教權威的意識型態。儘管這是現代左右派人士爭論不休的爭議名詞，但一般可以理解為享有國內的個人權利和自由、宗教自由、開放貿易和市場經濟，還有各國在以規則為基礎的國際秩序下進行合作。就這個意義來說，雷根和柯林頓（Bill Clinton）都是古典自由主義者，雷根強調的是經濟自由，柯林頓則是機會平等（以便能實現個人自由）。來自左右派的新民粹主義者抨擊整個自由主義計畫。他們對言論自由等中立程序抱持懷疑，認為必須懲罰他們所厭惡的言論。共和黨的眾議院議長麥克．強生（Mike Johnson）向來會公開批評美國建國根基之一的政教分離制度。在極端情況下，這些非自由民粹主義者願意拋棄選舉民主的規則，以達成更遠大的目標，也就是選出他們支持的候選人或通過他們支持的政策。事實上，麥克．強生就是要使拜登（Joe Biden）二〇二〇年總統當選無效的策略設計者之一。

如早期的英國和現在的美國等自由主義霸權主導的國際體系，鼓勵散播自由主義價值，但這樣的連結也可以發揮反效果。隨著美國的主導地位開始式微，開放和自由主義受到了壓力。美國還是相當強大，但影響力已經不如過去的單極霸權時期。九一一事件是第一次挑戰美國霸權的最重大反撲，這個殘暴的攻擊是來自世界上自由主義尚未扎根、伊斯蘭基本教義派和啟蒙運動價值觀嚴重對立的地區。不過，大部分的破壞並不是來自那群缺乏改變世界力量的恐怖份子攻擊者，而是來自美國大規模的過度反應。其中最重要的，就是美國決定占領阿富汗，接著入侵伊拉克，因而使得國力大損。這些干預行動的失敗，打破了美國軍事力量的神祕感。雪上加霜的是，入侵行動代表美國違反其長期擁護的信念，也就是以規則為基礎的國際秩序。下一個挑戰是二〇〇八年的全球金融危機，該事件讓美國經濟實力的光環不再。在一九九〇年代，美國的經濟似乎是全球典範，特別是充滿活力且高效率的金融體系。美國體系的成功曾令發展中國家羨慕不已，希望能複製其成功結果。但等到金融體系崩盤，隱藏的災難性風險一覽無遺時，讓許多人相信沒有值得效仿的價值。正如中國高層領導人王岐山就曾在金融危機期間對時任美國財政部長漢克．鮑爾森（Hank Paulson）說：「漢克，美國曾是大家的榜樣，但是……看看你們的體系。現在這樣，我們都不知道該不該向你們學習了。」[5]

這一切發生的同時，美國原本穩定的政治體系也出現了裂痕。不僅國會難以執行如「通過預算」等基本功能，政府停擺（government shutdown）的威脅更成為家常便飯。華府長期以來的行為準則與執行力遭到侵蝕，甚至被摧毀。討論法案時每每出現冗長辯論（filibustering），原先能迅速通過的提名也變得拖拖拉拉，導致政府的機能難以運轉。黨派間寧願冒著國家可能無法履行債務的風險，也要將關於提高債務上限（debt ceiling）的辯論當作戰場。這是自美國內戰結束以來，最嚴峻的政治極化（political polarization）狀態。[6]

這並不是雙方都該受到責難的狀況。而是由於美國兩大黨派之一的共和黨（GOP）淪為民粹主義的奴隸，他們已不再關心自由民主的規範，反而選擇支持具革命性的激進主義。川普總統就美國長期對內與對外政策提出質疑，並試圖推翻這些政策，讓諸多盟友對美國的可靠性感到擔憂。這一切終於在二〇二一年一月六日的美國國會大廈暴動事件達到高峰。起因是川普試圖推翻自己的落選結果並繼續執政，這是美國歷史上從未有總統做過的舉動。在他的鼓動下，眾議院多數共和黨員無視法庭數十次駁回關於拜登選舉舞弊的指控，仍投票反對認證拜登當選總統的結果，這也是史無前例的舉動。山巔之城的榮光蕩然無存。

若沒有其他挑戰者崛起，那麼美國地位衰退的影響力或許不算嚴重。過去三十年來，世界各國紛紛成長，形成了我稱之為「他國崛起」（the rise of the rest）的現象，包括中國、印度、巴西與土耳其等國家的實力和自信都不斷提升。當然，迄今為止最具破壞性的兩股勢力分別是崛起的中國與回歸的俄羅斯，他們為國際間帶來全新且強烈的緊張局勢。在度過三十年的「蜜月期」後，[7]我們再度生活在強權相爭與衝突不斷的世界。這樣的對立破壞了原先能將我們所有人連結在一起的力量，包括貿易、旅行與技術交流，每天都製造出新阻礙。

雪上加霜的是COVID-19疫情爆發，各國都在尋求能更自力更生的方法，加速往貿易保護主義與民族主義靠攏。接著是烏克蘭戰爭，讓我們回到了最古老的地緣政治時代，因領土而發生衝突。我們原以為只有在史書與二戰黑白紀錄片內才看得到的場景，都在眼前真實上演。歐洲的城市在殘酷轟炸下瓦解，數百萬平民被迫逃離家園，坦克開進冒煙的廢墟。隨著美國在中東的影響力衰退，區域強權試圖進場填補權力真空（power vacuum），使得敘利亞、葉門到加薩的緊張局勢升溫，當地的激烈衝突不斷。亞洲地區再度出現典型的權力平衡（balance-of-power）政治情勢，這是源於中國意欲壯大影響力，致使其他鄰國選擇向美國求援，期望能攜手抗衡這個正在崛起的亞洲霸權。就現況而言，合作的模式已被民族主義、競爭與衝突所取代。

即便是在還未受到戰爭威脅的地方，仍然能感覺到氛圍已不同以往。持續三十年的自由化、民主化與開放的環境走到如今，開始能看見一些反彈。自金融危機發生後，市場經濟的光環不再。現在不論從哪個角度看，政治的重要性都略勝經濟一籌。就拿英國脫歐當例子，英國選擇與其最大市場的歐盟斷絕關稅優惠的貿易關係，純粹就是出自於政治考量。又比如在中國，習近平摒棄能使中國躋身頂尖國家之列的市場導向態度，改為加強對國家的控制力道。儘管川普沒有蓋成邊境高牆，但他確實對外國商品課徵高額關稅，成為自一九三〇年胡佛（Herbert Hoover）簽署《斯姆特—霍利關稅法案》（Smoot-Hawley Tariff Act）以來，首位將關稅提高到這種程度的美國總統。而接替川普總統之位的拜登，則將多項政府支出方案與「購買美國貨」條款掛鉤。其他國家也紛紛效仿。綜觀全球，許多國家都將重心放在復原力、自給自足與國家安全方面，而較不看重成長與效益。昔日備受讚譽與鼓勵的「移民」如今成為貶義詞，各國也對移民抱持偏見。原先看似不可逆的文化轉型（cultural shift），如女性的墮胎權，已遭到逆轉。

「我們應該擁抱挑戰並接受更開放的社會，還是加深防禦機制進行抵禦？」布萊爾曾在二〇〇六年時如此問道。現在，愈來愈多的領導者決定選擇一條「封閉」的道路。他們再次相信，這次別無選擇。

變革與不盡人意

是什麼拉開革命時期的序幕？革命時代有哪些可預見的後果？革命會如何畫下句點？這些是我將在書中探討的幾個問題。因此我想從過往的革命談起，先去了解那些事件的起源與後果，再回過頭來審視我們現在身處的時代。

我會從現代的第一道曙光談起，第一次自由主義革命將長達數百年的君主制推向終點，創造了現在主導世界的共和政體。這場革命發生在十六世紀末至十七世紀初的荷蘭，其中最關鍵的要點是這股風潮在一六八八年時蔓延至當時的英國，這才有了後續對世界轉變的影響。其後是一六八九年時發生的「光榮革命」（Glorious Revolution），當時確立了「議會至上」（supremacy of Parliament）原則。從長遠的角度來看，正是這場革命讓英國走上成為頂尖工業強國的道路，即便是曾經的大英帝國消亡後，這種自由主義理念與實踐仍傳播並影響世界各地。在這之後，我將會討論另外兩場革命，其一是以慘烈失敗告終的法國大革命，其二則是成功得超乎預期的工業革命。這兩場革命以不同的方式影響著我們現在的生活。最後，我會在後半部內容探討我們所處的這個年代。我認為現今與過往的許多年代一樣，正處於各領域皆發生革命的時期，包括經濟、科技、認同與地緣政治都受到影響。我會將這些現代革命各自獨立成一個章節來進行討論。

雖然我研究的例子有各自的不同之處，但我在其中看到了一個基本共通點。首先我們能看到結構上的變化，包括技術取得重大進展、經濟活動加速與全球化發展。而這些方面的進展，又推動另一項重大的變革，也就是「認同」（identity）。當人們面臨新機會與挑戰時，就會對自己有不同的定義。各位可能會覺得我指的是目前的身分政治（identity politics），但我希望各位去思考的是十六世紀末的情景。當時荷蘭經濟崛起，像印刷機這樣的新科技如雨後春筍般出現，使人民找到一種新的認同感。他們認為自己是新教徒、是荷蘭人（Dutch），最重要的是，他們認為自己正從天主教統治者哈布斯堡帝國（Habsburg Empire）脫離出來。

類似的變革也曾在歐洲與美國工業化的過程中發生，不僅改變地主貴族階級的角色，還創造出一種新的階級，也就是「工人階級」。「保守」（conservative）這個詞曾是地主貴族的代名詞，這個階級以懷疑的眼光看待市場、商人與製造業——當時，這些人的利益是由自由主義者所推動的。然而，由於工業化使得西方國家出現新型態的菁英階級，人民在身分認同方面很快地產生了變化，新菁英階級奠基於金錢而非血統。保守主義在這個時期成為捍衛新商業菁英的保護者，自由主義則開始與勞工階級產生共鳴。最近，後工業化時代——以科技蓬勃發展和全球化加速為標誌——在身分認同上產生了自己的革命，文化成為核心角色，並讓曾是左派的勞工階級轉向右派。有時這種關於認同的革命在於追求對自我文化背景的自豪與正向肯定感。有時卻恰恰相反，會激起對他人的不滿和敵意。無論哪一種，都是強大且具影響力的力量。

科技、經濟與身分認同這三種力量，通常都會產生強烈反彈，繼而產生新的政治型態。人類接受改變的幅度與速度自有其步調。因此，承襲自舊時代的政治體系經常跟不上現代的腳步。這時，政治家就會急忙調整自己的觀點，並尋找新的同盟。結果就導致出現變革與現代化，或是鎮壓與反抗，通常兩者會形成複雜躁動的組合。

在現下這個時空，各國內部出現的變革引發了一場地緣政治革命，以野心勃勃的中國與激進的俄羅斯為首的數個國家聯手，試圖挑戰美國主導的自由秩序。中國的崛起主要歸功於經濟與科技革命，正是這兩項核心進展使他們晉身主要強權的地位。而由普丁（Vladimir Putin）帶領的俄羅斯，選擇以身分認同與侵略主義（jingoism）來應對國家的結構性衰退。

將目前世界上各種劇烈變化放在一起思考，就能發現我們正處於一個史無前例的強烈革命時期。這些變化並不會總是在同一時間發生，而且並非所有革命都以相同的方式展開。我闡述了一些常常同時出現的推動力，但要將每一種情況的因果關係清楚地區別開來，卻是一件難事。每一次的革命都有些不同。然而，這些變化之間似乎有著互相影響且相互強化的關係，且通常會引起某種形式的反彈。從過去的例子可以看到，只要妥善管理這些變革，就能取得穩定且成功的結果，但若是管理不善的話，就有可能走向失敗的慘劇。綜觀歷史，的確存在向前發展的軌跡，走向更大的集體繁榮，和更多的個人自主與尊嚴。

不過，有發展就必會激起反彈，有些落在後頭的人會拚命抓住舊有的一切，並堅決地進行反擊。不過若從長遠來看，這一切就像丁尼生（Tennyson）詩中所寫，亞瑟王對最後一名圓桌騎士貝德維爾爵士說：「舊秩序會改變，並讓位給新秩序。」[8]

我沒辦法也不打算帶到**所有**革命。美國讀者在閱讀時可能會訝然發現，本書並未深度解析美國革命（American Revolution）。因為這場革命雖然在政治層面是大膽之舉，但其實並未立刻使社會結構產生深層變化。（其實最好將其視為一場獨立戰爭；許多殖民地居民最初只是為了捍衛自己做為英國人的權利，他們認為這些權利被英國政府惡意剝奪了。）在這本書中，我不會詳細闡述許多其他形塑我們這個世界的革命。當然，共產主義奪權與伊斯蘭主義者的起義，也造成許多影響深遠的結果。這類革命通常與經濟、科技劇變及新認同的形成有關，也可以說這類革命受到西方國家早期革命影響。比如現代化發展過快就是造成伊朗動盪的主因。這使人們轉向支持伊斯蘭基本教義派，最終導致伊朗國王在革命中被推翻。有些革命則是直接受到我所討論的一些革命啟發，比如列寧的俄羅斯革命有意借鑑了法國大革命，毛澤東的中國革命也是如此，並造成了毀滅性的影響。話說回來，我並未深入探討在世界各地發生的所有革命，而是選擇主要闡述西方世界的革命，因為這些故事通常都對全球的政治產生了長遠的影響。

相較於市場經濟是否比計畫經濟更有效益的討論，我想探討的是具影響力且更注重基本面向的故事。我想要探討的是關於過去與未來之間的拉鋸。自十六世紀以來，科技與經濟變革帶來了巨大的進步，卻也造成了大規模的混亂。這些混亂與利益分配不均的情況更是引發了巨大的焦慮。在變革與焦慮的推動下，人們開始追求新的意義與社群，於是身分認同革命就此誕生。這些力量加諸在一起後，便引起政治革命。我們將從這些故事中，看到兩條相互競爭的情節線。其一是自由主義，它代表的是進步、成長、混亂，**支持以革命引領進步的觀點**；其二則是非自由主義，它代表的是退步、限制、懷舊，**支持以革命返回舊秩序的觀點**。這兩種取向不同的革命至今仍可見。比如川普就認為自己是一位革命家，他的主張是讓世界回到一九五〇年代的光景。

我看這些趨勢的角度並不完全客觀。我堅信經濟成長、科技創新與文化開放是一種正向的發展，不僅能讓多數人過得更好，還能更自由地掌控自己的命運。我尊重且理解各年代的人對急劇變遷與個人自由及自主權的提升有所擔憂，但我本身並不渴望世界退回那想像中舒適的舊社會。對許多人而言，記憶中模糊的「黃金年代」其實並沒有多燦爛。因為當時，社會中的多數人根本接觸不到核心的權力與繁榮。我是在印度長大的。在那裡，所謂的社群（community）經常與從眾行為（social conformism）、壓迫及父權掛鉤。的確，我有時也會覺得變遷的腳步應該放緩，菁英階級應小心謹慎，不要將激進與抽象的進步觀點強加在社會大眾身上，那些進展落後的群體應該得到比現在更多的幫助。但我認為最重要的是，我們應去理解社會有機的本質。它能承受的混亂有限，過多的混亂將會導致分裂。但從長遠來看，前進應是唯一合理的道路。

我們並無法預測這個革命年代會走向何種結局，也不知道往後幾年的主要走向究竟會是進步或引起反撲？未來並不是我們可以預知的既定事實。未來的結果，將取決於人類在接下來幾年到幾十年內的行動與互動。有時，反撲更像是一個暫時的阻礙，只是進步道路上的一個階段。不過也有可能像伊朗那樣，讓社會大眾活在某個反動政權的執政下數十年。與此同時，我們也面臨著如氣候變遷這樣全新且前所未有的挑戰。這類環境反應也是人類的各種行為導致。若放任不管，可能會演變成壓垮其他一切的革命，並且必然會改變政治及許多其他事物。未來有多種可能；我們唯一能做的，就是朝著心中期盼的未來前進。

左派與右派的起源

在深入談論新政治、文化及開放與守舊的對立前，我們應先了解面臨淘汰的舊秩序——傳統的左右派對立。這種分歧最初是如何產生的？我們為何會將人類的思想劃分為左派與右派？這個詞彙源自一個革命年代——十八世紀末的法國。這個詞彙的出現，建築師皮埃爾—阿德里安·帕里斯（Pierre-Adrien Pâris）可說是功不可沒。

帕里斯的天賦並不出眾，但他富有執行力，經常被指派負責庭院和花園的擴建與翻修工作。他也曾參與如巴黎歌劇院及愛麗舍宮等工程計畫。後來，帕里斯更受邀參與設計凡爾賽宮的一間主要廳室。這裡是法國君主制的所在地，也是議會在一七八九年的三級會議中向國王進言的地點。當時根本沒有人會想到，這段法國政治時期將面臨劇烈且載入世界歷史的變革——法國大革命。就是在當時動盪的氛圍下，才分裂出了左派與右派。

三級會議首次召開時，其座位排列能完全反映出法國政府自中世紀以來的權力結構。國王與其代表坐在正中間，右方坐著神職人員，左方則是貴族，而房間正後方坐著直視國王的普通人民。然而正是這些平民，將在不久後迫使這三個中世紀階級合併成為一個擁有實際立法權的機構——國民議會（National Assembly）。

這個新立法機構一開始僅負責處理較輕微的財政問題，而後轉向處理較重要的教會權力與君主制未來等問題。隨著會中討論愈發激烈，原先按照階級與地區分坐的位置，逐漸由更自發的安排取代，人們開始坐在與自己意見相符的人旁邊，形成意識型態群體。保守派的戈維爾男爵（Baron de Gauville）在一七八九年八月二十九日的日記中寫道：「我們開始認識彼此。那些忠於宗教與國王的人聚集在主位右方的位置，避免與那些如脫韁野馬般肆意吼叫、辯論的對立陣營人士坐在一起。」[9]從此，法國議會分裂成兩個陣營。一個是希望保留現有秩序的右派，另一個則是想爭取人民權力的左派。這種在法國大革命的烈火中鍛造出來的分裂，正是兩個多世紀後我們還在談論左派與右派的原因。

後來，左派勢力扶搖直上，迫使路易十六將權力分享給人民。同時，政府的所在地也從凡爾賽宮轉移到巴黎。對路易十六來說，這不是什麼大事，因為他在巴黎也有一個臨時住所——羅浮宮。但國民議會需要一個城市裡的據點，因此他們再次找來帕里斯。這次是要將杜樂麗宮的室內馬場改建成立法機構的會議廳。

不過這次的改造並不算太成功。長形的空間結構使大廳顯得狹隘，通風也不甚良好。最重要的是，原先的橢圓形布局因房間的形狀而變成矩形，主席的位置居中，左右兩邊則是長排座位。這個新格局使得在舊會議廳裡暗暗發展的傾向愈演愈烈。歷史學家塔克特（Timothy Tackett）寫道：「這個廳室的結構迫使大家只能選擇左或右。就是這樣一個空間位置上的限制，不可避免地促使議會走向兩極分化。」[10]

這種左右分裂的情況持續數年，在法國政治中根深柢固，有不少人認為這對合作與理性政治有害。於是，國民議會決定重新改造會議廳，這次採用的是半圓形的座位布局，中間不再有將眾人分隔成左右的通道，因此有些人坐在中間。不過此時，更深層的政治取向分歧卻已出現。

應該說，這種影響早已延伸至法國以外的地區。在英國，雖然有不少團體紛紛以行動支持法國大革命，但都會立刻被嚴厲反對這場革命的英國政府鎮壓。而後在十九世紀時，英國的革命家掀起一場革命運動，他們的訴求在法國人聽來熟悉無比。這場革命的主導者是憲章派人士，他們要求賦予男性普選權、取消議員的財產資格限制，並每年舉行一次祕密投票的普選。在英國下議院中，憲章派的支持者時不時被視為「議會左派份子」。在義大利，自由主義者也打著左派（*la sinistra*）的旗幟，響應並支持與選舉、限制君主權力及個人權利有關的議題。至於在德國，同類型的討論出現時期較晚，且略有差異。相比個人的權利而言，他們更尊崇國家的權力。不過，德國當然還是有支持民主的「左派」。

法國大革命後經過數十年，在一八四八年時出現一場震撼整個歐洲的運動，他們的訴求是推翻舊秩序，並建立一個由左派或所謂支持變革者領導的民主新秩序。短期來看，一八四八年的革命以失敗告終。但在後來的幾年中，漸漸有不少國家悄悄接受並採納了這些革命者的觀點。自然地，這些來自左派的壓力引起了右派的激烈反應。他們領導一場保守運動，主旨是反對左派的破壞，並維護原有的舊秩序。這類保守主義者經常會以美化的角度去看待俄羅斯與奧匈帝國牢固的君主制。當然，自由主義者站在與之相反的譴責立場。在國際政治中也能看到自由主義者與君主主義者的劃分。支持君主專政制的國家會互相結盟，透過持續鎮壓民主起義、擊垮自由奮鬥者的手段以壓制政治變革。後來，舊有君主制與貴族秩序的支持者，與支持民主渴求改變的新力量形成對立，左右派的辯論範圍也隨之愈來愈廣泛。在二十世紀時，人們重新定義這種對立，並認為其主要核心與經濟有關。這種對立一直持續到世界大戰與冷戰期間都還存在，不過現在已經結束了，我們如今看到的是一種新的分立。

雖然新舊秩序的對抗是自法國大革命展開，但法國並不是現代政治的發明者。法國大革命的失敗就能證實這點。在這場革命期間頒布的憲法，不久後就因為有爭議而被他者取代。自簽署最初的文件後，法國先後又通過了十五部憲法，經歷了三任君主、兩個帝國、五個共和國、一個社會主義政體及一個準法西斯政體的統治。

成功建立現代政治的國家是一個位於北歐的多雨小國，革命在這個國家並沒有掀起混亂，反而自那之後一直維持著正常運作的憲政主義政府，且擁有繁榮的經濟。正是他們的做法，替未來的大國開闢了一條新道路。

PART 1

REVOLUTIONS PAST

革命：過去

第一章

第一場自由主義革命——尼德蘭

幾年前，曾短暫出現過大量著述在探討希臘人、猶太人或蘇格蘭人如何「拯救」或「創造」了這個世界。[1] 基於同樣的思路，同樣可以主張是荷蘭人創造現代政治或經濟。在十七世紀，國土面積很小的尼德蘭七省聯合共和國（United Provinces of the Netherlands）就已經是歐洲大陸上最富庶的國家，擁有最高的平均每人所得。隨著一五八八年荷蘭共和國（Dutch Republic，又稱為邦聯）建立，荷蘭打造了一個成功的社會、經濟和政治秩序，這個秩序延續了兩百多年，並讓荷蘭躍升強國之列。在荷蘭的黃金年代裡，孕育出世界上最有天賦的幾位藝術家。林布蘭（Rembrandt）和維梅爾（Vermeer）等畫家呈現出世界上第一個商業社會的景象，以及製造商和貿易商的肖像。荷蘭藝術家在描繪包括最簡樸的住家內部裝潢時，也會畫出屋內格局和掛在牆上的風景畫與肖像畫，這些畫中的掛畫顯示了，美的享受不再只是菁英階級專屬，中產階級和工人也能擁有。在政治體制方面，荷蘭拒絕當時歐洲其餘國家所實行的絕對君主制，而是接受共和代議制度，因而顯得獨樹一格。正如夏瑪（Simon Schama）和伊斯雷爾（Jonathan Israel）等學者指出，尼德蘭（Netherland）透過讚揚個人權力、接納市場和貿易，以及包容宗教少數群體，因此最早見證到在西方蓬勃發展的古典自由主義。[2]

荷蘭也首開先河對現代世界中的強權下了定義：強國不一定擁有最多人口或最強大的軍隊，卻會擁有最繁榮的經濟和創新技術。偉大的經濟歷史學家麥迪森（Angus Maddison）即主張，「在過去四百年來，一直只有三個領先國家」被定義為技術和勞動生產力的全球先驅。從大約一八九〇年開始，便一直是由美國領先。在十九世紀大多數時間裡，是由大英帝國保持領先。而在那之前，麥迪森主張：「尼德蘭的表現最出色。」[3]即使黃金年代已過了近五百年，現在的荷蘭依然是全球擁有最高人均收入的國家之一，也是聯合國人類發展指數（United Nations Human Development Index）排名前十的常客，該指數會測量包括財富、預期壽命和教育程度等生活品質。對於人口僅一千七百萬的小國來說，這樣的表現很厲害。

當一些荷蘭公國在一五六六年起義反抗西班牙哈布斯堡王朝的統治者時，幾乎沒人預見到這場叛亂會產生世界性的歷史影響力，更不可能料想到，國土又小又潮溼且大都由寒冷、易受洪水侵襲的海岸小鎮組成的尼德蘭，能創造出現代的民族國家（nation-state）。不過，為什麼會是荷蘭，而不是擁有大量領土的帝國，如法國、西班牙，甚至是鄂圖曼帝國（Ottoman Turkey）？答案就藏在當時席捲整個歐洲的三波巨大變化：恢復活力的西方開展大航海時代（Age of Exploration）而興起的**全球化**；不斷製造戰爭和推動經濟擴張而促成技術與金融**創新**；新教改革（Protestant Reformation）引發了激進的**認同革命**。

許多歷史悠久的帝國對這些結構上的變化相當恐懼，並加以抵抗。不過荷蘭共和國出於地理、政治和文化的理由，是在十六世紀唯一將這三項革命當作助力的歐洲國家。正因如此，荷蘭才成為歐洲，甚至是全世界最繁榮的國家。如今，當我們在經歷巨大的全球化、技術創新和認同革命浪潮之時，荷蘭的歷史就是我們的借鑑。荷蘭的崛起歷史、黃金年代和衰敗，都顯示出貿易、開放和自由思想的力量，以及當經濟成長和意識型態改變致使許多人落後時所帶來的隱患。

起步失誤的威尼斯共和國

在荷蘭共和國之前，有一個重要的先驅國家，那是和尼德蘭一樣國土小、地勢低窪、富於創業精神，但最終卻未能成為現代世界典範的威尼斯共和國。到了十五世紀，威尼斯共和國以及義大利其他的文藝復興時期共和政體，便已達到令其餘歐洲諸國為之驚嘆的財富和科學成就。在所有城邦（city-state）當中，威尼斯的歷史最悠久，也最強大，商人是主導其經濟和政治的力量，並經由中東從亞洲進口織物、辛香料和其他異國商品。威尼斯擁有技術領先的海軍，除了掌控東地中海地區，也建立起港口和領土遍及克羅埃西亞到希臘和賽普勒斯的帝國。威尼斯人不僅力量強大，也善於創造。他們改良了複式簿記的會計學方法，以追蹤複雜的商業交易；政治方面也有創新之舉，他們在城邦領主過世後透過選舉實現權力轉移，而不是自動世襲王位。在由國王和皇帝統治的歐洲，威尼斯共和國相當與眾不同。威尼斯在充斥眾多更強大對手的世界裡宣示主權，自稱「最祥和的共和國」。

但威尼斯人打造現代國家的努力最後以失敗告終。他們的政治制度隨著時間逐漸變得僵化。威尼斯的行政長官——總督——發現自身的權力漸漸式微，城邦變成由貴族集團統治。這些寡頭政治家皆來自於充滿野心的商人家族，並透過冒險事業和功績取得貴族頭銜。不過這些富有的菁英階級卻在自己取得成功之後，斷絕了其他人向上攀升的途徑，拒絕讓新來者獲得貴族地位，並壟斷了政治權力。一二九七年開始實施所謂的《塞拉塔法》（*Serrata*），又稱為「排除法」（Lockout），威尼斯大議會宣布其成員是世襲制，而非選舉制。由於斷絕新血加入，這個原本鬥志旺盛的商人共和國變成了腐敗、為己謀私的貴族政體。政治掮客以跋扈的態度在威尼斯共和國的義大利本土及周圍地中海地區橫行。超過九成的威尼斯國民是居住在範圍更廣的威尼斯帝國境內，[4]這是一個領土組成的集合體，主要功能就是榨取資源，負責提供稅金和原物料，以服務居住在威尼斯本土、人數僅占一成的菁英階級。這是一種中央集權式的寄生體制，且首都和外圍地區之間存在著敵對關係。

威尼斯的創新力道也隨著社會的發展重心轉向內部而變得疲弱。在威尼斯全盛時期，其中一項最令人讚嘆的技術與美學成就是穆拉諾島的玻璃工藝，堪稱當代之最。但威尼斯用來維持玻璃產業領先地位的策略，卻是將所有玻璃工匠集中在穆拉諾島，[5]只要試圖離開共和國，就會遭到監禁，若將機密技術洩露給外國人，甚至會遭到處決。（不用說，這樣的「獎勵」絕對無法助長創新。）在軍事方面，威尼斯同樣面臨各方威脅，包括義大利的競爭對手、法國、哈布斯堡王朝，以及正在崛起的鄂圖曼帝國。威尼斯這座城市可以透過威尼斯海軍輕鬆抵禦外侮，但較大範圍的帝國卻難以防守來自陸路的攻擊。靠近歐洲大陸也帶來智識方面的缺點。威尼斯仍受限於歐洲的知識正統性，也就是羅馬天主教會嚴格分明的階級制度。這個城邦無法避免宗教裁判所對異端份子的追捕，也躲不開反宗教改革的審查。威尼斯的猶太人受盡迫害，各式各樣的異議份子和異端也被趕盡殺絕。

最重要的是，威尼斯也淪為其自身成就的受害者。由於威尼斯箝制了東方貿易，促使西歐強國轉往大西洋，尋求能前往亞洲的替代路線。這些強國垂涎亞洲商品，但厭惡由中國到威尼斯這條供應路線而產生的加價，因而想方設法排除所有的中間商。他們成功地沿著大西洋並繞過非洲，此舉預告了西歐的崛起，以及一度令人讚嘆的威尼斯共和國即將衰敗的未來。

全球化持續演變

引領這場變革的，是位在大西洋岸西南一角的另一個小國：葡萄牙。由於葡萄牙野心勃勃地想在北非附近開拓貿易路線，因此其國王約翰一世（John

I）於一四一五年占領摩洛哥的城市休達。他任命自己的兒子亨利王子（Prince Henry）治理休達，這位雄心壯志的王子也很快開始贊助前往鄰近島嶼以及往南到西非海岸的遠征探險，因此贏得「航海家亨利」（Henry the Navigator）的稱號。葡萄牙到這些島嶼殖民，在非洲西海岸各地建立貿易站，為種植園制度及大西洋奴隸貿易奠定基礎。葡萄牙水手持續向南航行，最後狄亞士（Bartolomeu Dias）在一四八八年繞過非洲南部海岸的好望角。之後又過了十年，達伽馬（Vasco da Gama）也經由這條航線一路抵達印度，從此開啟通往東方的新航道。

到了一四九二年，全世界又因為另一位探險家的大膽航程受到震撼。哥倫布（Christopher Columbus）出生於威尼斯的競爭城市熱那亞，但年輕時便移居葡萄牙，和當時最偉大的水手一起受訓。一四八〇年代，在熟悉的大西洋沿岸進行了多年的貿易航程後，他向葡萄牙皇室提出一項大膽的計畫。他準備向西航行，橫越大西洋，前往東方。葡萄牙拒絕了這項提議，因此哥倫布轉而向葡萄牙的鄰國兼宿敵西班牙提議，西班牙同意資助這項遠征計畫。如各位所知，哥倫布後來從未抵達亞洲。但他孤注一擲的行動，為歐洲各國資助的探險和遠征計畫打開了美洲的大門。

哥倫布的遠征也觸發了兩大航海王國之間的競賽。一四九四年，西班牙和葡萄牙簽定後來由教宗批准的《托德西利亞斯條約》（Treaty of Tordesillas），協議將新大陸一分為二，由西班牙獲得議定經線以西的土地，該線以東的土地則歸葡萄牙所有。西班牙在這筆交易中占盡好處。原來，大多數未被占領的領土都位在這條線以西區域，西班牙人積極地四處征服原住民，從美洲掠奪大量財富。儘管葡萄牙得到了巴西，但其重心更多是放在亞洲的商業拓展。葡萄牙同時採取和平手段和強硬的占領方式，建立起一個龐大複雜的貿易中心網絡，範圍遍及印度、印尼、中國和日本。西班牙也參與了在遠東地區的貿易，除了征服菲律賓，更將馬尼拉變成一個重要的轉口港。

全球化的時代就此展開。誠然，絲路長久以來一直承擔著將旅人和商業活動帶到遙遠國度的功能，但這是史上頭一遭，所有的重要經濟體透過航海和商業的全球網絡建立起緊密關係，只不過，經常是以暴力的方式交流。

第一次的全球化革命和之後的幾次一樣，都和技術革命環環相扣。西班牙和葡萄牙的征服者擁有原住民遠遠無法企及的強大海軍和軍事技術。例如：他們發明了三桅或四桅的克拉克帆船（carrack），載重量可超過五百噸，而卡拉維爾帆船（caravel）則是易於操縱調動的較小型船隻。西班牙和葡萄牙將這項技術結合精準的天文航海方法，因此能實現遠程航行。儘管中國在更早之前便發展出先進的海軍技術，但在十六世紀初，隨著中國將發展重心轉向國內，便摧毀了所有遠洋航行艦隊。至此，歐洲人在浩瀚公海上所向披靡。

隨著西班牙和葡萄牙不斷擴大航海距離，他們也持續讓新武器問世。到了十六世紀，多數西歐國家正遭逢歷史學家所謂的「軍事革命」（Military Revolution）。[6]大量的山脈與茂密的森林助長了歐洲各國之間的分裂，並讓各公國更易於防守而不易被占領，導致幾乎常年不間斷的衝突，使得歐洲人成為地球上最厲害的戰爭創新者。歐洲大陸的軍隊在火力和戰術上取得驚人的長足進展，創造出更精準的十字弓、威力更致命的槍枝、射程更遠的砲彈、更堅固的防禦工事，以及更具戰略性的部隊編制。此外，歐洲的海軍也徹底改變了海上作戰方式，他們發揮創意在船上裝設大砲，將船隻改造成更有效率的戰爭機器。船隻的外型愈來愈龐大、設計也漸趨複雜。因此，當歐洲人冒險勇闖更廣闊的世界時，他們的武力通常也比原住民的武力更具毀滅性。（當然，這些武力的致命性和歐洲人帶來的病原體一比，完全是小巫見大巫，歐洲人帶來的疾病導致西半球多達九成的原住民滅絕。）[7] 儘管幅員遼闊的強大中國帝國和鄂圖曼帝國在歷經西方突擊後屹立不搖，但相較之下，歐洲人在各方面都遙遙領先。

荷蘭人創造了尼德蘭

在十六世紀，幾乎沒有人將荷蘭視為下一個偉大帝國，或是未來的典範。其分權治理（decentralized）的政治制度被視為老派，甚至是落後的制度。在當時，絕對君主制（absolute monarchy）是各地普遍實行的現代政府形式。中世紀一直是政治權威混亂的時代，當時地方酋長會彼此相互爭權，君王則必須和他們結盟才能實行岌岌可危的統治。但隨著中世紀衰落，國王漸漸地侵奪權力，地方貴族的政治權威也慢慢地衰弱。到了十六世紀，歐洲的君主同時獲得財政和軍事方面的最高權力，除了將權力向中央集中、挑戰天主教會的影響力，也透過不斷發展茁壯的首都城市管理龐大的王國。由此開啟了由法國國王路易十四（Louis XIV）及西班牙國王腓力二世（Philip II）等偉大的統治者主導的時代。權力中心互相對抗的混亂中世紀退場，取而代之的是以首都城市為中心的高效率、有秩序的世界，對於當時代國家最重視的提高稅收及發動戰爭兩大任務，也能更出色地達成。

尼德蘭不一樣，在這裡完全找不到單一的統治者或國家元首。權力分散在各個城市和省政府之中，有選舉產生的親王、充滿活力的議會、商會及公會。在那裡，每個小城市和社群都在自己的領土內行使政治權威。大家必須一起合作，才能完成各項事務。政治權威是分散的。

不過為什麼這個地區會抗拒中央集權的趨勢？或許是因為當地的地理環境。在歐洲多數的其他地區，向來是由酋長一類的領袖掌控面積廣闊的沃土，並統治在田地裡工作的農民。歷史學家布洛克（Marc Bloch）曾指出，所謂「莊園」（manorial）制度的封建安排，規範了中世紀社會的各個面向。酋長在經濟、政治和社會上統治農民。不過，漸漸地，有愈來愈多莊園領主必須向國王臣服。歐洲封建制度的結束和現代化的勝利，有一部分是因為貴族勢力衰微以及強大君主崛起。王室成員鞏固自身權力的方法包括分割舊有的封建莊園，以及透過圈地運動（enclosure）將過去屬於公有地的土地產權分配給菁英階級。這樣的侵占行為儘管剝奪了許多人的財產，卻產生一個重要的扁平化效果（flattening effect），也就是將當時最重要的經濟資產——土地——轉變成可交易的商業資產，進而創造出市場經濟的開端。

相較之下，尼德蘭的土地從來就不是由農民耕作但屬於少數貴族的財產。首先，土地相當稀有。目前看到的尼德蘭大多是在冰河時期形成，當時來自歐洲大陸的河流在河口處沉積淤泥，形成極少數的陸地。人們試圖在該處定居，但最初有如沼澤般的土壤實在難以耕作。早期的居民要面臨水太多和水太少的兩大難題，因為他們居住的土地很容易被海水淹沒，但又缺乏穩定取得淡水的途徑。持續進行水資源管理是攸關生存的大事。最初的居民建造了許多「土丘」（terp），[8]只要有洪水來襲，人們就可以撤退到這些人工山丘上。大約到了十一世紀，當地居民築起堤防來控制流入的水流。在中世紀晚期，荷蘭人開始接手完成大自然做到一半的工作，他們透過堆積淤泥和其他物質來開拓陸地，擴大他們的領土。這個國家也因此流傳著一句建國名言：「上帝創造地球，但荷蘭人創造了尼德蘭。」

管理水資源和開拓領土的過程意味著，即使是在荷蘭革命（Dutch Revolution）之前，尼德蘭的土地也不被視為是屬於伯爵或公爵的財產，相反地，它屬於那些努力從海裡搶救出土地的人民。十七世紀偉大的自由主義哲學家洛克（John Locke）曾提出一個知名觀點，認為當人類將自身的勞動和土地相結合，就會創造出私有財產。尼德蘭如實地體現了洛克的理論。

因此，荷蘭人從未完全地發展莊園制度。相反地，根據歷史學家揚·德佛里斯（Jan de Vries）的看法，在荷蘭有「自由的農民、圈起的田地，以及對土地的私有控制」。[9]

荷蘭的歐洲鄰國是由中央首都城市統治廣大的農地，尼德蘭則是由眾多城鎮組合而成的國家。荷蘭人已經開始居住在都市時，多數的歐洲人都還居住在農村裡，在其他地區，土地是由農民耕作，並由國王、貴族和教會所擁有。荷蘭的城鎮裡發展出各式各樣的產業。到了一五一四年，荷蘭省（province of Holland）只有不到四分之一的務農人口，並有超過半數人口是從事貿易、交通運輸和製造業。[10]

透過農業，就可以看出荷蘭模式和典型歐洲經濟之間的差異。到了十八世紀，荷蘭共和國的富庶程度已經超越實行君主制度的鄰國法國，阿姆斯特丹的平均每人所得是巴黎的四倍。[11]不過，荷蘭境內幾乎沒有建築物可媲美坐落在法國鄉村廣大莊園裡，管理周圍數千英畝土地的沃子爵城堡（Vaux-le-Vicomte），反而是在阿姆斯特丹熱鬧繁忙的運河沿岸能看見緊密集中的優雅連棟住宅。荷蘭的資金漸漸集中到城鎮和都市的商人手中。相較於裝飾得富麗堂皇的法國宮殿，有「荷蘭凡爾賽宮」之稱的羅宮（Het Loo）就是一座樸素許多的狩獵小屋。

為了建造和維持陸地，荷蘭人必須發明格外出色的新技術，包括複雜的堤防和洩洪水閘，還有以風車為動力的抽水幫浦。不過，為了加強分散城鎮之間的合作，以及提高收入，他們也必須在政治方面革新。為了達到目的，他們成立了治水／排水委員會（*heemraadschappen*），並且全面徵收如特種消費稅（excise tax）等稅金。這一切都意味著權力是共享的，以及人民必須重視對自身的治理，因為那和自身的利益息息相關。政府在運作時會聚集公民團體，由大家共同做出決策，而由此產生的行動代價和利益，也由全體一起分擔。

在當時，這樣的政治制度不論對歐洲或其他地方來說，都相當特殊，同時也讓荷蘭成為最適合的環境，得以孕育出挑戰中央權威及震撼整個歐洲認同革命的運動，進而引領整個歐洲大陸邁入現代。

第一次認同革命

「每個人都必須獨自面對兩件事，其一是堅定自我的信念，其二是死亡。」

這是當年三十三歲的聖奧古斯丁修會修士馬丁．路德（Martin Luther）信奉的教條，並引領他挑戰歐洲最有權勢的機構，天主教會。據說在一五一七年，路德將他的《九十五條論綱》（Ninety-Five Theses）釘在威登堡每間諸聖教堂

（All Saints' Church）門上，引發一連串對抗教會階級制度的神學鬥爭和宗教戰爭，最後成為後人所知的新教改革。儘管具體來說，路德的不滿是針對天主教的腐敗，以及發行聲名狼藉的「贖罪券」（indulgence）——讓罪人靈魂能透過賄賂而插隊進入天堂——但他也引發了關於宗教的更廣泛批判思考過程，並在他過世之後仍持續下去。路德透過破壞天主教會由上而下的權威，開啟了個人論證的大門。

印刷機的發明是路德的革命得以實現的原因。這項發明將書寫文字從以菁英階級為受眾的稀有文本——例如在中世紀修道院裡，以手工方式精心謄寫的附插畫聖經——轉變成可供大眾閱讀的廉價書本和小冊子。透過宗教改革，顯示這項新的資訊技術在傳播思想時，有能力「去中介化」（disintermediate）或去除中間人。遠離信眾所在地的主教再也不必為不識字的虔誠信眾翻譯拉丁文聖經了。相反地，路德自行完成了德文譯本，讓個人信徒能自行理解與判斷聖經的內容——無論好壞。在這個所謂「信徒皆祭司」（priesthood of all believers）的新知識氛圍裡，知識不會由單一個人的思想壟斷。即便是路德也不例外——他很快就和許多信仰超出路德會（Lutheranism）範疇的改革同伴產生不和。

新教的擴張造就了一個更重要的巔峰，也就是理性、個人主義和科學的興起。它是否引發了其他過程？雖然在當時有許多不同力量都在發揮作用，但宗教改革無疑是其中一項助力。社會學家馬克斯．韋伯（Max Weber）後來主張「新教倫理」（Protestant work ethic）是促成北歐成功的原因。儘管這項主張有待商榷，但無疑地，到了十六世紀，中世紀的教條和迷信已經開始被批判思想、人文探究和經驗研究實驗所取代。這些思想趨勢在整個歐洲造成廣泛的政治影響，並讓歐洲大陸開始陷入腥風血雨的長期宗教衝突。

荷蘭獨立

在北歐，更強調個人信仰的趨勢成為荷蘭尋求解放的動力。在十六世紀初，尼德蘭的居民因為遠在西班牙的哈布斯堡君主政體增加稅收，積怨已深。

不過，最終的導火線卻是因為宗教而不是稅金。由於尼德蘭為許多獨立思想和宗教異議份子提供安身之處，新教改革很快就在荷蘭各省遍地開花，並有許多人轉而信仰喀爾文主義（Calvinism），這是以法國神學家喀爾文（John Calvin）命名的新教教派。哈布斯堡王朝的統治者是堅定的天主教徒，他們試圖鎮壓這個異教時，有一群荷蘭貴族在一五六六年團結起來向哈布斯堡總督請願，反對迫害。

同年年底，低地國家（Low Countries）的喀爾文派信眾群起抗議，反對他們視為偶像崇拜的天主教畫像。他們砸毀彩色玻璃、拆掉聖人雕像、毀壞宗教畫作。在安特衛普，狂熱份子闖進當地知名天主教堂之一的聖母教堂（Church of Our Lady）大肆洗劫，根據當時一位觀察者的紀錄，那是「宛如地獄般」的凶殘惡劣景象。[12]一位天主教編年史家震驚地記下暴民踐踏聖餐麵包，並且「撒尿在上面……彷彿無視那是基督的聖體」。[13]破壞偶像主義（iconoclasm）的暴動四處蔓延，散播到如今的比利時和尼德蘭，後來被稱為**聖像破壞運動**（*Beeldenstorm*），意思是「攻擊聖像」。（今日，搗毀聖像者〔iconoclast〕

是指那些象徵性地攻擊珍貴信念的人。）諷刺的是，這場暴動也成為起義的一部分，進而創造出世界上的第一次自由主義革命。

暴動很快就受到鎮壓。在卡斯提亞的哈布斯堡國王腓力二世解除了當地統治者的職位，並任命了新總督，卻只是更加劇動亂。衝突在一五六六年至一五六七年持續擴大，哈布斯堡宮廷派出軍隊強制執行帝國統治和教會教義。擔任軍隊指揮官的阿爾瓦公爵（Duke of Alba）成立了騷亂委員會（Council of Troubles），這個惡名昭彰的仲裁機構負責審理可能的異議或叛亂份子，帶來前所未見的殘酷屠殺行動。即便是當地的領導者也未能倖免於難，安特衛普市長便受到嚴刑拷打並被斬首。這個仲裁機構被憤怒的荷蘭人稱為「血腥委員會」（Council of Blood），遭其判處死刑的人數超過了一千人。

南尼德蘭（Southern Netherlands）在壓力之下屈服了。這個地區由於始終更虔誠信仰天主教，因此一直都歸屬於西班牙帝國，最終成為現代的比利時。不過在北部，哈布斯堡王朝的殘酷行動失敗了。北部的省份為了自治權和喀爾文派信仰展開激烈抗爭。在一五七九年至一五八〇年期間，他們簽署烏特勒支聯盟（Union of Utrecht）協議，組成名為「尼德蘭七省聯合共和國」的邦聯。他們的獨立抗爭並未就此結束，最後更延續發展成歷史上的八十年戰爭（Eighty Years' War），而且荷蘭人最終獲勝了；儘管如此，這個聯盟的成立還是標記了荷蘭實際脫離西班牙王室統治的獨立時刻。

烏特勒支聯盟建立的新政治秩序預告了現代性（modernity）的兩大趨勢。首先是更強調分權，而非中央集權，並賦予地方政府相當大的權力，只交給中央政府少數的特定功能。這個概念是現代歐盟（European Union）的重要支撐理念，並搭配「輔助」（subsidiarity）原則，也就是讓國家政府盡可能保有更多權力。（在美國開國元勛制定的分權聯邦主義體制中，也可以看見烏特勒支聯盟的影子。）第二，烏特勒支聯盟正式制定宗教和宗教思想的自由，象徵著擺脫數百年來由羅馬教廷完全控制的意識型態。

全球化助長西班牙崛起，成為歐洲列強之一。不過荷蘭成功擺脫西班牙統治的枷鎖，很快便超越了其過去的統治者。西班牙儘管是全球化的早期先驅，最後卻未成為早期現代的最強大國家。這就給人們上了一課。搶先以強悍實力大肆踏入新時代的國家，往往不會稱霸新時代。能夠蓬勃發展的反而是那些最能**適應**新時代的國家。就拿西班牙來說，他們選擇由上而下與強力鎮壓的統治方式。比起貿易，他們更注重領土擴張與財富累積。因此，荷蘭革命的勝利等於是揭開了一個新時代的序幕，讓舊有的權力邏輯讓位給經濟與科技的高度發展。當權力不再集中於皇室，而是分散到廣大公民手中時，這些新的特質更能在社會中蓬勃發展。[14]

公司與船隊

尼德蘭透過創新帶動發展，並使經濟持續成長，世界聞名的荷蘭風車就是這種創新的代表之一。風車最初被用來磨穀物，以及抽水開闢耕地，後來開始用在各種工業工序中，其中最重要的或許是運用在鋸木廠，幫助生產更高品質的木材，對造船業大有助益。[15]擁有更好的船隻後，荷蘭的製圖與導航也有了發展，後來更是精製出改良的磁羅盤。藉由此優勢，創造了「荷蘭治世」（Pax

Hollandica）。許多荷蘭商人與貿易商紛紛利用這份海上和平製造出更多財富與影響力。這裡補充一點，荷蘭（Holland）在聯邦中居於主導地位，因此過去常被用來簡稱整個聯邦。

最初是地理因素激發了荷蘭的創造力。而現在，地緣政治又激起了另一波荷蘭創新浪潮。當荷蘭對西班牙發動戰爭後，發現自己無法再自由往來過去一直使用的西班牙與葡萄牙港口。他們被迫離開熟悉的舊市場去尋找新機會。於是，他們打造出一條全新的貿易路徑，從北美的新阿姆斯特丹到南非的開普敦，再連接到位於印尼群島的巴達維亞。

他們擁有的最重要工具就是那些商船，現如今更是受世界稱羨。這個國家最著名的船隻**福祿特帆船**（*fluyt*）被視為海上奇蹟。這種船隻有寬闊的船身可當運輸船，但又只需少數船員即可操控。福祿特帆船的載重量最高可達每名船員負責十二噸的貨物，[16]遠高於英格蘭船隻每名船員僅能負責五噸的量。因此荷蘭在船運方面享有超前的優勢，有時成本僅是競爭對手的一半。[17]當時的福祿特帆船就如四百年後的標準貨櫃一樣，兩者都加速了全球貿易發展。

不過福祿特帆船成功的關鍵並不僅在於技術。這種船隻之所以能在貿易方面創造佳績，是因為它設計時並未考量要因應任何戰鬥。它追求的並非速度，而且上面僅搭載少數船員與軍用裝備，更遑論多數福祿特帆船基本上連大砲都不會配載。這代表這類船隻完全沒有防禦力。不過他們並非獨自航行，背後還有荷蘭海軍的保護。尼德蘭擁有一支數量龐大且令人生畏的艦隊，他們的目標不在於侵略他國領土，雖然這種事曾發生過，但大多時候是用來守護荷蘭治世，讓荷蘭私人貿易商有更安全的海域能夠航行。這股力量也成為公私夥伴關係（public-private partnership）中最顯著的一環，透過國家的保護，自由貿易得以蓬勃發展。

它確實很繁榮。自一五九〇年代至一七四〇年代，這個小型共和國稱霸全球海運，並藉此使商品、金錢與思想意識得以交流發展。巔峰時期的尼德蘭商船載貨量更是高達五六・八萬噸，[18] 根據一位歷史學家的計算，「這數量遠比法國、英格蘭、蘇格蘭、神聖羅馬帝國、西班牙與葡萄牙**加在一起**還要高。」荷蘭被公認是全歐洲甚至全球創新技術界的佼佼者。十七世紀末，彼得大帝欲使俄羅斯朝現代化發展時，就開始想尋找最先進的造船、鐘錶與街道照明技術。他於一六九七年前往阿姆斯特丹，並在當地找到他需要的技術。後來還因為過於痴迷這些技術，曾留在該城市的造船廠當過一陣子學徒，致力於學習造船木工相關工藝。[19]

荷蘭不僅在技術方面具優勢，在金融方面也是創新者。他們的主要天然資源之一就是海洋瑰寶，尤其鯡魚更是一大特色。很多人可能會不太喜歡這種味道過濃的魚類，不過正是這樣有著「獨特」氣味的海鮮，構成了一種龐大的新型經濟活動的基礎，並由尼德蘭主導。傳統的漁業投資模式是為單獨一艘船隻的遠征提供資金。不過由於許多船隻可能在獲利前就先沉沒海中，這種投資有一定風險。於是荷蘭人選擇將資本集中起來，分別投資到數次的航行或數艘船隻上，藉以分散風險。同時，荷蘭政府也設立了相應法律以處理各種爭端，不過其中最關鍵的是派遣海軍來保護荷蘭漁民的安全，確保競爭對手（通常是英格蘭船隻）無法來干擾。尼德蘭政府將自己視做商人的合作夥伴，並且認為這樣的互惠能使商人和國家都變得更加富裕。正因如此，荷蘭才創造出了我們現代熟知的「逐利獲益」（profit-seeking）商業模式。

全球貿易的崛起讓歐洲原先難以獲得的貨物得以流通，其中就包括瓷器、紡織品與香料等物。正因有了貿易往來，平民得以穩定購買到能帶來活力的物品，包括糖、菸草、咖啡等，而富者也能買到想要的象牙、檀木與絲綢。除了這些，經濟的民主化還體現在其他地方，其中最重要的就是透過阿姆斯特丹證券交易所進行交易。在這個公眾市場中，任何人都能自由籌集資金，無須與富有投資者建立關係。

彼時是一六〇二年，幾家小公司合併成了荷蘭東印度公司（Dutch East India Company），而後這家證券交易所也應運而生。根據歷史記載，荷蘭東印度公司是第一家向公眾出售股份並在公開市場交易的公司。這有助於它籌集資金。同時，因背靠荷蘭政府這座大山，它更是壟斷了在東方進行貿易的權利，並擁有官方許可，得以在遙遠地區征服領土並課稅。漸漸地，這家公司成為世界上最早的幾家跨國公司之一，同時它還是有史以來最大的商業實體。旗下擁有四十艘戰艦、一百五十艘商船、[20]一萬名士兵、兩萬名船員，以及近五萬名的文職雇員。可想而知它的收益有多可觀。歷史學家布萊寧（T. C. W. Blanning）就曾稱它為「世界上最富有的公司」。[21]

而在背後推動這些貿易活動進行的，正是於一六〇九年創立的阿姆斯特丹銀行。商人能透過銀行兌換貨幣、存款或取得信用貸款，也能將某帳戶中的金錢轉到另一個帳戶以償還債務。這家銀行最初是由阿姆斯特丹創始，並有政府提供支援，但它實際上是一個獨立的自治實體。理論上，它並非中央銀行，不過還是有穩定金融體系的功能。英格蘭政治家坦普爾（William Temple）在一六六〇年代造訪阿姆斯特丹時，就對該城市表示過讚賞，稱其「不論是想像中或親眼所見，都是世界上已知的最偉大寶藏」。[22]經濟學家亞當·史密斯（Adam Smith）也對這家銀行極感興趣，並將它的運作方式寫在自己的著作《國富論》（*The Wealth of Nations*）中。這表示，尼德蘭並非因為城堡或大砲而聞名，而是因銀行與商人而揚名國際。大型帝國通常以掠奪來充盈國庫，相比之下，這個小型共和國更善於透過努力與創造力來創造價值。

在變革浪潮中穩定航行

尼德蘭做為國際貿易的樞紐，其政府特別注重合作，長期享有能包容差異的美譽。因此在歐洲各地，每當人們在自己的國家被列為敵人或異端時，便會前往荷蘭尋求庇護。比如一四九二年時，西班牙驅逐了當地猶太人，使得許多猶太人選擇到尼德蘭定居。不過，直到荷蘭革命發生後，尼德蘭與天主教會決裂，這個國家才真正成為一個開放的思想市場。當時尼德蘭社會普遍反感宗教裁判所法官與審查者的行為，這使得在某些地方遭到壓迫的哲學思想，卻能在這個國家穩定發展。後來崇尚天主教的歐洲出現反宗教改革（Counter-Reformation），[23]且歐洲各地出現鋪天蓋地的鎮壓與審查。這時，推動新教的國家比天主教國家培養出了更多科學家。

對歐洲新教徒而言，阿姆斯特丹是逃離迫害的理想避難所。不僅如此，亦是尼德蘭其他地區的新教徒避難首選之地。一五七六年，西班牙大軍殘暴地劫掠貿易中心安特衛普，成千上萬名遭驅逐的新教徒選擇阿姆斯特丹做為避風港。

尼德蘭的前宗主國在安特衛普與其他地區採取粗暴手段，後續造成的人力外流卻反而造福了具包容性的荷蘭。自一五八〇年至一六三〇年，阿姆斯特丹的商人群體有三分之一都是新教徒難民，或者這群難民的後裔。[24]雖然這些移民初來乍到時身無分文，但他們憑著堅毅與努力彌補了自己在資金方面的不足。[25]

若要舉例證實尼德蘭在包容差異與愛好人才方面的偏好，那麼哲學家史賓諾沙（Baruch Spinoza）會是最佳代表。史賓諾沙出生於阿姆斯特丹，其父母是因躲避宗教裁判所而逃至該地的葡萄牙籍猶太裔難民。史賓諾沙白天從事著光學鏡片研磨的工作，替荷蘭頂尖科學家打造顯微鏡與望遠鏡。不過真正讓他備受讚譽的，是他在業餘時就宗教教條做出的一些嚴厲批評，以及他對個人自由的提倡。史賓諾沙可以說是啟蒙運動最早期且最支持變革的先驅之一。當時他因對宗教抱持著懷疑態度，因此遭當地的猶太社群排斥驅逐，不過即便如此，他還是能在該城市的其他地方生活並自由寫作。同樣推崇啟蒙運動的笛卡兒（Rene Descartes）也是如此，他選擇遠離家鄉法國的壓抑氛圍，終其一生居住在荷蘭共和國。阿姆斯特丹因知識份子雲集，成為自由思想家心中的避難天堂，正如歷史學家修托（Russell Shorto）為其相關著作所下的副標題「一座自由主義之都」（*The World's Most Liberal City*）。

事實上，將該座城市發展成創新與企業家精神中心的理念，可以說是起源於尼德蘭。它當時是歐洲人口最密集的國家。[26] 尼蘭德早在一六二二年就發展出高水準的都市化程度，該國有高達五六％的人口居住在中等城市與鄉鎮。[27]（相比之下，當時的法國即使到下一世紀仍然只有八％的都市人口。）[28] 阿姆斯特丹也因此受益頗多，由於貿易與投資帶來的商業財富，使這裡成為第一座現代化的城市。不僅有證券交易所、做為公共交通工具的運河船、相對清澈的水源，還有世界首創用以防止犯罪的公眾街燈設施。[29]

正是從這時候起，生活富裕且受過教育的尼德蘭人開始將城市生活視為首選。自五世紀西羅馬帝國滅亡後，歐洲菁英階級多數選擇默默搬到鄉村莊園或聚居於君主的宮廷中。當時的城市給人的印象就是髒亂無比、疾病肆虐且工人密集。受過教育的神職人員會選擇避世以遠離無知群眾。當然，王國會有自己的首都，不過那些地方通常是展示與炫耀輝煌的皇宮和其他皇室建築的場所，並非經濟中心。不過尼德蘭有自己的都市中心脈絡，每個城市都能在沒有君主資助的情況下彼此競爭成長。

於是，荷蘭的專業人士，包括商人、銀行家、律師、工匠、藝術家與工程師，都選擇聚集在城市。正因如此，也驅使鄰近區域發展並帶來相應的實際利益。若有商人想為船隊購買更優質的望遠鏡，可以輕易地接觸到如史賓諾沙這樣的專業鏡片研磨師。又或者，若有作家遭法國驅逐，他也能在笛卡兒的知識思想圈中，找到意見相同或相左卻同樣追求自由的同伴，並且這裡還會有無數願意印刷煽動性文學作品的出版業者。再加上市場運作規模史無前例地擴大，商品的價格也相對變低，中產階級更容易購買到需求物品。同時，荷蘭政府獲得更高的稅收後，投資在基礎建設上，城市也變得更加適合居住。對生活在這個時代的荷蘭人而言，逐利獲益不是超級富商的專利。一六二〇年，阿姆斯特丹有八分之一的工作人口都可稱為企業家，[30]從開始將乳酪生產商業化的新興奶農，到投資印尼香料貿易的船運大亨，簡直包羅萬象。這種有利於商業獲益的文化在當時的歐洲可謂罕見。歷史學家達衛斯（Karel Davids）就認為這裡與歐洲其他國家不同，他曾說：「在荷蘭共和國中，普遍不會將追求私利看做是非法或不道德的行為。」[31]

現在我們能很清楚地認識到定義荷蘭黃金時代的奮鬥文化、消費潮流，以及繁榮與衰退的投機循環。當時充滿了非理性的繁榮，好比一六三〇年代惡名昭彰的鬱金香泡沫，一開始人們只是單純地收集與交易鬱金香，但後期演變成一股狂潮。在「鬱金香狂熱」的巔峰時期，光一株鬱金香球根的價格，就被炒到超過荷蘭人的平均年薪。但話說回來，偶爾發生類似這樣的極端事件，是現代消費主義（consumerism）發展過程中不可避免的一環。用歷史學家揚．德佛里斯的話來講，荷蘭的繁榮建立在大規模的消費革命上，並與一場**勤勞**革命相互作用與影響。至少在鬱金香投資尚未崩盤之前，一般荷蘭消費者的生活都達到了前所未有的愉悅程度。多虧了全球貿易、市場擴張與不道德的非洲奴隸勞動力，多數荷蘭民眾都能輕易取得如糖與菸草等商品，並用於日常生活中。也因此，勞工會更努力工作，試圖賺取更多金錢。

第一個現代共和國

荷蘭人不僅富裕且具創新的眼光，他們在政治方面也敢於冒險。縱觀多數人類歷史，政治基本上就意味著皇室政治。其中心是國王、女王、皇帝、祭司或酋長等統治者，而其臣民或親戚則相互爭奪在統治者面前的影響力。在這樣的形式中，最重要的就是與統治者的關係，以及是否能替統治者領兵。因此地主與貴族通常會是這類人的忠誠盟友，負責供養軍隊並提供金錢。

不過當然也有例外。古羅馬政府一開始實施的是共和體制，但隨著羅馬從小角色轉變成強悍帝國，這個制度也變成了君主制。在那之後的千年裡，僅剩下一些小城邦還實施共和制度。即使到了啟蒙運動時代，還是有很多政治哲學家認為代議機構只能在地方層級推行。就連支持變革的民主主義者盧梭（Jean-Jacques Rousseau）都覺得，他的家鄉日內瓦顯示了城市的規模最適合推動共和政體。不過，即使尼德蘭成為強權，也始終維持分權治理制度與共和政體基礎。更準確地說，尼德蘭之所以成為強權，其中有一個**原因**就是它維持了這種分權治理的政治結構。

荷蘭共和國的治理結構是將治理權分配下放，這與《邦聯條例》（Articles of Confederation）下的美國有其相似之處。雖然荷蘭設有省督（Stadtholder）一職，但這個職務更像是精神領袖，而非真正的君王。即使是出身自奧倫治家族（House of Orange）的王子擔任此職務時，也僅能算是半個官方統治者，實際上還是受每個省的立法機關管轄。事實上，說奧倫治家族是受愛戴的**政治世族**，會比稱他們為**王室**更為妥當。這個家族與羅斯福（Roosevelt）及甘迺迪（Kennedy）家族很像，他們不僅要與國家立法機關互相配合，還要與各省的立法機關及市議會合作，協調管理各種政治角色。

在這樣的分權治理體系下，擁有最大權力的其實是各地的管理機構。每個省對國家立法都有否決權。就連阿姆斯特丹所在的荷蘭省，雖然是七個省份中人口最密集且最富裕的地區，占全國稅收五八%，[32]但在權力方面仍與其他六省平等。荷蘭的城鎮與省必須持續尋找合作的模式，尤其是在共同對抗外來威脅時。不管是在陸地或海上、抓住經濟機會或面對安全威脅，荷蘭模式的核心就是自下而上的自治機制。這樣的體系與歐洲大陸那些自上而下、注重國家主義且中央集權的帝國形成鮮明對比。

這樣的新型態政治秩序打造出怎樣的社會？荷蘭社會對待一般民眾的方式可謂與眾不同。就像歷史學家伊斯雷爾所寫的那樣，「許多外國紳士在搭乘荷蘭客船——在十七世紀的歐洲，這種日常交通工具僅荷蘭可見——旅行時都會覺得很疑惑，因為他們發現身邊的普通人都是以平常心在跟他們交流，完全把他們當一般人看待，也不在意他的社會階級與地位。」[33]這簡直就像是十七世紀版的紐約地鐵，散發著多元、平等且喧鬧的能量。你永遠不知道下一秒會發生什麼，也不知道會遇見什麼人。伊斯雷爾還寫道，荷蘭共和國是「歐洲公認的神學、知識與社會混雜文化的溫床，[34]顛覆了男女、主僕、貴族與非貴族、軍人與平民之間應保持的尋常與恰當關係」。

這些平等主義（egalitarian）的力量促使荷蘭共和國崛起，同時也受其影響。不過這並非人人都接受的事情。對於現在的我們而言，荷蘭政治分歧是很耳熟能詳的議題。而當時的共和國在觀念方面存在深層分歧，一邊是支持開放、包容多元且自由的社會，並將這視為一種美德，另一邊則不是這麼想。

反彈

截至目前，我已經概略說明了荷蘭共和國的一些歷史。不過如果深入去看，這裡可能不如表面上那麼和諧與繁榮。迄今為止，這對任何成功的國家來說都還只是理想。其實尼德蘭內部也存在著許多分歧與不滿。

荷蘭共和國的政治發展可說是一場拉鋸戰，身在其中的兩派有不同的理念。根據修托的說法，就是「其中一派認為自由主義的思想能讓世界朝更美好的方向前進，另一派則認為自由主義的思想是毀滅已知一切的火種」。[35]（其實當時他們並不是使用「自由主義」這個詞，只是因為修托與其他幾名歷史學家當時主張荷蘭人採納了包括非君主政治、自由市場、自由貿易與宗教多元主義等思想與觀點，這些後來都被歸納為自由主義的觀點。）在這強烈分歧的兩邊，都是我們頗為熟悉的陣營。宗教保守派堅信應嚴格遵守喀爾文教義，而自由主義者則對新教教條採取更包容與友善的態度。雖然有支持自由貿易與全球化的荷蘭商人，但也有許多其他經濟參與者支持在市場設置障礙。比如傳統工匠推崇強制實施公會對特定工藝的壟斷，並極力要求政府應制定關稅與其他保護本國工業及貿易的法規。這些意識型態的差異可依地理位置劃分，比如沿海城市就更為寬容、支持技術官僚制（technocratic）與自由市場，而鄉村地區則更傳統、偏向階級制度與自給自足的封閉經濟（autarkic）。雖著荷蘭的經濟蓬勃發展、自由主義的思想與實踐，的確促使這個國家成長，但同時也為內部穩定帶來動盪。改變的腳步太快，讓許多人都希望一切能恢復到往常的狀態。

保守派追隨荷蘭貴族的決策，並特別推崇奧倫治家族的帶領。因為在獨立戰爭期間，奧倫治家族儼然就是愛國民族主義的化身。威廉一世（William the Silent）遭效忠哈布斯堡家族的天主教徒暗殺，人們將其視為烈士。這不僅奠定他國父的地位，也將奧倫治家族推向神話般的尊崇地位。不過，沒多久，奧倫治派與國家黨（States Party）之間就出現了分歧。國家黨的支持者是一群富裕的城市商人，他們有時也被稱為自由主義者。他們之中多數人並不一定是完全的民主主義者，但一定是自由主義者。他們的理念是支持菁英技術官僚制（technocracy），也就是說，他們認為國家應該交給像他們這樣明智且博學多聞的商人來統治。他們推崇的是更開放、擁抱現代國家活力的理念，並且毫無懷舊之情。

這兩個群體並非正式的政治黨派，而只是統治階級中的兩個派系。在十七世紀的最初十年中，獨立戰爭持續交鋒，雖然西班牙向荷蘭提出停戰，卻沒有一個永久解決的方案。當時國家黨希望接受這項協議，但奧倫治派主張繼續打仗。國家黨支持更具自由主義形式的喀爾文主義，奧倫治派則更堅信宗教的純粹性。國家黨較支持如公海自由與國際仲裁這類新概念，這些概念都是由「國際法之父」格勞秀斯（Hugo Grotius）這名知識份子所開創且支持的。有那麼一段時期，這個派系領導著全球歷史上前所未見最自由的政府。

對荷蘭沿海城市而言，這個政府一次次取得成功，讓製造業與航運業獲得愈來愈高的薪資。移民紛紛湧入荷蘭港口，只為尋找機會。不過，同時間，荷蘭的內陸與鄉村地區卻是艱苦不已。戰爭時期，要塞與堡壘的軍事花費帶動了鄉村地區的經濟。因此在與西班牙停戰後，他們要面臨經濟衰退與人口縮減的問題。伊斯雷爾說：「導致荷蘭大部分地區與內陸地區之間的活力旺盛程度產生急劇擴大的差距，並使鄉村地區物資匱乏與貧窮的程度惡化。」[36]

從文化角度來看，同業公會往往是喀爾文社會保守主義的堡壘，這在國家黨看來是落後的。從經濟的角度來看，他們尋求保護本國工業與貿易的法規，而自由主義國家黨認為這會造就低效益的經濟。這種緊張的關係終是在一六一○年時於烏特勒支爆發。當時，心懷不滿的同業公會奪取城市政府的控制權，並要求壟斷釀酒業與其他都市產業。由商人主導的本地立法機關向海牙自由主義領導層求助，於是他們便派遣軍隊來攻打同業公會成員。

這種因地理環境而導致的貧困小鎮與村落對大城市的不滿，在懷舊的情緒下變得愈發嚴重。獨立戰爭結束後，重新獲得的和平將使愛國民族主義者促進的社會凝聚力與共同目標逐漸瓦解。保守派喀爾文主義者紛紛懷念往日的美好時光，當時荷蘭共和國正對西班牙天主教異教徒發起一場正義之戰。現在，城市內到處都是非荷蘭裔的移民。每個人心心念念的好像只有累積財富，他們不在意對方是新教徒、天主教徒或猶太人，跟任何人都能做交易。就好像命運冥冥間自有安排，荷蘭保守派的心願終將實現。一場新戰爭即將展開。

自由主義的瀕死體驗

隨著自由主義在荷蘭崛起，不僅引發荷蘭保守派的反彈，更引起歐洲最強大的皇室——法國——的不滿。當時，法國實行專制中央集權，並主張這是一種有遠見的政治模式。他們認為像路易十四這樣「開明」的專制君王，能消除封建特權中的混亂與不理性元素，並打造出一個擁有國家官僚體系的現代國家。太陽王居於所有軌道的中央，他是一名毫無爭議的理性統治者，所有臣民都圍繞著他轉動。

荷蘭人象徵的是共和、包容與商業化。正因為這三項特質，路易十四極其厭惡他們。在他看來，荷蘭人是傲慢的反叛者與異教徒，他們的共和國制度更是歐洲政治體系的一顆毒瘤。對那些躲避宗教裁判所的流亡者，荷蘭人會與他們交流以增長專業知識，路易則是以鎮壓的手段對付宗教少數派，造成一場人道主義災難。在他長達七十年的統治期間，對法國雨格諾新教徒的壓迫日益嚴重，最終迫使至少十五萬人逃離法國。[37]這場大規模逃亡震驚了歐洲人的良知，因此衍生了難民（refugee）這個詞，其字源是法語的「*refugie*」。

包括笛卡兒在內的法國思想家以及持不同政見者，長期將阿姆斯特丹當成避風港。只要荷蘭繼續庇護路易在宗教與意識型態上的敵人，就等於是對法國皇權至上的統治模式造成持續威脅。於是路易做了那時代所有採絕對君主制的帝王會做的決定，他選擇利用戰爭來解決這個荷蘭問題。他侵略尼德蘭，就是想要迫使荷蘭人對他卑躬屈膝，並將多數土地割讓給法國。他想要的，是粉碎荷蘭共和國的大膽實驗。

一六七二年五月，一支龐大的法國軍隊踏上尼德蘭的土地。荷蘭的城市接連淪陷，路易十四得意洋洋地騎馬踏行烏特勒支的土地。荷蘭自由主義政府追求與法國保持和平，並堅持和諧自由貿易的政策，因為法國在戰爭伊始的連連勝利而信譽掃地。後來街頭暴民以私刑處死了共和國的國家黨領袖，致使領導層呈現真空狀態。而後，戰爭英雄威廉一世的曾孫威廉三世填補了這一空缺。

荷蘭共和國雖然倖存下來，卻付出了慘痛的代價。荷蘭人故意破壞堤防來製造出一條寬闊的護城河，成功阻止入侵的同時，卻也淹沒了他們數世紀以來辛勤開墾的土地。這種近乎自殺的手段成功拯救了尼德蘭，代價是破壞了大量土地。

荷蘭人後來將一六七二年稱為「*Rampjaar*」，意即「災難年」。從各個角度來講，這都代表著荷蘭黃金年代的落幕。自那之後，他們就一直生活在侵略的陰影之下。阿姆斯特丹失去了歐洲貿易與金融的主導地位，也不再是少數族群的首選避風港。

本來自由主義會在此終結，喪命於路易大軍的鐵蹄之下。然而，路易為了展現專制主義（absolutism）的強大力量而犯了致命錯誤。他在自由主義領導層倒臺後，居然選擇推當時僅二十二歲的威廉三世上位，並一心認為這名荷蘭王子會是聽話的傀儡君主。結果顯示，路易誤判了這名年輕的貴族少年。雖然威廉因為對君主制的偏好，使他在執政上相對於國家黨顯得較為保守，但他對立法機關保持寬容與尊重的態度，相比之下，他比歐洲政治舞臺上其他統治者更偏向自由主義。最終，這名擁有雄心壯志的荷蘭人加冕為英格蘭國王，讓自由主義荷蘭革命的影響在英吉利海峽彼岸萌芽。「光榮革命」讓荷蘭這場政治實驗在另一個強大的歐洲國家扎根。那個國家更在不久後成為現代第一個全球霸主。

第二章
光榮革命——英格蘭

英國人喜歡宣稱自一〇六六年征服者威廉（William the Conqueror）出現以來，此後再也沒人成功入侵過大不列顛島。這個說法並不全對。在一六八八年，另一位威廉——也就是威廉三世——便成功入侵了英格蘭。從那次荷蘭人入侵以來，至今約過了三百五十年，這個國家早已今非昔比。儘管該事件和最後的結果成為後人熟知的光榮革命（Glorious Revolution），但在許多現代人印象中，它是沒有流血衝突的、溫和的，甚至不具備革命特性，僅僅只是恢復英格蘭傳統的事件。英國歷史學家麥考萊（Thomas Macaulay）表示這是「具備嚴格防禦性的革命」（a revolution strictly defensive）。[1]事實上，儘管一六八八年的革命是以手段溫和而聞名，幾乎沒有對抗或流血衝突，但就其影響力而言，確實是一次革命。隨著英格蘭王國更大規模地採納荷蘭共和國的現代政治制度，並且接受多元主義，光榮革命也成功讓英荷融合。自由主義橫渡北海，在彼岸更大、更永久不變的新家落腳。

光榮革命確實是數項革命的集大成。首先，大約從十六世紀開始，整個北歐發生了好幾個世紀的經濟和認同革命。這些革命塑造了十七世紀的政治局勢，同時英格蘭在現代性的競爭想像之間搖擺不定。在一六八八年之後，英格蘭終於達成共識，採取不僵化，也非混亂無秩序的「金髮姑娘」（Goldilocks）中庸政府形式，讓整個國家躍升至全球主導位置，並重建世界。

英格蘭例外主義

不過，率先建立第一個現代共和國的荷蘭，是如何成為英格蘭國王的呢？

英格蘭的獨特歷史發展為實現荷蘭的制度和理念提供了豐富的養分。講述英格蘭的故事時，要和尼德蘭一樣從地理說起。

羅馬帝國的不列顛尼亞（Britannia）和歐洲大陸之間隔著英吉利海峽相望，向來就是距離義大利帝國中心最遙遠的行省之一，受到的治理形式也始終較為寬鬆。羅馬帝國的西部行省在西元五世紀淪陷時，「羅馬秩序在不列顛（Britain）瓦解的程度遠比其他地方更為劇烈。」[2]取而代之的，是和階級分明的羅馬體制截然不同的制度。英格蘭變得缺乏統一性，並陷入封建領地之間衝突不斷的混亂狀態。由於欠缺帝國結構，英格蘭成為權力的競爭中心，而正是這樣的相同特性撐起荷蘭的成功。政治權力由許多不同的團體和機關行使，其中最重要的是國會。

國會是經過長時間逐漸發展而成的制度。中世紀的英格蘭擁有強大的地方政府，組織成郡（shire）和自治鎮（borough）的小型自治單位。小封地合併成更大的王國後，國王便召集**賢人**（*witan*，古英語的「智者」）組成**賢人會議**（*witenagemots*，智者大會）[3]，以獲取建議及達成共識。在一〇六六年的諾曼征服（Norman conquest）後，這個做法經過修正並繼續沿用。接著到了一二一五年，貴族叛亂，並迫使專制的約翰王（King John）接受《大憲章》（Magna Carta）的規定，正式限制皇室權威。之後繼任的國王會定期召集貴族和神職人員，以協助加稅或法律事務。一二九五年，首次召開相對具有代議性質的議會。

議會的英文是「parliament」，源自於古法文的「*parler*」，意指「說話」，但不同於在歐洲大陸各地的法庭、地方會議（council）和階層會議（estate），中世紀英格蘭的議事集會不只是談公事的地方。議員並不只是國王的顧問，通常他們本身就是立法者。代議制議會不只是限制了王權，就某些方面來說，是加強了王權。透過正式機關取得國家菁英階級的支持，就能更加強對全國的治理。如同在尼德蘭，提高正當性可以轉換成更大的課稅權力，因此荷蘭黃金年代的稅收高於歐洲其他國家，而英格蘭可說是建立了世界上第一個有效的福利國家（welfare state），藉由通過《濟貧法》（Elizabethan Poor Law）向窮人提供救濟而非懲罰。從中世紀晚期到早期現代（大約是十四世紀至十七世紀），在法國、西班牙、德國和歐洲大陸各國，紛紛削弱或廢除了議事機關。歷史學家沃特·席代爾（Walter Scheidel）指出，儘管英格蘭國會的權力相當大，卻是做為「納稅人的共同體」（community of taxpayers）來運作，而非君王的個人財產。[4]

十四世紀中期爆發的黑死病（Black Death）為英格蘭的結構帶來特殊影響，使其變得更為平等。這場瘟疫在歐洲造成三〇—五〇%人口死亡，[5]直接使得勞動力變得更珍貴、減少土地和資本的重要性，平均收入也跟著提高。隨著人口恢復，歐洲大陸的多數國家在後瘟疫時期的攀升力道也逐漸減弱。但在英格蘭，基於學者激辯後仍無定論的原因，[6]黑死病使得一般農民和勞工的生活水準持續更提高，同時社會也加速接受「歐洲婚姻模式」（European marriage pattern），女性會選擇晚婚、減少生育，藉此避免回到自給式的生活。〔這種模式現在就稱為「人口轉型」（demographic transition），從秘魯到中國的現代化社會都出現過這個現象。〕瘟疫的整體影響力包括勞動人數減少、生產力提高、談判實力增強，因而賦予英格蘭平民更多權力，得以和貴族及地主鄉紳階級（gentry）抗衡。儘管平民尚未握有正式權力，但已經能對掌權者發揮影響力。

帶領英格蘭邁向現代化

英格蘭擁有的政治條件很適合進行自由化與現代化的革命。英格蘭在一六八八年之前建立的經濟結構，使得光榮革命得以成功。

就從羊毛開始說起吧。幾世紀以來，牧羊人透過平凡、粗糙扎人的羊毛所創造的利潤，更多於自給式的農業所得。早在十五世紀便開始的圈地運動起因就是羊毛，公有地在圈地運動中受到劃分、變成私有財產，而且多數土地都變更為牧羊的放牧場。圈地運動推動了更廣泛的轉變，將自給式的農業變成市場導向的農場經營。與此同時，施肥和耕作技術的創新也有助於最大程度地提高產量，以較少的土地生產更多的糧食。

隨著大規模的商業羊毛生產取代在個人土地上的農業經營，製造業較高的薪資也吸引失業農民移動到城市裡。放牧場擴大，農業產量也提高了，但更高的效率卻對農民造成痛苦；而這也提醒我們，經濟現代化向來是以社會破壞（social disruption）為代價。英格蘭透過圈地運動將中世紀穩定、安全且關係緊密的鄉村世界轉變為現代社會，儘管更富裕，卻不穩定、動盪不安且不平等。在全新的資本主義世界裡，製造財富至關重要，並不會被視為不體面的行為。買低賣高的「謹慎」（Prudence），以及儲蓄和積聚的「節制」（Temperance），都是重要的資產階級美德（bourgeois virtue）。[7] 此時的地主也不再是高高在上、保持距離的貴族。在過去，地主都是根據領主權利進行統治，而且只要蓬頭垢面的農民能按時繳納封建稅金，管理就會很寬鬆。鄉紳階級後來變得像是追求利潤的商人。就這點來看，英格蘭的鄉紳階級逐漸向屬於創業商人及工匠的新興資產階級靠攏。

於是，新現代經濟之下可能蒙受損失而不滿的兩種人，包括嫌棄銅臭味的領主，以及對市場保持懷疑的農民，便逐漸從這個社會結構中消失了。社會學家巴林頓．摩爾（Barrington Moore Jr.）在評論變革的程度時，提到「現代化可以在英格蘭持續進行」，而不會受制於「龐大的保守和反動勢力」，這點和其他地方不同。[8]儘管英格蘭的鄉紳階級或許仍會提防新式的工業投資活動，卻不會積極反對。[9]事實上，他們還經常為運河、碼頭和礦井等基礎建設提供資金，間接地促成工業化持續發展。

英格蘭的都市化比起歐洲其他國家更普及，這是有助於英格蘭現代化的另一項結構性因素。英格蘭有許多獨特的城市，也會利用各自特有的經濟優勢蓬勃發展，而不是只有以首都為主的大都會。例如諾里奇、科爾切斯特和曼徹斯特都是生產紡織品的城市，格洛斯特製造別針，伯明罕鍛造金屬工具，新堡則以開採煤礦為主。儘管倫敦是有影響力的首都，卻沒有像巴黎主宰法國各省那樣地支配英格蘭各郡（也不像倫敦在二十一世紀統治已經掏空的後工業化英國）。

英格蘭的經濟活力也不是只展現在都會地區。鄉村開始變得繁榮與現代化，加入這個顯示工業化雛型的發展熱潮，大量的磨坊、礦坑和工廠紛紛出現在英格蘭各地鄉村。到了十八世紀初，約有四成的英格蘭鄉村勞動者是從事非農業工作，[10]其中以礦業和製造業特別受歡迎。有了能參與議會治理的中產階級，以及為工業化做好準備的經濟體，這些經濟進步一起創造出幫助英格蘭快速進入未來的踏板。

從改革到革命

儘管英格蘭的結構條件相當有利於追隨荷蘭模式，但事實證明，那條道路一點都不平順。英格蘭的政治史發展就和荷蘭的一樣，都因為新教改革而產生引人注目的結果。一五三四年，亨利八世（Henry VIII）為了離婚而和教宗決裂，新的英格蘭國教會（Church of England）不再聽從羅馬教廷的指示。這項決定造成的廣泛影響遠遠超出了亨利八世的感情生活。在短期方面，君主制透過吸納教會財產，並由國家控制宗教階級制度，權力變得更大了。就長期面向而言，英格蘭宗教改革（English Reformation）鼓勵教區居民質疑權威，而這會對君主制不利。

到了十七世紀，英格蘭分裂成兩派，一派支持採行類似天主教法國的絕對君主制，另一派則支持成為類似新教尼德蘭的分權治理共和國。兩種模式都有合理的論據。英王查理一世（King Charles I）是專制主義者（absolutist），理所當然更偏向法國制度，而他迎娶的天主教法國女子也正好是法王路易十三（King Louis XIII）的妹妹。

查理一世展開看似對天主教階級制度有利的宗教改革，因而更加深了這些懷疑。同時，他在一六三〇年代，未經國會同意便專橫地展開各種加稅計畫；而過去的幾個世紀裡，類似的行動策略便曾引發反叛。查理一世和國會之間長期不和，最終導致一六四二年爆發流血衝突事件。在英格蘭內戰（English Civil War）中，有八分之一的英格蘭男性參戰，[11]造成共十五萬人死亡，[12]最後以議會軍隊的勝利告終。[13]一六四九年，查理一世遭到斬首，君主制被廢除，並宣告建立共和國，而這也是英國歷史上第一個及唯一的共和國。

英格蘭共和時代被歷史記上一筆，是因其嚴厲的鎮壓，而非其人文主義與民主制度。查理一世遭到處死，引發一連串逐步升級的激進主義行動與政治內鬥。這個由暴力引起的混亂狀態釋放出許多**非自由主義**勢力，例如強硬派的清教徒就獲得更多權力，而他們的目標是要在社會上強制實行更嚴格的喀爾文派神權政體。他們禁止戲劇，連莎士比亞（Shakespeare）也禁！他們將戲劇視為充滿「淫亂笑鬧和輕浮」的「尋歡作樂表演」。[14]早在福斯新聞（Fox News）發出警訊提醒眾人的幾個世紀之前，這些掃興的清教徒就向耶誕節宣戰，抨擊那是墮落、不莊重的異教徒節日。清教徒對戲劇演出、歌唱、舞蹈、聚會或任何娛樂形式進行不間斷的文化戰爭，傷害了這個新政權的聲望。對這種永無止盡的審查制度與文化控制的鄙棄，為一六八八年更溫和許多的自由主義革命奠定了良好的基礎。

清教徒的統治激發了反彈。貴族和宗教保守派支持王室對抗國會，組成軍隊捍衛國王，並在查理一世人頭落地後將他的繼承人偷偷送到國外。清教徒將保皇派戲稱為「騎士黨」（Cavalier），這個稱號隱含「騎士精神」（chivalry）的意義，而事實上，保皇派確實會令人回想起屬於騎士和貴族女性、充滿宴會和盛典的中世紀英格蘭。騎士黨欣賞基督教階級制度、儀式和排場，形式上屬於英格蘭聖公會（Anglican），實際上則偏向天主教。他們享受美酒、美女和歌曲，而且都有一頭長髮，恰與留著陰沉碗蓋頭髮型、有「圓顱黨」（Roundhead）之稱的清教徒互為對比。（在現代，這種人就叫做「老古板」。）

圓顱黨實行嚴格且節儉的統治，[15]不只是在日常事務方面如此，在更廣泛的治理方法上也一樣。共和國很快就在奧立佛·克倫威爾（Oliver Cromwell）的領導下逐漸轉變為軍事獨裁。克倫威爾對太自私又嚴重拖延的立法者感到灰心，因此以武力脅迫解散國會，並取得護國公（Lord Protector）的頭銜。克倫威爾在一六五八年過世，最終迎來了反革命（counterrevolution）。克倫威爾的兒子繼承了他的位置，但很快就被迫下臺。

死忠的保皇派與溫和派議員聯手終結了英格蘭的政治實驗。他們讓查理一世的兒子查理二世（Charles II）重登王位，恢復了君主制。新國王獲得有騎士國會（Cavalier Parliament）之稱的極保守派議會支持，開始著手撤銷在空位期（Interregnum）執行的大多數事項。新任統治者多數時候都很寬宏大量，赦免曾經反對查理一世或曾參與之後政權的人，但參與處決查理一世的人都受到了嚴懲。[16]有一小部分的人被處以五馬分屍之刑，克倫威爾的遺體更被挖掘出來，吊起後斬首。

長時間過後，查理二世和國會之間的衝突也愈來愈頻繁，但整體而言，他不僅重新安定國家，也再次確立了君主制的權力。他在位二十五年，也樂在其中，甚至還得到快樂君主（Merry Monarch）的稱號。查理二世於一六八五年壽終正寢，頭也好好地掛在脖子上。

專制主義回歸

遺憾的是，查理二世逝世也代表他的弟弟詹姆士二世（James II）會繼承王位。儘管查理二世和父親的名字一樣，但詹姆士才是真正和查理一世有著相像性格的人。詹姆士也渴望實行和法國一樣的絕對君主制。查理一世還只是有私下信奉天主教的嫌疑，詹姆士卻是光明正大地信奉天主教。國會和國王之間已準備好再次展開角力了。

在詹姆士登基之前，他的宗教信仰就曾引起反對意見。國會中屬於圓顱黨但態度較不激進的一派，基於宗教信仰的理由，希望將詹姆士排除在繼承順位以外。該提議引發查理二世和國會之間最大的爭執。反對詹姆士最終繼位的團體就是後來所謂的輝格黨（Whig），而支持繼位計畫的派系就是過去的騎士黨，後來被稱為托利黨（Tory）。儘管最後由托利黨獲勝，但他們當中的許多人後來也後悔當初支持詹姆士繼位。

詹姆士登基後，很快便引起反彈，因為他企圖以高壓手段迫使國會遵從他的意思，並且頒布法令實行親天主教（pro-Catholic）政策。從貴族、神職人員、商人到平民，各階層都出現對詹姆士政權的反抗。一六八八年，英國各地爆發數起小規模的起義，詹姆士嗜血的敵人也察覺有可趁之機。

不過整件事的發展就是從這裡開始出現變化，而不是直接惡化成另一次全面開戰的內戰。一群包含輝格黨和托利黨的英格蘭貴族力促奧倫治親王威廉三世入侵英格蘭，奪取政權。這個計畫其實有一定的道理。威廉的妻子是信奉新教的瑪麗・斯圖亞特（Mary Stuart），她是詹姆士的女兒，因此嚴格說來也在繼承順位裡；不過這是漫長的英荷對抗故事裡，令人出乎意料的劇情轉折。

或許有人會將英荷融合視為理所當然，畢竟英荷兩國都是有著強大議會傳統的受迫害新教勢力，兩國都在對抗西班牙艦隊，也因為天主教的專制而飽受威脅。不過，這兩個北海的海軍強權不但沒有聯手，反而展開長達數十年的激烈競爭，甚至是彼此敵對。在奧倫治親王威廉三世成為英格蘭國王後，他終於結束了這場衝突。他也帶來了荷蘭政治和商業的革命性創新。

在光榮革命之前，英格蘭長期對荷蘭在經濟上的成就心懷怨恨。為什麼英格蘭必須將羊毛運送到尼德蘭紡紗、編織？為什麼盛氣淩人的荷蘭共和國在對世界各地造成重大破壞後，竟然還能成為全球貿易樞紐？荷蘭東印度公司就像現代的企業集團一樣不講情面，企業掠奪者是真的很凶殘。一六二三年，一座小島上的荷蘭東印度公司總督下令刑求並處死十名為英國東印度公司（English East India Company）工作、試圖破壞荷蘭對印尼貿易壟斷的商人。這件史稱安汶大屠殺（Amboyna massacre）的暴行在英格蘭引起強烈抗議，並激發對荷蘭歌曲、戲劇和詩詞的抵制。一六五三年在倫敦印製的一本小手冊，深刻地表達了對荷蘭人的憎恨：「荷蘭人的起源或血緣關係，顯示他們最初都是從馬糞中繁殖及演變而來。」[17]

第二次英荷戰爭（Second Anglo-Dutch War）期間，荷蘭人在一六六七年夏天的突襲是英格蘭人最不堪回首的時刻。荷蘭艦隊終於從倫敦附近的麥德威河離開時，留下了一路的斷垣殘壁，也在每位英格蘭人心中烙下恐懼。英格蘭幾乎耗盡國庫，只能薄弱地防禦英格蘭皇家海軍的主要船塢。大量英格蘭船艦遭擊沉，有一些是荷蘭的傑作，但也有許多是英格蘭人刻意自行擊沉，為了封鎖水道，阻止進攻；全是白費工夫。荷蘭人帶走英格蘭指揮艦查理國王號（*Royal Charles*）當作戰利品，一同奪走的還有同名在位國王查理二世的尊嚴。有消息指出荷蘭人正在對其他港口造成威脅時，一位英格蘭海軍軍官突然大聲怒斥：「我對上帝發誓，荷蘭人一定是從惡魔糞坑裡來的。」[18]日記作家山繆．皮普斯（Samuel Pepys）本身是海軍行政官，他對當時情形的描述比較就事論事，他寫道：「因此，在包括智慧、勇氣、力量、對英格蘭河流的知識，以及成功等所有面向，荷蘭都優於我們，而且也是以他們的大獲全勝來結束戰爭。」[19]

在整個十七世紀，英格蘭和尼德蘭互相對彼此的貨物課關稅、剝削另一方的商人和漁民，而且共開戰三次。在最後一次的英荷戰爭中，新阿姆斯特丹（New Amsterdam）更名成紐約（New York）。在這段時期為了嘲弄荷蘭而出現的用語，有些一直沿用到現在，例如：「go Dutch」是源於荷蘭人會吝嗇地分攤帳單，意指「各付各的」；「Dutch courage」則源自荷蘭人靠喝酒壯膽，是「酒後之勇」的意思。

儘管貿易戰和實際交火的戰爭頻繁，許多荷蘭人和英格蘭人還是領悟到和解勢在必行。主要是因為兩國都面臨到路易十四領導下的法國不斷擴張領土所帶來的生存威脅。和平貿易讓英荷兩國都受惠，並讓他們有機會發展各自的經濟，以及對抗共同的敵人。英格蘭政治領袖了解英荷結盟的長期重要性，便抓緊詹姆士二世不得民心的機會，開始籌募資金，並在荷蘭共和國各地港口集結軍隊。他們計畫了一次大膽的行動。荷蘭艦隊會從尼德蘭派出一支入侵部隊，是由荷蘭軍隊和英格蘭及蘇格蘭流亡士兵所組成，並由對英格蘭政府不滿的貴族和商人帶領。[20]在天氣和運氣的雙重幫助下，英荷艦隊一登陸，詹姆士二世的多數軍隊就叛變了。試圖成為英格蘭專制國王的詹姆士二世逃走，最後靠著路易十四的庇護，在法國宮殿裡度過餘生。

威廉與瑪麗不戰而屈人之兵，占領了倫敦，至此，荷蘭省督（Stadtholder）與其妻直接加冕為國王與王后。光榮革命成功獲勝。這是英國史上首次新皇室成員依國會法案獲得權力，得以成為**君主立憲制**的君主。英格蘭政治現代化在此刻出現轉捩點。[21]雖然一六八八年的這場革命具備了一些由下而上的特徵，但無法掩蓋它主要是由菁英群體推動的事實，英格蘭距離成為民主國家還有一段距離。不過政治參與的範圍明顯擴大。英格蘭自那時起就由社會菁英階級統治，皇室則已然退場。

威廉本人是英荷融合的最佳體現，既有自由主義的靈魂，又有其矛盾之處。在成為英格蘭國王之前，他在荷蘭政體中偏向支持保守派，且遭支持自由主義的對手排除在權力中心外。因為反君主制與行政權至上，國家黨形成威廉成為荷蘭省督路上的阻礙。然而，威廉是一名機智無情的政治操控者。他煽動民粹主義者對其國內對手的厭惡感，最終坐上這個位置。他把對手描繪成支持法國的叛國者，且在暴民於奧倫治街頭謀殺他的主要對手時視而不見。一六八八年，威廉再次毫不猶豫地選擇利用更黑暗且不自由的力量。他利用反天主教的偏見獲得英格蘭民眾的支持，並放任支持者宣揚如「愛爾蘭恐懼」（Irish Fright）這類陰謀論，指責邪惡的詹姆士國王招來數千愛爾蘭士兵屠殺英國新教徒。但在威廉的政府成功接管權力後，卻馬上轉向支持宗教寬容與議會統治，為我們所知的現代英國奠定基礎。

身分政治與兩黨合作

英格蘭的宗教與政治經歷數十年衝突後，在一六八八年趨向緩和。局勢穩定後，英國得以朝鞏固國家身分認同發展，並將自己定位成利益至上的實用主義（pragmatic）國家。諷刺的是，英國的祕訣是採用荷蘭推行的觀念與制度，將英國社會重新鍛造成堅不可摧的結構。回過頭去看一六八八年的事件，普遍的解釋是，讓詹姆士二世這個天主教統治者來統治新教徒國家，不難想像失敗的結局早已注定。不過歷史學家史蒂文．平卡斯（Steven Pincus）卻有不同看法，他不贊同光榮革命完全是由宗派偏見（sectarian bigotry）推動的觀點。宗教在這其中的確扮演重要角色。但也有許多英國天主教徒參與推翻詹姆士的統治。他們都是與詹姆士有共同信仰，卻不滿詹姆士法式專制主義（absolutism）的人。平卡斯總結道，「英國人自那時開始，已經開始超越身分政治」[22]——他指的是宗教認同。

光榮革命期間，保守主義托利黨與自由主義輝格黨達成共識，為免英格蘭陷入混亂，他們拒絕接受天主教專制主義或激進共和主義這兩種極端。兩黨於一六八九年時通過《權利法案》（Bill of Rights），要求威廉與瑪麗承認議會與人民享有某些特權。由於仍由國王與女王統治，新政權顯然沒有完全採用荷蘭共和國的政治結構。不過從當時的時空來看，這是較好的選擇。英國人得以同時獲得魚與熊掌：具領袖精神的君主帶來穩定性，而權力中心內的交鋒則能夠限制君主權威，帶來自由與活力。這個制度讓資助英格蘭走向成功的獲利資產階級擁有權力，並能藉由「群眾智慧」（crowdsource）得出最佳政策，最後再以政治互相妥協的方式找出行動方案。[23]英格蘭的商人階級力量崛起，成為在現代化的道路上穩定國家的基石。

光榮革命並非讓某個黨永久獨攬大權。而是讓**兩黨**從危險的政治極端中脫身。這不代表輝格黨與托利黨就此不再有任何分歧。當然還是會有，比如輝格黨攻擊托利黨是天主教暴君，托利黨則攻擊輝格黨是弒君的清教徒。但雙方還是找到了一些關鍵的共識。其中最重要的，或許就是他們都承認議會是管理王室財務的核心角色。立法機構牢固地把持英格蘭的財政大權，因此不論國內、外債權人都能相信英格蘭會償還債務。[24]輝格黨與托利黨在經濟政策方面可能有不同意見，前者支持製造業而後者支持鄉紳階級，但他們都承認只有英格蘭的整體繁榮才有利於國家利益，[25]在這點面前，不論是王朝榮耀或宗教狂熱都必須讓步。

英格蘭人在宗教方面也效仿荷蘭的做法，他們接受多元主義而非強制一致化。一六八九年的《寬容法令》（Act of Toleration）將荷蘭式宗教寬容的影響力推行到全英格蘭，不過內容僅包括新教徒，並不涉及天主教徒。[26]當宗教不再是主要政治分歧後，天主教或嚴苛清教徒的統治就變得無法想像。雖然在進入公職體系或上大學方面還有一些限制，但不信奉英格蘭國教會的新教徒，包括浸信會（Baptists）與循道宗（Methodists）等宗教團體，都能與英格蘭國教會一樣穩定發展，從此不再被看做是政治威脅。英格蘭至此成為一個穩定的新教國家，且不再因宗教內鬨而發生混亂。這也帶來正面的影響，由於支持思想多元者變得更普遍，英格蘭取代了尼德蘭，成為開創性思考觀點的交流聖地。這樣的英格蘭培育出牛頓（Isaac Newton）與洛克（John Locke）等人才。而且，洛克其實是在光榮革命後才得以結束在尼德蘭的流亡，返回家鄉。

整個歐洲都看到了英格蘭的新政穩定與文化寬容。來自阿姆斯特丹的金融家在倫敦開店，荷蘭政治家也隨威廉移居英格蘭，提供外交政策與經濟政策方面的建議給這名新任君王。從一六八八年後的移民模式就能看出英格蘭在某些方面明顯優於荷蘭。法國的雨格諾新教徒在選擇避難所時，也更願意前往英格蘭而非尼德蘭。他們將積蓄存放於新建立的英格蘭銀行。[27]這個機構是英格蘭國會在一六九四年時建立的，意圖模仿阿姆斯特丹銀行的成功模式。其中約有一五%的啟動資金來自法國的雨格諾新教徒，[28]且在創始章程中也記載著許多雨格諾新教徒的姓氏。[29]

光榮革命象徵三個關鍵發展。其一，就像現代企業合併般，它融合了荷蘭與英國帝國的貿易與海軍利益。其二，在英國政治方面有所緩和，兩黨休戰，不再追求保皇派與極端共和政治，共同達成新共識。其三，得以落實荷蘭自由主義，尤其提升經濟領域發展，至此英國確立選擇荷蘭商業現代化的體系，而非法國的專制集權。

到十八世紀初，英國已經遠超荷蘭。後續的幾年中，他們朝工業化的道路勇往直前，領先優勢日益擴大。

小分流與大分流

經濟歷史學家提到人類經濟現狀的兩次「分流」（divergence）。十七世紀的英荷經濟奇蹟是「小分流」（Little Divergence），這兩個北海經濟體找到新出路，從其他歐洲國家的停滯中脫身而出。後來出現「大分流」（Great Divergence），十九世紀的西方國家在經濟、技術與地緣政治影響力有所提升，因此得以征服全球其他強大的國家。這次的分流由工業化的英格蘭領導，並使其在一七〇七年時征服蘇格蘭，成為不列顛。至於曾經走在先鋒的尼德蘭，卻陷入了停滯狀態。

不列顛不僅在採用荷蘭共和國的現代化模式後蓬勃發展，更是直接青出於藍地將荷蘭狠狠甩在後頭。那麼為什麼不列顛可以持續取得成功，而尼德蘭卻就此停滯不前？

從根本上來講，是因為荷蘭人故步自封。他們在商業方面的確有相當繁榮的表現，有運河、公司及支持商業發展的公民精神，但他們在**工業**經濟方面卻遠遠落後。荷蘭的風車與水車在當時來講非常先進，但這類型的能源與煤炭及蒸汽相比則略顯不足。荷蘭人長期稱霸紡織業，但不列顛的工廠開始使用煤炭燃料後就打敗了荷蘭。荷蘭在礦業與金屬加工業等技術領域顯然不占優勢，但這正是不列顛的強項，更是工業革命的基石。最重要的是，由於不列顛建立在一座遠離歐洲的島嶼上，因此相比尼德蘭，不必直接受到歐洲大陸的軍事威脅。由於不列顛坐落在相對穩定的地理位置，他們得以安全借鑑荷蘭包括股票市場、跨國公司、企業家精神與全球貿易等創新特點，在完善後更廣泛且大規模地推行至整個社會。在光榮革命時期，英格蘭的勞動力數量已達荷蘭的兩倍以上。後來又合併了蘇格蘭，於是工業化蓬勃發展且人口得以成長，因此這種差距只會隨著時間日益擴大。

在十八世紀中，荷蘭與不列顛相比，早已失去曾經的技術與經濟優勢。彼時的荷蘭在軍事上面臨法國威脅，貿易上又遇他國關稅壓力，於是荷蘭共和國採取保護主義措施，就這樣落入這個常見陷阱。這個曾經的自由貿易王者現在卻為了保護國內製造業免受競爭影響，主動限制荷蘭的技術流通。[30]這就像是威尼斯的故事再次重演。

與此同時，北海沿岸國家的中世紀同業公會徹底消失，荷蘭的城市卻反而想加強限制本國的公會制度，甚至打算建立新公會。[31]尼德蘭的在職官員、地方菁英與特殊利益者合謀，欲阻止從國外引進任何新工業技術，就是為了避免那些技術影響他們傳統生計的穩定。這些措施不但全部無法拯救荷蘭，反而將技術領先的地位讓給了不列顛。

就從這一刻起，尼德蘭再也不是曾經的那個鬥志昂揚的競爭者，這個國家也不再是歡迎新觀點、工業與技術的地方。它成為一個向後退步的國家。當時尼德蘭的主要政治氛圍，是集體懷念曾經繁榮而偉大的年代。這會成為歷史中常見的故事，快速進步後發生混亂，接著就是大家一起懷念過往黃金年代的虛假記憶。

擁抱全球資本主義

當荷蘭商業主義與英國的影響力完全結合時，就能說這一刻起中世紀正式成為過往。「價值」必須單純以英鎊和先令來衡量，且不再與貴族階級或宗教純粹度相關。舊有的中世紀階級制度逐漸退出舞臺，由逐漸興起的權力、地位及財富這些可衡量的標準取代。我們無法替基督教德行或騎士精神定價，但我們能從錢包重量衡量出金錢多寡。根據英國歷史學家梅因（Henry Maine）的說法，世界從此刻起由「地位」（status）世界轉型為「契約」（contract）世界，並且是現代由自主個人組成社會結構的重要基石。[32]

隨著契約世界發展，英語的影響力也加深。英語讓不列顛群島內擁有具包容性的民族主義及共有的身分認同。現今世界中，自由主義者通常把民族主義看做破壞國際關係的有害物。但在早期現代，民族主義通常具有**建設性**的觀點，能將混亂的中世紀拼湊物整合成更強而有力的整體。蘇格蘭依一七〇七年的《聯合法案》（Act of Union）併入英格蘭，並推行了語言一致化。而後隨著市場發展，英語也流傳到威爾斯及蘇格蘭的蓋爾語地區。大不列顛的人民並非被迫，而是自動自發地選擇有利於商業發展的英語做為主要語言。不列顛帝國海外地區的臣民會嘲笑那些被派遣到海外進行統治的軍隊與執政官，說他們是傲慢的「英格蘭人」（Englishmen），不過其實他們都出自蘇格蘭。原本不大的英格蘭靠著英語及共同的帝國計畫，促進共有國家身分認同的建立，就此打造出了大不列顛，同時更推動英語成為全球通用語，不但在過去幾個世紀持續使用，並在近幾十年日益強大。

不列顛民眾有了共通語言及企業家的身分認同後，他們開始對不列顛群島外的世界感興趣。這種轉變甚至體現在「早餐」這件事上。中世紀的農民與工人根本沒有時間或金錢去買早上起床後要喝的飲品，而現在，每個不列顛人都會以中國的茶搭配加勒比的糖來展開新的一天。美國人類學家西敏司（Sidney Mintz）認為，英國茶文化的出現象徵「整個社會的轉型」，第一口茶的出現就像亞當初次咬下蘋果，[33]就此引起資本主義與全球化崛起。

不列顛與其他強國不同，當地的消費欲望不僅限於菁英擁有。由於可支配收入（disposable income）增加，因此英國的窮人或勞工階級也能享受到自由市場的結果。十八世紀末，每個英格蘭人每天攝取約二四五〇卡的熱量，[34]而當時的法國人僅攝取約一八五〇卡。不列顛工人的薪資比歐洲其他地區的工人還高，甚至遠超出亞洲與非洲工人的所得。因此他們的物資之豐是顯而易見。英國小說家暨經濟學家丹尼爾．笛福（Daniel Defoe）曾在一七二六年寫道：

> 英格蘭製造業的工人飲食優渥，[35]生活與歐洲其他國家做工的窮人相比也好很多。他們工作所得的薪資很高，因此花在服飾與飲食上的金錢遠超其他國家。

當代歷史學家也同意這個說法。根據計算，日趨興盛的不列顛每年徵收的稅收中，有六到八成是來自針對新消費物徵收的關稅與消費稅。[36]這些通常是對普通民眾而言可負擔又能帶來小確幸的物品，包括糖、茶、咖啡與菸草。由於可支配收入與消費的增加，稅收自然也隨之上升。自　五〇〇年到一七八〇年代間，西班牙的每人平均稅收提升三倍，法國是五倍，然而在英格蘭卻提升了十倍之多。[37]不列顛政府意識到，維持長期成功的關鍵在於維持穩定的戰爭資金。因此他們做了所有明智的商業公司都會做的事——再投資（reinvest）。不列顛為了維持海上貿易的開放，於是打造出世界最強且最全球化的海軍。

不列顛皇家海軍跟一世紀前的荷蘭海軍一樣，隨著航程擴展而不斷創新。不列顛的造船計畫可謂推動了世界首個軍工複合體的誕生。大型鐵工廠仰賴著製造大砲的國防合約蓬勃發展。工廠內使用高爐燃煤，促使世界誕生出第一臺從礦井中抽水的蒸汽機。不列顛的競爭對手因為缺乏相近技術與財力，只得退出競爭舞臺，而不列顛海軍則取得壓倒性的軍事優勢。十九世紀末，皇家海軍的船隻數量已龐大到其他國家船隻加起來才堪堪相比。[38]

從這些例子來看，就能知道為什麼不列顛治世（Pax Britannica）會比荷蘭治世更具影響力也更持久。至於在保護海上貿易安全方面，不列顛完善了由荷蘭人開始的事情。雖然不列顛會利用皇家海軍對付外敵，但他們的主要力量是用來鎮壓破壞和平商業往來的海盜，與那些不懸掛聯合旗（Union Jack）的船。從這點上來看，不列顛的重商主義程度明顯低於同時期的其他國家。不列顛透過海軍擴展其世界版圖，並利用大砲炸開無數新市場，比如對中國的鴉片戰爭就是一例，此後，不列顛最終接受並鼓勵自由貿易。多虧了皇家海軍，不列顛的經濟影響力遍布全球。這個英荷奇蹟的足跡全球可見。

輝格史觀？

那些描述幾世紀以來物質條件與個人自由改善的學者，經常被批評為是「輝格史觀」（Whig history）的支持者。這個詞是由輝格黨創造的，他們的成員後來總結光榮革命時，稱其為一股勢不可擋的進步風潮，卻忽略進步中遇到的挫折與那些遭踐踏的人民。不過，現在輝格史觀演變成樂觀主義者的學派，他們認為現代政治與經濟發展自一六八八年展開後，英國甚至全球各國的每一方面都有所提升，包括身體、品德與智慧。[39]從這個角度來看，代議民主（representative democracy）與工業資本主義（industrial capitalism）是人類歷史中的重要發展，而我們應該慶幸自己是出生在現代社會的幸運之人。這個學派現代的代表人物包括平克（Steven Pinker）與瑞德利（Matt Ridley）。

如今，輝格史觀在學院裡已然過時。我們都知道歷史有其複雜性，所謂的進步更是難以衡量，畢竟放眼近幾年，仍還是有許多群體活在苦難之中。這些都是事實，但我們也不能忘記，對早期現代社會來講，這種持續進步的觀點是前所未有。科學、技術與工業在十六世紀至十七世紀間興起，與過去形成了明顯的分野。「進步」（Progress）隨時間發展，這在近代史上是事實而非理論。我與輝格史觀歷史學家的不同之處在於，我認為英荷發展軌跡並非必然或自動發生，而是從舊發展趨勢中分流出的一條岔路。自由主義在歐洲的發展，本來有可能因為路易十四或其他推崇專制主義的暴君而消亡。也有可能在荷蘭就掀不起任何波瀾，自然也就不會傳播至英格蘭。換句話說，代議民主、資本主義，甚至古典自由主義與現代性，都有可能在發展初期被扼殺。羅馬帝國滅亡後，歐洲陷入數世紀的黑暗時代，不僅失去科學與工程基礎知識，甚至連政治組織也難見。站在現代的角度很難想像會發生這種事情。不過即使是現代的自由主義民主也可能會衰退，甚至因民粹主義、煽動行為與科技應用而遭破壞。

從歷史的角度來看，荷蘭革命與光榮革命都取得成功並得以持續。應該說，這些動盪雖造就成功革命的誕生，但也是在替往後的失敗革命鋪路。荷蘭與英格蘭的政治機構是由下而上地推動改革，以適應現代化社會的需求。雖然菁英階級擔任主導的角色，但在推動政治轉型（political transformation）的期間，他們選擇順應潛在的經濟變遷與身分認同變動。在一七七六年的幾年前，美國殖民地定居者重提一六八八年的《權利法案》精神，並要求擁有「身為英國人應有的權利」。當然，這場不服從事件最後在不列顛對手法國的支持下，演變成爭取美國獨立的抗爭。

不過，支持美國獨立戰爭的代價，致使法國君主破產並陷入危機。十八世紀的最後幾年，法國領導者受到美國前輩靈感啟發，於是推翻了他們的國王。不過他們卻不滿足於改革，而是想來場由上而下的革命，他們試圖將現代化強行實現在一個尚未準備好迎接這種激烈變革的社會中。這個行動以慘敗落幕，而其造成的後續影響卻餘波不斷。

第三章
失敗的革命——法國

憤怒的暴民襲擊首都，直闖進立法機關。因領導者缺乏正當性而累積的民怨，在醞釀數幾個月之後，最終演變成激烈暴動。建築物裡的警衛寡不敵眾，也從未預期會遭遇如此龐大規模的群眾暴動，他們急切地把門閂上，希望將入侵群眾阻擋在外。事實證明，數量龐大又堅決不放棄的群眾根本擋不了。門口的亂鬥變得一發不可收拾。在混亂激鬥之中，無計可施的警衛朝入侵群眾開槍，有一些被激怒的暴徒將警衛毆打至死。暴動者突然衝向躲在議會裡的政治家，毫無防備的立法官員嚇壞了，紛紛驚恐地四處奔逃。

以上描述的可不是二〇二一年一月六日發生在美國華盛頓特區的情景，而是一七九二年八月十日的巴黎。當時遭民眾突襲的權力中心是杜樂麗宮，法國大革命腥風血雨的黑暗時期也就此展開。事實上，在發生暴動的兩個月前，法王路易十六才剛在另一群人的脅迫下戴上在革命時期象徵自由的紅色帽子，只差在這頂帽子上沒有印著「讓美國再次偉大」的標語。路易十六手上被強行塞了一杯酒，為國民的健康乾一杯。他戒慎恐懼地啜飲一

右）路易十六戴上紅色帽子，高喊「國民萬歲」（Long Live the Nation）。
左）平民強迫路易十六戴上「紅色帽子」。

口，情非得已地喊出：「**國民萬歲！**」（*Vive la nation!*）想藉此平息暴民怒火。

二十一世紀的民粹主義無法簡單地對應法國大革命混亂的派系政治。但如今，法國大革命的影響透過極化和極端主義，在歷史中延續下去。許多國家的左右派人士各自會使用「革命」一詞形容自己，不過法國大革命完全不是修辭學上的比喻，而是激進的意識型態支持者強行對過時社會推動迅速而猛烈的變革時，確實發生的血淋淋史實。法國的變革最終是壯烈地慘敗，而且餘波盪漾。

法國大革命的主要結構一點都不特別。一七八九年，破產的法王路易十六需要稅收來補充國庫，因此召集已經解散很久的諮詢議會。不過在這樣不具代表性，也沒有權力的機關中，平民不願淪為盲目批准財政改革的橡皮圖章，反而宣布成立一個更具代表性的新立法機構，並要求制定成文憲法。憤怒的公民團結一致地走上巴黎街頭，顯示街頭暴民是革命的政治力量。這個立法機關除了廢除法國各地的封建制度，也削弱國王的權力。眼看著全新的民主時代就要來臨。

這樣的期盼終究落空了。面對這個情況，滿是擔憂的奧地利和普魯士入侵了法國。整個巴黎陷入恐慌及不安的氛圍，革命領袖將法王路易送上剛做好的斷頭臺，揭開後世所謂恐怖統治（Reign of Terror）時期的一連串屠殺。馬克西米連．羅伯斯庇爾（Maximilien Robespierre）帶領的激進派奪得政權，並譴責所有的對手都是叛徒。原本對民主和言論自由的爭取急轉直下，成為毫無節制的激進主義迫害。

在這團混亂的無秩序當中，出現了充滿領袖風範的年輕將軍拿破崙．波拿巴（Napoleon Bonaparte）。拿破崙在一七九九年掌權後，讓法國蛻變為偉大帝國，所向披靡地一一擊潰敵國聯軍。有一度，從西班牙到波蘭都是拿破崙的統治範圍。不過一八一二年入侵俄羅斯失敗後，也終結了他的統治時代。一八一五年，另一位路易復辟，法國大革命理想主義的夢想也看似走到盡頭。

這當中究竟出了什麼差錯？首先，透過法國大革命，可以看出當革命不是社會、經濟和技術廣泛改變的自然產物，而是由政治領導者強行推動時，可能會造成危險。法國的領導者企圖透過法令，由上而下地對幾乎還沒準備好的國家強行實現現代性和啟蒙。這裡有個核心問題：現代性的發展需要費時數十年甚至是數百年才能完成。在自由主義已經扎根的國家裡，現代性都是在例如尼德蘭的市政廳和商會裡，或是在英格蘭的議會委員會及合股公司這類場所裡，一點一滴地零星發展起來的。它是透過社會由下而上的經濟和技術轉型過程逐漸茁壯，並且和可以駕馭這些新潮流的熟練領導能力相輔相成。荷蘭和英格蘭的領導者在明確地改革國家的政治體系時，大多是實施、加強在政治表面底下，**早已**在社會中發生的轉變，最後再制定成法律。法國的革命領導者不同於尼德蘭及英格蘭的革命領袖，他們想要一次到位地重建社會。他們並非由下而上，而是由上而下地推行。

透過法國大革命，也顯示訴諸特定的身分認同類型很容易就會失控。當每個人只能被劃分為愛國者或叛國者時，必然會有人要人頭落地。法國大革命的極端主義、極化和身分政治，恰好和荷蘭及英格蘭兩國革命中的節制、多元主義及自由主義互為對比。社會中的變革必須有組織地進行，當過度地強力推行，接踵而來的破壞、混亂及反彈往往會摧毀文明本身。

將社會分裂成革命的敵人和朋友，也就是所謂的右派和左派，是法國大革命留給後人的深遠影響。正如英國歷史學家赫伯特．巴特費爾德（Herbert Butterfield）所評論：「每個人必定對法國大革命有看法，必定會做出選擇——那是日常生活中所持立場的一部分。」[1] 即使到了今日，自由主義者和保守主義者之間的對抗，都還在一七八九年開始的政治戰爭範疇裡。

革命出差錯

「法國大革命的起因是什麼？」這是歷史上的大哉問。如同「羅馬帝國為什麼會衰亡？」這樣的問題，箇中原因錯綜複雜，即使是最優秀的學者也無法梳理出一個令所有人滿意的解釋。法國將國內的動盪歸咎為以下因素的組合，包括僵化的政治結構、一觸即發的階級緊張、英法戰爭的戰敗創傷、不斷重演的預算危機，以及，無能的領導層。

對我們而言，關鍵的問題並不在於這場革命為什麼會發生，畢竟混亂和動亂在歷史上也不是新鮮事，我們要探討的是為什麼會發生得如此猛烈，並且失敗得如此慘烈。荷蘭革命和後續的英格蘭光榮革命都是相對和平且漸進的變革。[2]荷蘭和英格蘭的革命皆成功擺脫專制，並建立起更有效的政治制度。相較之下，法國大革命則會引發一連串恐怖聯想，如街頭暴民、刀片突然落下的斷頭臺、拿破崙的獨裁。即便不和其他革命相比，光就法國大革命本身來看，的確就是失敗的革命。

法國大革命起初看起來就和人民對抗國王的普通革命無異。導火線主要是因為財政。儘管法國君主以揮霍無度而出名——凡爾賽宮的夜壺是以白銀打造——但軍事花費才是真正令人吃不消的開支。「太陽王」路易十四在位的一六四三年至一七一五年間，軍隊開銷就占掉王室收入的五成，戰爭時期則會超過八成。[3]事實上，甚至必須將所有白銀製的夜壺熔掉，才能支付路易十四在歐洲無窮無盡的戰爭費用。之後又爆發更多全球戰爭，包括法國在一七七六年介入的美洲殖民地暴亂，這起事件雖然重創了大英帝國，最終卻是讓法國破產。就財政角度來說，美國革命直接催生了更為血腥的法國革命。

一七八九年五月，面臨財政困難的路易十六召開法國休會許久的三級會議（Estates General）。不過，這個立法會議更像是諮詢委員會，而不是如英國國會的實質治理機關。此外，法國已經長達一百七十五年未曾召開三級會議了！路易十六希望能讓會議同意新稅收，因此提議從事一些小型財政改革，以及限制王室支出。三級會議是在凡爾賽宮舉行，與會者分成三類，分別代表法國的三種階級：教士（第一級）、貴族（第二級）和其他人（第三級）；但第三級包含了法國近九八%的人口。很快地，主要由富有律師當代表的第三級就拒絕國王提議的象徵性改革。他們和支持自由主義的貴族，如美國革命戰爭英雄拉法葉侯爵（Marquis de Lafayette）及改革派教士西耶斯神父（Abbe Sieyes）等人合作，要求進行根本性的政治變革。平民堅持將第三級與另外兩級合併，組成一個聯合的國民議會（National Assembly）。六月，他們在凡爾賽宮的王室休閒室裡，宣誓了著名的《網球場宣言》（Tennis Court Oath），並誓言在達成訴求之前絕不解散。他們的理想目標是讓法國建立新的政治秩序，也就是由憲法限制權力的君主制。幾天之後，路易十六逼不得已接受了國民議會的正當性，及其制定新憲法的權利。絕對君主制至此已經崩潰，接著便瓦解了。

出了凡爾賽宮，街上發生的事件也推動了革命的發展。在一七八九年七月十四日，一群巴黎市的暴民在記者鼓動及演說家的煽動性言論慫恿之下，闖入被當成王室專制象徵的巴士底（Bastille）監獄，儘管當時監獄裡只關了七名犯人。攻陷巴士底幾乎毫無實質上的意義，卻象徵革命進入新的暴力階段，有數名警衛遭到憤怒的巴黎市民殺害。在凡爾賽宮內由皮埃爾—阿德里安·帕里斯（Pierre-Adrien Pâris）設計的華麗大廳裡，立法者的會議尚未結束，會中隱約支持和反對君主制的人馬漸漸聯合起來，形成了右派和左派。不過，在皇宮權力中心之外的街頭暴動，有可能在一夕之間改寫政治規則的這個新現實，也成為所有派系揮之不去的陰霾。

隨著巴士底遭到攻陷，「舊制度」（ancien régime）的瓦解也成為事實。法國各省的鄉村都籠罩在大恐怖（Great Fear）所形成的恐慌之中。陰謀論四起，平民宣稱舊特權和稅收遭否決的貴族心生怨恨，正在密謀斷絕農民的糧食。（丹屯（Robert Darnton）主張在革命前數十年間迅速增加的謠言、八卦、歌曲和傳單形塑了法國的「革命氣質」（revolutionary temper）。」[4]農夫劫掠上百間城堡、燒掉代表封建義務的舊稅務文件，並拆毀整座莊園，全是希望能藉此摧毀封建制度的實體。

八月，國民議會在一場氣氛緊張的徹夜會議中，投票通過廢除封建制度的所有法律結構。鄉村裡的農夫沒有等待正式執行，而是決定親自採取行動，繼續大肆破壞。驚懼的貴族開始尋找出路，法國貴族很快便大規模逃出國外。

在充滿希望的初期，許多觀察家都期盼法國大革命會產生和英格蘭光榮革命一樣的結果，同樣能建立君主立憲制，議會至上、有穩定財政、成為法治國家，並且制定個人自由及宗教寬容的措施。這些都是法國許多自由主義革命者的明確目標。他們在初期取得一些勝利，包括制定法國憲法、限制國王的權力、頒布由拉法葉和時任美國駐法外交使節傑弗遜（Thomas Jefferson）共同起草的《人權及公民權宣言》（Declaration of the Rights of Man and of the Citizen），以及舉行全國選舉。只不過，當時整個法國的立場正在轉變。

激進主義行動

法國的國外局勢加上國內的騷動不斷，削弱了自由主義革命者的力量。歐洲各國一開始對法國大革命的反應，混雜了君主制支持者的焦慮，以及機會主義者的雀躍。在法國深陷混亂的泥淖之際，敵國就能趁機上下其手。普魯士、俄羅斯和奧地利填補這個權力真空，聯手併吞已在地圖上消失近一百二十五年的波蘭。不過，隨著革命前途逐漸暗淡，法國的鄰國也開始緊張不安。

事實證明，王室出逃就是轉捩點。一七九一年，權力遭到新憲政體制削弱的路易十六，企圖喬裝逃出法國。他除了留下一封信，以輕蔑的語氣譴責革命，還有一些顯示他計畫要利用奧地利保守勢力逆轉革命的罪證信件。假設當初路易十六成功逃亡，法國大革命或許就會走上一條截然不同的歷史軌跡。可惜路易十六在路途中被認出，並遭到逮捕。一名曾住在凡爾賽宮的年長司法官，甚至不假思索地就跪在國王陛下腳下。[5]路易十六在六千名國民衛隊（National Guard）和武裝革命者的包圍下返回巴黎，[6]面對殘酷的景象。過去屬於庶民階級的成群民眾，現在都變成了公民，他們不發一語地迎接國王。路易十六過去曾是備受擁戴的人民之父（Father of the People），如今被視為逃亡的叛徒。君主制的正當性再也沒能恢復，王室成員被監禁在巴黎市中心，由武裝警衛嚴加看守。

路易十六命在旦夕，因此實行君主制的其他歐洲國家一致認為新的革命政體太危險，不該讓其存續。奧地利和不列顛締結重要聯盟，其中奧地利的極端保守主義（archconservative）政府希望扼殺對王室專制主義的威脅，而偏自由主義的不列顛政府則希望維持和平和穩定（並有能力負擔戰爭資金）。結果為了消除革命的影響，開啟長達數十年的戰爭。一七九二年七月，奧地利和普魯士宣稱要解救法王並恢復其完整權力，以及保護奧地利出身的皇后瑪麗・安東尼（Marie Antoinette），就這樣入侵了法國。

這場戰爭決定性地終結了革命的自由階段，一舉進入了更黑暗的時期。此時，民族主義、民粹主義和威權主義（authoritarianism）變得盛行。法國大革命不容許異議，並以暴力方式執行每月不停變動的「正統」，至此已經毫無疑問地脫離更寬容的英荷路線。

充滿愛國情操的法國民眾漸漸發現革命是攸關生死的。外國軍隊進攻巴黎時，普魯士將軍布倫瑞克公爵（Duke of Brunswick）向巴黎居民發出公告，威脅若是國王夫妻遭遇任何傷害，將對巴黎這座城市展開「刻骨銘心的報復……採取軍事行動及徹底毀滅」。[7]

面對這個威脅，巴黎街頭的暴民不為所動，愈發變本加厲。接著是一七九二年八月在杜樂麗宮發生的暴動，和二〇二一年一月六日的美國國會山莊暴動事件大同小異。脅迫王室成員並不足以令占上風的激進份子滿足，他們迅速採取行動，徹底廢除君主制，並宣布建立法蘭西共和國（French Republic）。立法機關投票罷黜國王，並對他進行審判。一七九三年一月，路易十六被判犯下叛國罪，在群眾面前被送上革命廣場（Place de la Revolution）的斷頭臺，享年三十八歲。不過，殺戮才正要開始。

拉法葉：注定失敗的自由主義者

法國拒絕逐步邁向現代性的英荷路線，而是偏愛更激進的平等主義模式。為什麼會這樣？這個故事可以從三位關鍵人物開始說起。一開始的拉法葉侯爵是堅定的自由主義者，他企圖帶領法國實現溫和改革，卻失敗了。接下來是激進的民粹主義者羅伯斯庇爾，他執行的大規模處決讓法國大革命永遠擺脫不了和斷頭臺連在一起的印象。最後，在羅伯斯庇爾垮臺造成的混亂當中，由最成功的革命領袖拿破崙奪得權力。他引導受歡迎的愛國主義，並為法國帶來現代化，但他的軍事侵略則注定了革命失敗的命運。透過這三個人物，我們可以看見自由主義和激進民粹主義在法國大革命中皆以失敗告終，最後轉變為威權民族主義（authoritarian nationalism）。

拉法葉象徵法國大革命早期的自由主義。他支持君主立憲制和改革，嚮往能在自己的國家裡帶來類似光榮革命或美國革命的結果。事實上，拉法葉曾在美國革命中擔任大陸軍（Continental Army）的軍官，並在那段期間和他視為父親的華盛頓（George Washington）建立密切關係。拉法葉協助美國趕走不列顛王室，在美國被視為英雄。

拉法葉返回法國後，積極參與革命，並在法國大革命的初期擔任領導先鋒。他希望法國不要學美國廢除君主制，採取完全的共和制，他認為那樣的體制對法國而言太過激進，會造成動盪。不過，他確實力促廢除他自己也享有的貴族特權，同時也推動更有系統、範圍更廣的民主改革。這段時光充滿希望，拉法葉和志同道合的革命者取得一些類似於讓尼德蘭及不列顛成功變革的自由主義成就。法國人民在國民議會獲得了更多的發言權。落實了一系列的措施後，終於鬆綁了對農業部門的管制、消除內部的貿易壁壘，並制定合理的稅法，要求過去可以免稅的貴族公平繳稅。不過，儘管幾乎所有男性都有選舉權，投票率依舊低得讓人灰心。多數公民太害怕愈趨白熱化的政治暴力威脅，因此不敢投票。在一七九二年的選舉中，全國投票率下降到只有一五%。[8]在革命中心的巴黎，投票率更是奇差無比，只有八·七%，位居全國倒數第一。[9]

隨著革命轉向極端主義，只剩下拉法葉抗拒歷史的洪流，聲嘶力竭地大喊：

「停下來！」他想要守護革命，防止右派和左派的極端主義者搞破壞，藉此阻擋反革命的貴族讓改革倒退，並阻止嗜血的激進份子摧毀新的憲政體制。拉法葉是新國民衛隊的最高指揮官，帶領從納稅中產階級精挑細選，並負責守護秩序的菁英衛隊小隊。他帶領國民衛隊驅散要求國王下臺的巴黎群眾，導致數十人死亡，因而長久以來就是左派的眼中釘。戰神廣場慘案（Champs de Mars massacre）過後，他在同時代及後世歷史學家之間的評價便一落千丈。

到最後，拉法葉不僅沒能拯救國王，法國的憲政實驗也失敗了。他的正當性瓦解，並失去對國民衛隊的控制權，國民衛隊成群叛逃，投奔極端主義的陣營。激進主義者占領巴黎、處決了國王，建立的「共和國」在實際上卻是獨裁政體。拉法葉嘗試開闢中間路線，卻反而讓他走向了失敗。他逃離法國，最後被囚禁在奧地利的獄中好幾年。法國人視他為背棄革命的叛徒，而在法國之外，則將他當成背棄國王的革命叛徒。拉法葉為了讓法國沿著溫和的自由主義路線走向憲政制度的一切努力，統統失敗了。法國的發展路線將不會和尼德蘭、不列顛或美國相同。

羅伯斯庇爾：極端的民粹主義者

若拉法葉是代表一七八九年革命早期充滿希望的階段，羅伯斯庇爾就象徵自一七九二年開始的更黑暗、更血腥時期。自由主義和人權退場，由暴力強加的平等想望取而代之。第二次革命持續到一七九五年，中間歷經國王被推上斷頭臺、宣布成立共和國，以及無止盡的激進主義。這個時期會有「恐怖統治」的稱號可不是空穴來風，誰都有機會成為下一位上斷頭臺的人。

憤怒的工人是開啟這個更黑暗時期的始作俑者，他們脅迫那些怕事，甚至有叛國嫌疑的立法者，只是廢除君主制並不夠。工人到新共和國的立法機關國民公會（National Convention）的會議廳內製造暴亂，要求實行激進的經濟措施，期望藉此解決大眾的飢餓問題、懲罰貪得無厭的商人，以及穩定即將崩潰的經濟。他們提議以政府規定做為救濟辦法，例如設定穀物和其他如長棍麵包等商品的價格。只要遭指控哄抬價格或不當囤積商品，就會被冠上背叛法國的罪名立刻處決。

在此時抓緊機會、趁勢上位的雅各賓派（Jacobins）是由羅伯斯庇爾領導的激進主義政治團體。早在一七八九年，當時三十歲的羅伯斯庇爾便以律師身分擔任三級會議代表，他鼓吹男性普選權、廢除蓄奴、尊重法治、廢除死刑等理想主義措施。[10]「自由、平等、博愛」的口號便是透過他的推行變得普及。不過這位年輕夢想家最後變成為求成功不擇手段的政治打手。一七九二年，他譴責拉法葉為叛徒，並呼籲將其放逐。到了一七九三年，擔任美其名為公共安全委員會（Committee of Public

這幅版畫描繪羅伯斯庇爾將法國所有人送上斷頭臺後，在斷頭上處決劊子手的情景。

Safety）成員的羅伯斯庇爾，在支持者的簇擁下，有效地掌控了國家政府。在權力未受監督的情況下，羅伯斯庇爾大規模實現工人的經濟要求。其中許多措施都被拿破崙和之後的法國領導者保留下來，以控制潛在的民粹主義，防止動亂爆發。（事實上，為了避免麵包短缺，政府有權力決定法國烘焙師的休假時間，而且這條法律直到二〇一五年才廢除！）

不過，羅伯斯庇爾的理念具有破壞性。在他看來，造成糧食短缺的原因既不是乾旱或蟲害等天災，也不是因為供需失衡，單純只是「不當囤貨者」和「投機者」的貪婪所造成。他的政策餵飽了巴黎的大眾，卻也在過程中拖垮法國經濟。他的干預措施符合法國一貫對經濟的傳統態度，也就是官僚、國家主導，而且是倒金字塔的不穩定狀態。革命在試著更平等地劃分經濟大餅時，實際上卻對市場現代化造成更多限制，而不是加速其進展。農夫並未大量湧入城市，成為都會的工業化勞動力。在英國多數農人都已投入現代工業的懷抱許久之後，法國都還一直是堅定的農業國家。在法國，工業資本主義一直沒有像在尼德蘭或不列顛那樣完全起飛。

當然，羅伯斯庇爾的名字會載入史冊，不是因為他實行了造成反效果的法規，而在於他一手造成的血腥屠殺，並進而啟發後世如列寧、史達林和毛澤東等專制領導者。後人對羅伯斯庇爾最深刻的印象就是斷頭臺劊子手的形象。[11]事實上，他的目標並不只有國王及國王的支持者。我們或許都有憤怒工人將貴族送上斷頭臺的印象，但被送上斷頭臺的一萬七千人當中，有大多數人都來自工人階級，[12]例如每天都會有雜貨商因為違法囤積糧食而被捕。在現代，**恐怖份子**會讓人聯想到一群反政府的暴動烏合之眾，但衍生出「恐怖主義」一詞的恐怖統治，則是國家對一般民眾由上而下的國家暴力。

同時，在政治觀點上能接受的範圍也愈來愈限縮。不久之前，追求共和都算是激進觀點，但此時，即使擁護法蘭西共和國，只要對於處決國王沒有展現出足夠的熱衷態度，就會遭到懷疑。事實上，就算是已經大聲疾呼要砍掉國王的頭，但沒有發聲譴責反對死刑的立法者，你對革命信仰的虔誠程度就會受到質疑。這樣的偏執妄想最後變得極度荒謬，有些立法者之所以被指控判國，只是因為一起參加晚宴的人當中有人遭到叛國的指控。[13]當時一位觀察家對恐怖統治評論道：「革命就和農神（Saturn）一樣，吞噬了自己的孩子。」[14]

革命吞沒了法國最優秀、最聰明的人才。著名的受害者包括「現代化學之父」拉瓦節（Antoine Lavoisier），以及哲學家暨數學家孔多塞侯爵（Marquis de Condorcet）。（孔多塞和雅各賓派發生衝突後，曾企圖喬裝平民躲避逮捕，但他在一家旅館點了十二份煎蛋捲，引起老闆懷疑，因此遭到檢舉而曝光身分。這是貴族不知民間疾苦的真實案例，與據傳瑪麗皇后曾說過「那就叫他們吃蛋糕」這個未經證實的傳聞不同。）

隨著死亡人數攀升，民眾開始發覺羅伯斯庇爾失控了。他的反宗教狂熱也疏遠了國內大多數人。法國農夫或許鄙視當地領主和一些貪婪教士，但他們內心深處都是敬畏上帝的基督徒。羅伯斯庇爾希望成立新的「理性」宗教，並將自己塑造成某種教派領袖。他在巴黎市中心的戰神廣場蓋起一座人造山，以舉行他所謂的「最高主宰節」（Festival of the Supreme Being）儀式。隨著紙塑雕像戲劇性地起火燃燒，戴了羽毛飾帶的羅伯斯庇爾從山頂走下來。這個景象令羅伯斯庇爾的一位反對者大為驚恐，並表示：「他僅僅掌握權力還不夠，他還想成為上帝。」[15]如此權力欲薰心的時刻，令羅伯斯庇爾過去的許多盟友相信羅伯斯庇爾失控了。

自詡為先知的羅伯斯庇爾從未到達他的應許之地。他開闢的道路上血流成河，以致於他的盟友無法忍受。一七九四年七月，左派、中間派和右派人士組成另類的臨時聯盟，一起將羅伯斯庇爾送上斷頭臺。只不過，激進雅各賓派垮臺的時機晚了，已經挽不回革命的頹勢。最糟糕的斷臺頭處決時期已經結束，但推翻羅伯斯庇爾的脆弱聯盟卻無法持久。最後取得政權的是一群中間派，但他們的共同價值卻只有不擇手段和實用主義（pragmatism）。他們企圖採取極端的政治平衡行動，清算呼籲回歸君主制的極右派，以及想要展開更大規模恐怖統治的極左派。

這些看似沒有盡頭的爭權對抗，以及隨之而來的不穩定創造出有利條件，促使充滿領袖風範並承諾將恢復秩序的拿破崙將軍崛起。他不僅是戰爭英雄，也是民粹主義的代表人物。

拿破崙稱帝

拿破崙雖然來自說義大利語的科西嘉島，卻是法國民族主義的象徵。（他說的法語帶有些許口音。）拿破崙是在革命期間以表現出色的砲隊軍官打響名聲，他在法蘭西共和國初期的幾場戰爭中，使用最新的軍事工程摧毀敵人的要塞。他在年僅二十四歲時便晉升將軍，很快就成為法軍中聲望最高的知名人物。

隨著羅伯斯庇爾垮臺後無止盡的內訌，有些政治家開始認為開明的獨裁政體或許能解決這個困境。在經過由緊急權力統治的短暫時期後，教士兼政治理論家西耶斯策畫了一場政變，他深信此舉能挽救並改革法蘭西共和國。西耶斯是有實力的政治家，很明白他需要軍事方面的助力。拿破崙就是在此時加入。在年輕將軍拿破崙的軍隊支持下，這位善於策畫的政治家在一七九九年取得政權。同年十一月，拿破崙取得更大權力，獲任命為第一執政官（First Consul）。起初，拿破崙被視為利用完就能順手拋棄的聽話傀儡，但事後看來，拿破崙的掌控能力比起他的操縱者更高明許多。

縱觀歷史，保守主義菁英一次又一次低估民粹主義強人，以為能讓他們乖乖成為傀儡，而不必交出權力；但幾乎每一次都是誤判。事實上，拿破崙透過西耶斯的協助取得對政府的控制權後，很快便背棄這位舊盟友，並開啟十五年的獨裁政體與後來的帝國統治，更在那段期間征服歐洲多數地區。拿破崙堪稱十五世紀最活躍、自負，同時也是最有野心的人物。

拿破崙既是獨裁者，也是皇帝，他終結混亂並制定諸多改革，其中一些也確實實現了現代化，包括為歐洲的猶太人提供平等地位、合理化行政管理、建立軍隊和官僚機構中的菁英制度（meritocracy）、為法國制定統一的世俗法典《拿破崙法典》（Napoleonic Code）。不過，拿破崙統治的法國之所以強大，並不是因為現代化。拿破崙利用法國的傳統優勢征服歐洲多數地區，動員儘管貧窮但數量龐大的民眾參戰，再由人數少但擁有純熟技巧的菁英階級提供技術官僚治理。拿破崙利用民族主義熱情激勵他的大軍團（Grande Armee），再以高昂的士氣彌補人數上的劣勢。拿破崙身兼將軍和皇帝的身分，毫無疑問能激勵廣大民眾的熱情支持。[16]

王室專制主義、雅各賓共和主義（republicanism）和拿破崙的帝國統治儘管不同，卻都反映出要由上而下實現法國現代化的渴望。托克維爾（Alexis de Tocqueville）在他知名的歷史研究《舊制度與大革命》（*The Ancien Regime and the Revolution*）中，指出法國革命和帝國政權令人訝異地延續了君主制中由國家主導的官僚模式。無論是打著上帝名號、人民意志或民族偉大的名義，路易十四、羅伯斯庇爾和拿破崙都反對採取逐步改革以實現代議民主和自由市場的英荷模式。

拿破崙的最終結局是遭到廢黜並流放海外。他退位後，起初被迫待在地中海的厄爾巴島過著舒適的生活，但在密謀復辟失敗後，第二次就被送往環境更嚴苛的流放地。他被監禁在遙遠的南大西洋小島聖海倫娜島，遠離任何可能的共謀者，只能和書本與海鳥為伴。拿破崙退位後，此時的法國並未重新主張議會統治，而是由路易十八（Louis XVIII）登基恢復君主制，就此結束法國沒有國王統治的二十年。無論從何種標準來看，法國大革命都失敗了。

在歷史學家西蒙．夏瑪看來，法國大革命「既中斷了現代性，也是其催化劑」[17]，不必要地繞開穩定的改革路線，轉而以血腥的方式實現民主制度和資本主義。革命的混亂中斷了法國社會變革的必要過程。法國大革命的確為已經僵化的舊制度提供有矯正效果的衝擊。但仔細檢視革命前的法國，可以發現整體的社會結構完全沒做好迎接現代化的準備。讓尼德蘭和不列顛由下而上展開變革的那股力量，在法國則薄弱許多。

換湯不換藥

為什麼法國大革命無法建立穩定的議會政體，英格蘭在一六八八年的光榮革命後卻可以？儘管具體的政治決策和轉折點很重要，但主要的癥結點在於舊制度統治下的法國社會從未經歷過經濟和技術上的結構性改變，而正是這些結構性改變讓其他國家的政治趨勢獲得來自底層的支持，走向自由和民主。

對於法國在革命時期的政治體制，最簡單明瞭的說明就是「換湯不換藥」。當時的法國是以鄉村、宗教和貴族為主的極傳統社會，再由革命者為其注入相對現代、都市、世俗的共和觀念。回想一下，歐洲多數地區普遍實行鄉村領主及莊園的舊制度，但在尼德蘭卻不是如此。數百年來，法國皆實施莊園制度，由地方貴族執行政治和經濟控制。對佃農來說，這些地方貴族既是領主，也是地主。這種根深柢固的封建結構，完全無益於以發展和市場為導向的經濟。

路易十四在面對王國落後的社會結構時，也曾試圖修正方向。在十七世紀末和十八世紀初，他帶領法國展開一連串對抗新教徒的戰爭，花費了龐大支出，因此被迫向不列顛與荷蘭取經以期能趕上兩國，他甚至曾派出特工到倫敦和阿姆斯特丹學習海軍工程技術。[18]不過，路易十四並不能只是將這些技術修正移用到法國不牢靠的治理機關，就期望這些修正的技術會自行滲透到整個社會。

舊制度下的法國或許為「新教資本主義」的景象感到讚嘆，[19]卻沒有成功理解推動英荷成功的更深層社會特色，如古典自由主義、多元主義和競爭。雪上加霜的是，太陽王在某些人口中的「開明專制主義」，其實一點都不開明。路易十四殘忍處決雨格諾派新教徒，讓他們紛紛出逃到阿姆斯特丹和倫敦。這些法國新教徒的異議人士受過高等教育，也擁有高度技術，因此他們的出逃使得法國的人才外流，法國的敵人也因此獲得敏銳的商業能力和科學專業知識。（幾世紀之後，納粹也對德國的猶太人進行相同的迫害，這一次是美國受惠。）

法國的商人階級在政治上是弱勢，這點和尼德蘭或英格蘭的情況不同。據傳「自由放任主義」（laissez-faire）一詞源自於路易十四的財政部長柯爾貝（Jean-Baptiste Colbert）在一六八一年和法國商人的一次會議。當時柯爾貝問商人希望國家如何協助他們增加商業利益，巴黎商人的領袖回答：「**不要干涉我們**」（*Laissez-nous faire*），讓我們自己處理。不過就歷史而言，最諷刺的是，儘管創造這個名詞的是法國，但真正實踐這個理念的國家卻是尼德蘭和不列顛。[20]

法國國王不僅未把海上貿易視為重要的國家優勢，反而經常抱持懷疑，視其為王權的競爭對手。倫敦長久以來一直是英格蘭的政治首都，**也是**主要港口，而法國的波爾多雖然是航海中心，其政治力量卻受到削弱。這座失寵的城市在一六七五年起義反抗路易十四後，當地的議會便遭到關閉。當代的一位詩人曾如此告誡這座叛亂城市：「波爾多的人民啊，接受路易的統治吧。乖順服從，別反抗。」[21]法國艦隊儘管數量龐大，力量也足以造成不列顛的困擾，但實力從未趕上不列顛，而且比起技術創新，法國艦隊往往更看重華而不實的雄偉外型。[22]真要說有什麼重要性，那就是較高的海軍費用進一步拖垮法國財政，導致王室破產和革命發生。

另一個重要缺陷是法國的都市化，更貼切地說，是缺乏都市化。在光榮革命時期，英格蘭約有四成勞動力人口在從事農業。在一百年後的法國大革命期間，法國則有約六成的農業勞動力人口。[23]此外，比起英格蘭，法國的都市化相當不平均。法國的都市化極為集中，以巴黎為其最大都市。首都地區的「法蘭西島」（Ile-de-France）是位在周圍浩瀚鄉村之中的都市孤島。不列顛在全國各地發展繁榮都市的成果有目共睹。十八世紀的法國則恰恰相反，巴黎是太陽，其他低度發展省份只能圍繞著巴黎運轉。這點從道路的設計可見一斑，多數道路都是由巴黎輻射出去，方便政府迅速派出軍隊，平息各省叛亂。促進各省城鎮之間的往來和貿易從來就不是主要目的。[24]

在技術方面，舊制度底下的法國並非全然落後。法國的國王長久以來就是資助科學革命的金主。在十六世紀，法蘭西斯一世（Francis I）就曾贊助過達文西（Leonardo da Vinci）的作品。法國的本土科學家也是許多領域中的佼佼者。化學家拉瓦節被革命奪走生命之前，就發現過氧氣在燃燒時發揮的作用。更令人興奮的還有蒙哥費爾兄弟（Montgolfier），他們在一七八三年曾讓兩名乘客搭乘熱汽球飛過巴黎上空，開創航空領域。[25]

不過，法國的創新大都是由國家資助，或要仰賴貴族投資人，因此是刻意創造，並不是為了滿足需求而自然地發展出來。最重要的是，雖然法國也很尊重科學家，但他們對發展成像不列顛那樣隨處可見技術人員與技師的景象並不太感興趣。這些工程師與修補師都不屬於鄉紳階級。這些人會親手製造出實用且具市場潛力的具體物品，最終使工業革命得以發展（我們將在下一章深談這場革命）。

在拿破崙看來，不列顛就像是汲汲營營的「小販之國」（nation of shopkeepers），這句話完整傳達了法國對英國價值的輕蔑。與不列顛或荷蘭相比，法國社會商業化程度較低，消費主義也比較不發達，主要原因是消費者數量不足。雖然法國自豪地認為他們的人口更多，不過以這樣的數量來看，卻顯得他們的中產階級擁有可支配收入的人數相對較少。恰恰相反的是，法國社會金字塔的頂端由極少數的富裕貴族及商人霸占，再來就是由鄉村農民占底層的大多數，這類人過著自給自足的生活。到了十九世紀末，不列顛工人以雇傭勞動力為主的情況已經維持數個世代，並且在鼓勵之下頻頻提高自己的生產力。與此相比，法國人還是選擇殷勤地耕耘農地，認為收穫取決於每年的農產量，以及他們是否能購買新牛幫助農耕。沒有適當的鼓勵措施讓農民願意從農地轉移到工廠去工作，類似的「勤勞革命」（industrious revolution）之輪無法開始轉動。因此法國中產階級的成長緩慢且不連貫。

名為自由的孤獨

縱觀歷史，在陸地農業強國與海上貿易強國之間，經常出現競爭模式。比如斯巴達與雅典交戰、羅馬與迦太基交戰。十八世紀初，法國顯然是歐洲的地上霸主。巴黎菁英目睹了荷蘭人與英國人在貿易及技術上的耕耘，但若論數千年來評估國家實力的硬性因素，法蘭西王國的耕地、人口與軍隊規模，顯然還在另一個等級。

不過到了法國大革命時期，英吉利海峽兩邊的強權競爭規則已逐漸改寫。不列顛在工業上蓬勃發展，因此能替海外擴展提供足夠的資金，這是其他國家遠比不上的。同時，不列顛在議會政治上也趨於現代化，在有效且穩定的治理上達到其他歐洲國家無法媲美的水準。法國希望透過革命來提升自己的競爭力。英格蘭在一六八八年實現的成就，[26]包括議會至上、君主立憲制、權利法案及合理行政管理等，都是法國在一七八九年的革命中希望達到的目標。在法國大革命最初充滿希望的數月裡，就有溫和派與自由主義者明確表示，他們的目標是複製英格蘭的光榮革命。曾有一名革命者在一七八九年十一月的演講中說：

> 我們不應感到羞恥……應承認我們國家中出現的革命，是受一世紀前英格蘭革命的鼓勵而起……正是從那一天起，我們對專制政治

> （despotism）的不滿獲得了力量。英國人透過追逐自己的幸福，為全世界鋪好一條尋求幸福的道路。[27]

不過目標改變得很快。用現代政治學的術語來講就是「奧弗頓之窗」（Overton window）——可接受的政策立場範圍——變化得十分迅速，讓許多原先被視為革命者的法國自由主義者與溫和派有些措手不及。在一七九二年時，由於民粹主義與民族主義潮流崛起，導致他們的目標相對受限。法國國內支持革命的聲勢愈發強烈，與此同時，他們在國外也陷入數十年的戰爭。因此失去以更平緩的自由主義逐步進行改革的機會。

在英格蘭與蘇格蘭，啟蒙時代自由主義的主要目標，是解除對政治與經濟行為的專斷限制。從宏觀的歷史角度來看，這些改變可能被視為純然的進步。但對當時的法國公民，尤其是鄉村人口來講，卻不盡然如此。對法國的農民來講，包括自由化農業法在內的現代化是有害且具破壞力的。[28]通常，我們是從菁英理論家與領導者的觀點去看法國大革命，這些人都是期盼改變的革命啟蒙思想家。但對一般法國民眾來說，他們認為自己是改變的受害者，在這種恐懼心理下就導致出現一些革命暴力。

到了一七八九年，工人對自由市場抱持嚴重懷疑的態度。[29]對他們來講，這並非一個抽象的學術概念，而是不信任感深植在心靈深處，經過數十年不斷萌芽成長。法國的革命者想利用幾個月的時間，讓英國花了數世紀才推動的圈地運動重現，這簡直是一種玩火的舉動。[30]就像歷史學家霍布斯邦（Eric Hobsbawm）說的那樣，從農民的角度去看，封建制度雖然是「效率低下且令人壓抑」的制度，卻塑造出「良好的社會穩定度」。畢竟當時出售的多數土地原先是天主教會所有，而教會提供租戶與教區居民一個自給自足的道德和政治環境。因此當舊秩序消失而市場經濟突然出現時，法國農民就像經歷一場「無聲轟炸，這場攻擊破壞了他們一直以來生活其中的社會結構，只剩下富人依然存在：一種名為自由的孤獨（a solitude called freedom）」。[31]

在英格蘭，過渡到現代化的時期曾出現許多困難，畢竟就像我們看到的那樣，還是有反對經濟自由化的人。而在法國，政治領導者與他們試圖改變的社會真實面之間，那種脫節的現象更加明顯。從許多方面來看，法國大革命就像柴契爾說的那樣，是「由一群自負的知識份子提倡，以抽象理念為名，所進行的一場試圖推翻傳統秩序的烏托邦嘗試」。[32]這點從革命者試圖改變日曆，想針對時間進行合理化的變革，就能看出端倪。他們重新命名十二個月，每個月總共有三個星期，每個星期十天，每天十個小時，每個小時共有一百分鐘，而每分鐘則是一百秒。[33]法國工人很快就發現，這種看似合理化的時間表其實表示休息的日子變少。因為懷疑基督的神性，他們不再把耶穌紀元（Anno Domini）當作是時間的起點，而是將共和國的誕生當成起點。在古埃及神廟裡，還能看到拿破崙軍隊入侵時所留下的塗鴉，上面寫著「**共和國六年**」。[34]這些革命者的狂妄自大顯而易見，他們竟聲稱時間已重新開始。

他們在試圖以武力強迫推行啟蒙運動的同時，也試著重新劃分法國的地圖。幾乎多數人都同意的是，舊法國的省份明顯雜亂無章，不僅教區重疊，且法庭管轄區的面積與人口差距甚大，因此需要重組。教士出身的革命者西耶斯提出一項他認為有助於推行合理行政管轄的重組計畫，他建議將法國劃分成八十一個面積相等的方形區域，每個方形再劃分成九個自治市。當然，他這種完美的笛卡兒式格局完全忽略了許多能展現各地區獨特身分的因素，包河流、山脈、相互連結的道路網、貿易路線與文化群體。因此新地圖與法國人認知中的真實法國毫不相符。

保守主義者柏克（Edmund Burke）是愛爾蘭裔英格蘭人，也是著名的法國大革命批評者，他把法國的故事與英格蘭的光榮革命相比，認為法國缺乏的是英格蘭體現的「保守與矯正兩原則」（two principles of conservation and correction）。柏克並非反對進步者。他敢於批評東印度公司濫用權力，也勇於替美國殖民地的居住者爭取權利，他相信自由，甚至有時會支持革命性的改變，但他認為前提是這些改變必須自然有序地實現，而不能顛覆整個社會。光榮革命中某些方面確實較為激進，比如確定國會至上的立場、廢黜了專制主義的國王，以及宣布《權利法案》等。但實際上光榮革命在其他方面是較為保守的，比如他們保留了英格蘭的君主與貴族制度，在這個基礎上賦予商人及底層經濟秩序更大的權力。在柏克的觀點中，沒有改革的社會將停滯不前。但若改革時不去保留那些舊制度的關鍵要素，則社會就有解體的風險。

齊心的民族主義

法國大革命為什麼會走到拒絕自由主義而擁抱獨裁政體的地步？它的出發點是擁有一個民主的古典自由主義社會。但在一七九二年戰爭爆發後，歐洲各君主國團結一致地鎮壓革命，激進反彈的規模才失控地升級。他們將外國敵人，尤其是令人厭惡的奧地利人，描述成嗜血暴君。在國內，只要有人敢反對雅各賓派統治集團，就會被列為反革命的叛國者、敵人的走狗。這種罪名有連帶關係，假設某人反對當時的政府，就能推斷這個人支持保皇派，並且有重新奴役「人民」的意圖。

羅伯斯庇爾陷入偏執與殺戮處決他人，正完全體現出革命呈現兩極化與極端主義的現象。不過，民粹主義與愛國民族主義的糾纏，對於法國軍事革命成功是一股不可或缺的助力。若是法國大革命的革命者沒有成功激起大眾的熱情，讓他們願意參與全面戰爭以拯救共和國並推翻暴政，那麼鄰國的君主早就得以成功聯合鎮壓這場革命。

一七九二年，奧地利與普魯士軍隊入侵時，有大批法國義務士兵死守通往巴黎的道路，當時這些皇室軍隊本以為能迅速戰勝。畢竟這些同盟的王國擁有全歐洲最強悍的軍隊，且皆由菁英貴族軍官來領隊。不僅這些軍官都曾在最具聲望的菁英軍事學院接受過訓練，就連他們手下的士兵都是職業軍人或者經歷無數戰役的傭兵。想當然耳，當時的想法一定是認為由工人和農民組成的烏合之眾毫無勝算。

但出乎眾人意料，法國竟然獲勝了。在瓦爾密戰役（Battle of Valmy）初次軍事交鋒時，革命者身負民眾的激昂支持，因此壓倒性地戰勝他國派來的菁英部隊。隔年，一七九三年，革命政府立法機構推行徵召制度，並在第一年就召集到八十萬大軍。這次的徵召，是全國為挽救革命所做的一次努力。公共安全委員會也確保每個人都有自己的責任：「年輕人應該要上戰場；已婚男子應生產武器並運送物資；女子負責製作帳篷與衣物，並在醫院服務；孩童將舊麻布做成絨布；老人則應該……致力將對國王的怨懟廣而告之，並努力宣揚共和國的團結一致。」[35]

全民動員（*levée en masse*）替法國招募到數百萬士兵，並拯救了國家。舊力量必須設法對付已然釋放的革命力量。在後來的二十年裡，革命與拿破崙時期的法國將會擊敗五個反法聯盟，幾乎等於是孤身對抗歐洲其他國家的結盟，他們仰賴的是愛國法國公民源源不絕供給的儲備物資。傳統的君王制只能選擇適應新現實，或接受毀滅。

法國不僅成功示範國家官僚體系徵召數百萬公民入伍的威力，更體現出愛國號召力的價值。農民與工人的定義改變。他們不再是聽命於貴族的低下階層，而是以歷史英雄的形象重生，他們是一群打破專制政治鎖鏈的軍人。也難怪夏瑪會說：「軍事化民族主義不是法國大革命的意外之果，而是這場革命的核心與靈魂。」[36]

事實證明，軍事化民族主義距離充滿魅力的煽動僅有一步之遙。拿破崙在民粹主義中崛起，因為他就像是混亂中的一股穩定力量。身為獨裁者的他，認為自己的使命就是捍衛並鞏固這場革命，將自己形塑成這場革命的代表。他曾說：「革命已經結束，自此我即革命（I am the Revolution）。」令人驚訝的是，許多前雅各賓派支持者與左派份子都接受了他。拿破崙掌權後，聲稱要保護革命，實際上卻顛覆了共和主義的原則，他登基為帝，並將皇室頭銜授予給自己的親朋好友。他讓自己的兄弟成為荷蘭與西班牙的王，後又讓親信將軍坐上瑞典王位。這名普通法國士兵的後裔至今仍統治著斯德哥爾摩。

拿破崙建立王朝帝國並取代共和制度後，又與教宗達成協議，讓天主教再度成為法國社會的核心。法國將會成為擁抱世系與教會這些古老支柱的國家。這使民主理想主義者感到絕望。偉大的浪漫詩人華茲華斯（William Wordsworth）曾作詩慶祝早年的革命。「活在這樣的黎明中是一種幸福，而身為一個年輕人活在這個時代更是如在天堂！」但在拿破崙登基為帝後，華茲華斯失望無比，並譴責歷史在倒退，「狗，終究是適合汙穢之處。」[37]貝多芬同樣對拿破崙登基的行為感到不滿，他曾將自己創作的第三號交響曲取名為《波拿巴》獻給拿破崙，但在這件事後，他將此曲重新命名為《英雄》（Eroica）。拿破崙在包括婦女權等許多問題上，總是喜歡誇耀自己的本事卻又反對進步，他根本不是英雄。

但後來的觀察家就對拿破崙沒有那麼多不滿的情緒。比如歷史學家羅伯茨（Andrew Roberts）就稱讚他：「拿破崙提倡、鞏固、法典化許多現代思想，包括菁英制度、法律面前人人平等、財產權、宗教寬容、現代世俗教育、健全的財政體系等，是他的支持才讓這諸多觀念得以跨地理位置流傳。」[38]政治學家福山（Francis Fukuyama）點出了法國大革命中幾個重要成就，包括法治、國家行政中立（neutral administrative state）與民法典（civic code），這些都是拿破崙改革帶來的結果。[39]不過，除了法律上的變革，革命時期帶來的主要現代創新是什麼？答案是大規模徵兵。當時有數十萬甚至數百萬男子入伍參戰。這就表示，僅有少數職業軍人與傭兵參戰的有限戰爭（limited war）時代結束。總體戰（Total war）登上了舞臺。

法國的革命與帝國政體以原始的軍事力量抗敵，藉此也避免涉及深層的經濟改革問題。不論是雅各賓派或拿破崙，他們都選擇透過掠奪來平衡法國財政，而非倚靠現代化的財政系統。也就是說，這個國家在軍事方面的成功，並非仰賴現代化的國家機構，而是依靠極其古老的傳統。這種傳統已有數千年歷史，拿破崙皇帝效仿的就是羅馬皇帝曾經的豐功偉業。這些傳統精神包括以領袖魅力鼓舞士氣、指揮官本人具備戰略能力，以及持續擴張帝國領土範圍。拿破崙統治的巔峰時期，法蘭西帝國的附屬國（client kingdom）及其掌控的傀儡政權（Puppet state），範圍從西班牙延伸至波蘭，遍及大部分西歐與中歐地區。

我們不應看輕拿破崙的功績。他是戰場上的謀略高手，也很擅長安排後勤規畫。比如他知道要替士兵準備足夠的軍靴，才能讓他們在急行軍時跟上大部隊的步伐。他確實是現代化的提倡者。只不過，他並沒有以改變社會深層結構的方式帶來進步，而是頒發命令來迫使「進步」。

國家主義崛起

雖然拿破崙在行政方面有熱忱與無限精力，但他也有幾項致命缺點。他偏好微觀管理（micromanage）且認為貿易是零和遊戲（zero-sum game），這阻礙了法國的現代化發展。他試圖以強制命令的方式刺激創新，這讓所有科學家都不得不仰賴政府的贊助。這種措施在短期內的確帶來一些技術突破，但從長遠的角度來看，這樣的做法弱化了與私營部門間的關係，但恰恰是這些關係，在推動英國工業革命中扮演了至關重要的角色。拿破崙提供的津貼與設立的保護主義措施旨在培養工業，但把這些手段與羅伯斯庇爾的價格管制及經濟控制等措施搭配應用後，就導致法國的競爭力在幾個世紀來不斷衰退。這些政策都有一個共同核心，就是由上而下的集權。二戰後的法國稱這種模式為「統制經濟」（dirigisme），其原則是國家應控制並指導經濟生活。

拿破崙創造出他稱為「大陸體系」（Continental System）的貿易區後，為鞏固這個模式做了許多努力。他將歐洲許多地區整合成一個經濟聯盟，鼓勵各國在法蘭西帝國勢力範圍內進行熱絡貿易，並將不列顛這個敵人排除在外。甚至也曾有人拿這個體系與歐洲經濟共同體（European Economic Community）的原型相比。不過，若要說大陸體系是一個自由貿易區的話，那是不對的。因為事實上，這是一個保護主義的產物。法蘭西帝國及其附屬國與盟友都受繁瑣、專斷且搖擺不定的官僚規則控制。而不列顛則因受到暫時的挫折，決定尋找其他出口市場以銷售工業紡織品——很快就在美國、拉丁美洲與亞洲找到熱情的消費者。法國這時期的做法就像西班牙試圖利用關稅抑制荷蘭崛起一樣，他們原本想以保護主義限制對手的道路，卻反而讓這個強權走向全球。

拿破崙想將讓他在戰場上無往不利的手段「微觀管理」應用在貿易上，沒想到卻引來反效果。這位皇帝關心的是各港口裝卸的穀物、橄欖油與白蘭地的數量。他心心念念要擊敗不列顛那個「小販之國」，因此使自己變成喜愛干預的官僚會計師。他並沒有替私人企業開闢得以貿易的管道，反而使那些有意成為企業家的人陷入一個瘋狂申請許可證的複雜結構裡。[40]

除了對法國工業競爭力造成長期破壞，他的野心與侵略手段更是導致他垮臺的主因。一八一〇年時，俄羅斯拒絕加入法國主導的大陸體系，並選擇與英國重新進行貿易。拿破崙對沙皇這種輕視他的態度感到憤怒，於是在一八一二年揮兵對俄羅斯展開恐怖入侵。他選擇從莫斯科撤離的這個決定，摧毀了他從歐洲各地集結而來的六十萬大軍團。由於俄羅斯騎兵的猛攻，加上「冬將軍」（General Winter）帶來的嚴寒天氣，拿破崙最後的征戰以不到兩萬五千名士兵倖存告終。[41]這場俄法戰爭徹底踩碎法國軍力的脊梁。拿破崙被迫退位，並被囚禁於厄爾巴島。而後，他逃出囚牢並返回法國發動最後一次的軍事博弈，卻在一八一五年的滑鐵盧戰役（Battle of Waterloo）中徹底失敗。

餘燼重生

大革命與拿破崙時期最令人遺憾的象徵，應屬巴黎那座未完工的「凱旋門」（Arc de Triomphe）。最初，他們是想在最高點建造一座巨型雕像，象徵戰勝無政府狀態（anarchy）及專制政治的革命勝利。不過設計師爭論不休，討論應該在最高處放置什麼樣的象徵物。一位歷史學家曾描述這場討論的內容：「另一架戰車、將敵軍武器踩在腳底下的拿破崙、踩著地球儀的拿破崙，或是造一隻鷹、擺一個自由女神像，或者放一顆巨無霸星星。」[42]不過拱頂位置上至今都還是空懸著。[43]

就如同法國大革命的勝利之中也有一個空洞。法國的確是在革命精神的驅使及拿破崙的戰術下征服了歐洲。但是背後目的到底是什麼呢？顯然不是為了捍衛與鞏固法國的民主。畢竟革命所造成的嚴重政治不穩定顯而易見。就像我之前提到過的，法國從一七九二年到一九五八年間這一個半世紀，總共歷經三個君主制、兩個帝國、五個共和國、一個社會主義公社及一次準法西斯政體。與此同時，英國自豪地說從一六八八年起，該國內就沒有任何因非法或暴力而導致的政權更迭，且他們已成為史上代議制度推行最久的國家，至今已超過三個世紀。反觀法國，不論是現代或者過往，都曾經歷無數危機、暴動與險些釀成大禍的事件。[44]

起初，因拿破崙的民族主義取得巨大成功，歐洲其他地區的自由主義者感覺受到鼓舞，認為就是如此團結才讓法國擁有驚人的力量。他們希望擁有屬於自己國家的政治，而不是成為維也納、莫斯科或伊斯坦堡等龐大跨國帝國的附屬。在拿破崙統治的數十年間，法國模式激勵了許多模仿者，包括當今義大利、匈牙利、德國及其他地區的人民都紛紛起義效仿。但那些地方的革命往往被扼殺在搖籃裡。法國民族主義在歐洲留下的長遠影響並非自由主義價值觀的傳播，而是埋下了身分政治的種子。雖然有些民族主義運動最初是為自由主義而生，但後來多數會轉向支持懷舊與非自由主義。

法國大革命的某些觀點也引起歐洲其他強權反彈，包括強調理性至上與貶低宗教等思想。德國各地尤其對啟蒙運動提倡的冷酷理性主義（rationalism）與因其而起的革命抱有強烈不滿。於是右派人士轉向推動一種新運動「浪漫主義」（Romanticism）。其中最溫和的型態，就是利用多愁善感的詩歌與藝術作品來強調感性高於理智，比如歌德的《少年維特的煩惱》（*Sorrows of Young Werther*）就是這一時期的產物。當時西歐盛行一種「廢墟崇拜」（ruin craze）的情懷，這種崇拜也反映在建築方面。貴族為了向浪漫舊時代致敬，會聘請建築師在莊園中量身打造出廢墟建築物，這呈現的是對過往的懷舊之情，同時也代表拒絕現代性而偏愛從未存在的過去。而在政治方面，浪漫主義點燃德國民族主義者醞釀中的復仇之心，法西斯主義（Fascism）就此誕生。

在法國大革命中擊敗拿破崙的那些保守君主，更是其中反彈得最激烈的代表。他們為避免革命再度發生，希望在整個歐洲推行反對進步的計畫。在這個後拿破崙（post-Napoleonic）時期，歐洲強權主導「歐洲協調」（Concert of Europe）制度並藉此控制歐洲，這個制度的繁盛期是在約一八一五年至一八五六年間，但在後續的數十年間仍持續存在。這個協調制度是由奧地利極端保守主義大臣梅特涅（Klemens von Metternich）所推動。就是在這個年代，我們熟知的右派陰謀論（conspiracy theory）開始出現雛型。那些鬥垮法國大革命的領導者，不管看向何處，都覺得斷頭臺的陰影無所不在。從現在的角度去看，會認為這種想法太過難以置信，但當時像梅特涅這樣不苟言笑的政治家卻會覺得雅各賓派的組織祕密勾結聖殿騎士團（Knights Templar）、光明會（Illuminati）與共濟會（Freemasons），就藏在全球的各個角落，隨時準備掀起各種陰謀。如果義大利有叛軍起義反對奧地利的統治，那麼一定跟巴黎的動盪或波蘭的反叛貴族有關。根據歷史學家查莫斯基（Adam Zamoyski）的說法，那就是一個充滿「幻想恐懼」（*Phantom Terror*）的年代。[45]

此外，法國大革命的暴力後遺症導致理性主義與民主思想受損，形成自由主義的另一阻礙。就像二十一世紀的自由主義者會被保守主義對手貼上「共產主義者」的標籤，十九世紀的溫和改革者也遭汙衊與「恐怖統治」有關。基於對政治整肅（political purge）的記憶，導致他們不敢任意推動改革。但這樣拒絕革命的行為，雖在一定程度上代表拒絕血腥的斷頭臺，卻也代表拒絕明顯有益的現代化。查莫斯基指出，教宗利奧十二世（Pope Leo XII）奪回天主教會遭拿破崙奪走的義大利地區政治控制權後，立刻「恢復宗教裁判所」，並「將所有猶太人又送回猶太人居住區（ghetto）」。同時，教宗也撤除其他包括街燈與疫苗接種等「革命新事物」。[46]

更難察覺的是，梅特涅時代反映的是，過於恐懼革命的心理會導致令人窒息的反革命行動，並試圖將所有民主運動扼殺在搖籃中。梅特涅回應改革的方式，是無情地鎮壓學生與大學。不過，就連他的奧地利保守主義同僚都認為他的鎮壓行動最終只是徒勞。一位部長曾在一八三三年時向大臣抱怨：「強制抑制並頑固地堅持現狀，反而最有可能引起革命。」[47]當時相對而言開放的不列顛政府則認為，歐洲各國的君主制真是落後得無可救藥。事實上也沒錯，恢復王位的君主嚴令禁止任何革命，最終果然引起革命。一八四八年一月，托克維爾發言警告法國立法機構，表示將有一股被抑制的能量會如火山那樣爆發。[48]沒過幾個月，這座火山果然爆炸了。[49]

革命的火山

一八四八年革命是歷史上影響最大的事件之一。整個歐洲從北到南、從東到西、從斯堪地那維亞到羅馬尼亞、從愛爾蘭到義大利，甚至連充滿田園風光的瑞士各地，人們紛紛起義反對專制統治，他們主張自由主義的思想，並甘願冒生命與財產安全的危險，挺身抗議自己國家的統治機構。這是史上前所未見的事件。一九八九年的革命僅影響東歐地區，二〇一一的阿拉伯之春（Arab Spring）也僅涉及阿拉伯語地區。而一八四八年出現的這場「人民之春」（Springtime of the Peoples）革命之所以如此令人衝擊，是因為該事件涉及使用數十種不同語言的地區以及不同種族的人民。不過這場一八四八年革命最後如同阿拉伯之春一般，不久就以失敗告終。但從長遠的角度去看，它們的影響餘波猶存。

這起革命為何發生呢？從巴黎到柏林再到維也納，經濟現代化的腳步持續發展，煤炭與蒸氣逐漸取代人工。十九世紀初，農民湧入城市到工廠打工，破壞由公會工匠主導的匠人手工生產模式。但在這種轉變的基礎上，歐洲的統治者仍試圖採取法國大革命破壞平衡前五十年就已存在的充滿限制的政治體制。這種經濟現代化與政治結構間的脫節，最終導致劇變發生。

法國恢復君主制後，在改革步調方面過於緩慢而引起人民不滿，導致法國大革命重演。一八四八年時，政府對政治集會不合時宜的鎮壓，引起巴黎街頭發生大規模示威行動，最終導致第二共和國的建立。不過對國王來講，幸運的是這次沒有斷頭臺，於是路易·菲利普一世（Louis Philippe）在遭到廢黜後就立刻逃到英格蘭享受舒適的退休生活。只不過，革命再次重回舞臺。

在巴黎發生的起義事件，帶動了歐洲其他地區的改革者與革命者。畢竟自一八一五年起，中產階級自由派知識份子就一直對壓抑的政治氛圍感到不滿。在這時期，農業受挫導致食品價格上漲，製造業也出現失業率上漲的趨勢，這導致歐洲大部分工人階級都陷入貧困的生活。在知識份子的帶領及大規模憤怒失業工人的支持下，巴黎出現革命的消息使社會緊繃的氛圍瞬間爆炸。

在奧地利帝國首都維也納，學生與工人齊聚要求將梅特涅革職。最終，這名極端保守主義的大臣遭到罷免且被迫開始流亡生活。他先是逃到尼德蘭，而後又輾轉流亡到英格蘭這個長年來被視做各種異端份子避風港的國家。這時的奧地利帝國政權只能竭力壓制自由主義提倡的改革要求，並抑制各區域之中民族主義的興起。當時包括匈牙利人、克羅埃西亞人、捷克人、斯洛伐克人、斯洛維尼亞人等，每個民族都想爭取屬於自己的領土與地位。奧地利中央政府利用克羅埃西亞的突擊部隊鎮壓匈牙利嘗試獨立的行動，他們當時僅能依靠讓對立的民族間相互對抗，才能勉強阻止他們在一八四八年掀起的革命。

而分裂的德國正是下一次革命展開的國家。當時的德國只是一個區域而非國家，整個德意志邦聯（German Confederation）分成了數十個邦。不過當時的青年世代受法國民族主義啟發，抱持理想的他們意圖要統一德國的人民。在柏林出現的第一場示威，讓普魯士對君主立憲制妥協。而後這些革命者更進一步，他們在法蘭克福召開一場自稱的國民會議，並宣布在普魯士國王的統治下建立一個統一的德國，這些革命者當時認為他們的國王會支持他們的民族主義目標。然而，國王對這種突然的政治動盪感到恐懼，因此拒絕接受這個「市井王冠」（crown from the gutter）。自由主義憲法改革被推翻，德國統一計畫也就此耽擱。而在義大利進行類似統一行動的革命者，也因教宗持反對意見而遭遇挫折。秩序的力量擊敗了各地的革命者。整個歐洲的保守君主在重新鞏固權威後都鬆了口氣。

若單從政治表層來看，一八四八年的革命幾乎可說是徹頭徹尾的失敗。新的革命政府僅在法國延續，不過就算是法國，也不能說是民主的勝利。拿破崙的侄子當選新共和國首任總統後，不到三年後就以政變奪權，宣布自己登基為帝。不過事情不能只看表面。不管他們採用什麼樣的政治結構，在一八四八年後的數十年中，各國崛起的政府逐漸趨於使用相似的經濟政策。他們都選擇鐵路、貿易與工業資本主義的新模式。

到一八七〇年代左右，那些仍正式維持著君主制的國家，包括奧地利、俄羅斯與德國，都不得不向自由主義大幅度讓步。德國領導者屈於左派的壓力，開始建立社會福利體系，並採納聯邦議會系統，將稅收與開支權交給德國國會大廈（Reichstag）內的勢力來決斷。而奧地利帝國則因匈牙利再次動盪，演變成採用「二元君主制」（Dual Monarchy）的奧匈帝國（Austria-Hungary）。這一舉動將匈牙利的民族主義推至權力高峰。至於歐洲強權中最專制的俄羅斯，亦廢除農奴制（serfdom）這種壓迫與奴役農民的制度，並轉向支持工業化。

一八四八年時，義大利當屬歐洲社會中工業化程度最低且技術最落後的國家之一。在革命失敗後的幾年間，義大利處於**國家復興**（*Risorgimento*）與國家統一的掙扎時期，這種掙扎顯示出舊政治秩序想在保留傳統價值觀的同時使社會現代化所面臨的挑戰。西西里貴族的最後一名王子暨作家蘭佩杜薩（Giuseppe Tomasi di Lampedusa）就在他一九五八年出版的小說《獵豹》（*The Leopard*）中，生動地描繪了一八六〇年代重塑西西里的劇烈力量。書中的貴族主角發現自己的地位動搖時，他說出了一句經典忠告：「如果我們希望事態保持原樣，那麼事態就必須改變。」[50]因此歐洲的保守統治階級為了避免革命，選擇了接受改革。但改革卻加劇了社會的結構性改變。

在一八四八年後，隱藏在政治表象下的是社會基礎逐漸改變。即便舊政權將權力牢牢握在手中，人民仍持續追求代表自由與平等的自由主義。當時的革命者遭到鎮壓，但他們的理想主義目標，包括結束皇室壟斷權力、建立並賦予議會權力、促進言論自由與提倡民族主義等，都在後續漸進式的改革中逐步被採納。

不過，並非所有人都滿意於循序漸進的改革。對那些極端改革派與不滿現況者來說，法國大革命的烏托邦幻想一直存在他們心中，且他們堅信能透過法令使社會徹底改變。事實上，就在往東一千三百英里遠的地方，這場革命以幾乎複製的型態重現。法國大革命歷史上最大的漣漪效應（ripple effect），就是發生在俄羅斯的餘波。

這個曾經輝煌的陸地帝國中，雖有豐富的資源與人力，卻有一名不受愛戴且無能的君主，在經濟與軍事雙雙遇挫後，先是由溫和派的政府將之取代，而後者卻因笨拙的失誤，為一個激進且殘暴的政權鋪平了道路。這兩場革命的不同之處在於，法國大革命之所以在一七八九年爆發並持續，可說是由一系列隨機事件堆疊而成，但一九一七年的俄羅斯革命卻不然，這場革命由列寧（Vladimir Lenin）及其核心圈子刻意策畫，展開一場以馬克思主義啟發為基礎的仿法國大革命。對列寧而言，馬克思對共產主義自然進展的預測過慢且充滿不確定，於是他的口號是打造出「先鋒級」（vanguard class）革命者以加速歷史進展。從這個角度去理解俄羅斯革命，就能看到一個極其相似的過程。首先是激進派菁英發起由上而下的革命，對現代化程度相當低的農業社會進行一場改革。在這兩起相似的革命中，他們都試圖擊敗內、外部的敵人以拯救革命，卻都在後續引起恐怖運動，縮小可接受政治觀點的範圍後，形成一個由一人進行獨裁統治的結果。

俄羅斯革命與法國這個前輩一樣，許多革命者最後都淪為受害者。一九二七年時，列寧核心圈子的成員托洛斯基（Leon Trotsky）遭控反革命叛國罪後，發表了一段為自己辯護的演說。他以兩起革命進行類比：「法國大革命期間，許多人被送上斷頭臺。而我們也將許多人送到行刑隊面前。」[51]托洛斯基對指控他的人提問：「現在是想照抄法國大革命的哪一個場景來將我們都槍決？」他認為俄羅斯革命正落入一個名為穩健的陷阱，就像羅伯斯庇爾後的溫和派或抱持波拿巴主義（Bonapartism）的派系一樣，被一名雄心勃勃的將軍控制。而後，托洛斯基在流亡期間指控他的對手史達林是另一個「波拿巴」，他的軍事獨裁再次毀滅一場有著理想目標的高貴革命。

共產主義在俄羅斯持續的時間比激進共和主義在法國持續得還久，不過他們都帶來了相似的後果，導致社會在政治與經濟方面受到重創，且完全追不上自由民主競爭對手的腳步。

工業革命勝過政治革命

法國的命運就是如此。法國大革命的成果並未使這個發生國受益，不僅經濟成長受到阻礙、工業無競爭力，帝國也因此衰退。在一七九〇年至一八二〇年間，法國的貿易占國內生產毛額（GDP）的比例從兩成下降至一成。[52]更殘酷的是，在拿破崙於一八一五年被廢後，法國的工業化程度也頂多只能與一七八〇年的不列顛相比。[53]經歷革命後的法國，在發展上比其競爭對手整整落後數十年。

霍布斯邦（Eric Hobsbawm）在他的權威名著《革命的年代》（*The Age of Revolutions*）中，就解釋了為何法國大革命會失敗而英國工業革命卻會成功。他引用馬克思主義的經濟基礎與上層結構（base and superstructure）概念，說明為什麼法國經濟在一七八九年至一八四八年間看似具備穩定成長的條件，實際上卻停滯不前。他認為嚴格的管制與價格控制破壞了早期自由主義革命者的現代化嘗試，並寫道：「法國經濟的資本主義部分，是在農民與小資產階級（petty-bourgeoisie）不可動搖的經濟基礎上建立上層結構。」[54]也就是說，法國經濟從最根本的角度上來講，其實明顯處於前現代（premodern）期。法國大革命期間，隨著拿破崙四處征戰，法治與理性化治理的觀念也傳到歐洲中西部許多地區，為許多國家後續的經濟成長埋下種子。[55]也引起一波從西班牙、海地到哥倫比亞的「大西洋革命」（Atlantic Revolutions）。但它卻沒能讓法國保持富裕。

最後，法國大革命年代結束後，英國在全球政治與經濟秩序的核心地位正式確定。而在後續的時代，英國在勢不可擋的海軍、貿易及工業方面的主導地位只會愈發茁壯。在十九世紀時，讓全球各地的現代化推崇者有所啟發的不是法國，而是英國的改良主義、自由主義政治與經濟等模式。霍布斯邦再次完美總結：「英國的工業革命勝過法國的政治革命。」[56]

第四章
眾革命之母
——工業化的不列顛

霍布斯邦曾寫道，工業革命「或許是世界歷史中最重要的事件，而且是由不列顛開始」。[1]「工業革命」是由許多轉型變革共同促成，儘管大家對這些轉變的確切起源各有定見，但任誰都無法否認經濟學家戴爾德麗．麥克洛斯基（Deirdre McCloskey）所說的「偉大事實」（Great Fact）：生產力是隨著工業化才開始出現前所未有的指數成長。這項發展幾乎成就了我們在現代世界中習以為常的各個面向，包括收入提高、迅速增加的中產階級、普及教育、群眾政治（mass politics）、科技普及、全球傳播、廉價便捷的國際旅行和交通。荷蘭革命和一六八八年的光榮革命造就了不列顛的現代化，而不列顛的工業革命造就了世界大部分地區的現代化。

要了解工業革命和過去之間的巨大差異，請參考左圖，顯示全球GDP在過去兩千年來的成長趨勢是呈現「曲棍球桿狀」。如您所見，在連續好幾世紀幾乎都是經濟零成長後，大約在十九世紀中期，全球的人均GDP出現了戲劇性攀升。這個成長的分配並不均衡，起初集中在西方，而且我們現在都知道，這個成長也對環境造成嚴重破壞。但事實也證明，這項成長造就了現代世界，帶來各種驚奇、殘酷、虛偽和驕傲。

有大量文獻試圖解釋工業革命從不列顛開始的原因。有些歷史學家主張是因為英國特別具備某些能鼓勵進步的特質；有些人則強調「煤炭和殖民地」，亦即豐富的燃料供應加上眾多的海外市場和廉價勞動力。就我個人看來，儘管不列顛憑藉豐富能源，以及在印度和加勒比海的殖民地而獲得巨大優勢，但也具備能促進技術和經濟創新的特殊特質。例如：十八世紀的日本同樣有蓬勃發展的紡織業，卻從未取得像不列顛那樣的巨大成功。以工業革命最初幾項發明

過去兩千年的世界 GDP

世界經濟總產出。這份數據已經根據通貨膨脹和不同國家之間生活成本的差異進行了調整。

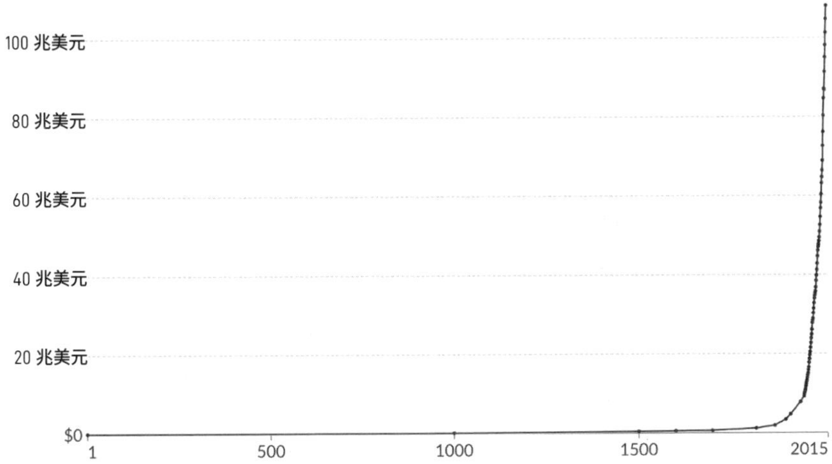

數據來源：根據世界銀行和麥迪遜資料庫（Maddison）**製作的《數據看世界》**（2017）　　OurWorldinData.org/economic-growth / CC BY

注：此數據以 2011 **年國際衛星價格表示。**

1. **國際元：國際元是一種假設的貨幣，用於對生活水準的貨幣指標進行有意義的比較。以國際元表示的數據已根據各國的通貨膨脹進行調整，並考慮各國之間生活成本的差異。這種調整的目的是提供一個購買力在不同時間和不同國家之間保持固定的單位，使得一國際元無論在何時何地使用，都能購買相同數量與質量的商品和服務。詳情請參閱我們的文章：〈什麼是購買力平價調整及其必要性〉**（What are Purchasing Power Parity adjustments and why do we need them?）

西元 0 年至 2015 年，世界實質 GDP。

之一的飛梭（flying shuttle）為例。這項簡單裝置是約翰・凱（John Kay）在一七三三年獲得的專利，能讓織線在織布機裡快速移動，採用的更是早在幾百年前就能應用的木製主體加上輪子和重物的技術。不過，由於飛梭實現一人操作織布機的成果，因而大幅提升了織布的生產力。在十八世紀的不列顛，有數以百計的這類小裝置和機器發明。當中有許多發明都和飛梭一樣，和便宜的煤炭毫無關聯。在出現這些工業進展的同時，農業上也有重大創新，進而在大約相同時期引發了農業革命。雖然有其他國家在科學上領先不列顛，發揚光大的卻是不列顛的修補師、機械技師和發明家，[2]開展工業革命的也是這些人，而不是理論家。

不可否認地，煤炭是天大的恩賜。不列顛群島擁有易於取得的豐富燃料礦藏。在十六世紀末，英格蘭嚴重短缺能為住宅提供熱源的木柴。[3]會從木柴轉換成使用煤，有一部分原因是為了保存王室森林供狩獵使用，但這個轉換過程並不容易。從過去到現在，開採煤礦都是一項會弄得全身髒兮兮、危險又不受重視的工作。特別是還有遇到洪水的危險。但不列顛人民靠著獨特巧思解決了問題。一七一二年，紐科門（Thomas Newcomen）開發了一種新奇的抽水裝置，是以加壓蒸汽推動活塞提供動力，要燃燒大量煤塊將水煮開。接著瓦特（James Watt）在一七七六年將這項設計做了大幅改良。這一年，不列顛的北美殖民地宣布獨立，但工業化的益處意味著瓦特的蒸汽引擎很快就能以更多利益彌補失去領土的損失。這樣的情況在荷蘭更是明顯，國家實力和地理的關聯性變得愈來愈小。

蒸汽動力泵浦是首次在實務上對蒸汽機的廣泛應用，先是幫助加快產煤的速度，增加的煤炭產量再進而供應燃料給更多蒸汽機，為紡織工廠提供動力，最終便推動整個經濟發展。煤炭讓機器不必再利用人力或馬力，而能透過無生命的能源形式運轉，進而為人類釋放數百種不同潛能。這個能源革命正是工業革命的核心，少了能源革命，現代時期的絕大多數材料進步都不可能實現。以十九世紀末為例，一部蒸汽機車能完成約等同於一千三百匹馬的工作量。[4] 工業時代的終極結果就是讓人類擺脫生物學的限制，從那時開始，文明就只受限於人類的創造力了。

不列顛並非得天獨厚地擁有比其他國家更多的發明人才，只是因為光榮革命鞏固了英國例外主義的兩大主軸：議會統治和市場資本主義，而這兩種制度都以持續嘗試錯誤為特色，也都鼓勵實驗文化。一六二三年，英國國會通過具開創性的專利法，終止對特定發明濫用和欺詐性壟斷的行為，轉而獎勵「真正的第一發明人」（true and first inventor），但限制發明人的獨占權期限為十四年。這項法令實施了好幾世紀，並在十八世紀變得愈來愈重要，這是因為官員和法官會要求發明人必須提出說明，才願意授予專利保護。[5]由於原始發明人獲得的獎勵足以激勵創新，但又無法無限期地主張獨占使用，因此這個制度能讓其他人更易於採用及改良新技術。國會甚至開始付費給發明人，請他們透露關於其突破進展的更詳細資訊。一七三二年，盧比（Thomas Lombe）的絲綢製造裝置即將到期，國會拒絕讓他展延，但向他提供相當於現代四百萬美元的費用，以允許皇室代理人檢查他的機械裝置、建造模型，再向其他織布商公開展示，供大家學習。[6]

有證據顯示，飛梭是約翰·凱於不列顛申請專利的前一年就在法國發明出來了。只不過，這項新裝置破壞就業的效果令法國官員相當驚慌，因此他們摧毀機器，似乎也下了禁令。[7]相較之下，不列顛則讚揚發明人並保護他們的智慧財產權，為發明人提供持續創新的動機。

無論確切的綜合因素有哪些，十八世紀中期的不列顛都讓我們的工作和生活方式開始出現重大轉變。這座小島的力量和影響力因此增強，也讓整個國家能再一次大規模地爭奪殖民地，將國家的理念散播得更遠、更廣。結果是，不僅不列顛本土變得富裕、英語成為全球語言，不列顛也成為世界上的政治和經濟自由主義典範。不列顛稱霸海上、主導經濟發展，並且塑造現代文化、體育運動和休閒。有許多我們在今日世界裡習以為常的特色，從足球、觀光旅遊到再平凡不過的公園散步，全是源自於不列顛上層和中產階級的習慣。

日常生活轉型

即使在十八世紀煤炭業起飛之前，不列顛的棉花原料消耗量已增加一百倍，紡織業的勞動生產力更是令人難以置信地成長了一百五十倍。[8]不過接下來是維多利亞時代，嚴格說來，是指一八三七年到一九〇一年由維多利亞女王（Queen Victoria）統治的時期。有位歷史學家以帶有雙關意味的「勝利世紀」（Victorious Century）來指稱這個由不列顛主導的時期，在這段時期裡，經濟成長也進入到全新層次。[9]生產力提高，意味著收入增加，餐桌上的食物也更豐盛。從一七七〇年到一八七〇年，即使剔除生活成本和通膨影響，實際工資仍成長超過五〇%。[10]經濟歷史學家德隆（Brad DeLong）曾估計，大約一六〇〇年，在工業化之前的倫敦，一般非技術性男性工人賺取的收入能為其家庭供應約三千卡路里的粗糧麵包熱量，到了一八七〇年，這個數字已提高至五千卡路里。[11]這個數字明顯高於其他歐洲國家，較為貧困的亞洲和非洲地區更是望塵莫及。即使是在讓人有「荒涼」（bleak）印象的十九世紀前半葉，不列顛人民的預期壽命仍延長了約三．五年。[12]箇中原因不只是工人能為家庭供應食物和其他必需品，醫療保健和環境衛生的改善也使得人們變得更長壽。

不列顛的人口能呈爆炸式成長，除了因為生育率提高，另一個原因則是移民受到當地機會吸引而前往不列顛。根據英國在一八〇一年的首次人口普查，顯示當時英國有超過一千萬人口。一百年後，英國人口已成長超過三倍，達到了三千萬。[13]不列顛的城市人口成長更是驚人。一八五一年的人口普查，顯示英國社會首次變成以都市人口為主，同時也是歷史上這類國家當中規模最大的一個，[14]令過去的義大利城邦和荷蘭共和國都相形失色。倫敦迅速成長為前所未見的大城市，人口超越當時的中國大城市，甚至是全盛時期的羅馬。倫敦的人口在十九世紀僅有一百萬人，十九世紀中期已激增至三百萬，到了二十世紀，更是驚人地攀升至六百五十萬人。[15]不列顛的許多二級城市，如利物浦、曼徹斯特、愛丁堡，也都能看見人口爆炸的情形，有些城市的人口甚至在短短數十年間就增加了十倍。

從今日的角度來看，這些成長數據不夠具體，卻代表著一般人的生活有了徹底轉變，成為我們現在都很熟悉的型態。不列顛的工業化讓人類的生活條件本身出現徹底變革，並大幅改變人們和時間、空間的關係。鐵路讓距離消失，貨物及人們都能以遠比過去更快的速度移動。第一列客運列車是從利物浦開往曼徹斯特。這段旅程乘坐馬車需要四小時，若搭乘荷蘭在上個世紀開創偉大現代交通革命的運河客船，則需要二十小時，但是搭乘火車只需要一小時又四十分鐘。[16]自從不列顛在一八二五年開通第一條鐵路後，到了一九一四年，英國全國鐵路網的總長度已超過兩萬英里。[17]

儘管鐵路旅行這項令人驚嘆的發明一開始僅限菁英階級使用，但透過政府的推動，一般大眾很快就能享受到火車的好處。一八四四年，年輕國會議員兼未來首相格萊斯頓（William Gladstone）提出《鐵路管理法》（Railway Regulation Act），規定國內每條鐵路在每個工作日都必須有至少一輛列車銷售以一英里一便士計價的特價車票。這項稱為「議會列車」（parliamentary train）的便宜服務，使得收入微薄的英國人也能參與交通革命。

旅程大幅擴展，於是就需要精確計時。維多利亞時代見證了懷錶的普及化，懷錶不僅是財富的象徵，也代表和現代性本身的關聯。在鐘錶量產之前，幾乎地球上所有人的生活都是依據不明確的時間分段，如「日出」、「正午」、「黃昏」。中世紀時，歐洲人大都靠著村莊鐘樓傳來的鐘聲召喚大家上教堂，而且往往都很不精確。到了十七世紀，歐洲各政府開始向發明家提供豐厚獎勵，鼓勵他們設計出更精準的鐘錶以判斷經度並讓海軍保持在航道上，許多優秀科學家也紛紛響應這一號召。[18]可惜，這些科學家提出的解決方案——包括伽利略為了觀察木星衛星而讓頭盔配備望遠鏡的發明——雖然巧妙，卻不實用，除了專業的數學家和航海家，其他人都不適用。

到了有鐵路時刻表的年代，一般人終於都能擁有精確到一分鐘的鐘錶了。十九世紀的懷錶或腕錶，就相當於現在的智慧型手機，都是能讓人與現代世界連結的多功能裝置。可以守時的人就能搭乘火車和渡輪、安排預約，並度量自己一天當中花在各種任務上的時間。時鐘讓日常生活不再含糊混亂，並加入了秩序。[19]歷史學家丹尼爾·布斯汀（Daniel Boorstin）認為時鐘釋放了社會各層面的技術創造力，並稱其為「機械之母」（mother of machines）。為了避免不同的當地時間造成混亂，專門為英國監管蓬勃發展的火車網絡的鐵路清算所（Railway Clearing House），開始在一八四七年使用格林威治標準時間（Greenwich Mean Time）。這個有效的方法不僅讓英國全國的工業化經濟同步，也使遠方的領土能夠協調運作。技術不僅改變了現實，也改變了人們理解現實的方式。

創造休閒

既然能度量時間了，那英國人又是如何運用時間呢？他們會在規定的時間工作，這點可想而之，不過現在有更多人可以花更多時間**休閒**了。儘管工業革命使數百萬工人得在嚴峻環境下執行重複的工作，卻也讓工作時間變得固定，並帶來更高的薪資，而這也是一開始人們會離開鄉村到工廠裡工作的原因。長時間過後，便造就出我們如今和全球中產階級聯繫在一起的生活方式，並帶來在過去只有富人才能享有的「用來消費的所得」。甚至在更早之前的十八世紀，中上階級就已經開始購買茶葉、咖啡和糖，因為這些商品的價格都已經降到他們消費得起的範圍。不過，有些在過去曾是貴族特權的習慣，現在也都漸漸變得普遍。幾個世紀以來，不列顛鄉紳階級的年輕紳士和貴婦都會從事「壯遊」

（Grand Tour）：在歐洲大陸旅居數月，拜訪偉大的都市、欣賞義大利文藝復興時期的藝術作品、享受法國歌劇、在威尼斯的運河上乘船遊覽、在瑞士阿爾卑斯山脈的壯麗山景之間徒步旅行。這是只有富裕的少數人才能享有的奢侈世界。隨著工業化讓中產階級變得富有，並降低旅行的門檻，更廣泛的大眾也都能獲得這類奢侈享受。

庫克（Thomas Cook）是維多利亞時代的商人，全球第一位現代旅行業經理人的稱號他當之無愧。他是日益流行的禁酒運動（temperance movement）成員，希望為大家提供更有益健康、更清醒的活動，而不是可支配收入喝光光。他靈機一動，想出包含火車票和食宿的旅行團構想。他安排的第一個旅行團是到利物浦、蘇格蘭和倫敦萬國博覽會（Great Exhibition）的簡單週末旅行，不過到最後，他的旅行團開始搭乘蒸汽船展開在過去難以想像的國際旅行。即使是在一般的「週末」（這個詞直到一八八〇年代才在英國變得普遍）[20]，英國家庭也能前往離家不遠的地方享受休閒時光。他們可以搭乘議會列車前往許多新博物館、圖書館和公園，以及其他專為受薪階級的男性設計而迅速成立的設施，這是為了讓他們能有比小酒館更有意義、更清醒的替代選擇。縱觀工業革命之前的人類歷史，下層工人階級能純粹為了樂趣而出遊向來只是妄想，休閒一直都是地主菁英階級或富商的活動。對一般人而言，度假是真正的大變革。

體育運動也一樣，是在維多利亞時代才出現明顯的現代雛形。[21]法國長期的不穩定、接連不斷的政變和革命，令法國貴族古柏坦男爵（Baron Pierre de Coubertin）感到恐懼，因此他提議用「運動」來解決問題。他熱愛像是一八五七年的小說《湯姆的學院遊記》（*Tom Brown's School Days*）中記述的英國菁英寄宿學校，因而試圖在法國引進寄宿學校的競賽與公平競爭精神。事實上，這些菁英學校長久以來就是各種體育運動的先驅，例如拉格比公學（Rugby School），它是橄欖球（Rugby）發源地，校名也被用來命名這項運動。根據作家伊恩．布魯瑪（Ian Buruma）的說法，對古柏坦和其他羨慕不列顛工業進步與教育制度的親英派而言：「不列顛的成就完全是一場道德革命，沒有流血，也沒有雅各賓派和暴動。」[22]古柏坦提倡國際主義（internationalism），以及板球運動、划船、拳擊和足球，他將運動視為一種將人們的競爭力導向「和平對抗」而非「武裝戰鬥」的方法。[23]古柏坦受這些觀念啟發，在一八九六年發起現代的奧林匹克運動會（Olympics）。

即使在菁英圈子外，體育活動在由上至下的不同階級之中也變得愈來愈受歡迎、愈來愈組織化。數百年來，足球一直是英格蘭大眾文化的一部分。在《李爾王》（*King Lear*）裡，有位貴族便以「低下階級」（rascal）和「下層階級足球員」（base football player）來辱罵另一個人。[24]不過現在足球已經是專業運動，也洗刷了庶民階級消遣的汙名。現存最古老的足球俱樂部包括一八五七年成立的雪菲爾足球俱樂部（Sheffield FC），它標誌著我們所知的職業運動球隊起源。維多利亞時代結束時，不列顛的體育運動已經在全球風行。板球熱潮席捲南亞，足球在整個歐洲和拉丁美洲受到喜愛，變得狂熱；只不過，某些足球流氓（hooligan）的行為或許會考驗古柏坦男爵想以運動和平取代戰爭的願望。

生活的每個面向，從人們的工作方式、穿著、飲食、休閒方式，甚至是對時間和空間的看法，無一不受到不列顛經濟轉型的影響，連在人類社會中最古老的社會安排——男性與女性之間的關係——也不例外。

「女性的工作」革命

繼採煤之後，紡織生產成為下一個因為蒸汽動力而發生經濟轉型的領域，這並不是巧合。一千年來，製造布料一直是特別勞力密集的工作。根據歷史學家布雷特・德維羅（Bret Devereaux），製作紡織品是「前現代社會中，約四成人口的重要活動（事實上，是**唯**一的重要活動），不只對幾乎所有成年女性而言是如此，對未成年女孩也是」。[25]根據他的估計，在前現代時期，一個六口之家的農業家庭每天要花費七小時以上製作服裝，從幫每個人製作少數幾件衣服來看，這樣的勞動量相當龐大。[26]即使能借助節省勞力的裝置，如中世紀晚期發明的紡車，還是要花費無數時間梳棉、紡紗、織布、織補和縫合，這些情況直到工業革命之後才出現改變。

工業化不只是讓世界經濟的成長速度變得比過去更快，甚至可以說是實現女性解放的第一步，而且這說法一點都不誇張。的確，有許多女性都擠在廠房裡，並被老闆剝削，賺取遠低於男性同事的薪資。不過十九世紀初的伯明罕或里茲工人，就像二十一世紀初在達卡或河內的女性一樣，大家都想逃離鄉村生活的貧苦，特別是偏僻孤立和辛苦的身體勞動。從事工業勞動的女性獲得的薪資遠高於在鄉村裡的各種工作所得，但前提是要先找到可支薪的工作。而且很快地，女性便發現她們需要組織起來，並為自己要求更好的工作條件，然後為自己爭取權利。

女性由從事未支薪的家庭勞動，到賺取她們自己的收入，這樣的轉變徹底顛覆了勞動力市場和家庭。雖然女性在加入工業勞動力後，又經過了一百年才爭取到投票權，但這兩項發展之間存在明確的關聯。隨著女性參與現代經濟，她們的教育程度及自信都逐漸提升，在政治參與方面也變得更活躍。廢奴主義（Abolitionism）協會、個人發展社團，最後是婦女參政運動（suffragette movement），這些全是在新的都市女性勞動力之中蓬勃發展的組織。女性在獲得一些政治權力後，便會進一步引領更廣泛的改革工作，以保護各式各樣受到壓迫的團體，如奴隸、童工和低薪勞工。女性的解放或許可說是歷史上最偉大的社會革命，並且是由最偉大經濟革命的工業化所帶動。

黑暗撒旦工廠

儘管工業革命帶來各種不可思議的成就，但這個時代經常給人墮落（fall from grace）的印象。布萊克（William Blake）在一八〇四年寫的一首詩中便痛惜「英格蘭綠草如茵的迷人土地」遭到「黑暗撒旦工廠」（dark Satanic mills）的玷汙。在經過一百五十年後，托爾金（J. R. R. Tolkien）同樣將工業化和邪惡連結在一起。在《魔戒》（*The Lord of the Rings*）中，邪惡的巫師薩魯曼「一心只想著鋼鐵和機械」（metal and wheels），[27]「不在乎正在生長的事物，除非它們暫時能為他所用」，他被塑造為正在致力於發展工業的形象。貪婪促使他將森林砍伐殆盡，將風光明媚的前工業化夏爾變成一片荒原，[28]出現醜陋的排屋（rowhouse），磚製煙囪裡冒出滾滾濃煙，河流則變得汙濁惡臭。面對這樣的敘述，誰能不挺身和大自然及鄉村並肩作戰，以對抗殘酷、機械化且毫無靈魂的工業化入侵呢？

這樣的描寫反映出浪漫主義將前現代化社會視為純真和天真的看法。不過，事實上，工業化之前的世界並不是如伊甸園般地理想、美好。對絕大多數的庶民而言，比起天堂，前工業化的不列顛其實更接近地獄許多。鄉村的農業是接近僅供溫飽的程度，挨餓的威脅司空見慣，而這幾乎是自古以來的歷史常態，直到二十世紀才改變。借用人類學家戴蒙（Jared Diamond）的話來說，疾病、苦工和不安全感是「昨日世界」（the world until yesterday）的寫照。[29]

從我稍早之前討論的資料，清楚顯示工業化的不列顛工人儘管受到剝削和糟糕的待遇，但他們的生活還是比祖先過得更好，甚至比他們的父母輩都更優渥。最簡單明瞭的證據就是觀察普通農民的選擇；但在看待這些選擇時，請心存敬意。在整個歐洲，有數千萬農民選擇離開貧困鄉村，前往城市追求更好的生活；近幾十年來，開發中國家同樣也有數十億人做出相同選擇。沒錯，在當時當然有「推動」因素，例如許多家庭因為圈地而流離失所、新技術減少對農地的需求。但人們會蜂擁到城市裡也並不全是因為遭到脅迫或受騙。都市生活的吸引力很強烈，工業革命也讓前往都市的工人在物質上受惠，即使這代表他們確實必須面對不安全的環境、擁擠的住宅、苛刻的老闆與更長的工時。這些並不是為了要一股腦兒地吹捧工業化，或是和守財奴史古基（Scrooge）站在同一陣線，與小提姆（Tiny Tim）形成對立。這個較大規模的歷史過程儘管具有破壞性、令人痛苦且造成傷害，但長時間過後，也大幅提升了勞動人口的生活水準。根據歷史學家弗雷德雷克．哈里森（Frederic Harrison）對十九世紀的描述：「這**不是**錢袋飽滿，並充斥虛偽言論、煤灰、吵鬧聲和醜陋事物的時代。而是充滿偉大期待和不懈追求更美好事物的時期。」[30]

即使是認可工業主義物質進步的人，也還是在工業化裡看見道德崩壞的因素。詩人高史密斯（Oliver Goldsmith）在一七七〇年工業時代萌芽之時寫了〈荒蕪的村莊〉（The Deserted Village），悲嘆現代性使得鄉村人口流失，並消滅象徵鄉村生活方式的「純樸的幸福」（humble happiness）。[31]他在詩中寫出：「財富積累，而人衰敗。」（Wealth accumulates, and men decay.）一開始，這類對過往時代的懷舊大多是保守派的抒發，他們將工業革命視為現代罪孽的源頭。但很快地，左派的思想家也加入這個行列，其中以共產主義的創始者最為重要。恩格斯是馬克思的共同研究者兼資助者，他繼承了家族靠著工業化紡織廠賺取的財富，包括一間曼徹斯特的工廠。一八四五年，恩格斯在觀察和管理工廠後受到啟發，寫出《英格蘭工人階級的生活狀態》（*The Condition of the Working Class in England*），比《共產黨宣言》的出現更早了三年。

恩格斯為十九世紀留下的黑暗觀點，有許多至今仍存在於我們的印象裡。這也不能怪他。工業時代令人嘆為觀止的機械，映照出來的是工人被煤煙燻黑的臉龐，是他們費盡力氣才打造出一切。面對這樣的不合理，會產生純感性的反應也是情有可原。此外，恩格斯所描寫的剛好也是技術蓬勃發展而實際薪資依舊停滯不前的時期。

不過，不同於恩格斯和其他人的擔憂，一七九〇年到一八四〇年的這段時期並不是工業化的新常態，反而是歷史上短暫出現的異常期間，以致於歷史學家羅伯特．艾倫（Robert C. Allen）將其稱為「恩格斯的停頓」（Engels' pause），以表示工人薪資和生活條件起飛前的停滯期。[32]為了解釋這段插曲，各種理論眾說紛紜。在工業革命的早期階段，工作都很簡單，工人要面對激烈競爭，因為有大量工人從鄉村外移，甚至連兒童都加入了這個勞工市場。最後，隨著外移到城市的速度減緩、政府限制童工，工廠的運作也變得更複雜，這些綜合因素一起加強工人的協商力量，並幫助他們取得更高的薪資。[33]另一種解釋則主張，需要經過一段時間才能充分運用新技術，在那之後工人才能分享收益。蒸汽的潛能也是隨著在經濟上普及，才逐步獲得開發。一開始，蒸氣的動力只能在特定的紡織廠中幫助提高生產力，但這是因為其餘的經濟基礎建設尚未改變。不過，在新建設鐵路和增加蒸汽船運送工廠的商品後，工廠的利潤便愈來愈高。

如同現代世界看到的數位革命效果，技術變革同樣是陸陸續續地提高生產力和薪資。不過，新技術變得愈普及，國家的經濟結構就會改變得愈多，政治領導者也會更急於應對這個不平穩的前進運動，以及隨之而生的反彈。在這樣的混亂當中，政治局勢變得非常動盪。

盧德主義者和自由主義者

經濟進步並不會神奇地帶動政治進步。以十九世紀初不列顛的明確政治變化為例，實施自由貿易顯著地降低食物價格，並將選舉權擴大到部分工人階級男性。這類改革是經過底層階級數十年激烈且往往是激進的鼓動，最後才在國會獲得通過。壓力來自四面八方，包括以暴動反對機械化的紡織工人、宣揚民主制度的哲學家、要求平等權利的宗教少數團體。這種改革努力在經濟和技術變革裡扎根，進而創造新的利益團體，並為其賦予力量。這個故事要從不列顛和革命法國的生存對抗時刻開始說起。

法國大革命的混亂和暴力使得歐洲多數地區都對改革的想法產生陰影，不列顛也不例外。對自由化的呼籲，無論是擴大權利給庶民，或是為工人提供更好的環境，都會讓人升起戒心。對溫和改革的要求同樣遭到妖魔化，並被視為是導致災難的激進、革命和境外思想的同路人。（這在後來變成很熟悉的模式：如同一七九〇年代和一八〇〇年代的不列顛援引革命法國的例子來抹黑福利國家政策的擴張，在一九五〇年代和一九六〇年代，美國也引用蘇聯的例子來詆毀福利國家政策。）由於不列顛政府打定主意要遏制革命，特別是當時的不列顛正在抵禦拿破崙，因此便以鎮壓的方式處理異議。

惡名昭彰的盧德主義者（Luddites）就是在這個時期出現。名稱取自虛構的叛逆學徒內德．盧德（Ned Ludd）的盧德主義者是來自北英格蘭的紡織工人，他們認為自己被機器奪走工作機會、薪資，以及技術工匠的社會地位，因此大肆破壞紡織機器。儘管後世學者曾爭論盧德主義者不只是單純抗議惡劣的工作條件，質疑他們對工業技術本身的反對程度，但「盧德主義者」仍成為抗拒技術進步之保守人士的代名詞。[34]不列顛政府擔心戰事受到干擾，毫不留情地鏟除最初的盧德主義者，並驅散他們的聚會，也處決了幾名領導者。國會甚至通過新法，規定凡破壞工業機器者，可處以絞刑。

隨著一八一五年拿破崙戰敗並遭流放，不列顛的改革者也變得更有勇氣，認為他們的要求不會再被懷疑是親法或叛國行為。他們會如此樂觀也不是沒有原因，畢竟不列顛應該會一帆風順，除了已經徹底擊敗一直以來的對手，也正忙著發明令人驚奇的新機器並擴張帝國。不過，政治方面並未隨著拿破崙戰爭結束而破冰，不列顛反而陷入長達數十年的動亂。除了惡劣的工作環境，其他領域也爆發許多抗議。儘管比起同時代的其他歐洲大陸國家，不列顛相對自由，但它距離實現真正的民主制度還有很長一段路。當時的不列顛更像是有階級之分的寡頭政治。不同地區的投票限制差異相當大，但整體而言，選民還是嚴格限於納稅人或資產階級。在一八三〇年代之前，只有不到二%的不列顛民眾能投票，[35]候選人也多是富裕的地主。從一七九〇年到一八二〇年，約有七五%的國會議員來自人脈很廣並擁有地產的家族，[36]或是家族中有至少三位成員在國會中任職。

更糟糕的是，議會席次的分配都是從幾世紀之前延續下來，而且此後都未更新，行政區的邊界實際上和中世紀時沒兩樣。不列顛的國會和現代美國的參議院很像，給予鄉村各州不成比例的權力，而且是代表土地而非人民。如曼徹斯特、利物浦、格拉斯哥和伯明罕等迅速竄起的工業中心，其人口數從一七〇〇年到一八五〇年增加了十倍甚至是二十倍，但許多這類城市卻只有少數代表權，或甚至完全沒有。同時，有些鄉村的行政區儘管幾乎沒有選民，卻能有一位國會議員。在這種「袖珍」或「腐敗」選區中，由於選民少，很容易被地方權貴收買，許多席次都是未經過選舉而傳承了一個世紀以上。[37]其中以索爾茲伯里附近的舊薩勒姆古堡（Old Sarum）行政區最惡名昭彰，因為這個行政區只有不到十一位選民，卻依然保有兩個國會席次。另一個位在英格蘭西海岸的敦威治行政區，實際上在好幾世紀之前便被海洋吞沒，卻同樣保有兩個國會席次。

這樣的現況對向來主導不列顛政治的鄉村紳士是好事，不過對人數愈來愈多的工業階級——由富裕中產階級專業人員，及其勞動階級員工所組成——而言，這樣的情況漸漸難以忍受。在由貴族和地主控制的國會裡，沒有老闆和工廠工人的立足之地。

國會擔心會引起進一步動亂，儘管拿破崙戰爭已經結束，仍維持著暫停人身保護令等鎮壓措施。不過，人民的不滿持續在躁動。科貝特（William Cobbett）是英國的印刷業者，當時的報紙必須接受審查，他因而刪掉刊物的新聞內容，只發表評論，藉此規避對他出版「報紙」的指控。到了一八一七年，他自嘲為「兩便士垃圾」（Two-penny Trash）的刊物一期就能銷售七萬份。在當時，每份刊物都會由一位識字者大聲朗讀給數十名稍微識字或完全不識字的圍觀者聽。[38]有些歷史學家建議將當時的銷售數字乘以十倍或二十倍，以說明真正的宣傳程度。換算下來，在當時兩千萬的總人口當中，有多達一百四十萬名讀者持續接收科貝特對不列顛政府的猛烈抨擊，比現代收看晚間新聞的觀眾數更多。

這樣的憤怒儘管並非第一次，但透過暴動以外的方式表達憤怒的情況卻是前所未聞。印刷普及和識字率提高，使得每天都有英國人能簽署和平請願書，而交通運輸的改善則讓他們有辦法參加集會。新成立的社會機構，用歷史學家格里芬（Emma Griffin）的話來說，包括「持不同意見的教會和他們的主日學、商會和互助會，以及共同進步協會」，[39]都讓男性工人有機會接受教育，並學習如何透過組織和動員行使自身權力。

一八一九年八月十六日，隨著對改革的呼聲達到頂點，約有六萬名群眾前往蓬勃發展的製造業城市曼徹斯特郊外，聚集在聖彼得廣場（St. Peter's Fields），要求國會徹底改革。除了示威者的具體要求，集會的規模也讓不列顛的領導者感到恐懼。正是這一刻，記錄了不列顛現代群眾政治的起點。實際上，當地的治安法官召集了騎兵，士兵坐在馬背上揮舞軍刀驅趕群眾，刺穿及踩踏了無辜的男男女女及兒童，造成共十一人死亡，數百人受傷。

反建制（antiestablishment）媒體玩起文字遊戲，將聖彼得廣場的慘敗比喻為滑鐵盧，稱其為「彼鐵盧」（Peterloo）。不過，這場大屠殺不同於滑鐵盧戰役被視為不列顛最偉大的軍事勝利，反而飽受譴責，被當成不列顛的最大恥辱。然而，政府還是加大了鎮壓力道，要求超過五十人的集會必須獲得當地治安法官的許可，並廢除允許散播煽動言論的「報紙」漏洞。短期來看，彼鐵盧是改革運動的挫敗，不過該次聚會的許多目的都在最後透過類似的模式實現，以這次來說，在短短十五年後就達成了。十五年後所制定的改革都是對不列顛政治制度的讚揚，儘管混亂且零散，最終都還是回應了來自底層的意見。

用改革阻止革命

一八三〇年，國王喬治四世（George IV）駕崩，快速地連續展開兩場選舉，而且第二次的結果為改革派的輝格黨帶來壓倒性勝利。全新的時代彷彿就要來臨。然而，在下議院（House of Commons）高票通過不列顛選舉制度修訂法案後，國會上議院（House of Lords）卻不假思索地拒絕了。由於上議院的成員都是地主菁英，他們對快速工業化及改革感到不安，因此在接下來的一整個世紀頻頻阻礙改革。

由於在議會推動改革的道路受阻，民眾不滿的情緒在全國蔓延。這導致不列顛幾個主要城市出現暴力行為，暴民大肆破壞與摧毀地主及主教的住宅，藉此發洩並表達對地主菁英的不滿。一八三〇年，支持改革者的怒火與第二波盧德主義者的斯溫暴動（Swing Riots）同時爆發，在全國掀起波瀾，盧德主義者摧毀了象徵農業工業化的「打穀機」，因為農場工人認為這些機器嚴重影響了他們的生計。不過，這些盧德主義者跟最初的前人不同，他們其實並不像傳言中描繪的那樣反科技，他們只是想爭取更好的工作條件與權利。只是這一次，他們的要求再次受到嚴酷壓制。縱然這樣的不列顛看上去有四分五裂之勢，上議院仍堅持己見。他們不接受任何改革。

一八三一年，輝格黨政治家暨善於雄辯的改革派人士麥考萊（Thomas

Babington Macaulay）在下議院公開演講，以充滿熱忱的口吻加上警告，捍衛被排除在權力圈之外的新城市居民的權利。他說：「社會持續自由發展，人造政體卻絲毫不改變，這並非一件好事。新的人民活在舊的制度底下，這股壓力幾乎瀕臨爆發……」[40]麥考萊將選舉權的抗爭放到漫長歷史中去進行討論。

> 歷史上出現了無數次革命，而這些革命背後的原因與如今在英格蘭發生的事件可說是大同小異。社會中原先無足輕重的某一族群，如今不僅數量增加，力量亦變得茁壯。我們的制度需要考量到這些人的存在，改變並不是為了彌補他們的弱點，而是要適應他們如今的力量。若這一點能得到滿足，那萬事無虞。但若遭到拒絕，那麼一場階級衝突可能就此展開，一邊充滿年輕活力，另一邊則仗勢古老特權。

他舉了幾個歷史中的例子來警示眾人。羅馬平民與貴族間的衝突導致內戰，不僅造成共和政體瓦解，還使凱撒（Caesars）帝制崛起；美國殖民地居民為擺脫不列顛統治而發動戰爭；法國的第三級人民遭到壓迫，進而推翻君主制。麥考萊總結這些歷史，提出必須學習的結論：「只有持續改革，才能永保昌盛。」

新登基的威廉四世（William IV）收到諸多此類呼籲後決定打破僵局。除了害怕街頭出現更多暴力事件，輝格黨領導者提出的類法國式革命警鐘也讓國王決定進行改革。國王雖不情願，卻只能同意使用王權在一夜間加封五十名新貴族，讓他們進入上議院並強行推動改革法案。收到消息的貴族不願與新來者一同工作，於是選擇屈服，僵持兩年的改革法案終於通過。雖然上議院的規模沒有擴大，在往後的改革路上也仍是一股阻礙的力量，但不列顛的民主終於逐漸發展。

這是一條漫長的路。《一八三二年改革法令》（Great Reform Act of 1832）的實際條款相對溫和。不過多數腐敗不堪的自治市鎮都被廢除，臭名昭彰的舊薩勒姆也在名單之內。最小的鄉村區不再有議會成員，而之前未有代表的工業城鎮則增設議員席位。選舉權穩健發展，彼時英格蘭約兩成的成年男性都獲得此權利，蘇格蘭與愛爾蘭的比例則較低。[41]對投票者資產仍設有條件限制，但也降低不少。但不記名投票仍沒有施行，許多鄉村選民依舊在當地地主的注視下投票。

對一些較積極的改革派來講，這個改革法令不過是主人用完餐後施捨的一些殘羹。於是僅六年後，就有一群議員與人權活動家發表了《人民憲章》（People's Charter），藉此呼籲應普及男性選舉權、設置不記名投票、取消國會議員的資產限制條件，並進一步完善議會選區。然而，卻有人以暴力的方式來阻礙這些憲章派（Chartists）改革者的努力。這導致他們提倡的意見直到世界第一次大戰後近百年才得以實現。[42]不過，至少不列顛的勞工階級有了自己的聲音。

憲章派追求著民主普及那一日的到來，但不列顛內仍有一些強大勢力保持保守觀點。不過，建築史上的一次詭譎事件，還是讓《改革法令》有了妥善的尾聲。當時是法令通過兩年後的一八三四年，議會所在地西敏宮突發大火燒毀一切。這時有一名感到驚駭的女公爵就寫道：「這幢實際存在的大廈竟如政治體系一樣崩壞至此！」[43]而後，眾人開始爭論替代場所應設於何處。國王威廉四世表示願意提供白金漢宮讓大家使用，那座宮殿其實正好是他最不喜歡的地方。也有其他人建議重蓋一座新古典主義式（neoclassical）建築物，其中運用的柱子與三角形楣飾能讓人聯想到古羅馬及古希臘。不過，這種風格在美國備受喜愛，因此容易讓人聯想到美國近期的叛亂與共和式政府。

最後，從舊建築的廢墟中涅槃重生的，是今日人們熟知的哥德復興式（Gothic Revival）建築物，這幢建築刻意地提醒大家不列顛基督教的純正。這麼一來，雖然國會開始改革以適應大規模民主化的現代社會，實際上卻仍披著一層幻想中的懷舊中世紀大衣。在這個建築群中，矗立著世界上最精準的時鐘——大笨鐘。[44]如此一來，這幢建築不僅外觀威嚴，還具備實用性，體現工業時代所注重的效率及技術進步兩要素。就在這一刻，進步與反彈終於合而為一。

豐衣足食，革命不起

不列顛雖處於工業革命的拚搏中，卻幾乎完美避免了一八四八年時在歐洲其他地區發生的動盪。他們是如何做到的？最常見的答案是「改革與烤牛肉」。

在對工作條件、選舉改革、天主教徒與猶太裔權利及自由貿易等議題進行激烈交鋒後，不列顛最終還是選擇更新內部已僵化的寡頭政治系統。與此同時，讓眾人擁有高水準的生活，亦是杜絕革命的好方法。早在法國大革命如火如荼，而不列顛工業化還處於起步階段時，不列顛人們就出了名的豐衣足食。巴黎暴動發生後，不列顛愛國者以諷刺畫把英國人的形象描繪成面紅體胖又愛吃牛肉、嘴上老是抱怨「稅太重了」的中產階級。而法國人卻是可憐兮兮、骨瘦如材的形象，他們在畫中擁有無限自由，但這對於他們的處境卻沒有任何助益。雖然這有誇飾成分在，但當時不列顛的人民的確擁有較高的生活水準。連積極改革派印刷商科貝特，都只能因不列顛工人階級的相對滿足而嘆息：「我敢說，沒人能鼓動豐衣足食的人再去爭些什麼。」[45]

消費主義的普及，在一定程度上能有效地抑制不列顛工人的革命傾向。就像一九五〇年代的美國中產階級沉溺於買車或看電視而無暇顧及共產主義，一個世紀前的大多數不列顛人只顧享受舒適的煤炭暖爐，讀著手裡的廉價恐怖漫畫，絲毫沒有參與起義的心。讓他們變得愈來愈富裕的方式並不僅有仰賴勞力一途：十九世紀末，這個「小販之國」也成為一個「投資者之國」。彼時大概有三十萬人都持有不列顛政府債券，形成一個廣泛的不列顛社會階級，他們都是國家政府成功時的既得利益者。[46]也難怪早在一八四八年動亂的幾年前，就有一名憲章派重要人士提醒恩格斯：「在這個國家推動革命，最後只會徒勞無功。」[47]

除了傳統的因素，還有其他幾項要素也是撲滅革命火苗的原因。

追尋自由的法國人，成為國家奴隸的英國人。

正如歷史學家麥爾斯．泰勒（Miles Taylor）所論證的那樣，不列顛帝國幅員遼闊，因此他們能買賣低價商品並讓其母國穩健發展，[48]且距離該國遙遠的殖民地也是用來流放煽動者的好地方。不過，由於一些積極煽動者在當地引起新危機，因此這種做法在澳洲與開普殖民地（Cape Colony）以失利收場。

此外，不列顛本國中也發生鎮壓行動。一八四八年時，為了驅散在倫敦進行抗議活動的憲章派，輝格黨政府派出成千上萬名警員，並讓十五萬名志願警察（special constables）待命以隨時支援。[49]不列顛議會更是在一八四八年時通過極具爭議的《外國人法》（Alien Act），凡參與反政府活動的法國與愛爾蘭移民皆會遭驅逐出境。[50]因此雖然不列顛例外主義的說法還是站得住腳，但更加詳細複雜的版本取代了原先完美無瑕的故事。

左派的自由放任主義與右派的反市場觀點

工業革命最重要的政治影響就是顛覆不列顛傳統左右派的區別，導致兩派的政見發生了變化。工業化剛開始時，托利黨代表貴族特權階級一方，並提倡鄉村保護主義與慈善社會福利等主張。他們對現代資本主義欠缺考慮的成長抱持懷疑態度，並試圖保護鄉村生活免遭市場干擾破壞。輝格黨則是支持現代化、自由貿易、商業往來與工業化的黨派。他們對社會福利的看法與現代的自由市場右派一樣，都反對施捨救濟並支持貧窮者應該更努力工作的觀點。

若要說最能點出輝格黨自由放任主義改革特點的，當屬《新濟貧法》（New Poor Law）。這可以說是他們在《一八三二年改革法令》獲得勝利後開始推行，並導致社會福利終結的法案。伊莉莎白女王時期透過《舊濟貧法》（Old Poor Law）建立的社會安全網仍在。這個系統雖然不健全但頗有效果，由行政教區向有需要的人發放救濟金。而且幾乎不會要求受救濟者前往任何機構接受改造。這個系統的根本是基督教的慈善精神，用意是減輕鄉村的貧困現象，[51]不過說穿了其實是為了避免公眾乞討現象發生。保守派長期來都很支持這個做法。他們認為社會應幫助那些困苦的民眾，而《舊濟貧法》正保留了這種傳統秩序。

不過，注重進步且提倡市場主導的輝格黨並不這麼想。他們認為社會福利系統阻礙經濟有效成長，並且是導致民眾變得懶惰的主因。輝格黨多年來其實逐步廢除許多伊莉莎白時期的經濟系統遺跡，[52]比如《學徒法》就是其一。這條直到一八一四年仍存在的法規，限制某些行業僅有其同業公會成員才能進入。因此，出於同樣的合理化法律的精神，由輝格黨主導的議會在一八三四年通過《新濟貧法》，消除了這種以村落為基礎的散亂社會福利系統。在新系統中，他們將貧困人士送到城市中的濟貧院（workhouses），這些人需要在這個類似監獄的機構中殷勤工作，等於是在懲罰無業的同時又幫助他們恢復正常生活的一種方式。理想情況是讓這些人學會手藝並培養出工作道德，所以裡面的環境並不怎麼友善，這樣就能讓人們希望盡快學成並離開該地去外面找工作。狄更斯（Charles Dickens）在他的名作《孤雛淚》（*Oliver Twist*）中，生動地描繪了這些惡夢般的景象。

從這兩個黨派對待貧民的差別態度，就能看出十九世紀初時更廣泛的政治分歧。輝格黨支持工業化，托利黨則對此感到不滿。後者對資本主義的文化懷疑源自基督教，因為其中有許多警告，比如認為喜愛錢財是「邪惡的根源」

（the root of all evil）。[53]因此在保守派作家卡萊爾（Thomas Carlyle）看來，工業世界的外表冷酷而理性，內在無情自私且堅持進步是唯一的道路，生活在這樣的世界中毫無半點價值。他在一八三一年寫道：「宇宙是廣闊無邊且麻木的大型蒸汽機，日復一日冷漠地運作，無情地將我摧毀。」[54]

維多利亞時期的文化評論家拉斯金（John Ruskin）也對勞務機械化感到哀嘆。他認為就是這種令人麻木且重複的工作，才導致工人的道德價值衰退。[55]拉斯金明確地批評亞當·史密斯的資本主義觀點。史密斯曾在《國富論》中讚揚大頭針工廠的分工流程，誇獎他們把任務分成數個簡單的步驟以提高效率。而拉斯金則以同樣的例子來說明新經濟究竟有多敗壞。「認真來講，事實上被切割的不是工作步驟而是人，這導致人類被削弱到渾身上下的智力都不足以獨立做出一根針。」[56]以前的年代，工匠是一群自由且富創造力的手藝人，就比如建造哥德式教堂的石匠，他們都是真心因自己的獨特手藝與想像力而感到開心。而這些工廠工人卻被弱化到成為一個小齒輪。拉斯金的作品是維多利亞工業社會中，抨擊去人性化（dehumanization）的哀嘆文學之一。這種體裁的文章懷有強烈的懷舊情感及反資本主義的保守主義色彩。

工業革命初期，這兩個黨派間的差異非常明顯。在一定程度上屬於左派的輝格黨支持城市工業化及各種相關變革；而右派的托利黨則支持農業與傳統觀念。不過，舊輝格與托利黨之間的差異，將因貿易政策之戰而有翻天覆地的改變。

自由貿易分岐

國會長期對當時稱為「corn」的穀物（grain）進口進行嚴格管制。一八一五年時更是通過新《穀物法》（Corn Law），藉以支持面臨外來競爭的不列顛農業。這個法案的主要內容是對外國進口穀物課徵高額關稅，實際上等同禁止進口，藉此維持國內穀物價格。在城市化快速發展的時代，這項措施等於是讓支持托利黨的那些廣大地主群體得利，而支持輝格黨的普通市民則必須支付更高昂的食物費用。

城市群體紛紛譴責《穀物法》是一項弊政。工人因食物價格過高而感到不滿，老闆則擔心他們會不得不提高薪資以配合糧食價格。於是他們就加入了反穀物法聯盟，這是一場全國性的請願活動，意圖對國會施壓以迫使其做出實際回應。一八四六年時，他們的努力獲得了成果。保守派首相皮爾爵士（Sir Robert Peel）屈從於壓力，並主張廢除《穀物法》。[57]他獲得輝格黨全員支持，但托利黨卻僅有三分之一的人支持他。不過這樣的數量也足以通過廢除法案了，英國化身自由貿易提倡者的時代就此展開。不過這也導致托利黨內部分裂及皮爾下臺的後果。不列顛內部的政治聯盟開始出現裂痕。

由於在《穀物法》上的意見分歧，致使這兩黨重整成我們如今所知的現況。皮爾下臺後，輝格黨掌權。不過在他們崛起後，黨內的分歧卻一覽無遺。這是一場支持經濟進步者與捍衛勞工權益者的拉扯。部分輝格黨人當初會投票支持廢除《穀物法》，是因為他們堅信應讓自由市場中的自我調節發揮作用。然而，在愛爾蘭馬鈴薯饑荒（Irish Potato Famine）爆發時，這種完全自由放任主義意識型態的後果肉眼可見。當時明明有數百萬愛爾蘭人捱餓，食物卻還是源源不絕地被出口至國外市場。至於多數輝格黨人支持自由留易的原因，其實並非出於相信抽象經濟理論，而是因為自由貿易的確能使工人實際受益。根據後來的研究結果證實，廢除《穀物法》雖然犧牲了占不列顛人口一成的頂層階級利益，卻使占九成人口比例的底層薪資階級受益。若以《穀物法》為例，自由放任主義經濟的確有助於維護工人的權益。不過在大多數時候，這兩者間其實是對立關係。正因如此，輝格黨開始質疑自由的經濟體系是否真的適合運用在工業社會中，而不會因為市場與機械化的齒輪分裂個體，導致混亂叢生。於是他們開始更重視貧民的困境，並呼籲以更有制度的做法，提供更慷慨且條件更少的社會福利。

《穀物法》也讓托利黨內部分裂近十年，並讓他們開始自我反省。自由貿易使農產品須以更低廉的價格出售，進而破壞了鄉村菁英的經濟力量。地主對不列顛的生活環境影響力再也回不到往昔。在一八〇九年至一八七九年間，不列顛百萬富翁（英鎊價值已據通膨調整）約有八八%都是鄉村地主，而且也是長期主導議會政策的階級。但在一八八〇年至一九一四年間，僅剩三分之一的百萬富翁是依靠土地致富。[58]托利黨意識到了這點。

右派不再繼續嘲笑因工業革命而致富的新貴菁英，反而將工廠老闆與金融業者視為同盟，與他們攜手對抗社會動盪與低下階層的罷工行為。富有的工業從業者紛紛開始購買鄉村莊園，同時找貴族妻子聯姻以打入不列顛的上流社會。這樣的黨派翻轉是工業化使政治轉型的轉折點。於是，口頭上仍使用舊名稱的托利黨將自己重整為「保守黨」（Conservatives）。理念也從原來的保護鄉村生活免受現代化侵蝕，轉變成自由放任資本主義的支持者，儘管這帶來了許多破壞。同時，輝格黨則逐步演變成自稱「自由黨」（Liberals）的黨派，且在工業經濟成長與工作條件矛盾間的分歧也愈演愈烈。城市老闆與工人間的不穩定聯盟可能會逐步磨損，最後突然破裂。自由主義者也有可能從工業革命的死忠支持者，轉變成社會民主主義（social-democratic）的支持者，而後整個龐大的政府左派陣營在二十世紀時打造出一個大型社會福利國家。

在艾略特（George Eliot）的小說《米德爾馬契》（*Middlemarch*）中就有一個代表場景，完美呈現出不列顛政治生活的轉變。內容是有一群佃農對即將來到他們英格蘭這一隅的新鐵路心懷猜忌，於是在「喝了一點午餐酒」後，攻擊了另一群到該地探勘路線的公司代理人。這些鄉村惡棍其實連想都沒想到「革命」這件事，他們只是下意識反對鐵路及其相關事項，因為在他們看來這「只會讓大人物賺到錢……而貧民就只能被更殘酷地遠遠甩在後方」。[59]這時，一名年輕的士紳弗雷德．文森騎馬去拯救那些鐵路勘測員，並以馬鞭擊退那些手拿乾草叉的農民。在早年間，或許大家對當地地主的期待是他們會跟佃農一樣，對城市商人及新科技抱持懷疑的態度。但現在，他卻選擇站在了必然會發生的進步那邊。這些鄉紳階級已經決定與新貴和平相處。

不列顛在經歷政治重組（political realignment）後，左派愈來愈常提出反對資本主義的論點，且與曾長期對市場抱懷疑態度的**保守黨**的過往論點不謀而合。一九二八年時，這種分歧已經顯而易見，蕭伯納（George Bernard Shaw）精準地捕捉到左派內的意識氛圍。這名著名的愛爾蘭劇作家同時也是知名的左派思想家，他寫了一本暢銷書籍《智慧女性指南：認識社會主義與資本主義》（*An Intelligent Woman's Guide to Socialism and Capitalism*）。內容寫的都是市場資本主義如何以枯燥乏味的工作讓人的靈魂枯萎。蕭伯納用的也是亞當．史密斯舉的例子，那個曾被約翰．拉斯金引用並批評的例子。此外，蕭伯納也引用了奧利弗．高史密斯那首情感強烈的詩，稱現在已變成由左派哀嘆「財富積累，而人衰敗」的世界。右派則轉而支持他們過往長期譴責的力量，且在那些因自由市場而致富的族群加入後，更是推崇資本主義至上。工業漸漸促成新貴族階級的誕生，這個階級的財富並非因繼承土地而得，但他們仍能在維護社會秩序與穩定上提供力量。

水晶宮或全景監獄？

效益主義哲學家彌爾（John Stuart Mill）起初是一名自由市場的忠實支持者，後來產生懷疑並在最後抱持徹底反對的態度，他的思想歷程與多數左派份子是一樣的。彌爾成年時恰逢工業革命鼎盛時期，因此對其看法便抱持著樂觀態度。但在年紀逐漸增長後，這份樂觀也逐漸轉為絕望。

一八五一年時的不列顛看似站在世界之巔。倫敦驕傲地舉辦了「萬國工業博覽會」（Great Exhibition of the Works of Industry of All Nations），向世界各國展示不列顛的工業天賦與製造業實力。這場博覽會最主要的展示物就是其展場水晶宮（Crystal Palace）。水晶宮是一座寬敞透明的展場，以高聳的鋼梁結構搭配過去在單一建築上罕見的玻璃用量組成。對自由主義者與樂觀主義者來說，水晶宮是現代化的代表，這幢建築物明亮通風且高聳無比，透明開放式的格局就像是在比喻工業時代的遠景。然而對悲觀主義者來講，這幢建築物象徵著人們對工業化超個人主義現代的虛假幻想。比如杜斯妥也夫斯基（Fyodor Dostoevsky）的著作《地下室手記》（*Notes from Underground*）裡那位壞脾氣的主角，他就認為這幢建築物是荒誕烏托邦幻想。不過，絕大多數的觀展者都對其展示的進步遠景感到開心。

彌爾在一八〇六年出生，並於一八七三年逝世，他的一生正好見證工業革命與不列顛的民主發展這兩個重要里程碑。他剛出生時，蒸氣能源正在加速發展，而他成年時，則剛好經歷一八三〇年代時第一條鐵路開放及《一八三二年改革法令》出現。彼時的輝格黨還是徹底擁抱自由開放主義的黨派，不僅支持廢除奴隸制度、擴大選舉權等，也支持自由放任資本主義及科學與技術的發展。而在他逝世的年代，那時的人們開始對工業化的後果感到不滿，勞工運動也不斷出現。這表示自由主義本身的意義已經改變。左派仍保留對社會進步主義的追求，但卻放棄對自由工業化的熱忱。

彌爾的一生，本身就是自由理性主義的一場大型實驗。他的父親是一名出生於蘇格蘭的歷史學家，目標是將彌爾培養成世界史上最有實力的天才，因此從小就讓他接觸哲學世界。彌爾三歲時開始學習古希臘語、八歲時學拉丁語，到十二歲時已經熟讀各種經典名著。[60]他十幾歲時，已經能夠和自由貿易理論家暨比較利益大師李嘉圖（David Ricardo）散步長談。彌爾的知識導師是效益主義創始者邊沁（Jeremy Bentham），邊沁對彌爾的啟蒙，就像蘇格拉底對柏拉圖的影響一樣。從某種程度上來講，邊沁可說是工業革命時期自由主義政治的核心思想家。彌爾年輕時一直向邊沁學習，他學到的最高人生目標格言就是「最大多數人的最大幸福」（the greatest happiness of the greatest number）。彌爾將無數時間花在往返倫敦及巴黎，與他父親認識的著名哲學家、社會運動者、科學家及政治家往來交流。這種高壓環境的確讓彌爾擁有不可言喻的成就，但也讓他陷入憂鬱的漩渦。就在他二十歲時，這名年輕天才就已經出現精神崩潰的情況，並一度想要自殺。經歷這些事情後，彌爾決定擺脫父親的嚴格教育，也不願再活在邊沁的影子之下。他發現，華茲華斯及柯立芝（Samuel Coleridge）的浪漫主義詩詞中的人類情感，能讓他有更深的共鳴。

這也許就是為什麼彌爾會對學著純粹效益主義長大的時光感到不滿。邊沁的哲學中，有著讓人不安的機械式冰冷的一面。邊沁的思想實驗中，流傳最久卻最讓人不安的，或許就是那座「全景監獄」（panopticon）。這種具有反烏托邦設計的監獄，可說是水晶宮的陰暗倒影。監獄的藍圖描繪了一座完美的環形建築，每間獨立牢房都環繞著內部核心建立，警衛可以輕鬆透過孔洞來監視囚犯。監視者能夠時時監管囚犯的行為，囚犯卻看不到監視者，因此就不知道對方是否正在監視他們。

這是追求效益與秩序最大化的遠景，在這裡，沒有隱私也沒有逃避責任的機會，因為大家都在全視之眼（all-seeing eye）的注視之下，這是效益主義與

上）水晶宮的內部。

下）全景監獄。

《新濟貧法》的濟貧院完美融合的殘酷產物。後來傅柯（Michel Foucault）等作家指出，這種全景監獄實現新型態的全面控制，因犯知道可能有人正監視著他們的一舉一動，因此只好自我監視。這個設想可說是技術極權主義（techno-totalitarianism）的先驅，類似小說《一九八四》內的電視監視器、史塔西（Stasi）或國家安全委員會（KGB）的真實竊聽技術，也很像現代中國的人臉辨識攝影機。隨著維多利亞時期末端工業化的蓬勃發展，人們並不知道這種閃亮新技術會創造出怎麼樣的文明。一個開放、自由貿易、人類充滿創造力且普遍繁榮的世界，就像那座動人的水晶宮一樣？還是說會是一座全景監獄，塑造出封閉且互相猜疑的世界，裡面隨處都是全天候且高效率的監視，就如機器運作般有其規律呢？

隨著彌爾的思想逐漸自成一格，他推翻邊沁那所謂的正統觀念，並呼籲社會應賦予工人權利。彌爾在自己的晚年著作中探討政治經濟學，說明如何不再拋棄貧困或弱勢族群，並打造出一個能保護這些群體的社會。這條路徑讓不列顛自由主義從自由放任與濟貧院，轉向創立勞工工會（labor unions）及相關法規，最後則創造出一個由工黨（Labour Party）主導的安全網。至於工黨，則完全繼承了自由黨的意志，成為英國主要的左派政黨。

新政舊傷

技術進步有助於拓展新視野，但舊身分政治的影響力仍然強烈。不列顛也不例外。雖然國家正朝著工業化與現代化前進，但新教徒與天主教徒間的長期衝突還是頗為嚴重。我之前就有稍微提到這個問題，但完整的歷史其實要追溯到更久遠的年代，且主要是在愛爾蘭這片被不列顛殖民的地區展開。簡單來說，愛爾蘭的天主教徒長期遭受欺壓，不但土地遭到掠奪甚至還要淪為佃農；而在不列顛，天主教徒需要支付額外的稅，並且被禁止進入較好的大學，也無法在國會中任職。許多政治家，尤其是保守黨政治家，經常會藉由「愛爾蘭問題」（Irish Question）這個爭議問題來煽動反天主教民粹主義——即當時的身分政治。

天主教徒跟十九世紀初的不列顛平民一樣，也想替自己爭取政治權利。

一八〇〇年時，國會宣布「大不列顛暨愛爾蘭聯合王國」（United Kingdom of Great Britain and Ireland）的建立，並將愛爾蘭國會併入倫敦的國家議會。自此，愛爾蘭人雖然能選出代表進入西敏寺任職，但這座多數人口為天主教徒的島嶼，卻被要求該議員人選不得是天主教徒。這引起愛爾蘭人的不滿，於是保守黨政府在一八二九年通過一項法案，允許天主教徒擔任除最高職務公職外的任何職位。也因如此，部分保守黨人士認為這種改革無異於是種背叛，於是決定更明確地表明他們是新教徒政黨的立場。輝格黨（後來的自由黨）起初因右派的混亂而受益，這情況就像二十世紀時，民主黨因民權運動（civil rights movement）分裂而使得共和黨受益。

這樣的身分政治最終甚至摧毀了十九世紀最偉大的自由主義政治家——格萊斯頓。一八六八年時，他初次當選首相並希望藉由改善佃農權利，廢除聖公會（Anglican Church）在愛爾蘭的國教地位，以此穩定愛爾蘭局勢。由於這種方式在某種形式上來說就像是撤銷聖公會的英國國教地位，因此也遭到了反對，甚至因此而創造出一個字數多到滑稽的詞語「反對政教分離主義」

（antidisestablishmentarianism）。本來如果格萊斯頓的自由黨同僚支持他，那還沒什麼。但他進一步提出要讓愛爾蘭擁有一定程度的自治權，或者「地方自治權」（Home rule），就使得黨內的意見出現分歧。自由黨中的「統一派」（Unionists）堅持應該將愛爾蘭牢牢握在倫敦的掌控中。於是托利黨愉快地接受了這些投誠者，就此開啟由保守黨主導的二十年政局。最後，由於不列顛未能在對的時機通過地方自治權以安撫愛爾蘭，導致他們在一九一九年時對不列顛發起獨立戰爭。

人們總認為好事會連帶發生，比如經濟成長能造就政治和諧。但拿不列顛的例子來看，即便經過數世紀的工業轉型，這個國家內自古存在的宗教分歧仍能煽動民粹主義。不論是彼時或現在，技術的進步都沒有讓身分政治退出舞臺，反而還帶來反效果。以前，保守主義的核心要素是土地與繼承權，然而現在的定義已然改變。在這股破壞性力量的衝擊之下，不列顛的工人自然地淪為替罪羔羊爭論的支持者，深信是因為愛爾蘭工人太廉價，因此才導致他們的薪資跟著下降。這種說法，完全就是「墨西哥與中國的廉價工人壓低美國人的薪資」

的十九世紀版。

繁榮昌盛的不列顛

歷史學家查爾斯・莫里斯（Charles R. Morris）曾評論說：「『自滿』（Self-satisfaction）對任何競爭者而言都是一種危險的情緒，但不列顛人會這樣是可以理解的。」[61]莫里斯當時指的是拿破崙垮臺後的年代。法國戰敗後，不列顛隨之成為當時的「超級大國」（hyperpower），有點類似冷戰後的美國。英國僅將國民生產毛額（gross national product）的二%至三%用於軍事開銷，從嚴格的軍事層面來看，它最多只能在歐洲的同等國家中名列前茅。[62]不過，由於英國當時資助的一方戰勝，因此在拿破崙垮臺後，它就成為戰後討論歐洲地緣政治的維也納會議（Congress of Vienna）中的關鍵角色。更何況，英國還是海上及其他諸多非歐洲國家的主宰者。英國工業化的鼎盛時期，同時也是大英帝國（British Empire）的巔峰時期。

英國的經濟與技術實力讓其在地緣政治的角逐中脫穎而出。英國皇家海軍有世界上最大規模、最先進的艦隊，能真正實現全球供應鏈。此外，它還具備海底電報電纜第一個高速全球通訊系統，讓英國能與殖民地密切連結。在維多利亞統治時期結束後，這個帝國又擴大不少。他們以能迅速擊敗非歐洲軍隊的機關槍，以及預防瘧疾和其他熱帶疾病的現代醫療，完美地將非洲領土納入其疆域，事若沒有這些技術，無法達成這個成就。帝國鼎盛時期，英國版圖幾乎覆蓋四分之一的地球，也就是說，有四分之一的人口生活在英國的統治之下。

帝國主義也無疑讓英國工業收穫頗豐。英格蘭在十八世紀初禁止從印度進口棉紡織物，以保護其手工紡織品免於和價格低廉卻品質出色的印度商品競爭。不過後來，英國在發明珍妮紡紗機（spinning jenny）與水力紡紗機（water frame）等其他設備後，就稱霸了紡織業。根據歷史學家約翰．達爾文（John Darwin）的估算，十九世紀中期，英國在其領土與拉丁美洲等非正式帝國領地內，以工業生產的紡織品較當地的織物便宜近**兩百倍**，致使當地原住民的織物根本無法與其競爭。[63]不過，正如經濟學家科亞馬（Mark Koyama）與魯賓

（Jared Rubin）所說，工業革命的大幅收益不必然是基於剝削歐洲以外地區的人民而獲得。[64]比如十八世紀時，俄羅斯將中亞與西伯利亞地區納入自己的領土範圍，而中國的清朝亦將新疆與西藏吞併，但這些都沒有讓他們的經濟成長獲得有效增益。征服與工業化的關係並不總是密不可分。

但話說回來，大英帝國的疆域在一戰與二戰間大幅擴張，就那個時期而言，「帝國」的廣闊的確是讓英國繁榮昌盛的主要原因。就連許多左派思想家也都認同這個說法。比如作家歐威爾（George Orwell）就曾說：

> 英格蘭人享有的優質生活都是靠我們對帝國的嚴密控制，尤其是要將印度與非洲等熱帶地區牢牢握在手中。在資本主義的體系下，若要讓英格蘭人享受相對舒適的生活，那麼就必須有一億印度人活在飢餓與貧困中。這種事情很殘忍，但你每搭一次計程車或者每吃一次草莓冰淇淋甜品，其實都等於默許這種行為。[65]因為這種生活的反面就是廢棄帝國，這樣一來，英格蘭就會成為一座荒蕪且不重要的小島，生

活在上面的人們不得不用盡全力努力工作，然後仰賴鯡魚及馬鈴薯果腹度日。

不過，在一九四五年後的數十年間，雖然英國逐漸失去殖民地，但其經濟成長的速度卻比往日**更快**。[66]後帝國時代的英國也面臨過罷工與停滯等問題。但還不至於淪落到靠鯡魚及馬鈴薯果腹。

不列顛在工業時期昌盛無比，並且藉此贏得全球帝國這個地位。帝國帶來的優劣引發爭議。這讓不列顛得以控制許多資源及勞動力，但同時，不列顛的政治家不得不投入大量成本來征戰並捍衛自己的領土。除了有新經濟競爭者逐步追趕的原因，此外就是不列顛在海外責任增加的同時，在提供資金方面也日漸吃力，即所謂帝國過度擴張（imperial overstretch）的現象。甚至稱不列顛是十九世紀的「世界警察」都不為過。歷史學家保羅．甘迺迪（Paul Kennedy）就曾統整出英國在一八九五年左右的諸多擔憂：

> 內閣擔心中國會因為甲午戰爭而分崩離析、擔心亞美尼亞危機（Armenian crisis）會導致鄂圖曼帝國垮臺、擔心因南非問題而與德國關係緊張的同時，又因委內瑞拉英屬蓋亞那（Venezuela-British Guiana）邊界與美國有所糾紛，還要擔心法國在赤道非洲（equatorial Africa）進行的軍事遠征及俄羅斯往興都庫什山脈（Hindu Kush）推進的步伐。

而就在這期間，還有其他國家因忌妒不列顛帝國，而想替自己在世界版圖上爭一席之地。因此他們最大的擔憂來自近鄰，即德國的崛起。不過不列顛最強悍的競爭對手，其實是與其擁有相似文化的昔日殖民地，也就是即將成為其盟友的美利堅合眾國（United States of America）。美國的實力源自他們自己的工業革命，與不列顛現代化的步伐有許多相似之處。不過他們在政治重組方面，卻走出了一條充滿腥風血雨且與不列顛截然不同的美國之路。

第五章

真正的美國革命
——工業化的美國

說起來很奇怪，但美國革命並不具備革命特質。從某種意義上來說，美國革命甚至不算是**革命**，因為革命是要實現社會、經濟和政治方面的全面變革，但美國革命是在爭取國家獨立。的確，美國的政治改變了，君主制遭到廢除，取而代之的是共和政府，但美國的經濟與社會結構自一七七六年開始便大致維持不變。南方的統治權力持續掌握在大農場（Plantation）的主人手中。即使在北方，「紳士革命者」也會以暴力手段壓制宣揚激進變革的努力，例如鎮壓麻薩諸塞州反加稅叛亂的謝司起義（Shays' Rebellion）。在《獨立宣言》發表之前與之後，各州都保留著許多在殖民時期享有的自治權。奴隸制持續存在，女性依舊是二等公民，原住民繼續失去他們的土地，因為這些前殖民者更積極地闖入原住民的生活區域。

美國革命確實強調自由和平等，但美國特色的平等主義文化並非新概念，至少對自由的白人男性來說並不是。這樣的特質從第一位殖民者抵達北美洲之後便持續存在，而且比起說是美國革命帶來的後果，更像是完全開放的西部拓荒產物。努力在荒野中求生存，以及奪走原住民的土地，這些困難任務都在促進合作精神。大量土地也讓白人之間能實現更高程度的經濟平等。在一七七四年，即使將奴隸納入計算，美國殖民地的收入平等程度還是高於其殖民母國。[1]最重要地，至少在北方並不存在歐洲式的大型莊園制度，以及必須去除的貴族特權。美國不需要透過大規模社會革命來推翻封建制度，因為從一開始，這些舊世界的遺俗就從未引進過。正因為如此，托克維爾才會表示美國人「不必忍受民主革命的痛苦，就能達成民主制度」，並且是「生來平等，而非**變得**平等」。[2]

美國革命的多數精神，例如反對君主制、支持源自於上帝和理性的個人權利等，或許算是新的激進觀念，但美國社會的基本政治和社會結構仍然相當穩定。摩根（Edmund Morgan）和貝林（Bernard Bailyn）是研究美國革命的偉大歷史學家，他們主張革命者實際上是在要求恢復他們還是英國人時，遭到英國國會剝奪的權利。政治學家杭亭頓（Samuel Huntington）主張美國革命在本質上延續了先前存在的「都鐸政體」（Tudor polity），[3]這個脆弱的分權體制具備早期殖民者從十七世紀英格蘭帶來的議會、立法機關和法律規則。即使在今天，美國獨特的體制——將權力劃分給不同政府部門和不同政府層級——仍保有都鐸體制的特徵。

在社會方面，美國革命不只沒有推翻既有的階級制度，反而更加以鞏固。根據貝林的觀點，美國革命者的目標不是要消滅社會或經濟不平等，而是要「淨化腐敗的憲法，並竭力擺脫明顯增長的特權力量」。[4]王室和國會干涉得太深入後，革命者便在追求切斷此一外部連結的狹隘目標。與不久之後法國大革命試圖從根本上改變社會的做法不同，美國革命者是為了讓社會遠離他們眼中的專斷與專制力量。

不過美國終究還是會有真正的革命。工業革命傳到美國後，便徹底重建美國社會，除了改變生產力，也讓人與人之間的基本關係產生變化。在交通運輸、製造和通訊方面的創新，讓日常生活從此變得不一樣。美國迅速展開都市化，工作地點不再是在家中，以新認同為基礎的公民組織也紛紛成立。隨著設置工廠的地點迅速發展，區域差距也隨之擴大。美國的工業革命從建國前便陸續開始，但直到一八六〇年代之後才真正全面開展，而且時間也和這個年輕國家歷史上最重要的變革——終止奴隸制度——重疊。雖然不是直接原因，但可以說是工業化將經濟和技術力量大規模轉移到北方，使得北方聯邦（Union）在美國內戰（Civil War）中取得優勢。後續的工業化重新定義美國的政治結盟，並造成我們如今所知的左右派分立。

美國在一八二八年七月四日鋪設第一條鐵路時，由《獨立宣言》僅存的簽署人獲得破土動工的榮耀。當時已經九十一歲的卡羅爾（Charles Carroll）表示：「這是我一生當中數一數二的重要行動，即使不是最重要的一個，也只僅次於簽署《獨立宣言》。」[5] 對於少數曾同時經歷過美國革命和工業化萌芽時期的人而言，的確很難真正釐清孰輕孰重。不過到了二〇二〇年代，在經過兩百年後，我們終於可以斬釘截鐵地說，工業革命比起美國革命，對美國社會造成更多改變。

雄鷹將臨

美國是怎麼走到工業化這一步的？說得籠統些，是依附在不列顛的成功基礎上；更精確來說，就是竊取不列顛的智慧財產。在十八世紀末和十九世紀初，美國的工廠老闆想方設法試圖引誘不列顛工廠的工人和管理者跨越大西洋到美國展示技術，以致於不列顛和之前的荷蘭一樣，對思想輸出嚴加控管，甚至限制訓練有素的工業專業人員移民。[6]狄更斯尤其憤怒，因為他的作品在美國的盜版銷售量遠遠超出正版銷售量，[7]這樣的經驗也使得他在往後數十年不停對美國冷嘲熱諷。一七九一年，美國政府支付四十八美元讓一名英國紡織工人將紡紗技術帶到美國，這是第一起由國家支持的製造業間諜活動，並協助幼稚產業

（infant indusry）萌芽。美國製造業真正發展起來要等到二十年後，當時一位麻州商人洛威爾（Francis Cabot Lowell）趁著到不列顛的紡織廠參訪時，記住對方的設計，然後回到美國建立第一家現代棉紡織廠。[8]彼時的英國工業依然令全世界羨慕，但其孕育的發明可讓企業家在逐漸擴張的美國投入應用及改良。同時，美國政府為了保護國內的幼稚產業，對進口商品徵收高額關稅。

從十九世紀開始，美國發明家已經開始超越不列顛的發明家，證明美國的工業潛力正在逐漸成長。富爾頓（Robert Fulton）在一八〇七年創造了歷史，他駕駛第一艘成功經營的商用蒸汽船載著乘客沿著哈德遜河航行，完成從紐約市往返奧爾巴尼僅需六十二小時的壯舉。儘管蒸汽船是大西洋彼岸的不列顛所發明，卻在美國各地的蜿蜒水道上獲得推廣並廣泛地投入使用。很快地，美國發明家開始憑自己的本事大量推出各種發明。一八四四年，摩斯（Samuel Morse）從美國國會大廈的地下室發出史上第一封長途電報，寫著「上帝的傑作」（What hath God wrought）；[9]兩年後，哈維（Elias Howe）在麻州的劍橋獲得第一臺現代縫紉機的專利。這兩項都是對英國舊有構想的改良。

美國內戰爆發時，林肯總統（Abraham Lincoln）利用南方代表在華府缺席的機會，同時宣布「自由的新生」（new birth of freedom），以及新的基礎建設支出。林肯以輝格黨黨員身分進入政壇，而這個黨派就是以不列顛的輝格黨為啟發。林肯原先的政黨也和大西洋彼端的同名政黨一樣，支持政府投資基礎建設。林肯年輕時曾表示想效法曾任紐約州長並建造伊利運河（Erie Canal）的迪威特．柯林頓（DeWitt Clinton），後來他成為一名鐵路律師。[10] 成為總統後，他監督了建造橫貫大陸鐵路的重大聯邦支出。這條鐵路在他遭刺殺的四年後，於一八六九年完工。林肯在基礎建設上的投資，加上西部新取得領土蘊藏的豐富資源，以及大規模移民帶來的大量勞動力，最終讓美國得以迅速現代化，並成為全球工業領導者。（美國內戰也像其他戰爭一樣，在許多方面加速了技術發展。）

美國的鍍金時代（Gilded Age）指的是十九世紀末創造大量財富的時期，而同時期的不列顛則處於維多利亞時代的全盛期。美國在內戰結束後重新凝聚力量，很快便成為比不列顛更強大的工業大國。儘管英國製造業相當龐大，但與美國一比，便顯得相形見絀。到了一八八〇年代中期，美國的鋼鐵生產已經超越了不列顛，美國的工業實力也在持續成長。美國在一九二九年的製造產出比起一八五九年增加了二十八倍，[11]而美國的GDP也在一九一六年超過英國GDP。[12]從美國革命到第一次世界大戰前夕的一百三十五年間，美國的平均年成長率達到驚人的三．九%；[13]即使是身為如今成長引擎的中國和印度，對於這項持久紀錄也是望塵莫及。

到了一八六〇年代，多數的英國家庭都擁有在美國製造的時鐘，而這個跡象也顯示工業創新已轉移到大西洋彼岸。[14]這些美國製造的鐘錶價格十分低廉，英國政府甚至指控美國「傾銷」，也就是非法將低於市價的商品大量投入英國，以和英國生產者削價競爭，而且這項指控並非無中生有，接著英國也開始查扣走私貨。傾銷、智慧財產竊取、豐沛的煤炭和低廉勞工，都是美國在十九世紀末造就工業成長的關鍵因素，和二十一世紀中國工業發展的情況如出一轍。

儘管美國工業革命的起源有些不名譽，卻沒有停止讓構想、發明和人才飄洋過海到達大西洋彼岸，傳入熱切渴望大規模投入應用的國家。到內戰結束時，美國已經建立起真正的新事物。經濟歷史學家德隆指出，一八七〇年之後，西歐及北美開始以新穎的加快形式推出創新。他寫道：「北大西洋經濟體創造了發明。他們創造的不只是紡織機器和鐵路，還有工業研究實驗室，以及促使大型企業崛起的官僚體制形式。」[15]這段話最能貼切說明美國的情況，因為美國的經濟正是藉由技術進步的推動，攀升至全新高度。

美國全面轉型

美國經濟成長大部分都集中在城市，並且是在這個時期開始迅速發展。一八七〇年，美國約有二五%的都會地區人口，[16]而在短短五十年後的一九二〇年，都會人口已經增加了兩倍，這也是美國史上城市人口首次超越鄉村人口。[17]惠特曼（Walt Whitman）在他的詩中道盡美國轉型的複雜程度。惠特曼移居到城市時，也同時進入了全新的世界，他在〈橫渡布魯克林渡輪〉（Crossing Brooklyn Ferry）中寫道：「眾城市啊，繁榮茁壯吧，帶著你們的貨物，帶著你們的表演，豐沛而充足的河流啊。」他也讚頌工業的誕生：「鑄造廠的煙囪啊，燃起旺盛的熊熊火焰吧！」[18]不過，惠特曼同樣也悲嘆工業化造成的不平等和破壞，他在四年後的另一首詩中寫著：「我坐著看向世界的哀傷，注視所有壓迫和羞愧。」[19]他的文字反映出現代美國在「青春期」的豐富情感和焦慮，既展現樂觀，也帶著懷疑的態度。[20]

在一八六〇年，紐約就已經是美國最大的城市，而人口數量也從一八五〇年的六十萬人，逐漸成長為一九〇〇年的三百五十萬人。這樣的擴張有很大一部分是因為大量歐洲移民湧入，他們改變的不只是城市的人口密度，還有城市的文化。許多新移民會定居在紐約和東北方其他工業城市裡族群明顯有別的街區，他們開始做生意、建造教堂和猶太會堂，以及加入社交俱樂部。他們組成工會和政治組織，其中最知名的就是紐約的塔馬尼派（Tammany Hall），這個政治機器靠著吸引移民選民，特別是愛爾蘭人，來汲取力量，並在整個二十世紀持續對紐約市的政治發揮相當大的影響力。新一波的移民潮將美國轉變成更現代的多元國家，新移民試圖在成為美國人的同時，保有他們在舊世界的文化認同。[21]

快速的都市發展並非僅限於東部的沿海地區。事實上，芝加哥是十九世紀末人口急速成長最多的城市，並確立了交通樞紐的地位。在一八六九年五月十日，利蘭．史丹佛（Leland Stanford）在猶他州海角峰口（Promontory Summit）的地面釘下象徵性的金色長釘後，[22]美國的東西兩半終於由一條橫貫大陸的鐵路串連起來。在這個東西兩岸連接起來的廣闊國家中，芝加哥做為必然的中間點，成為西部原料與東部工業機器之間的樞紐。一八七一年冷藏貨車出現後，使得工業化肉品加工變得更可行，美國人消費的大多數肉品最終都是來自芝加哥的牲畜飼養。[23]

此時的南方還在努力從內戰造成的破壞中復原。由於過去的南方邦聯（Confederate states）經濟成長遲緩，薪資也低，因此新一波的移民通常會避開這些州（《黑人歧視法》也是一部分的影響因素）。一八七〇年，在北方的外籍人口是南方的三倍以上。[24]此外，南方的技術也很落後，農業幾乎完全未使用機械設備，而是靠著大量人力完成。在鍍金時代，城市和鄉村地區、北方和南方、沿海和中心區域，以及城市裡的貧富之間，皆出現了巨大落差。這些差異共同在美國產生一種新政治。

美國引人矚目的工業化除了助長當時主導的自由市場意識型態，反過來也在某種程度上受到這個意識型態的影響。美國人向來對強大的國家抱持懷疑態度，包括在經濟事務方面。不過，到了十九世紀末，許多人都支持自由放任政策，而這樣的偏好也出現在社會觀點裡。尤曼斯（Edward Livingston Youmans）是社會達爾文主義（social Darwinism）的支持者，相信人類應該像動植物的物競天擇（natural selection）一樣，遵從相同的演化概念，同時他也是《大眾科學》（*Popular Science*）月刊的創辦人。當被問到會採取什麼措施來解決社會問題時，他答道：「什麼都不做！我們什麼都無法做。這是演化的問題。我們只能等待演化解決一切。或許再過四、五千年，演化就能讓人類超脫這樣的情況。但我們現在什麼都做不了。」[25]

當時是屬於強盜大亨（robber baron）的年代，由洛克菲勒（John D. Rockefeller）和卡內基（Andrew Carnegie）等人主導經濟地位、鞏固權力，累積了巨大財富。不過他們取得的絕對支配地位也引起永久壟斷的可能性。一部分的美國人能獲得看似取之不盡的財富和權力，而另一部分的美國人卻連打平收支都有困難。都會勞工階級的情況尤其令人震驚，這在里斯（Jacob Riis）於一八八〇年代記錄曼哈頓廉租公寓的知名攝影作品《另一類人的生活》（How the Other Half Lives）中清楚呈現。這個時期的嚴重不平等最終不可避免地引發了反彈。

社會主義無立足之地

美國的反彈表現形式與歐洲的不同。歐洲同樣經歷過令鄉村地區嚴重衰退，而城市迅速擴張的工業化。歐洲的企業家變得極度富有，白領階級成為有權有勢的資產階級，而歐洲的勞工卻要忍受危險的工作及生活環境。儘管在大西洋兩岸都有一些工人受到社會主義的吸引，但歐洲的社會主義運動凝聚力更強。（社會主義是廣泛的名詞，最初的解釋是指對生產手段的集體所有權。）

馬克思和恩格斯在一八四八年革命動盪時期發表《共產黨宣言》時，自由主義和民族主義還是當時的主流意識型態。不過到了一八八三年馬克思過世時，社會主義已經成為整個歐洲相當有影響力的政治力量了。這個意識型態最初是在不列顛落腳。倫敦是十九世紀資本主義的權力中心，甚至成為第一國際（First International）的創始地。第一國際是社會主義者和共產主義者的全球網絡，這些人當中還包括當時仍沒沒無名的流亡記者馬克思。不列顛擁有強大的工會網絡，以及民主政治改革的傳統，所以能夠逐步制定社會改革，如公共衛生規定，以及更安全的工廠環境法規，也因此能阻止更激進的社會主義表現。之後，自由主義者和社會主義者聯合起來組成工黨，到了一九二〇年代初，工黨已成為英國左派的主導政黨。

勞工階級的不安同樣擴散到了整個歐洲大陸。到了一八七一年，當支持社會主義的巴黎公社（Paris Commune）短暫地統治法國首都後，歐洲大陸各地開始出現可望成功的社會主義和民主社會主義政黨。在德國，這個剛統一的民族國家很快便邁入工業化，社會民主黨（Social Democratic Party）的勢力變得極為強大，甚至能將整個社會拉向左傾，因而迫使支持保守主義的德國總理俾斯麥（Otto von Bismarck）在一八八三年引進包含全民健保的社會安全網，藉此避免他的政府遭到罷免。右派再一次學會透過接受改革，避免革命發生。

相較之下，十九世紀末的美國社會主義者未能聯合起來組成強大的勞工或社會主義政黨，也沒有對兩大政黨的政策造成有意義的影響。儘管美國工人會強硬反抗剝削的工作條件，但都是採取工廠罷工和聯合抵制的方式，[26]鮮少介入政治。相反地，美國兩黨數十年來對資本主義都存在共識，各種政治派系在爭辯的只有自由市場該開放到何種程度，或是否該支持資本家或農民的利益。主要的第三方勢力組成人民黨（Populist Party），他們是鄙視華爾街和大企業的小規模農業資本主義者，而不是主張聯邦政府要將企業國有化並廢除私有財產的社會主義者。他們的要求源自於中西部農業州的經濟利益，和都市製造商與金融利益形成對立的區域差異。

那麼，這個工業化程度最高的國家為何從未出現強大的社會主義派系？首先，美國向來就缺乏封建的階級結構。美國的自由主義式個人主義傳統以工業時代令人興奮的經濟榮景為助力，使得階級鬥爭的嚴格界限變得模糊，因此無法成為社會主義的溫床。儘管南方大農場的上流階級和封建制度的菁英階級很類似，但在美國受到奴役的農人都是黑人，他們除了遭受極端壓迫，也被排除在更廣大的美國社會之外。即使在立法廢除奴隸制度後，美國黑人的政治權利仍受到剝奪，而族群和種族認同則持續形塑著政治和社會隸屬。這些因素都使得下層階級難以團結起來。此外，白人菁英經常竭盡全力在勞工階級的黑人與白人之間製造對立，提醒貧困的白人記得他們的地位「更高」，並召募他們參與種族迫害。[27]

在大部分的美國歷史中，政治都因為深刻的分歧而分裂，而這些分歧大都不屬於左派與右派的脈絡。分歧意見是以聯邦制（federalism）為中心，由建立強大中央政府的提倡者和希望將權力留在各州的支持者展開激辯。美國早期政治生活的多數精力都耗費在漢彌爾頓派（Hamiltonian）和傑弗遜派（Jeffersonian）的辯論，以及由此產生的各種爭辯。此外，那些爭辯基本上都是在顧左右而言他，當時幾乎每一個重要而敏感的問題，如州權（states' rights）、行政越權等，實際上都是為了掩蓋對於奴隸制的更深分歧。因此美國展開其特有的發展路線，直到內戰爆發，當時不僅廢除了奴隸制，聯邦政府也獲得相當大的強化。到了這個時候，美國經濟已準備好讓工業蓬勃發展，美國政治也改頭換面，開始變得更像是不列顛維多利亞時代在工業化時期的政治局勢。不過，這樣的重組帶有美國獨特的轉折。

新的認同，新的政治

當工業化隨著美國結束內戰而開始高速發展時，共和黨不僅贊成大政府（big government），也贊成大型企業。這樣的組合在如今看來或許很奇怪，但為了在廣闊的國家中促進工業化，實際上就需要有行動派的中央政府。若非政府大手筆投資如橫貫大陸鐵路和巴拿馬運河等基礎建設計畫，美國的工業化也無法發展得如此有聲有色。為了突破地理限制，並把這個幅員遼闊的共和國從大西洋岸連接至太平洋岸，就需要前所未有的大規模公共支出，因此以都市人、共和黨人和社會自由主義者居多的企業家起初是提倡建立強大的中央政府。

此時的民主黨則是對工業化和可能干涉其地方事務的強大國家都保持著謹慎態度。民主黨聽從鄉村的社會保守主義派農民期望，竭力爭取州權。特別是在南方，內戰結束後的幾年內，民主黨反抗中央集權，部分原因是為了讓個別州實施《黑人歧視法》，強制種族隔離並限制黑人投票權。

不過，這一切都隨著工業化達到巔峰而改觀。政治往往來自於如經濟和技術等更寬廣的結構力量，隨著工業化顛覆既有的社會結構，也將新的政治考量推上了檯面。老羅斯福（Theodore Roosevelt）在一八九五年寫道：「我們全在努力探究未來，以預測由本世紀巨大工業革命所帶動之偉大沉默力量的行動。」[28]確實，工業革命已經改寫政治爭辯的條件。政黨被迫重新組織其市場相關的意識型態，在經濟議題上做出比社會議題更多的區分，並導致美國的政治體制全面重組。

過去曾是支持強大國家的共和黨，最終成為支持自由放任經濟的政黨，而一度擁護分權政府的民主黨，最後也開始支持更強大的國家。美國的兩大政黨基本上是隨著工業化的到來而交換了意識型態，這和發生在英國的重組非常類似。然而，這兩個例子也有很大的不同，因為美國從未完全擺脫其特殊且充滿動亂的種族歷史，而工業化最終還是在大西洋的兩岸將左派政黨和右派政黨更清楚地劃分開來，並在對現代經濟和國家角色的意見上出現分歧。現代美國政治在這個時代誕生，恰巧證實了工業革命的偉大力量。在二十世紀轉換期出現的左右派分裂持續了百年以上，到近期又因新的差異與認同形式而變得更加複雜。

工業革命在美國引起的政治轉變將在四十年間逐步變化。就像《穀物法》讓英國進行重組，美國也因農民利益爭議而進行重組。

黃金十字架

在歐洲，因對工業資本主義的反彈導致社會主義崛起，在美國則是民粹主義興起。民粹主義不滿情緒的種子，最初是出現在美國農業核心區域及勞工階級聚集的工業中心。民粹主義者發現一些在他們看來不平等到離譜的現象，因此開始咒罵美國的強盜大亨，認為他們因美元與定量黃金掛鉤而從「硬貨幣」（hard money）金本位制度中得利致富，但勞工卻只能陷於困頓與債務中。他們抨擊美國政治家腐敗不堪，放任金融家與工業大亨從實際生產美國農產品與工業產品的工人身上賺取不義之財。

於是人民黨成為美國史上最成功的第三黨之一。它控制了州政府並贏得總統大選的選舉人票，進而選出數十名國會議員。隨著他們滲透進兩個主要政黨之一，人民黨最接近掌權的機會到來。[29]一八九六年，充滿熱忱的內布拉斯加政治家布萊恩（William Jennings Bryan）獲得民主黨提名總統，並且只差一點就贏得總統一職。[30]他最著名的戰鬥口號是對銀行家喊話：「你們不應該把人類釘在黃金十字架上。」藉此向民粹主義者的努力致敬，他們要求增加銀幣以擴大貨幣供應，進而引起通貨膨脹和債務貶值。他從那些因美國工業革命而淪陷的農民與弱勢勞工群體獲得力量，人民黨也決定提名布萊恩當他們的候選人。他的候選人資格讓菁英階級感到恐慌，害怕「軟貨幣」（soft money）會使美國發生革命性轉變。《紐約太陽報》（*The New York Sun*）甚至以「威廉．雅各賓．

布萊恩」（William Jacobin Bryan）的名號來稱呼他。

雖然布萊恩在一八九六年、一九〇〇年、一九〇八年的選舉都落敗，但他熱忱的民粹主義基礎讓當時主流的正統經濟觀念（economic orthodoxy）的軟肋暴露無遺。即使在人民黨淡出舞臺後，民粹主義的反彈仍然存在。布萊恩後續的生涯發展證實美國的反菁英民粹主義與歐洲的社會主義不同，那些認為自己的傳統價值受到現代化威脅的民眾相當支持民粹主義的發展。一九二五年的斯科普斯（Scopes）猴子審判（Monkey Trial）案即是一例。當時布萊恩協助起訴此案，並譴責達爾文的理論與《聖經》內字義解釋的內容全然相反。美國的工業革命並未推動世俗的馬克思主義勞工階級政治，反而引發了植根於傳統價值與宗教基本教義主義的回應。

一九〇〇年，鮑姆（L. Frank Baum）出版了《綠野仙蹤》（*The Wizard of Oz*）這本童書，其內容也是支持民粹主義的寓言故事。或許這就是為什麼這本作品能流傳那麼多年的背後原因。美國歷史學家萊特菲爾德（Henry Littlefield）就在一九六四年時，寫了一篇精采文章解讀故事內容。[31] 桃樂絲生活在堪薩斯這個受到重創的中西部農業州。她沿著黃磚小路（代表金本位制支持者）前往奧茲（Oz）〔代表黃金，因黃金的單位縮寫是盎司（oz）〕的統治地翡翠城，卻發現奧茲原來只是個騙子。在該書中，她穿的魔法鞋並非電影中的紅寶石色，而是銀色，因為那是民粹主義的死忠支持者迫切推崇的「魔法金屬」。桃樂絲沿著小路一直走，在路上她遇到了稻草人（代表無助且受驚的農民）與錫人（失去心靈的去人性化工人），並與他們結盟作伴。在這本書中，來自東、西岸的女巫是壞人代表，這暗喻著財政與政治權力兼具的城市。至於膽小的獅子則暗喻著布萊恩，因為他是個光說不做的狂熱演說家，從來沒真正做成什麼事。

布萊恩對鍍金時代當權者的挑戰的確失敗了。不過自他開始，美國政治中每隔一段時間就會出現左、右派的民粹主義者，尤其是在經濟與技術動盪的時期。民主黨吸收反菁英的農民民粹主義，是美國政黨重組的第一步，這種情況在後續幾十年中持續發展。

一八九六年的重組

在布萊恩經民主黨提名為一八九六年總統候選人時，美國政治的主要辯論是關於經濟政策。布萊恩在競選時，保持與「黃金十字架」演說相同的論調，在抨擊城市工業家腐敗的同時，主張鄉村農民受到不平等對待。他還是保留了民主黨舊聯盟的某些構成，包括南方白人至上主義者等，但他讓過去使民主黨團結的焦點從「種族依附」（racial attachment）轉移到其他地方。在他的民粹主義競選策略中，他主要聚焦在抵制工業化所帶來的不公平上。過去的民主黨曾強烈反對州政府中央集權，但他們現在卻開始理解，政府進行干預才能支持那些因技術進步而被甩開的人們。這種以政府力量降低市場不平等的方式，將會成為現代民主黨的核心。

布萊恩將民主黨塑造成工業大亨的批評者，而他在總統大選中的競選對手麥金萊（William McKinley）則將共和黨塑造成大企業的支持者。共和黨過去曾希望政府代表企業投資科學與基礎建設，但在一八九六年的選舉改變了想法。

麥金萊勝選後，共和黨對政府干預的懷疑更深。隨著時間走入二十世紀，工業化的資本來源從公部門轉向私部門，即卡內基、洛克菲勒、摩根（Morgan）與福特（Ford）等人代表的商業帝國。在這些工商界巨頭的遊說下，共和黨主張政府干預（government intervention）會阻礙技術進步與經濟成長。這個曾支持過集中政府權威的黨派，現在卻選擇擁抱反國家主義的立場，並將自由放任的經濟學當作核心。

這樣的重組仍保留明顯的美國特色。在南方，民主黨把民粹主義者崛起視為白人治理（white rule）的大患。這種威脅即是要讓貧困的黑人與白人聯合起來，組成共同反對南方地主的聯盟。因此民主黨在二十世紀上半葉煽動種族仇恨（racial animus），試圖瓦解這個剛萌芽的聯盟。詹森（Lyndon Johnson）在職業生涯早期曾與白人至上主義者結盟，而後轉向支持公民權（civil right），他回憶這種分而治之（divide-and-Conquer）的策略時說：「只要你能說服那些底層白人相信他們比有色人種更優秀，他就不會發現你正逐步把他口袋掏空這件事。只要給他們一個可以去瞧不起的對象，他們就會甘願為你掏空自己的財富。」[32]

一八九六年不僅是布萊恩與麥金萊競選總統的一年，也是美國最高法院對《普萊西訴弗格森案》（*Plessy v. Ferguson*）做出判決的一年，該判決讓「隔離但平等」（separate but equal）的種族隔離（racial segregation）合憲。做出這個判決後的幾年中，南方的《黑人歧視法》制度日趨擴大，不僅禁止美國黑人投票，還不允許他們與白人在同一家餐廳用餐、住同一家旅館、使用同一間廁所。只要把黑人跟白人隔

聯邦軍與邦聯軍老兵相互握手。

開，他們就無法找到共同的經濟與政治立場。

不過，在一八七七年重建（Reconstruction）結束後，兩黨都已習慣日漸嚴重的種族歧視，因此就不那麼在意黑人權利，反而將關注重點放在政府干預經濟的問題。社會問題被掩埋，因此白人至上的觀念得以持續。攝影師在一九一三年蓋茨堡之役的五十週年紀念日拍下的照片中，可以看到年邁的聯邦軍與邦聯軍老兵相互握手，象徵兩黨之間的妥協並遺忘舊有分歧。美國政治體制現在由其他地區也會出現的相同經濟分歧（economic cleavages）來定義，比如民主黨開始一致認為自己是對商業持懷疑態度的政黨，而共和黨追求的則是自由市場。

最後的進步派共和黨人

在左右派明顯的分歧中有一個重要例外：麥金萊的同黨繼任者老羅斯福。老羅斯福並非激進派，但他果斷地打破了政黨內的自由放任意識型態。就像英國政治重組前的保守黨一樣，他也試圖要抑制資本主義過度膨脹。他的「公平交易」（Square Deal）計畫包括消費者保護、支持工會及反獨占措施，與強盜大亨及他們的獨占企業進行搏鬥。老羅斯福解釋：「我說我相信公平交易……這不是說我要讓每個人手上都拿著好牌。而是說，交易中不能存在任何不誠信的行為。」[33]只要大家都能遵守規矩，那麼總統並不打算要阻礙經濟成長。對他來說，他稱之為「富裕犯罪階級」（wealthy criminal class）的新菁英的傲慢態度是最嚴重的罪，那些人以自由市場來掩蓋不道德的商業行為。[34]

老羅斯福出生在富裕無比的家庭中，他們家在長島（Long Island）有廣大資產。他很明確地知道，像他這樣的人是「天生的貴族」（genuine aristocracy），而那個時代的強盜大亨是與他不同的「粗俗模仿者」（vulgar imitators）。[35]老羅斯福因為擁有「貴族血統」而具備貴族責任感，讓他與那些曼哈頓的百萬富豪新貴形成強烈反差，那些人大肆炫富、暗中操控市場，而且很顯然毫不在意公眾利益。從很多角度來看，老羅斯福跟那些歐洲貴族很像，都對突然稱霸社會的新貴富豪那些不正當且不道德的行為感到失望。羅斯福家族代表的這些典型紐約菁英，他們認為伴隨一個人的特權地位而來的是對公眾的道德與責任。[36]這個階級中的許多人都看到資本主義的惡性影響，並認為政府需要幫助社會大眾。

老羅斯福曾與麥金萊搭檔參與一九〇〇年的總統大選，並與布萊恩打對臺，但在麥金萊遇刺且老羅斯福繼任總統後，他在很多方面都響應民粹主義者的呼籲，對大型企業進行打壓。老羅斯福展開一場著名的「反托拉斯」（trust-busting）計畫，他利用聯邦政府的力量來擊破一直占普通百姓便宜的壟斷企業。他讓國會擴大政府對鐵路業到食品業等行業的監管權（regulatory authority）。在煤炭業發生罷工可能導致全國面臨酷寒冬天時，他便插手干預以調解勞資方糾紛，而不是像克里夫蘭（Grover Cleveland）總統那樣直接鎮壓一八九四年的普爾曼大罷工（Pullman Strike）。基本上，老羅斯福是相信資本主義的，但他認為政府是自由市場的警察。至於他的繼任者塔夫特（William Howard Taft）雖也繼續採用他反托拉斯計畫中的一些元素，但塔夫特與大型企業間的關係更好，這點也讓老羅斯福後悔選他當接班人。

其實老羅斯福與塔夫特之間的分歧，正好反映出共和黨內部經濟保守派與進步派之間更嚴重的分歧，且這點在一九〇九年的關稅問題上達到高峰。共和黨內的進步派認為進口稅已經過高，這導致普通消費者要花更多的錢去消費，但卻是大型企業獲益。這就跟不列顛當時的反穀物法聯盟的論點很相似。保守主義的共和黨人卻在後續通過《佩恩—奧爾德里奇關稅法》（Payne-Aldrich Tariff Act）進一步提高某些商品的關稅。塔夫特是自由貿易支持者，但他還是簽署了該項法案，因此導致進步派共和黨人造反。他們聲稱這項法案將商業利益置於普通民眾之上。一九一二年時，塔夫特繼續獲共和黨提名，這直接確立了共和黨是親商政黨的立場。進步派共和黨人叛離黨派，在老羅斯福的帶領下創立進步黨（Progressive Party）並以第三黨候選人的身分參選。

老羅斯福與塔夫特的分歧，最終讓民主黨的威爾遜（Woodrow Wilson）得利當選。他的漸進式經濟平臺（progressive economic platform）與老羅斯福的理念較為相符。許多進步派共和黨人如蜂擁般加入民主黨，讓這個政黨成為支持公平重分配與監管的政黨，同時也造成共和黨陣營中剩下大量親商者的局面。

與此同時，美國政黨的重組終於結束。下個世紀的美國生活，將由主張自由放任、自由流動的右派，與支持社會安全與穩定的左派間的政治衝突結果所決定。而老羅斯福的中間派則幾乎沒有立足之地。

現代美國的誕生

二十世紀初，美國出現了一種新型態的技術加速發展。後來被稱為第二次工業革命，在這次革命中，石油取代煤炭成為社會的主要能源，汽車也取代了火車。若說第一次工業革命時的美國還處於英國的陰影下，那這次美國絕對是新工業化的核心國家。黑色噴泉從德州的油井中開採出來，底特律工廠在機械轟隆聲中精確地生產著T型車（Model-T），美國正在開創新的未來：可惜的是，這種發展的副作用就是環境破壞。這時，新管理哲學「福特主義」（Fordism）席捲全球，他們不僅有可以互換的零件與流水作業線，還將工人變成朝高效率發展的齒輪。我們現代熟知的世界物理結構，包括連接市中心與郊區獨棟住宅的高速公路等，正逐漸發展中。對當時的人們來說，工業效率結合高科技機械技術後，讓每個人都擁有了更快速、更方便且更有自主權的生活。許多私人企業都會送冰箱、收音機、吸塵器當作公司福利，因此若有人質疑自由市場，最輕會被說是不知感恩，最嚴重則會被視為異端。

老羅斯福的共和黨繼任者現在或多或少都接受了世界各地右派所支持的親商意識型態。共和黨的自由市場政策在卡爾文．柯立芝（Calvin Coolidge）總統的任期間達到顛峰。柯立芝於一九二三年就職，個性上是柔和且被動的冷面笑匠，因此被稱為「沉默卡爾」（Silent Cal）。記者李普曼（Walter Lippmann）曾這樣描述他：「柯立芝先生應該是世上最靜默的人。但這種靜默並不與懶惰畫上等號。這是一種嚴肅、堅毅且時時警戒的靜默，正是這些特點讓柯立芝先生保持忙碌。」[37] 甚至，當他過世時，諷刺作家帕克（Dorothy Parker）還打趣地說：「他們是怎麼看出來他去世了？」

柯立芝缺乏自信不只是個人性格，還是他總統任期內的核心特質。他受清教徒（Puritan）的職業道德感啟發，認為每個人都應該為自己的成功負責。作家斯通（Irving Stone）曾評論他：「他相信管最少的政府就是最好的政府，他很想成為這個國家有史以來最無為的總統，只能說他是真的實現願望了。」[38]柯立芝忠於自由放任意識，這讓共和黨明確表明自己的親商立場。就像他自己說的那樣：「美國人最重要的事業就是商業。」他的話很符合當時的時空背景。那是咆哮的二〇年代（Roaring Twenties），美國的工業正蓬勃發展。

同年在紐約，民主黨州長艾爾．史密斯（Al Smith）則持相反做法，且因此定義了民主黨。史密斯認為政府應扮演一個涉及範圍更廣的角色，於是他敦促選民通過發行一億美債的議案，[39]以替紐約州的各項公共專案提供資金，這些專案包括心理健康設施和學校，以及擴大工人補償計畫。後來老羅斯福的遠親小羅斯福（Franklin Delano Roosevelt）成功接下史密斯的位置。雖然這兩位民主黨人後來成為對手，但小羅斯福從很多方面來講都繼承了史密斯的意識型態。[40]小羅斯福總統在新政（New Deal）期間推動的許多政府計畫，其實都是史密斯曾在紐約州試行過的。這兩位政治家都採用一種充滿活力且持續實驗的執政方式，以此讓州政府居於主導者的位置。

小羅斯福曾許諾「為經濟金字塔底層遭遺忘的大眾而戰」，因此獲得廣大支持。人民黨的火焰仍未熄滅。但小羅斯福的新聯盟不再將根基主要放置於美國的農業中心地區。由於工業化擴大了城市規模，導致貧富差距拉大，很多城市工人被民主黨提出的積極政府願景吸引。民主黨逐漸往歐洲的社會民主黨派理念靠攏，提倡監督市場、社會福利與重分配，只不過他們在言論上更溫和，手段上也更偏漸進式。

小羅斯福擊敗了柯立芝的共和黨繼位者胡佛。胡佛在政治生涯初期是與共和黨內的進步派合作。他在一九二〇年代擔任商務部部長（secretary of commerce），並且支持勞工議題，也鼓勵政府與企業合作。胡佛堅持國家扮演的角色應如沃爾特．李普曼所言是「掌控而非隨其流動」（mastery, not drift），[41]也就是說，他希望政府能有意識地促進繁榮，而非讓自然的市場力量自由運作。甚至有一次，胡佛還對記者說：「我跟你說，其實資本主義最大的問題就出在資本家身上，這些人太貪婪了。」[42]

但胡佛身為總統，因此更多時候會遵循其政黨支持的親商意識型態。在左右派重組後，老羅斯福與他的「公平交易」中再也沒有共和黨人的空間。於是胡佛在他的政府面臨經濟大蕭條（Great Depression）這個重大挑戰時，最終還是選擇採取較放任（hands-off）的態度。《新共和》（*New Republic*）曾批評過他的方法：「胡佛先生的歷史角色顯然就是實驗家，試試如果把方向盤交給商業家會怎麼樣。他總堅持必須要有方向盤的存在，但最後還是將掌舵權交到企業家手中。」[43]

在經濟大蕭條來襲且美國人急需經濟救援的時刻，共和黨的自由放任意識型態顯然並不適用。於是，數十年來第一次有民主黨的總統以多數票（large majority）當選，小羅斯福憑靠著對參、眾兩議院的掌控權，以不容置疑的授權於一九三三年就職。他上任後的首個百天完全沉浸在工作中。他沒有表示出任何團結的意識型態願景，而是純粹致力於幫助人民，因此也贏得具實驗精神且相容並蓄的美譽。雖然他的改革計畫可以說是大雜燴（alphabet soup），但其中的共同點是不再支持過去無人挑戰的市場主導地位，而是支持政府應積極行動，提供穩定且安全的環境以對抗經濟衝擊。

小羅斯福上任第一年進行了一些零碎的改革，這讓那些希望看到美國社會能徹頭徹尾改變的人們感到沮喪。對這些人而言，很幸運的是，小羅斯福在任期第二年內開始大刀闊斧地推動改革。在任期將滿兩年時，他告訴國會：「社會正義不再只是個遙遠的理想，而已成為一個有明確走向的目標。」[44]依據歷史學家大衛·甘迺迪（David Kennedy）的說法，小羅斯福在這時「追求的不僅是復甦，也不僅是救濟」。他想要的是「與過往截然不同」的方式……能讓我們稱之為「政府」的這個組織進行穩定控制的方法，並讓美國社會擁有平衡、公平與秩序。[45]小羅斯福的豪情壯志與老羅斯福（Uncle Teddy）總統的舊進步政策遠景相似。一九三五年時，他簽署了《社會保障法》（Social Security Act），奠定現代福利國家的基礎。

這種福利國家是美國獨有的特色，與歐洲社會民主黨倡導的社會福利相比，在全面性上較低且更保障市場，不過，這種理念仍深植於民主黨的精神中。若是讓克里夫蘭時期的保守派民主黨人來看，可能都會認不出這煥然一新的民主黨。羅斯福新政在最初的確是被當成一項應對經濟大蕭條的單次特定緊急措施，而非永久的意識型態軌跡調整。小羅斯福主導的新民主黨聯盟已扎根。民主黨已經進化，他們不再僅是自由放任經濟的批判者，同時也成為福利國家的提倡者。不過這些轉變想當然地受到對立派系的強烈反彈與抵制。

過去一個世紀以來，左右兩派在經濟與國家角色等議題上有所分歧，是美國與世界各地國家可見的政治景象。我是在一九六〇年代與一九七〇年代的印度長大，這種分歧在那裡與西方國家並無差異。在冷戰的巔峰時期，這種爭執成為兩個極端派系間的戰爭。何者才是最適用於社會的模式？是民主資本主義還是威權共產主義？這場辯論隨二十世紀落幕而畫下終點。雖然共產主義輸了，但若要說這樣就等於自由放任資本主義獲勝也不盡然。更準確地來說，就像政治學家雪莉·伯曼（Sheri Berman）提出的那樣，這場戰爭的結果並非傾向自由市場資本主義或中央集權國家計畫模式，而是兩者的混合體。在現代社會中，每個先進工業國家選擇採用的方式，都結合了資本主義與二十世紀初歐美社會民主黨提倡的多數福利國家措施。[46]

隨著社會民主主義在意識型態辯論上塵埃落定，將會有新的辯論出現。近期新民粹主義崛起，使新議題與新分歧滲透至各地的政治圈中。這種情況使世界各地的舊左右派聯盟產生動盪，重新定義了我們對政治本身的理解。現在，不再只有左派支持政府對經濟進行干預。其實有許多右派人士成為保護關稅措施最主要的支持者，同時也是對大企業抱有強烈懷疑的懷疑者。對這些人來講，經濟「封閉」應與政治「封閉」同時執行，這些人支持文化沙文主義（cultural chauvinism）、反對移民且質疑現代化。究竟是開放或封閉，這個問題逐漸變得與左右派之爭同樣重要，甚至更加重要。為什麼這種趨勢會發生？這與早前的革命一樣，是一場政治革命。那麼，過去曾發生過哪些結構性革命（structural revolution）呢？若要了解當前政治秩序的重整，我們就應該先去看看在背後推動的那些社會變革，包括全球化、資訊科技與身分認同等革命。

PART 2

REVOLUTIONS PRESENT

革命：現在

第六章
全球化高速進行
——經濟

請想像你是住在美國鄉村的煤礦工人，你們家族世世代代都是礦工，也在那個地區居住很久了。你對於要完成這項艱巨工作所需具備的技能和膽量引以為傲，好幾個世代以來，礦場都為你們的家族提供穩定的工作來源。薪資提高以及對工人更好的保護，讓你的父親因此能成為人數逐漸增加的美國中產階級一員。你還是相信自己的生活將會比你父母那代更好，而你的孩子又會過得比你更棒。

突然之間，經濟開始嚴重衰退（deep recession），還出現金融恐慌（financial

panics）和銀行擠兌（bank run），起初只發生在海岸地區，很快地便擴散到美國中心地帶。過不久，你遭到解雇，原先工作的礦場關閉了，你到別的地方找工作，但似乎整個地區的人都失業了。房貸到期時，你付不出錢。由於沒有收入，你待了一輩子的產業也看不到有任何未來的工作機會，事情每況愈下。你拖欠了房貸，而且當你試著換成更小的房子時，貸款遭到拒絕。你失去了工作、房子，也和能為你帶來穩定感、社區、驕傲和意義的土地及勞動都失去連結。

有位新竄起的政治家來到鎮上，他承諾會解決那些讓你的美國夢破滅的經濟問題。他指責華爾街的金融家，以及沿海地區的超級富商，並指控他們玩弄體制，犧牲掉你的利益。他承諾當選後會清除美國政治中腐敗的統治階級，並且會讓你重新找回工作、房子和尊嚴。他提醒民眾記得美國過去是個偉大的國家，只是被當權者的貪婪和自私毀掉了。他將會讓美國再次偉大。

這不僅是川普在二〇一六年的故事，也是我們在一八九六年就見識過的布萊恩的故事。在鍍金時代，如同布萊恩這樣的民粹主義者迅速嶄露頭角，他們挑戰自由放任的正統觀點，並呼籲美國的勞工階級，因為他們正是在工業革命以及美國經濟快速全球化後，受到強烈衝擊的社會群體。

這些衝擊同樣創造出巨大的經濟進步。對於應用新技術，或在最先進產業中工作的人而言，獲得的回報非常豐富。整體來看，更快速的發展、更廣泛多樣的平價商品，以及相互競爭而產生的創新，的確都能讓社會受惠。不過對許多人而言，新技術以及新技術所揭示的奇妙世界，除了痛苦和不滿，並未帶來任何保證。農業或許可說是受到最嚴重破壞的產業，其勞動人口在一九〇〇年幾乎占了美國全部勞動力的一半，此時只剩下不到二%。

隨著鐵路網持續擴大、冷凍技術日趨先進，電報也讓國際協調得以實現，因此有愈來愈多農產品開始在全球市場上交易，歐洲也大量購買來自世界各地的肉品和農產品。一八七〇年，在全球市場上銷售的食品和原物料已有三分之二都是進口到歐洲。[1]隨著機械化提高作物產量，便宜的農產品大量湧入市場，到了一八九〇年代，全球的小麥和棉花價格與二十年前相比，已經下降了近六〇%。[2]這個現象對一般消費者是福音，因為現在他們以相同的薪水能負擔得起兩倍的食物。另外，在位於如中歐和東歐等低成本農業糧倉地區的農民，以及讓市場運作的商人、企業家和金融家，也都一起受惠。

不過，對於在更先進經濟體（advanced economies）裡的農民和工人，這個新貿易網絡卻為他們帶來經濟困難。價格急劇下降導致收入迅速減少，收入銳減則反過來讓消費者變得捨不得消費，企業家也會對新投資變得謹慎。一八七三年爆發的全面金融恐慌，使得短短幾週內的破產數量激增，且遍及各行各業和世界各國。生產線一夕之間都停工了，[3]甚至在看似毫無相關且獲利可觀的鋼鐵及鐵路企業也是。由於無法生產，企業紛紛裁員，造成美國在一八七二年到一八七八年的失業率增加了兩倍以上。在十九世紀末的多數時間裡，全球經濟都陷入了蕭條（depression）。

在美國、英國和其他工業化國家裡，數百萬名都市勞工原本就擠在衛生條件不佳的租屋裡，現在又突然間統統失去工作，而且這個情形還就這樣持續了下去。他們和幾百年來曾為他們及其家庭帶來意義的傳統鄉村社區和工作失去了連結。隨著農業中心地帶的經濟蕭條持續惡化，愈來愈多人移居到大型工業城市的貧民窟尋找工作機會。不過，這些湧入的人口只是更加劇十九世紀都市生活造成的疾病、饑餓和貧困的混亂結果。

技術進步和全球貿易帶動經濟成長和收入提高，但這樣的組合也會使得某些人蒙受損失，並造成社會動盪，因而經常會在必然的崩潰（crash）或經濟嚴重衰退後引發反彈。而這樣的反彈可以為政治家鋪好路，讓他們將焦慮、恐懼和不安化為憤怒，有時還能成為解決方案。

全球化火力全開

數千年來，無論是為了農耕、朝聖、征服、商業或觀光，[4]人類一直都在尋找新的土地、人口和市場。不過，直到十九世紀的工業化，[5]這個世界才真正變得相互連結起來。儘管冒險者在海上航行追尋榮耀和財富的歷史悠久，但全球供應鏈要直到一八〇〇年代才真正地取代地方貿易。[6]正如我們所看到的，英國工廠能利用比工匠手工製造的更低廉成本以及更大的規模來大量生產高品質商品，而且現在這些商品也都能以快速、便宜的方式運送到全球各地。如美國和德國等其他國家，都是追隨英國的工業資本主義模式。正如政治學家弗雷登（Jeffry Frieden）所指出的，即使是官方上仍維持王國或帝國形式的國家，到了十九世紀中期，對他們而言，「市場才是主導力量，而非君主」（markets, not monarchs, were the dominant force）。[7]

在工業革命之前，各國要取得外國商品或資源時，征服往往是最有效率的方法，有時甚至是唯一可能的方法。隨著工業生產和機械化交通工具出現，貿易也變得比戰爭更能獲利。英國和法國在一八六〇年達成全球第一份自由貿易合約的協議。已開發經濟體之間的貿易成長速度是國內生產成長速度的二至三倍。從一八〇〇年到一八九九年，貿易在全球經濟產出的比重增加了八倍，[8]幾乎世界上每個人的物質生活條件都因為全球市場的擴張和相互連結而獲得明顯改善。[9]

在全球拓展商業關係，不僅能帶來更多商品交流，也能促使更多人口移動。凡爾納（Jules Verne）在一八七三年出版《環遊世界八十天》（*Around the*

World in Eighty Days），書中的虛構角色佛格（Phileas Fogg）搭乘列車和蒸汽船快速環遊世界，達成在過去似乎難以想像的破紀錄壯舉，這樣的情節也令讀者深感著迷。對我們來說，從紐約飛到倫敦只要七小時，還有透過全球供應鏈實現的隔日送達服務（next-day delivery），都是理所當然的事情。不過，早在飛機發明出來的很久以前，世界的距離就已經變得愈來愈小了。

戰勝距離

一八八二年二月十五日，裝備全新燃煤冷凍櫃的英國商船但尼丁號（*Dunedin*），滿載著五千多頭新鮮冷凍的屠宰羔羊和綿羊，從紐西蘭出發了。這臺冷凍機器能將冷卻的壓縮空氣灌注到但尼丁號的貨艙裡。啟航九十八天，包括花了好幾週時間通過潮溼的熱帶地區後，但尼丁號抵達倫敦，並締造只有一頭屠宰羊腐壞的新紀錄。[10] 縱觀人類歷史，食物運輸向來只能運送已經乾燥、用鹽醃製或利用其他方式防腐的不易腐爛食品，但尼丁號卻改變了這個定律。

後來，運輸技術又出現了其他進步。透過先進的蒸汽船和以蒸汽機車，生產者就能將大量生產的商品運送到世界各地，使得全球運輸能力在十九世紀增加了二十倍。在一八五〇年到一九〇〇年之間，蒸汽船的投入使得海運成本減少了三分之二以上，鐵路則讓陸運成本減少超過五分之四。[11]正是因為這些進步推動了革命，我們現在才能在倫敦享用緬因州的龍蝦，在東京大啖挪威鮭魚，在紐約大快朵頤神戶牛肉。

交通運輸如火如荼發展之際，溝通技術的進步也拉進了人與人之間的距離。幾千年來，訊息只能透過信差步行或騎馬傳送，或放在郵袋裡以船隻運送。不過到了一八四〇年代和一八五〇年代，電報的發明使消息能以前所未有的速度快速散播到世界各地的重要都市。第一條跨大西洋電報電纜在一八五八年鋪設完成時，維多利亞女王便發了一封祝賀電報給當時的美國總統布坎南（James Buchanan）。女王共九十八字的訊息只花十六個小時便橫渡大西洋送達彼岸；在過去，這樣的訊息需要蒸汽船行駛超過一週才能送達。布坎南的回覆在隔天便到達倫敦，並讚美電報是和平與和諧的象徵，是能將「宗教、文明、自由及法律散播到世界各地」的發明。[12]到了一八八〇年，海底電報電纜的長度已達到將近十萬英里，而且每分鐘能在全球傳送八個字。[13]電報對人類的溝通方式帶來堪比網際網路的巨大影響，這樣的說法完全不是誇飾法。

這些技術革命不僅改造了個別社會，也創造出彼此連結的世界。國際貿易突飛猛進，單是在一八五〇年到一八七〇年間，貿易商品價值就提高了二六〇%。[14]全球金融體系應運而生，股票、基金、金屬和礦物的價格等資訊不斷在全球各地往返交流。全球交易並不是僅限於國際銀行家和商人的活動，而是數億人的日常現實，並會影響眾人的工作、衣著、閱讀內容及飲食。跨國移民或許是新全球化所形成最令人嘆為觀止，也最持久的轉變。德隆觀察到一八七〇年到一九一四年短短幾十年間的驚人現象：「有十四分之一的人口——也就是一億人——遷居到不同的大陸。」[15]

這是人類幾千年來最劇烈的變化，正如霍布斯邦所闡述的：「歷史從此刻開始成為全球性的歷史。」[16]

國際主義問世

伴隨著經濟全球化，出現了國際主義的新文化。歷史學家馬佐爾（Mark Mazower）曾主張，十九世紀中期出現的改變引起「整體相互關聯的世界意識」（consciousness of the world as an interconnected whole）。[17]在這段時期，**國際**（international）一詞成為主流。這是邊沁在一七八〇年創造的名詞，到了一八五〇年已變成學說，成為**國際主義**（internationalism），[18]並且是新的勞工和管理階級整天掛在嘴邊的流行語。

地緣政治也變得不一樣了。英國得力於其工業實力而成為世界霸主，開始實行全新類型的外交政策。英國不再追求戰場上的輝煌表現，反而是尋求歐洲列強之間的穩定，同時致力於確保英國在世界各地緊密相關的利益和價值。英國海軍不僅保護全球各地的航線，英鎊也成為儲備貨幣的一種，新的國際金融體系就此底定。在維多利亞時代晚期，積極提倡自由主義的格萊斯頓共擔任十二年的英國首相。用他的話來說，當時的英國正在打造的國際秩序是以「所有國家的平等權利」（equal rights of all nations），以及基本的「熱愛自由」（love of freedom）為基礎。[19]從許多角度來看，這個剛萌芽的制度就是世界上第一個自由主義國際秩序。

英國是主要的經濟強國，從歐洲的和平狀態中受惠。數百年來因為紛爭不斷——特別是剛剛結束的拿破崙戰爭——而變得四分五裂的歐洲大陸各國也同樣能受益。拿破崙戰敗，以及在維也納會議達成協議後，歐洲終於能專心推動貿易繁榮發展。當然，英國和歐洲各國並不滿足於任由世界其他地區和平發展。對當時多數的自由主義者而言，僅有世界上一小部分的民族國家能享有平等權，那就是歐洲和北美的工業化國家。在以英國為首的這些國家當中，有許多國家都是以殘酷手段征服亞洲和非洲文明。儘管當時的歐洲人還未正式殖民，卻會設法透過其他方式施加他們的影響力。他們會利用對自身有利的條款強迫市場開放，例如英國在鴉片戰爭中對中國的所作所為；他們會支持保護外國利益的傀儡統治者，例如英國希望透過極為重要的蘇伊士運河（Suez Canal）確保在埃及的商業運作。在十九世紀前所未見的全球市場擴張過程中，存在著壓迫和剝削等不可告人的一面。

無獨有偶，並不是只有歐洲強國採取這樣的外交行動，美國也曾強迫後來迅速成為亞洲最強經濟大國的日本開放市場。當時，日本是船隻橫渡太平洋的重要停靠地，而且日本列島蘊藏豐富煤礦，日本的海域也充滿各種魚類和鯨魚。[20]不過，在長達兩百多年期間，日本一直將整個世界拒於門外，除了嚴格限制貿易、禁止海外旅遊，任何試圖引進危險的外國思想——特別是異端基督教——的日本人甚至會受到嚴懲。當工業革命橫掃西方國家之際，日本則拒絕接納創新技術。一八五三年，美國海軍的一支小艦隊在海軍准將培里（Matthew Perry）的率領下駛入江戶港，迫使日本開放。這樣的全球化方式既不是和平或自願的，也不是對各方同樣有利，只是西方國家遺忘了這項對世界其他地區都記憶猶新的事實。

貿易戰爭，烽火四起

在十九世紀的最後二十五年裡，蓬勃發展轉向萎縮，帶來了一波反彈。

一八七三年，發生在維也納和紐約的雙重金融崩潰，引發了今日難以想像的結果——長達二十四年的全球大蕭條，這是現代史中第一個巨大的經濟衰退（economic downturn）。此次崩潰就是現在所謂的長期蕭條（Long Depression），引起了第一次反對全球化的持續反應。它激發了包括民粹主義者、社會主義者和民族主義者等政治局外人（political outsider），[21]也導致政治表達出現新的暴力形式。人類的歷史中總是有暴力相隨，但一直到十九世紀末，恐怖主義才成為廣泛用來表達政治聲明的方法。[22]從一八七八年開始，在西方世界連續發生備受矚目的成功暗殺與暗殺未遂事件。在一八九二年至一九〇一年間，共有五位君主或國家領袖遭到暗殺，包括奧地利皇后、義大利國王、西班牙首相以及法國和美國總統。歷史學家後來將這個期間稱為「弒君的十年」（Decade of Regicide）。[23]

在政治方面，比起左派，長期蕭條對右派更有利。有些人受到左派的吸引，而且確實有更多人認可社會主義對資本主義的批評有其道理，因為一般大眾都已經因為金融投機和恐慌而變得一貧如洗。不過，隨著社會主義者在歐洲勞工階級中獲得更多追隨者，其政治成就促使保守主義者產生更持久也更強大的反撲。保守主義者因為擔心社會之中的傳統聯繫會逐漸瓦解，以及勞工的躁動會破壞歐洲古老的貴族和土地文化，因此轉向了民族主義和軍國主義（militarism）。社會主義和保守民族主義的極化壓力讓傳統的自由主義核心變得空洞，導致格萊斯頓的保守黨對手，也是兩任英國首相的迪斯雷利（Benjamin Disraeli），將國內的自由黨（Liberal）領袖比喻成「一系列噴發殆盡的火山」（a range of exhausted volcanoes）。[24]

這樣的對抗到最後通常是由保守民族主義者勝出，他們經常會利用民族主義和帝國主義讓民眾團結起來，或分散民眾的注意，例如德國的俾斯麥，以及義大利國王翁貝托一世（Umberto I）就是如此。[25]他們會高聲疾呼保護主義和重商主義（mercantilism）以保護國家利益。他們將混亂及動盪推給外國人，化解在國內勞工階級社區裡醞釀的階級衝突。因此，各種代罪羔羊不斷出現。猶太人在東歐遭遇大屠殺，並在法國和奧地利被妖魔化。在美國，加州與其他西部各州的暴徒會攻擊華人；一八八二年，美國國會通過第一個針對移民的重大限制《排華法案》（Chinese Exclusion Act）。沒錯，這一切都和我們的時代似曾相識。

歐洲殖民大國，包括新加入的比利時和德國，統統加入在非洲、中東和東南亞爭奪控制權的競賽。如同英國的印度總督柯森勛爵（Lord Curzon）所說，整個世界就是「用來展開爭奪統治世界比賽的棋盤」。[26]歐洲殖民列強憑藉著愈來愈專業化的軍隊和先進技術，共同達成全面勝利。一八〇〇年，歐洲各國僅掌控地球表面三五%的領土；到了一九一四年，這個比例已高達八四%。[27]即使是英國，儘管它過去曾提倡追求外國**市場**而非外國**土地**的「自由貿易帝國主義」（imperialism of free trade），此時也正式開始併吞非洲和亞洲的廣大領土。歐洲帝國利用這些領土為他們的工業機器提供原物料，並專注於發展勞動密集的農作物，[28]以及金礦和鑽石礦等採礦產業。

大約從一八九〇年代開始，工業化國家逐步遠離自由市場和自由貿易。貿易依然在成長，因為國際經濟有其一套無法阻擋的邏輯，只不過，許多地區中支持經濟開放的政治家都居於劣勢，反而是領導者極度反對任何雙贏形式概念的國際關係時，就能贏得民心。美國在一八九〇年通過麥金萊關稅，隨後在一八九二年的法國，以及一八九七年的德國也都採取了類似措施。張伯倫（Joseph Chamberlain）是當時最具影響力的政治人物，他強烈要求英國拋棄對自由貿易的承諾，改採在大英帝國內部創造優惠貿易（Preferential trade）的帝國關稅（imperial tariff），而這也是現在所謂「友岸外包」（friendshoring）的早期版本。儘管事實證明，該項政策對橫跨地球四分之一的龐大混雜帝國太過複雜，也不可行，但英國確實在一九〇二年採用了其專屬的保護主義措施。

記者安格爾（Norman Angell）對於這種開放性倒退的觀察，促使他寫下《大幻覺》（*The Great Illusion*）。他在這本一九〇九年出版的暢銷著作中，未卜先知地警告政治家不要繼續選擇民族衝突的路線，最後這本書也讓他贏得一九三三年的諾貝爾和平獎。不過仍有幾位歐洲領導者一意孤行地選了這條路，如俾斯麥和奧地利皇帝約瑟夫一世（Franz Joseph I）。西歐和美國為了推動其工業擴張，非但沒有透過貿易競爭的方式，反而愈來愈依賴炮艦外交（gunboat diplomacy）以及在海外的暴力脅迫。再次回到零和重商主義邏輯、殖民擴張，而且權力平衡不停轉移，如此導致發生一次又一次危機，最後在一九一四年的夏天讓歐洲陷入全面戰爭。

全球化的終結

四年的總體戰重創歐洲，並徹底粉碎十九世紀對現代性、技術和不間斷進步的信心。不過，在停戰短短幾年後，即使是在美國都存在對回歸美好舊時光（good old days）的渴望，如同哈定（Warren Harding）在一九二〇年競選總統時的宣傳標語所說：「回歸常態」（return to normalcy）。很快地，繁榮時代再次出現。飲酒作樂派對和熱鬧非凡的爵士舞廳成為「咆哮的二〇年代」的特色，也是經濟蓬勃發展的產物。光是美國的GDP就成長超過四〇%，其中一部分原因要歸功於汽車的量產，以及電力的普及。在這十年間，白宮幾乎都是由柯立芝當家，他讚揚大企業和資本主義，而這樣的做法看起來也和當代趨勢同調。電影和廣播帶來新形式的大眾娛樂，打造出真正在世界各地家喻戶曉的全球名人，如卓別林（Charlie Chaplin）。旅遊再次興起，這一次還有更完美、更巨大的蒸汽船，以及剛起步卻令人印象深刻的飛機旅行技術。有一段時間，曾駕駛飛機橫越大西洋的林白（Charles Lindbergh）可說是地球上最受崇拜的男人。但後來發生的一九二九年股市崩盤（market crash of 1929）隨即引發經濟大蕭條。大蕭條不僅讓全球經濟倒退，使得數百萬人陷入貧困，也扼殺了海內外剛剛對市場經濟萌發的信心。

關於自由貿易的舊疑慮很快再次浮現，並帶來高關稅壁壘及轉向封閉經濟（autarky）政策，也就是在經濟上自給自足（economic self-sufficiency）。在一些曾經是貿易導向的國家，如德國，也興起今時今日很罕見也很極端的國家自給自足風氣，類似現在的古巴或北韓。許多國家大量投資國內產業、發展工業能力和興建基礎建設，力圖變得完全自給自足。歐洲漸漸變成由國家市場而非大陸市場為主導，所有人都開始將發展重心轉向內部。即使是向來擁有自由貿易傳統的英國和法國，保護主義也開始抬頭。英國制定了帝國優惠（Imperial Preference），這項制度在降低加拿大、澳大利亞、南非、印度和其他英國殖民地的關稅之餘，也同時提高對世界其他地區的關稅。法國的左派政府提高了自己的關稅。[29]美國原本就有很高的關稅，便繼續再提高關稅。

在開放的世界經濟中，透過貿易取得特定的天然資源或工業產品的成本，幾乎一定會比使用武力奪取更低；不過，隨著無法跨越的關稅高牆將外國市場阻擋在外，征服再次成為可行，甚至是有利可圖的辦法。一九二五年，希特勒（Adolf Hitler）在《我的奮鬥》（*Mein Kampf*）中提到德國的擴張主義願景**生存空間**（*Lebensraum*），[30]這個方式在某種程度上能確保取得因為高額關稅而被切斷來源的外國農產品和戰略礦物（strategic mineral）。日本則面臨會扼殺其經濟的石油禁運（oil embargo）。很快地，德國和日本的經濟帝國主義，以及文化、民族和種族優越的意識型態，再一次迫使整個世界進入總體戰。

全球化的重生

第二次世界大戰歸根究柢就是自由主義民主和法西斯獨裁之間的衝突，而同盟國（Allied）戰勝，也代表民族主義、保護主義和軍事主義的挫敗。到戰爭結束時，各國都已經明白將國家封閉、把全世界排除在外的危險了。美國主導建立起新的世界秩序，先是小羅斯福，接著是杜魯門（Harry Truman），都展現出對開放和合作的獨特決心。自由貿易再一次變得興盛，特別是由於在小羅斯福任內擔任國務卿的赫爾（Cordell Hull）持之以恆地努力，他大力推動讓貿易成為國家和平發展與繁榮的方式。

正當歐洲在戰後借助美國的力量和金援，忙著從殘破的生理、社會及心理層面恢復之際，世界局勢開始堅定地從民族主義轉向大陸團結，甚至是聯盟（union）的概念。舊帝國主義者的邱吉爾（Winston Churchill）提出「歐洲合眾國」（United States of Europe）的想法。一九五二年成立的歐洲煤鋼共同體（European Coal and Steel Community）就是第一步，在包括不再相互為敵的西德和法國等西歐國家中，為這些必須性商品建立單一市場。在一九三〇年代看似能合理實現繁榮的封閉經濟政策，此時也普遍被視為不切實際和有危險，並受到排斥。

新自由主義是當時的主流，有別於十九世紀自由放任的舊自由主義，新自由主義是政府會對經濟進行一定程度干預的社會民主形式。由於福利國家擴大，大眾能在國內獲得更多保護，而不會受到自由貿易變動的影響，使得在國外從事自由貿易成為新的可能機會。獲得監管的市場、安全網，以及更強大的工會，這些因素一起促成對國際競爭變得更加開放。儘管蘇聯（Soviet Union）在冷戰期間不斷質疑這項公式，但事實也證明這個模式在如今仍是主流。[31]

當然，超過三十年的危機加上自一九一四年到一九四五年的衝突，造成的破壞相當巨大。歐洲和亞洲的大部分地區都是一片焦土，而擺脫殖民枷鎖的民族更是處於嚴重未開發狀態。德隆注意到，到了一九五〇年，「全球化循環已經完全顛倒過來」，[32]國際貿易急遽下滑，占全球經濟活動不到一〇%，幾乎是類似於一八〇〇年的水準。整個世界大約需要六十年才能重返一九一四年之前的全球交易水準。[33]

全球化成功重生的非凡故事正是達到該成果的關鍵。二戰世代的政治家從戰間期（interwar period）的失敗中記取教訓，更強調建立強大的多邊機構，以管理全球市場，並提供合作的論壇。全球化不只是重新開始，最終更實現高度發展，達到全新境界。此次全球化與戰間期瀕臨死亡的自由主義之差異，其關鍵在於隨著二戰結束而成形的開放世界獲得新國際主義者美國的大力支持。

這項制度是由小羅斯福一手推動。他設想的秩序以強國政治為根基，同時也支持開放市場、合作與和平。對小羅斯福而言，威爾遜的錯誤在於他天真地希望強權競爭（great-power competition）能自行消失。在威爾遜設計的組織國際聯盟（League of Nations）裡，也透過將所有國家一視同仁而體現了這樣的理念。最後美國則因為共和黨反對而拒絕加入。反觀小羅斯福，他相信強權應該在組織中擁有特別席次，也因此才會由二戰的五大戰勝國擔任聯合國安全理事會（UN Security Council）的五大常任理事國。美國透過投入參與聯合國和其他新的全球治理機關、支持全球貿易，以及嚇阻新強權衝突，為新的世界秩序提供了保障。

即使是一些長期支持「美國優先」（America First）孤立主義的共和黨領袖，也開始推崇國際主義的優點。魯斯（Henry Luce）是極具影響力的出版商，旗下出版品包括《時代》（*Time*）和《生活》（*Life*）雜誌，他發表劃時代的文章〈美國世紀〉（The American Century）便記錄了這個持續改變的觀點。[34]魯斯在美國參戰之前的一九四一年二月於《生活》雜誌中發表這篇論說文，他於文中宣告活躍的美國在全球宣揚民主和資本主義的新時代來臨了。他的主張獲得廣泛迴響，並贏得選民以及想在戰後重建世界的政治家支持。一九四五年，當同盟國代表在舊金山聚首準備草擬聯合國大綱時，已經對自由國際主義和多邊機構的優點形成具體的普遍共識。

新的經濟秩序也問世了，並首次獲得以新機構為基礎的全球規則和法規支持。這些機構包括聯合國、國際貨幣基金組織（IMF），以及世界貿易組織（WTO）前身的《關稅及貿易總協定》（General Agreement on Tariffs and Trade）。這些規則和法規是在一九四四年由超過七百位同盟國代表召開的會議開始制定。在新罕布夏白山山脈山腳的布列敦森林經過三週以上的協商後，會議代表最後制定了國際貨幣監管制度，並以解決戰間期的結構弱點和加強經濟復甦為目的。他們同意由美國支撐全球的金融穩定，讓其他貨幣和美元掛鉤維持固定匯率，而美元可兌換成黃金。

布列敦森林制度（Bretton Woods System）後來實現了歷史上最迅速、影響最深遠的經濟擴張之一。在二戰結束時，各個已開發國家實際上都是一片斷垣殘壁，美國是唯一倖免的國家。然而，到了一九六四年，西歐的人均輸出便成長一倍，再到一九六九年，日本的成長率也達到八倍。即使美國不是從低基數開始成長，在一九七三年的人均輸出也上升了七五％。[35] 一九七三年，美國結束金匯兌（gold convertibility）後，布列敦森林制度瓦解，全球GDP已比戰前水準增加超過二〇〇％，[36] 幾乎和一八二〇年到一九一四年現代經濟誕生時，第二次工業革命期間增加的比例相同。

噴射時代

交通運輸工具的重要進步，再一次推動全球化的新加速發展。在二十世紀多數時間裡，運送貨物的方式都和十九世紀時相差不多，同樣是不斷在不同船隻之間裝卸存放在桶子和麻袋裡的貨物，再借助起重機和其他類似工具稍微提高效率。不過，在一九五六年，一位北卡羅來納的企業家麥克林（Malcolm McLean）利用他發明的貨櫃船，一舉讓航運迅速進入未來。[37]他使用起重機將五十八個聯結車拖車直接從地面吊到退役油輪「理想X號」（Ideal X）上。這艘船載著貨櫃從紐瓦克抵達休士頓，再由在當地等待的五十八輛半掛式聯結車掛上拖車，迅速地將貨物運送至最終目的地。

麥克林利用這項節省人力的革新，成功讓運送貨物的裝卸時間縮短了三週以上。因此，貨運成本瞬間減少九七%，降到了每公噸僅十六美分。這項變革對全球貿易網絡造成巨大影響，遠超過但尼丁號第一次運送冷凍肉品所帶來的變化。從那時開始，利用船隻在世界各地的港口之間運送貨物的成本，就變得比使用卡車將貨物從港口運送至最終目的地更低了。[38]

到了一九七三年，貿易在已開發經濟體GDP的占比已經是一九五〇年的二至三倍。[39]當然，新一波全球化真正能實現的效果受到冷戰的限制。史達林禁止任何東方集團（Eastern Bloc）國家透過馬歇爾計畫（Marshall Plan）接受美國援助，因此東西方的貿易量幾十年來一直很小。

運輸工具技術的革命也讓人類的移動進入新時代。在一八六〇年代，從紐約搭乘蒸汽船，中間轉搭鐵路橫跨巴拿馬地峽到達舊金山，需要約三十天時間。在二戰前，已經有一些飛越大西洋的商業飛機，不過比起相對奢華且價格更實惠的遠洋郵輪，震耳欲聾的噪音、有多個停靠站，以及費用高昂的商業飛機並不受乘客青睞。基本上，所有的越洋旅行都是靠搭船，以燃煤為動力的客船會花上數天至數週時間橫渡海洋。泛美航空（Pan Am）是二十世紀主要的全球航空公司，在一九五八年使用一架噴射飛機波音707開啟跨大西洋客機航線的首航。噴射時代就此展開。[40]

隨著新技術讓長途飛行變得更便宜、更快速、更容易，國際觀光的發展也跟著一飛沖天。在披頭四（Beatles）第一次搭乘泛美航空707客機抵達美國的隔年，一九六五年的全球旅客人數已經超過一．一億，幾乎是十五年前的五倍之多。[41]到了一九七〇年代初，巨無霸客機（jumbo jet）成為普遍的客機選擇，並可抵達一百六十個國家。[42]國際旅行的人數幾乎每十年就會增加一倍，到了二〇一〇年代，每年的旅客人數已增加至十億人。[43]

這個空前的人員、商品和資金流動並不是只限於社會一%的人口。在歐洲、美國以及很快就會加入的東亞，人數持續增加的中產階級透過便宜的商品、負擔得起的旅遊、和平及繁榮，收割全球化的成果。

別無選擇嗎？

西方政府在二戰結束的幾年內大量投資福利計畫，提供經濟成長和國內穩定的政治家就能贏得選票。在所有已開發經濟體中，平均福利支出從一九五〇年占GDP的二七%，到一九七三年已上升至四三%。勞工運動依然很強勢，在這些國家中，約有三分之一至三分之二不等的勞工都是工會成員。由於經濟機會看似還在持續擴大，因此失業率平均維持在三%，顯著低於戰間期的八%。[44]法國將二戰結束後的三十年稱為**輝煌三十年**（*Les Trente Glorieuses*），而當時的成就確實令人嘆為觀止，開放和穩定共存，因此助長全球的經濟成長。

透過降低貿易壁壘、能幹的監管和加強安全網，西方各國找到「金髮姑娘」的中庸公式。

不過，隨著時間過去，黃金年代開始變得暗淡。政府過度支出和過度監管，並增加舉債以彌補不斷擴大的赤字。工會則反過來要求提高薪資，以對抗持續上升的通膨。到了一九七〇年代，經濟動態（economic dynamism）和社會福利之間已經失衡。成長變得緩慢、通膨上升，國家對經濟的干預愈來愈多，政府最後也開始對麵包、牛奶和肥皂等日常用品實施嚴格的價格控制。在多數西方國家裡，最高邊際所得稅率（top marginal income tax rate）已超過七〇%。[45] 中東地緣政治造成的石油短缺更讓情況變得嚴峻，最後停滯和通膨結合起來，導致令人痛苦的停滯性通膨（stagflation）。世界經濟陷入低迷。

每當全球化出現重大緊縮，當代的正統經濟和政治觀點就會再次受到抵制，一九七〇年代的危機也不例外。選民對積極的政府干預和社會福利支出感到遲疑，紛紛轉向支持新一代的自由放任保守主義者，如雷根和柴契爾等政治家。這些政治家受到經濟學家傅利曼（Milton Friedman）的著作啟發，強調貨幣政策而非財政政策，並且支持放鬆管制私有市場（private market）。不同於一九三〇年代的領導者選擇加倍鼓吹民族主義和保護主義，新世代的領導者反而是設法去除對市場和貿易的限制。換句話說，他們追求的是**更多**市場和**更發展**全球化。對於婦女運動、種族融合和世俗主義（secularism）採取反對立場的文化保守主義逐漸抬頭，但由**經濟**保守主義者帶領的右派則利用文化盟友的憤怒來達成他們的目的。

柴契爾和保守黨在一九七九年的英國選舉中大勝，承諾將讓英國疲弱的經濟恢復活力，以及結束勞工的動亂。一九八〇年時，雷根也以相似的壓倒性成績當選美國總統，並承諾重整美國經濟。柴契爾與雷根在任期間皆實施一種後來被稱為「新自由主義」（neoliberalism）的經濟手段。他們都支持私有化（privatization）、去管制化（deregulation）並承諾平衡預算。然而，雷根卻未能實現最後一項承諾，反而是在任期間使國債增加三倍。不過，由美國、英國及其他歐洲央行設定的高利率能對抗停滯性通膨，因此讓許多投資者有興趣投資政府債券，這也讓他和其他新自由主義者都能得到兩全其美的結果。他們削減稅收並提高支出，[46]透過借款補足差距，而因為利率下降的關係，借款帶來的痛苦程度也隨之降低。外國政府與投資者紛紛進場資助諸多西方國家的政府支出。此外，新自由主義者對自由貿易大力支持，也讓世界經濟更加緊密。

而後來現代金融業的誕生又進一步刺激國際經濟流通。西方國家的政府失去對金融領域的控制權，使金融界的強大程度超出以往。美國聯準會（Federal Reserve Board）與聯邦存款保險公司（Federal Deposit Insurance Corporation）在管理信用（credit）及監管銀行上的權力下降，因此金融機構有更高的自主經營空間。英國也採取了類似手段。在一九三〇年代左右，普遍的認同是英格蘭銀行應由國家掌握以控制信用，[47]但在一九七〇年代時，市場已經接管這項功能。這雖然帶來一個利益頗豐且高效率的系統，但同時也更加危險，最終成為二〇〇八年全球金融危機的背後推手。[48]

全球每個經濟體幾乎都選擇推行這種新自由主義改革，不過大多數都是在壓力驅使下才實施。一九八〇年代時，許多開發中國家紛紛出現一系列的經濟崩潰（economic implosion）事件，雖然國際貨幣基金組織（ＩＭＦ）與世界銀行（World Bank）施以援手，但他們的借款都有附加條件。政府因應要求而推動重大總體經濟（macroeconomic）與政治改革，這些改革後來被稱為「華盛頓共識」（Washington Consensus），即一系列旨在釋放市場力量的方案。開發中國家為從ＩＭＦ取得貸款，紛紛轉型為擁有自由市場的自由民主國家。而就像柴契爾說的那樣，其實對大多數財政破產的國家而言，他們根本「別無選擇」。

改革在很多地方推動成長。比如阿根廷就是其一。他們雖然在一九八〇年代遇到經濟崩潰，但在一九九〇年代新自由主義政策鼓勵外國投資之下，使ＧＤＰ持續近十年穩定提高。[49]不過，華盛頓共識其實也加劇了不平等，讓全球化既得利益者與遭拋棄者之間的差距愈來愈大。

全球化高速發展

在二十世紀末，最重大的事件就是共產主義垮臺。一九八九年時，東歐與蘇聯結盟的國家瓦解了，兩年後蘇聯本身也解體了。社會主義做為一種經濟與政治制度最終失去了信譽。隨著鐵幕（Iron Curtain）落下，前蘇聯陣營的國家紛紛要求以自由民主政體的形式參與國際市場。一九八〇年代的新自由主義改革釋放全球資本，讓各國經濟以前所未見的形式緊密結合，這時的社會主義經濟已然逐漸淡出歷史舞臺。沒有幾年時間，世界已經進入一個超級全球化的新時代。

貨幣（Money）以銀行貸款及國際投資的形式在世界各國快速流通。隨著一九八〇年代金融業的蓬勃發展，這種上升趨勢也如火如荼展開。在一九八五年至一九八七年間，國際銀行的借貸年度金額成長了六二%。[50]而在一九九〇年代，銀行業的腳步也愈走愈快。政府打破資本流通的壁壘，因電腦與其他包括網路與光纖電纜等通訊技術的普及，使金融家能迅速追蹤市場波動，並尋找新投資機會。正如歷史學家圖澤（Adam Tooze）所說，整個金融業等於從根本上進行重組，拋棄傳統的存款導向（deposit-oriented）銀行系統，選擇專注於具高流動性的貸款。在一九九〇年至二〇〇〇年間，世界十大私人銀行掀起消費熱（spending spree），將他們的全球資產總額占比從一〇%提高至五〇%。[51]利益相當可觀。一九八三年時，美國金融業僅占所有公司獲益總額的一〇%，但到二〇〇〇年代中期已經增加到四〇%，這個數字超過製造業，成為美國收益最高的行業。[52]

由於他們渴望將盈餘重新投資到成長更快的領域，因此已開發國家紛紛將資本投入到新興市場。比如歐盟就在一九九〇年代時，投入數百億美元的結構型投資基金到東歐的新興民主國家，圖澤將這一系列計畫稱為現代版的馬歇爾計畫。同時，私人投資者也蜂擁而至。至一九九〇年代末，西歐企業已將東歐近一半的製造業產能握在手中。[53]

這對該區域造成深遠影響。比如捷克共和國最大的汽車製造商暨中歐工業企業集團要角 Škoda 公司就是一例。它自一九四八年歸屬國有，本來是全球首屈一指的製造公司，卻在冷戰期間因品質惡劣與設計低於標準而導致聲譽受損。在共產主義落幕，而捷克轉型為民主制度後，西德龍頭福斯集團（Volkswagen Group）收購這家陷入困境的汽車製造公司。一九九一年時，Škoda 製造了

一七．二萬輛汽車，其中有二六%銷售到其他三十個外國國家。僅僅九年後，這個生產數字就提高到四三．五萬，其中有八二%銷往國外七十多個國家。[54]而現今的 Škoda 已成為福斯集團旗下獲益最高的子公司之一，僅次於保時捷。

一九九〇年代有許多國家突然加入資本主義體系，因此產生無數相似的成功故事，一眼望去看似擁有無限成長。[55]這種故事不僅在東歐可見。整個世界都享受著超級全球化帶來的果實。[56]高品質產品的生產，有史以來第一次成為一種全球現象。英特爾的故事在此處值得一提。這家公司在一九六八年時於舊金山灣區南方的小山谷中成立，因為它取得的佳績，也使這個地區成為後來赫赫有名的矽谷。數十年來，英特爾一直是世界首屈一指的微晶片製造商。一九七〇年代初，它在馬來西亞建立第一座海外工廠，而到了一九九〇年代，它已經在全球打造出一個能可靠獲益的製造、組裝與產品開發網。最初，這些工廠位於亞洲，而後也擴展到其他如哥斯大黎加等國家。根據研究顯示，英特爾在哥斯大黎加建廠並生產後，才過兩年，該國的 GDP 已經增加八%，不僅是整個拉丁美洲最高的成長率，也是該國三十年間最高的 GDP 成長值。[57]

對很多開發中國家來說，一九九〇年代的超級全球化不僅代表往西方國家的經濟表現靠攏，[58]有些國家更是開始意圖超越西方國家，以更優質更便宜的產品參與全球化的競爭。到二〇〇七年時，開發中國家產出的產品數量已經遠超許多已開發經濟體，且數量還在持續增加。

整個世界的產出量已經達到史無前例的數字。與一九八〇年相比，二〇〇〇年的全球GDP已經翻倍，到二〇一五年時成長量更是達到三倍之多。[59]在二〇〇〇年至二〇〇七年期間，人均所得（per capita income）的成長速度已打破歷史。一九九〇年至二〇〇七年間，全球貿易提高一三三%，[60]其中半數增加都來自於新興市場的貢獻。日本、韓國、越南與中國等國的低廉優質商品打入美國與歐洲市場，促進出口國家的經濟成長，也讓西方消費者能以更便宜的價格購得所需。這種流通，可說是由沃爾瑪（Walmart）及其他製作業龍頭等大型跨國零售商的離岸（offshored）生產推動。僅在一九九〇年代的超級全球化期間，來自美國鄉村的低薪勞工才能買到由俄勒岡州設計後，再交由中國製造的最新款Nike運動鞋。

與歷史相同的是，這次的全新全球化也影響了政治，畢竟經濟與政治自由化每每互相影響。世界各國內崛起的中產階級紛紛要求民主制度，同時國家主義經濟政策失敗，致使其威權主義的信用下降。一九七〇年代，只有八％的國家被認同是自由市場的自由主義民主國家，但到了一九九〇年代末，已經有超過三〇％的國家位列其中。一九八八年，除了西歐、美國、加拿大、澳洲與日本，幾乎沒有真正成熟的自由民主國家。但到了二〇一〇年，除了北非、撒哈拉以南非洲、中亞與中東地區，自由主義民主已經成為常態。[61]自由世界最初是從北大西洋附近的一小群國家開始興起，而後發展至包括近一百一十二個具真正民主制度的國家參與其中。[62]

不滿的緣由

在一九九〇年代時，超級全球化已被自由主義民主與全球資本主義推到神化的地位。其他與其相爭的意識型態及經濟系統似乎都失去正當性與支持度。

比如政治學家福山對此就有一句著名評論，即這是「歷史的終結」（the end of history）。[63]人類文明已達最終極的階段。

但不久後，一股至今仍能在全球範圍內看到的反彈就悄悄掀起。許多因轉型加入自由市場而備受讚譽的國家紛紛出現了倒退的現象，包括由普丁領導的俄羅斯、奧班領導的匈牙利、艾爾段（Recep Tayyip Erdoğagn）領導的土耳其與莫迪領導的印度。近期選舉結果出爐後，卡臣斯基（Jarosław Kaczyński）領導的波蘭與波索納洛領導的巴西也加入此行列。這些倒退多數是因爲該國國內對全球化暨包括自由主義與世界主義（cosmopolitanism）在內的相關價值觀的反感而引起，更準確來講，可追溯至一九九〇年代的過渡期。

在西方國家，自由市場的自由民主發展，從很多方面來看都可追溯至十六世紀的荷蘭共和國，整個發展過程漫長、緩慢且自然，即便是現在也會出現搖擺不定（wobbles）的現象。[64]但對開發中國家來講，他們並沒有足夠的時間慢慢發展出屬於自己的制度，因此他們在一九八〇年代至一九九〇年代間的民主化是相當快速但卻流於表層的。這些國家更加著重於市場轉型而非政治與社會的轉型。因此選舉雖容易落實，但法治與個人權利的保護卻不簡單。開發中國家引進並採用西方國家的新系統，包括自由選舉、代議制的立法機構、最高法院與金融監管機構等，但其實他們對這些機構的實際運作方式往往粗略且不夠了解。這些國家並無法真正實現自由主義承諾的保護與自由。正因如此，社會大眾其實也不知道這個新系統能為他們帶來什麼好處，更多時候，他們反倒需要被迫忍受因市場自由主義所造成的干預，且還沒有任何機構或制度能夠保護他們的權益。

在蘇聯瓦解後的世界，公民社會（civil society）未能打出深厚根基，且政治家在遵循獨立法治方面也屢遇困難。[65]迅速的國有企業私有化常伴隨腐敗，因此導致少數寡頭獲得政治權力，但普通大眾的生活卻未能獲得改善。[66]很多時候情況其實更糟糕。比如俄羅斯在一九九〇年代時平均壽命下降而犯罪率卻節節飆升。[67]由於時間不夠，導致普通民眾無法充分理解或內化這些自由主義的價值觀。政治家則是無法建立更穩固的民主機構與制度，並且在知識上也未學習到西方國家如何有效管理這種制度的精隨。俄羅斯首任總統葉爾欽（Boris

Yeltsin）是一九九〇年代初的轉型監督者，他精闢地針對這些問題做出總結，即新自由民主與自由市場的制度有著「美麗的結構與名稱，但背後支撐力卻空虛無比」。[68]

至於西方國家，全球化的不滿情緒藏在其成功的陰影下不斷增加。在一九八〇年代與一九九〇年代的多數時間裡，整合的力量似乎促進了持續成長的新時代。資本主義特有的衰退不僅短暫，且可透過新工具來控制並管理，包括優秀的貨幣政策與持續承諾開放。但在一九九〇年代末，東亞與東南亞的貨幣危機蔓延至全球範圍，讓人們首度對不受約束的全球化所帶來的波動感到擔憂。

這場危機始於一九九七年的泰國政府，他們用盡將貨幣與美元掛鉤所需的外匯存底（foreign reserves），因此不得已只能採用浮動貨幣制度。這讓外國投資者深感不安，並選擇撤出他們在泰國的投資。不過當時的國際資本市場規模頗大，且每天全天候的運轉，於是撤資就變成大規模的資本外逃（capital flight）。在泰國發生的問題，致使在東亞與東南亞投資的投資者也紛紛撤資。這場危機引起連帶反應，不僅泰國與南韓的失業率飆升，連同整個地區的失業率也居高不下。南韓的貧乏加倍，而印尼與泰國的GDP也下降了兩位數或接近兩位數的百分比。[69]

IMF及其他債權國提供與他們在一九八〇年代提供給拉丁美洲國家的財務穩定方案相似的提議，但這次的結果並未使GDP一致成長，反倒造成長期經濟緊縮（economic contraction）、持續的工資損失與出口競爭力下降。隨著這場危機愈演愈烈，來自已開發國家的放貸者擔心他們投資在亞洲之外開發中國家的資金也不安全。因此選擇搶先撤資，這樣一來就導致原本區域性的經濟衰退演變成全球衰退。雖然亞洲金融危機僅持續兩年，且主要影響的是開發中國家，但它顯示全球化不僅會帶來波動且有其破壞性，進一步講，這種痛苦還無法平均分擔。

一九九九年世界貿易組織舉辦年度會議時，已開發國家中最初的主要反全球化抗議活動就在西雅圖展開。抗議者的訴求是放緩一九九〇年代的超級全球化速度，並恢復相當程度的國家保護機制。他們反對跨國公司未受監管的擴張行為，要求應以更好的制度保障勞工權益，甚至主張應針對永續發展方面制定新全球規則。當時，很多人並未認真對待他們的擔憂，只覺是對社會不滿的偏激邊緣人提出的言論，並把他們看做是一群與徹底的無政府主義者（anarchists）聯手的無理嬉皮。不過這場後來被稱為西雅圖風暴（Battle of Seattle）的事件從事後來看，並不像是退出舞臺的左派主義餘燼中燃出的孤獨火苗，而更像是對未來的預兆。在西雅圖事件後的幾十年內，反全球化運動出現的比例呈指數成長。

中國衝擊或全球化衝擊？

現在有許多人把反全球化反彈的起因歸咎於「中國衝擊」（China shock），即一九九〇年代新市場導向中國廉價商品的流通帶來的影響。就好像「中國製造」的商品在一夜間取代各種「美國製造」的日常基本消耗品。這些中國進口的廉價商品使美國製造業競爭力下滑，因此有觀點認為這是導致工廠倒閉及當地社區遭破壞的原因。

中國參與全球經濟確實對整個體系造成衝擊，但其實並非多數人認為的負面影響。二〇〇一年十二月十一日，在歷經將近十五年左右的談判，中國經濟大規模擴展，並終於正式加入世界貿易組織。自一九八〇年代初開始，中國的經濟每年至少成長九％，這是至今各主要經濟體中成長速度最快且最有續航力的。[70]中國能擁有這樣難以想像的持續性成長，多虧了他們的現代化領導人鄧小平。不過這在很大程度上仍歸功於外國投資者的資金。在一九九〇年代，中國是全球第二大外國直接投資的接受國，到最後十年左右，中國吸引的外國直接投資數量更是占所有開發中國家總額的三分之一。[71]

與中國的貿易往來蓬勃發展。在一九七〇年代末，中國的外貿總額估計約達兩百億美元；到二〇〇〇年，這個數字更是提高到四千七百五十億美元。[72]中國於二〇〇一年加入世界貿易組織時，其占全球出口量約四％左右；但到二〇一〇年時，這個占比提高到了一〇％，成為全球出口的絕對領頭羊，[73]且自那以後，他們在這個位置愈發穩固。中國很快就成為世界上首屈一指的廉價商品供應國。

確實，中國製的低廉商品擊敗美國商品，因此導致美國製造業城鎮的失業率上漲。雖然有不少需求是因為中國的低薪資競爭而損失，不過亦有很多工作需求是因自動化而降低，並非貿易導致。若一味將全球化的負面影響歸咎於中國，就忽略了一個更基本的要點。日本、南韓與臺灣的製造業也在一九八〇年代時蓬勃發展，卻沒有引起同樣的強烈反彈。為什麼呢？

答案是，中國成為生產強國崛起的時機，恰好碰上美國製造業自然衰退的時間點。在一九六六年時，經濟學家弗農（Raymond Vernon）就曾提出適用任何重要產品的生命週期五階段，包括導入期（introduction）、成長期（growth）、成熟期（maturity）、飽和期（saturation）與衰退期（decline）。前三個階段的生產主要集中在產品發明地附近。當產品進入後面兩個階段時，就會在任意地點生產，或因技術改變而被取代。[74]在一九九〇年代，許多基本消耗品包括服飾、玩具與腳踏車都進入飽和或衰退期。

因此許多原本位於美國中心地帶的製造商在中國衝擊到來前期時就已空虛化。中產階級的收入停滯不變，許多可靠的低階與中階技術職缺逐漸從這些傳統上仰賴它們的區域外流。這時低成本的商品都是由中國製造，至於高薪的製造業，包括半導體與電腦等新型高科技產品的製造則轉移至矽谷或其他創新聚集地。此外，「中國製造」其實是簡單化的說法。世界上有一半的貿易商品屬中間產品，即用於製造出最終產品的零部件，比如要用來組裝出一臺 iPhone 手機所需的兩百多樣零件。即使該裝置本身被視做「中國製造」，但其實裡面的數百個零件、部件與晶片的製造地來自其他國家，包括印度、臺灣、南韓、馬來西亞、越南、斯里蘭卡與泰國等地，最後才送到中國組裝。[75]因此，中國衝擊更準確的說法應該是「全球化衝擊」（globalization shock）。如果中國不存在，那些流到中國的職缺其實也會被機器或者其他低薪國家取代。

想當然，對無數薪資停滯或失業的人來講，罪魁禍首究竟是誰並不重要，那些難懂的經濟理論也提供不了任何慰藉。這樣就不難理解為什麼那些生活在單一產業地區的人，在被外國製產品或者自動化取代後，會因被排擠而立刻抨擊中國，因為這個國家占全球製造比例最大份額。[76]專欄作家傅利曼（Thomas Friedman）是全球化最初且最熱心的倡導者之一，他就曾有先見之明地指出：

「僅有人民或國家受屈辱時，他們才會真正地進行猛烈抨擊。」事實上，很多對全球化的反彈都出自那些覺得被拋在後頭、受到屈辱與停滯不前的人。[77]

理解衝擊

但對全球化的反彈並不僅僅是簡單的經濟問題，即窮人反抗富人。它也不是對開放性的自然厭惡。人與人之間往往會建立連結，而人類的心理又常與地位相關。現今世界的連結度提高且愈發透明，因此財富的差距就更明顯。即使你目前的情況比你祖父母當年好很多，但只要看到其他人過得好，就很容易產生忌妒心。正如托克維爾在一百五十年前所說過的，「起義」的發生往往是因為相對剝奪而不是絕對剝奪。[78]

從絕對收益的角度來看，美國人現在的生活水準，比起一九六〇年代至一九七〇年代，明顯提升許多。美國家庭的住宅面積平均從一九七三年的一五二五平方英尺到二〇一五年的二四六七平方英尺，總共提高近一千平方英尺。[79]至於設備方面，當時大多數家庭沒有空調可用，現在卻是家家戶戶都有。在一九六〇年時，二二%的美國家庭沒有汽車，但現在只有八%的家庭沒有車，且超過半數的家庭擁有兩輛以上汽車。[80]對美國家庭來講，搭飛機旅行變得更加容易，畢竟國內航班的價格約是一九七九年時的一半。[81]加上食物也變得比較便宜，現在家庭用於食物的收入平均約是一九六〇年的一半。[82]服飾支出也便宜許多。一九六〇年時，美國家庭平均將計畫開支的一〇%用於購置服飾，現今則提高三%左右。[83]

現代人的生活在其他各種無形方面都好上不少。很多過去要花費高額費用才能取得的資訊和娛樂，現在免費提供給所有人使用。比起過去，現在許多人都用得起價格提高的教育與醫療。在一九六〇年時，僅有八%的美國人有大學學歷。現在這個數字提高到三八%。[84]一九六〇年時，有二五%的美國人沒有醫療保險，但現在這個數字已將下降至一〇%。[85]絕大多數美國人享受的照護品質都比以前好上許多。一九六〇年時，超音波設備還沒商業化，[86]CAT掃描與MRI則尚未問世。除了statins類降血脂藥物到抗憂鬱藥物（antidepressants）

神奇問世，癌症治療方面亦有所進展，因此現在與一九七〇年代相比，癌症診斷後五年內的致死率已不到三分之一。[87]

不過這些與人類的自我價值相比都顯得相對次要，人類的自我價值來自於地位、在社區中的位置、找到另一伴及撐起一個家庭的能力。白人勞工階級男性，即川普的支持者，他們失去曾經帶給他們高薪與社會地位的工作。而且現代女性的自主權提高，教育程度上也有超越男性的可能。除此之外，移民潮讓這個國家變得多元化，進而吞噬原先屬於白人的政治權力。當然，過去白人美國人主導經濟的地位也被削弱。雖然他們的薪資還是高於黑人及西班牙裔美國人，但差距已經逐漸縮小。過去三十年間，白人收入的中位數上升三五%，[88]但黑人收入的中位數上升五一%，至於西班牙裔收入的中位數則上升四六%。這些其實都是值得慶祝的趨勢，但若這情況讓你感到相對貧窮或停滯，那麼對你而言就沒有那麼開心了。

不僅是美國，其他國家也出現一種無力感。這源自於社會變得愈來愈複雜，且日常生活所需的專業技能增加，進一步拉開菁英與普羅眾生間的距離。

因此在嚴重的金融危機後，反全球化運動一再出現，[89]正是由於系統的失敗引起人們對管理階層的不信任。正如歷史學家斯洛博迪安（Quinn Slobodian）所說，全球化的許多架構本身都並非基於民主原則建立，[90]就像許多機構故意不與普通選民建立任何連結。全球規則制定機構如ＩＭＦ與歐盟等，通常更是完全繞開選舉政治，因此政治學家湯普森（Helen Thompson）形容這是避免「過度民主」（democratic excess）的一種「貴族式」（aristocratic）約束。[91]這可能有助於經濟成長，但同時卻引起眾怒與「全球主義菁英」（globalist elites）這種陰謀論。

經濟錯置（Economic dislocation）會引起焦慮，而這種焦慮會進一步波及政治、文化與社會。這就是為什麼人類學家博蘭尼（Karl Polanyi）會說，他認為市場並非自給自足的企業，而是存在於社會與政治框架中的機制。市場經濟不可能永遠都不受社會壓力所影響。[92]而衝擊愈大時，社會就愈想保護自己免受下一波衝擊影響。

一九九〇年代的繁榮下坡路

在二〇〇八年金融危機發生後，我們的不滿逐漸積累。這場危機的種子其實早在一九九〇年代就已種下，當時放貸者與金融家過於樂觀，並不停在全球化繁榮的經濟下尋找容易賺到的金錢。當時的錢很好賺，大家都想參與借貸融資遊戲。當時美國家庭的債務幾乎都如吹氣球般膨脹，在一九九〇年就已達GDP的六一%，到二〇〇七年更是已近一〇〇%。[93]事實證明，這種情況並非永久的，一九九〇年代的繁榮終會衰退，這只是時間問題。

負擔不起的房貸也是造成家庭債務大幅成長的主因，二〇〇七年時，美國許多人已無法負擔自己的房屋。當時房貸違約的情況在全國紛紛出現，主要的金融機構面對龐大債務只能苦苦支撐。許多銀行都在破產邊緣搖搖欲墜。當時很多銀行都直接倒閉，倖存下來的那些也是因為有政府的紓困才能撐下去。美國率先反應，提供貸款給外國國家，在國內則是推行寬鬆量化政策（quantitative easing），這種貨幣政策的做法就是讓聯準會從陷入困境的放貸者手上購買有害資產。這些措施雖然讓金融體系穩定下來，但對失去房子與工作的民眾而言幫助甚微。

了解全球化的週期後，我們就知道，那些曾受金融危機嚴重傷害的人想棄用一九九〇年代的正統經濟觀點有其道理。如果說在新自由主義時期經濟比政治地位更高，且各國政黨在經濟政策上趨於一致，那麼二〇〇八年的金融危機就等於開啟了一個政治比經濟更重要的新時代。

由於很多人對全球化的管理者失去信心，各種民粹主義紛紛在政治光譜上湧現。首先是二〇〇八年金融危機引起的不滿使左派崛起，比如二〇一一年的占領華爾街（Occupy Wall Street）運動，又比如提高像桑德斯這樣的政治家在二〇一六年競選總統時的吸引力。不過，事實證明，右派民粹主義對那些不滿全球化的人而言更具吸引力。

這類反建制勢力自超級全球化開始時就已出現，但當時從各方面來講都只是一種邊緣運動。比如一九九二年時，獨立總統候選人佩羅（Ross Perot）的理念就結合了非正統經濟學觀點（economic heterodoxy）與民族主義。這位來自德州的億萬富翁大肆抨擊全球化與赤字開支（deficit spending），他承諾拒絕履行《北美自由貿易協定》（North American Free Trade Agreement），並實現預算平衡。類似的擔憂與對移民問題的焦慮，在之前相對類似的歐洲社會中，促使英國獨立黨（UK Independence Party, UKIP）於一九三三年成立，同時也讓法國的民族陣線（National Front）在同時期有所擴張。但在金融危機發生前，這些運動並未在全球範圍內取得廣泛支持或擁有影響力。

直到危機發生後，他們才聲名鵲起。勞工因金融危機而受影響，因此希望取消全球化，於是就傾向支持右派民粹主義政黨。二〇一四年時，英國獨立黨首次贏得國會席位。隨後在二〇一五年時贏得全國一三%的選票，成為英國第三大政黨。一年後，英國獨立黨全力支持後來成功的「投票脫歐」（Vote Leave）運動，這種運動的基礎，是保護主義的刺激、對歐盟的懷疑與全國持續上漲的反移民情緒。最後的結果就是臭名昭著的英國脫歐（Brexit），即英國（United Kingdom）退出歐盟。

法國的民族陣線也在二〇一〇年代取得類似的成功，他們的魅力新領袖瑪琳・勒朋（Marine Le Pen）在二〇一一年的區域選舉中贏得一五%的選票。隔年，瑪琳在法國總統大選中獲得第三名。在二〇一四年時，她的政黨在歐洲議會（European Parliament）選舉中贏得近二五%的選票，因此讓整個歐洲大陸的相關政治權威震撼不已。下一年，瑪琳為重塑民族陣線的形象，驅逐了自己的父親尚—馬里（Jean-Marie Le Pen）這個該黨派的創始者暨長期領導者。原因是，他長年來對種族主義的言論，以及對大屠殺（Holocaust）的輕描淡寫，令人局促不安。在二〇一七年的法國總統大選中，年輕的瑪琳儼然是一名更加難纏的競爭者，因為她提倡伊斯蘭恐懼（Islamophobia）並強調保護法國民族主義。她在第一輪中位列第二，雖在決賽時慘敗給馬克宏（Emmanuel Macron），但她成功讓對移民與伊斯蘭的懷疑成為法國政治的討論點，致使馬克宏政府在這些問題的處理上採取相對強硬的態度。

而美國雖然沒有出現有望成功的新政黨，但共和黨內部的反對者派系卻如颶風般席捲美國政壇。美國茶黨（Tea Party）在二〇〇九年時開始行動，他們要求降低稅賦並譴責國債的數量。茶黨的活躍在二〇一〇年的期中選舉對民主黨造成重挫（shellacking），就連歐巴馬（Barack Obama）自己也如此形容，不僅如此，這樣的活躍更成功讓共和黨往右派靠攏。就這樣，如魯比歐（Marco Rubio）與保羅（Rand Paul）這樣的反對派候選人出現並當選，許多傳統保守派人士也紛紛支持茶黨的民粹主義言辭。最終，更多共和黨人採納了茶黨的思想與精神，[94]為川普在二〇一六大選中當選提供了一臂之力。川普從沒自認是茶黨人，但他的反菁英、反全球主義與族裔民族主義（ethno-nationalist）言論，讓認為自己被全球化拋棄的美國人深深感到共鳴。

世界各地因經濟大衰退（Great Recession）而崛起的民粹主義政黨都有其獨特吸引力，背後都有其在各國的長期經營與變革所致，因此很難說這是「國際性的民粹主義」（populist international）。不過，這些政黨確實有一些主要的相似之處，能將他們與自由主義派的競爭者區別開來。就如我們從歷史上看到的那些右派民粹主義政黨，現代的反建制運動宣揚一種排他的「民族」（the people）觀點，他們將外來或腐敗的群體排除在外。他們的政綱中更強調的是社會凝聚力（social cohesion）這種歸屬感及對內責任感，並且會透過公開排斥少數群體的方式來實現這種精神。

這些運動抨擊開放，並對當代社會中傳統經濟結構及社會規範的瓦解感到惋惜。他們四處宣揚向前看的懷舊之情，將黯淡無光的當下，拿來與他們假想中的美好過去做對比。他們將勞工階級的經濟困境歸咎於開放的移民模式與國際工業競爭。即使這些論點大都是虛假且簡化後的言論，但這並沒有什麼影響。重要的是，這些反全球化的政黨成功利用無數民眾對社會與經濟的焦慮，他們就像過去許多人一樣，對全球化的承諾感到失望，並決定與其支持者背道而行。

盪得太遠的鐘擺

雖然過去幾十年間是由自由市場華盛頓共識占主導地位，但現在正逐漸形成一個全新的經濟共識，這個共識環繞著國家干預而構成。隨著不平等日趨嚴重，且相互影響的危機揭開連結過度緊密所導致的脆弱，因此政治光譜各點上的群體開始懷疑無拘束的自由市場與全球主義。雖然左派與右派在政治政策主要方針存在差異，但多數人的期盼都是放緩全球化的腳步，再次將國家利益置於優先地位。多國政府開始限制國際貿易與投資，並嘗試在經濟中扮演更活躍的角色。隨著各國主張經濟韌性（economic resilience）優先於經濟成長，民族主義的情緒在檯面下逐漸累積。舊有的西方共識主要提倡的是開放的全球系統並共享繁榮之景，但新的共識卻認為中國的崛起是以美國的損失為代價，因此試圖要導正全球化秩序的弊端。

川普讓這種思想成為主流觀點，並讓美國政策往此方向靠攏。不過，拜登（Joe Biden）的國家安全事務助理（national security advisor）蘇利文（Jake Sullivan）卻針對此新共識提出更精密的版本。在二〇二三年四月，他提出雖然自由貿易與開放市場有助成長，但成長並非美國應追求的唯一目標。他認為在超級全球化的時代，政策制定者（policymaker）忽略應要保護國內製造業的力量、減少不平等的情況並打造出更有韌性的經濟，而且他們也未意識到中國不僅是經濟方面的競爭者，更是地緣政治方面的敵人。換句話說，美國向世界開放其經濟市場，但美國的勞工與國家安全卻因此而受到損害。[95]雖然有些人解讀這次的演講是在預示新路徑的到來，但其實蘇利文只是針對上一屆政府已推動的政策進行更具戰略性的詮釋。川普對中國與其他美國盟友徵收關稅。他禁止中國電信公司華為（Huawei）進入美國市場，並試圖要禁用抖音（TikTok）。他限制美國對中國出口某些商品，並抑制雙向投資。他拒絕參與歐巴馬總統與亞太國家協議的《跨太平洋夥伴關係協定》（Trans-Pacific Partnership）。拜登總統延續了川普的政策，且有時還會擴大這些政策。

事實上，美國早在川普當選前就已逐漸遠離自由貿易。經濟學家波森（Adam Posen）寫道：「自二〇〇〇年以來，美國愈來愈朝著將經濟與他國競爭者區隔開的走向發展，而其他國家則持續維持開放並融入全球經濟。」他又補充道：「與其他多數高所得民主國家相比，這個國家的經濟不平等與政治極化更加嚴重，而那些國家通常都提高了他們的全球經濟風險（global economic exposure）。」[96]美國各州持續加劇的不平等與職缺流失讓人輕易認定罪魁禍首是全球化，但從時間的角度來看，這種指控並不是那麼恰當，畢竟這類趨勢早在全球化近期加速發展前就已經存在。我們應該去懷疑這種新的共識「人們的經濟困境應歸咎於全球化，解決方法就是消除全球化」。

在自由放任經濟上走得太遠的確會產生嚴重問題，但朝反方向走太遠也會帶來麻煩。要想在一個互相連結的世界中操縱這些趨勢走向變得愈發困難，而全球化帶來的另一場結構革命，或可說是我們正在經歷的一場最劇烈的革命，更是大幅提高這個難度。

第七章
資訊自由——科技

能對技術展示造成最大殺傷力的莫過於死亡意外。一八三〇年，利物浦和曼徹斯特之間開通了全球第一條城際鐵路。國會議員哈斯基森（William Huskisson）是英國最熱情支持鐵路建設的政治家之一，在達官顯要四處寒暄時，他走到鐵軌上和時任首相的威爾斯利（Arthur Wellesley）握手。哈斯基森並未意識到最新列車「火箭號」（*Rocket*）的速度有多快，同時火箭號也正以超乎當時代想像的三十英里時速向他疾駛而來。他被眼前的景象嚇得驚慌失措，卡在鐵軌上動彈不得。最後這條鐵路成為哈斯基森的終點站，鐵路的剪綵派對則因為史上第一起列車死亡事故而蒙上陰影。

如此快速的交通工具很快就能普及，相當具有創新意義，但與此同時，新聞頭條也紛紛將焦點擺在這項可怕新科技所導致的悲劇上。如今，隨著數位革命自一九七〇年代的第三次工業革命開展，以及人工智慧和生物科技在二〇二〇年代某些人所謂的第四次工業革命（Fourth Industrial Revolution）崛起以來，這個世界再次產生前所未有的快速變化，使得許多人感覺自己也將要卡在鐵軌上，變得動彈不得。

在二十一世紀，真正呼籲限制科技的盧德主義者並不多。不過，在數位驚奇的表面底下，是一個充滿破壞、動亂和異議的世界。在我們的時代裡，許多現象之間都存在著緊張關係，包括繁榮和不穩定、互相連結和分裂孤立、進步和反彈，而這些緊張關係都至少有一定程度是由科技轉型所造成。在因創新而迅速重整並變得不穩定的世界裡，民粹主義能變得愈來愈有感染力並非偶然。資訊科技革命大幅提升生產力和人類的全面發展。不過，到目前為止的過程充滿顛簸，甚至可能比過去有更多障礙，這樣的結果並不令人意外，因為這一次的革命不僅推翻了物理極限，也徹底改變了心智和生物學方面的限制。這一次的革命改變了我們的本質。

諷刺的是，儘管這次的轉變看起來太過快速、令人困惑而且混亂，卻是源自於一段看似放緩和停滯的時期。一九七〇年代經常被認為是個充滿隱憂的時代，無論是政治或文化，一九六〇年代理想主義的行動全盤皆輸，徹底挫敗；在經濟方面，停滯性通膨也似乎變成新常態。經濟學家戈登（Robert Gordon）在《美國成長之興衰》（*The Rise and Fall of American Growth*）中，全面記述一八七〇年到一九七〇年令人驚奇的一百年裡，美國從鍍金時代進入到新科技令美國人生活變得現代化的電腦時代（Computer Age），並開創如今會和全球中產階級聯想在一起的生活方式。透過前面幾章的內容，可以發現英國廣泛地享受在十八世紀末開始的第一次工業革命成果，包括蒸汽、鐵路和大量生產的紡織品。而在十九世紀末開始的第二次工業革命中，美國除了是革新的主要推手，也是主要的受惠國，並在能源、材料、化學和汽車方面取得進展。

到了二十世紀中期，美國以之前的進步為基礎繼續努力，並為了盡可能造福國內的所有人而展開改革。隨著新藥物出現，美國人的壽命比過去更延長，他們的飲食也因為工業化農業的生產而變得更豐盛、更多樣。美國人居住在新郊區，城市之間也透過鐵路、公路和飛機相互連接。這些主要都是物質方面的轉變。路上充斥著大量汽車、家庭裡有洗碗機和電視、城市因為電氣化而燈火通明、都會地區不斷擴大，巨大的聯合收割機在小麥田和玉米田裡緩緩前進。一九六九年，執行阿波羅十一號（Apollo 11）任務的太空人登陸月球，這項成就除了堪稱人類史上最偉大的工程壯舉，也代表美國的科技創造力達到全新高度。

然而，在隨後的幾年內，美國在地球上的發展卻開始倒退，戰後突飛猛進式的成長漸漸停止。登陸月球的成就令人興奮，但太空並不是能夠實際定居和開發的新疆域。地球上的改變速度變得緩慢，美國人也習慣了現代生活一成不變的節奏。無論是上班通勤、食物供應、家庭獲得電力等方式，在後續的幾十年內都是大同小異。正如經濟學家科文（Tyler Cowen）所說，看來美國人已經吃光「現代史上所有唾手可得的果實了」。[1]美國透過石油燃料和開發土地，以及足夠的人類創造力，已經歷過一次性的快速成長，而且那樣的爆發性成長並無法輕易複製。

不過，儘管七〇年代存在各種隱憂，最後卻發現這是一段默默進步的時期，一場科技變革的風暴正悄悄在加州聚攏，而風暴的中心就位在隨後迅速變得舉世聞名的矽谷。[2]這場革命不同於過去的革命，並不會讓實際地貌出現變化。這場數位革命是以隱形的位元（bits）和位元組（bytes）打造而成，卻讓整個世界產生史無前例的變化。在之前幾次革命中，科技是改變實質的世界，但數位革命是改變心智的領域，並擴大了資訊、知識和分析能力，而透過數位革命，我們對人類意義的定義也改變了。無論我們正在經歷的資訊革命將帶來多麼大的影響，都會對人類心理**在性質上**產生巨大且持續的影響。

《傑森一家》預測錯誤

網際網路（internet）和個人電腦的興起有時會被稱為第三次工業革命。這場工業革命比起前兩次速度更快，範圍更廣，卻也更難以察覺，主要是發生在資訊領域。史上第一部電腦在二戰期間開發而成，是美國和英國軍事情報部門破解密碼的工具，而且是一臺由塞滿整個房間的真空管和電路所構成的龐然巨物。隨著電腦晶片的發明，第一部個人電腦誕生，那是由惠普（Hewlett-Packard）及全錄（Xerox）等企業所打造的小巧機器。現在大家知道的網際網路並不是從私人企業所開始，而是美國國防部五角大廈（Pentagon）的「阿帕網」（ARPANET）計畫，原本是為了讓美國西岸各大學研究人員和全國各地同事聯繫的網絡（network）。阿帕網從一九六九年開始上線後便穩定地擴展範圍，到了一九七〇年代和一九八〇年已有更多大學和實驗室加入。一九八九年，在日內瓦歐洲核子研究組織（CERN）粒子物理實驗室工作的英國電腦科學家伯納斯—李（Tim Berners-Lee），設計出推動現代網際網路的系統組合，包括能讓使用者在不同文本之間移動的超文本連結（hypertext link）、將所有種類電腦連接至相同資訊的傳輸控制協定（transmission control protocol）、各網站的特有網域名稱（domain name）。儘管他將該設計命名為「全球資訊網」（World Wide Web），但其實一開始只提供給CERN內部的科學家使用。兩年後，當所有人都在關注蘇聯解體之時，日內瓦也正悄悄發生一場影響力可能更巨大的變革，當時「資訊網」（Web）向全世界開放了，開展為我們如今所認識的網際網路。

在一九九〇年，地球上任何國家裡使用網際網路的人口通通不及一%，但如今美國有九三%的上網人口，[3]在亞洲和中東地區，使用網路的人口也達到七成。即使是在全球開發程度最低的地區，如撒哈拉以南的非洲及南亞，也有三分之一的人口會使用網路。[4]每天在全球各地會有超過四十億使用者傳送超過三千億封電子郵件。[5]想想看，鐵路在十九世紀花了數十年才在世界各地開通，而在二十世紀，同樣是經過很長一段時間後，汽車才變得普遍。但進入二十一世紀後，至今才剛經過短短二十年，個人電腦和智慧型手機（一手能掌握的微型電腦）就已經成為主流。網際網路內部的科技採用更是迅速。全球的臉書使用人數僅花了不到四年就達到一億人，Instagram 則是在兩年多內累積到相同數量的使用人數，ChatGPT 更是只經過短短兩個月就達到一億用戶。[6]

儘管這個從實體到數位的轉變非常了不起，但有許多懷疑論者，包括一些業界人士，都認為這樣的轉變著實令人失望。套一句 PayPal 暨 Palantir 創辦人提爾（Peter Thiel）經常被引用的話：「我們都想要飛天車，結果卻只得到一百四十個字元。」（We wanted flying cars. Instead we got 140 characters.）從表面上看來，提爾說的沒錯，我們的現實確實和一九六二年的電視動畫影集《傑森一家》（*The Jetsons*）對二十一世紀的想像相去甚遠。眼尖的粉絲早就注意到，這個典型未來家庭的大家長喬治（George Jetson）是在二〇二二年出生。不過，我們如今的世界和傑森一家居住的世界完全不一樣，沒有飛天車，沒有具備感知能力的機器女僕，就算是馬斯克（Elon Musk）家裡也沒有，星際假期更是天方夜譚。

不過，反過來說，我們又擁有哪些傑森一家**沒有**的東西呢？儘管《傑森一家》有幾項預測說對了——例如視訊電話——卻未能預見數位變革（digital transition）所帶來的更深刻意涵。支撐我們這個時代的科技，和過去時代的科技有著根本上的差異。如今的技術是激發心智上的革命，它讓第一部電子計算機（electronic computer）顯著地擴大對資訊的取得途徑、將地球上幾乎所有人連結在一起，也使得無論是好是壞的各種想法都能更容易散播出去。

資訊技術革命並未改變實際的世界景觀，而是創造出新世界，也就是數位世界。在那裡面充斥著人人可取得的知識，幾乎所有產業都實現數位化，有數不盡的娛樂媒體，還有新型態的社交連結。所以，儘管我們的交通工具並未如預測般發展，但想想，現在搭乘飛機或列車時能從事的活動，例如隨時都能觀看任何電影、電視節目或書籍、和朋友或心愛對象聊天，如果是白領上班族，還能像是待在辦公室裡一樣有效率地處理公事，而這一切對一九六〇年代的旅人來說，完全就是科幻小說的情節。

所有人的生活品質都已經獲得大幅度改善，即使GDP等傳統指標並未充分反映許多因為數位革命而能免費獲得的商品和服務。[7]以音樂產業為例。從二〇〇四年到二〇〇八年，音樂銷售的總收入從一百二十億美元銳減為七十億美元，[8]不過這並不是因為聽音樂的人變少了，單純是因為大家會透過新的管道聽音樂。在相同的這段期間，單曲的下載次數增加近十倍，從一．四三億攀升至十四億，[9]而且現在也能透過各種不同的數位平臺收聽歌曲。

同樣地，如今只要能上網，就會迷失在維基百科深不可測的龐大資訊中。截至二〇二三年，維基百科收藏的資訊量大約是印刷版《大英百科全書》（*Encyclopedia Britannica*）的一百倍，[10]而《大英百科全書》自一七六八年首次出版至二十世紀末，一直都是英語概括性知識的主要來源。不過，不同於印刷版的《大英百科》，維基百科是免費提供使用，這個用法上的差別大得超乎想像。《大英百科》在一九九〇年的全球銷售量是一一．七萬本，十一年後，維基百科就創立了。[11]如今，維基百科每個月都有超過十五億的不重複訪客（unique visitor）瀏覽量。[12]事實上，數位革命其中一項最引人矚目的特色，就在於對閒暇時間造成的轉變。光是二〇一三年這一整年，臉書使用者每天花在平臺上的時間加起來就達到近兩億個小時。正如學者布林優夫森（Erik Brynjolfsson）和麥克費（Andrew McAfee）所指出，這個時間都能拿來蓋好十條巴拿馬運河了。[13]透過這樣的比較，就能看出從工業革命到資訊革命的轉變縮影，也就是革命已經從實體領域轉換到了心智生活。

人人都成為國王

一戰結束後，對於被戰爭摧毀經濟和科技進步的世界，年輕有為的經濟學家凱因斯（John Maynard Keynes）是這麼說的：「倫敦居民能在床上享用早餐茶之餘，拿起電話就可以訂購全世界的各式各樣商品，而且數量都能自行決定，最後也能合理預期商品會在隔天送到家門口。」他提到交通工具、通訊和消息的便利性，指出在那個時代裡，中產和上層階級能享受的「舒適、便利和設施，遠多於其他時代裡最富有、最有權勢君王所擁有的一切」。[14]

若凱因斯能親眼看見資訊革命的發生，一定會讓他驚訝得目瞪口呆。如今，一般美國人都能在短短幾天，甚至幾小時內就在家門口收到任何想像得到的商品，從原子筆、石榴到小飛俠彼得潘（Peter Pan）的戲服，應有盡有。無論是資訊或金錢，都可以在短短幾秒內傳送到地球的另一端，只需要按一個按鈕，或對著如 Alexa 等數位助理說出指令，就能完成。難怪在全美有超過七〇％的書籍銷售量、超過四〇％的服裝銷售量，以及一五％的零售銷售量都是透過線上購物進行。[15]輕鬆使用 Spotify 聆聽數百萬首歌曲，或是串流任何電影，這些都是無法比擬的巨大進展。歷代君王從未有人能如此輕鬆享有這些娛樂。

儘管大家對數位時代還是充滿擔憂，但事實證明，對一般人來說，數位時代為日常生活帶來的好處還是遠多於壞處。人們可以擁有更彈性的工作方式，也不用再受到固定時間和實體辦公室的束縛。祖父母能使用 FaceTime 和住在遠方的兒孫閒話家常，每個人都能透過觀看影片學習新技能，學生不用親自到圖書館把書借出來就能完成作業。人人都能隨時隨地完成工作、進行交流，享受遊戲、閱讀和觀賞影片。雖然我們不常思考科技為我們帶來的真實樂趣，但我們的行動早已透露出對這些科技的深刻依賴。我們每一天的生活都離不開這些技術。

不過，網路生活的便利和即時本質卻讓人對公民生活的複雜性變得更焦慮與不耐煩。面對亞馬遜網站上的一鍵下單，像自由主義民主這樣經常陷入僵局、官僚體系效率低下的複雜制度，相形之下就顯得笨拙遲緩。以川普承諾要化解政治停滯不前的難題為例。他公開宣稱：「我一個人就能搞定。」（I alone can fix it.）[16]他的溝通方式是順應時代而生，每當他產生一個想法，只要透過社群媒體就能大放厥詞。他的 Twitter 貼文會穩定輸出令人震驚的言論，儘管經常都像脫韁野馬般失控，但絕對不乏味。川普最初是透過八卦小報和實境電視節目成為公眾人物，卻是網際網路將他一路送進白宮。他能夠直接和追蹤粉絲說話，以及占據愈來愈縮短的新聞輪播版面。他簡要的政策處方包括築起高牆解決非法移民問題（而且要讓墨西哥付錢蓋牆）、課徵（據說其他國家會支付的）關稅，讓美國製造業復甦；這些政策不僅承諾一種無需代價的立即滿足感，而且正能滿足網路時代的期待。

以一句「媒介即訊息」而聞名的媒體學者麥克魯漢（Marshall McLuhan），曾在一九六〇年代的文章中預言新電子媒體將帶來難以識別的挑戰。他表示：「我的處境和巴斯德（Louis Pasteur）一樣，他當年也是告訴醫生，他們最大的敵人是看不見的，也無法識別。」[17]認識巴斯德細菌理論的真相，是讓中世紀進步的關鍵。現在我們已經展開第一步的診斷步驟，亦即找出網際網路的潛在缺點，包括會重新塑造我們的心智、縮短我們的注意力長度，還會壯大我們的憤恨不滿。不過，我們尚未發展出能解決這些問題的有效療法，目前還沒有預防措施。因此，儘管我們現在從資訊科技獲得偌大好處，卻也無可否認地付出高昂代價。

獨自打保齡球

網際網路在一九〇〇年代第一次變得普及時，世界大同的烏托邦夢想也再次出現，整個世界的連結變得比過去更緊密，新的社交情誼也充滿無限的發展可能性。如今，居住在美國鄉村社區的同志青年，即使沒有可以吐露心事的同儕或榜樣，還是可以逃離現實的批判眼光，在臉書和 Instagram 找到支持和指引；在巴基斯坦部落地區的宗教少數族群也能透過 WhatsApp 和遠方的親屬聯絡感情。事實上，對於在自身社群中受到孤立或汙名化的族群而言，新的網路社群確實是極其美妙的福音。

不過，隨著數位革命創造出新的社區參與形式，卻也更加速社會內部的衰退。數位化使得地方社區大量消失，傳統的歸屬感（affiliation）也隨著更年輕世代將生活轉移到網路上而變得削弱。這樣算不算是浮士德與魔鬼的交易？我們以公民參與、親密關係和真實性為代價，換取了便利和效率。在這個情況下，我們的腦海中又再次浮現詩人高史密斯的詩句：「財富積累，而人衰敗。」在這樣的錯位（dislocation）之中，人們紛紛聚集到邊緣網路社群，甚至是拒絕現代性本身，並遠離自由主義民主、經濟成長和科技進步。

這個變化並非在一朝一夕之間發生。政治學家普特南（Robert Putnam）在二〇〇〇年出版《獨自打保齡球》（*Bowling Alone*），他在書中描述一九五〇年代之後美國郊區共同社區的沒落。自托克維爾的時代以來，志願性團體向來是美國社會的重要支柱。[18]不過，普特南發現包括扶輪社（Rotary Club）、教會團體和成人體育活動聯盟都已經萎縮。現在的多數美國人都無法明確說出誰是「有影響力的地方人士」，由此象徵其社區連結的衰弱。[19]儘管社群媒體促成愈來愈多的網路連結，美國人卻變得愈來愈孤單。在一九九〇年，有四〇%的美國男性表示自己有超過十位親近友人，到了二〇二一年，這個比例已經減少至一五%。值得擔心的是，表示自己**沒有**親近友人的比例已從三%提高至一五%。[20]二〇二三年，美國聯邦公共衛生署長穆爾蒂（Vivek Murthy）在報告中提出孤獨感（loneliness）的公共衛生危機日趨嚴重，並指出孤獨感可造成堪比每天吸十五根菸的不良影響。[21]

心理學家海德特（Jonathan Haidt）以令人信服的論點主張社群媒體應該為此負起一部分責任。網際網路填補社區遭侵蝕後留下的空洞，助長了不健康的行為和交流。自二〇一二年開始，包括自殺未遂、自殘住院、自行通報感覺焦慮和憂鬱等青少年心理健康指標皆明顯變得更惡化。[22]大約就在相同的這個時期，年輕人也從掀蓋式手機轉換成使用智慧型手機，社群媒體也變成我們如今認識的成癮（addictive）形式。在二〇〇九年，臉書開始使用標誌性的「讚」（like）按鈕，Twitter 也推出「轉推」（retweet）功能。隨著虛擬的受歡迎程度觸發增加幸福感的多巴胺（dopamine），網路生活在許多方面已成為人際關係的一部分。然而，這些網路關係的情誼不僅脆弱，有時甚至有害。

二〇一七年底，Reddit 關閉有四萬名成員的「非自願獨身」（involuntary celibate，簡稱「Incel」）社群，[23]這是針對「缺乏戀愛關係和性愛人士」的支持團體。一開始只是寂寞人士抒發心情的論壇，很快就開始聚集酸民，男性砲火全開地猛烈抨擊不願和自己發生性行為的女性，甚至開始提倡性侵暴力。來自這些社群的傷害也出現在網路外的線下世界。二〇一四年，當時二十二歲、自稱「incel」的艾略特·羅傑（Elliot Rodger），在美國聖塔芭芭拉附近一處聯誼會所槍擊三名女性。他在攻擊之前上傳影片到YouTube，承諾要為女性拒絕自己而展開「懲罰」（retribution）。

每出現一個不帶危險性的網路用途——例如「塔斯卡盧薩大地區的賞鳥人士，團結起來吧！」（Birdwatchers of Greater Tuscaloosa, unite!）——就會有其他論壇成為激進主義的溫床。許多生活更加離群索居的成年人開始上網，並在如今愈來愈充滿敵意的政治中找到共同目標。儘管某些陰謀論令人不安且毫無根據，例如全球主義陰謀集團（globalist cabal）的邪惡願景，以及隱藏在披薩店裡的兒童性愛團體（child sex ring），但這類全球觀點卻能提供某種扭曲的安心感，以連貫的記述取代不可預測的隨機事件。這些忠實信徒（true believer）不是任由不知名力量擺布的無助個體（atom），而是自比為個人故事中的悲劇英雄，是受到可辨識、可擊敗敵人迫害的受害者。在他們對事件的解讀版本中，城鎮之所以變得空洞、穩定工作機會減少，並不是因為一世紀以來經濟和科技結構轉變的結果，而是由於邪惡的全球菁英做出可逆轉決策所造成的後果。

這樣的心理反應並不是新現象。在二十世紀，政治哲學家鄂蘭（Hannah Arendt）便主張極權主義意識型態能大受歡迎，只是因為社會分裂成許多小個體。帝國主義和資本主義為歐洲各國帶來財富，卻也同時破壞傳統階級制度的穩定，使得許多人缺乏社會歸屬感。因此，提供明確身分認同感，以及能為日趨複雜的世界提供簡單說明的理念，就會開始對人們產生吸引力。鄂蘭在《極權主義的起源》（*Origins of Totalitarianism*）的最後幾頁提到：「非極權世界裡的人們能為極權主義統治做好準備，在於從前的孤獨感通常是到了如老年時才會面臨的社會邊緣情況，而在我們這個世紀，孤獨已經成為愈來愈多人的日常生活經驗。」[24] 遺憾的是，數位革命不僅會加強孤獨感的力量，也為試圖利用這些力量的人士提供了工具。

特別歸屬與遊牧四方

那麼，究竟哪個主張說的才正確，是「人人都成為國王」（every man a king）的光鮮亮麗表象，或是「獨自打保齡球」（bowling alone）的社會衰退？答案是「以上皆是」，只是兩個效果分布得極為不均衡。數位經濟儘管提出各種承諾，卻也使得不平等攀升到自鍍金時代以來首見的高度。

儘管整個世界已經改變了，但許多美國政治家還是經常表現得像是我們仍生活在一九六〇年代以製造業為主的世界裡。歐巴馬和希拉蕊（Hillary Clinton）分別在二〇一二年和二〇一六年對勞工組織提出一貫的民主黨呼籲。但在這兩次大選中，投票給共和黨的工會成員人數都比二〇〇八年的大選中更多。在面對受到全球化和科技進步影響而遭裁員的勞工時，儘管用字遣詞不同，但多數民主黨政治家的政見都在暗示以下訊息：「你從前的工作不會再回來了，所以在這個數位經濟中，你最大的希望就是搬到新城市、新的州重新接受職訓，找一份完全不一樣的工作。你的孩子受到的教育一定要比你接受過的更好，還要離你遠遠的，去尋找新的成長中心。」這些建議對經濟很有效果，對政治卻極度不利。這就是在告訴民眾，如果想在新世界裡成功，就需要徹底改變他們原本的樣子。拜登採取了不一樣的策略，推出一系列旨在振興製造業的政策。這樣的策略雖不利於經濟，卻對政治有益。

數位革命加速了工作機會從製造業和農業轉向服務業的轉變。在這個過程中，許多社群解散了。過去幾十年內，儘管多數勞工階級和鄉村居民的收入實際上並未明顯銳減，但他們的收入相較於住在都市且受過教育的同輩而言，確實有凍漲的情況。不過，美國地理分布的重新配置，破壞了在過去維持美國小鎮社會生活和文化的社區結構。充滿人情味的社區商店怎麼了？消失了，根本無法和亞馬遜競爭。街角的遊戲機臺去哪了？通通換成網路遊戲了。地方上的電影院呢？全都因為Netflix經營不下去了。以上例子都能說明風險投資家安德里森（Marc Andreessen）所宣稱的「軟體正在吞噬這個世界」（Software is eating the world）的意思。實體企業發現數位科技能對真實世界造成非常大的影響。

小鎮和小本經營的社區商店，對其居民而言都有獨特意義，用英國作家古德哈特（David Goodhart）的話來說，就是「特別歸屬地」（Somewhere）。它塑造許多在地居住者的生活，這些人用過去幾世紀以來大家很熟悉的方式定義自己，他們將自己視為屬於某個地方的人，無論那個地方是阿拉巴馬、施普洛郡或土魯斯。不過這些地方有愈來愈多的年輕人開始離開，到外地受教育、找到白領階級的工作、和同輩人聚集在全球化的大都市地區，並加入失根（deracinated）的「遊牧族」（Anywheres）。根據古德哈特的主張，遊牧族在定義自己時，使用的基準不是出生地，而是教育或職業，他們的生活是由這些後天取得的特徵形塑而成。[25]隨著有「特別歸屬地」的年輕人變成「遊牧族」，年輕人外移的城鎮就變得更空洞，同時更加劇「贏家通吃」的人才集中情形。高科技全球化經濟的受惠者，其身分認同是來自於可塑造的生活面向，包括教育、職業和興趣。不過，並不是人人都想成為沒有固定歸屬地的「遊牧族」。許多人的身分認同感，以及對生活的滿意度，是來自於他們的祖先，來自於扎根在特定地理位置的「特別歸屬地」。

新世代的民粹主義共和黨人指出，「遊牧族」的問題是不忠誠，甚至「反美」。這些共和黨人厭惡那些遷移至東岸或西岸，不重視家鄉且自得其樂的都市人。二〇一八年，霍利（Josh Hawley）對上麥卡斯基爾（Claire McCaskill），在密蘇里州展開參議員競選活動時，就曾痛斥那些將美國中部地區蔑稱為「飛越之地」（flyover country）的沿海菁英。[26] 二〇二二年，《絕望者之歌》（*Hillbilly Elegy*）的作者凡斯（J. D. Vance）在俄亥俄州展開參議員競選活動時，便公開譴責灌輸年輕少男、少女應該搬離家鄉的「有害」訊息。[27] 儘管如此，這些自稱支持小鎮的人，本身也都是靠著到外地大學求學或進入大城市來尋找發展機會，例如霍利和凡斯兩人都擁有耶魯大學的法律學位。事實就是，人們力爭上游的衝動非常強烈，而這往往也意味著要離開「特別歸屬地」。

「另一類人的生活」2.0版

家庭收入在數位革命之後便持續強勁地成長，但中位數卻掩蓋了大量的驚人財富和經濟痛苦。對許多人來說，這些數字並未呈現快速改變所造成的不穩定，他們悲嘆社區連結瓦解、小型企業倒閉。有愈來愈多鄉村地區面臨經濟凋零，成為和光鮮亮麗（而且負擔不起）的超級大城市差距愈來愈大的世界。[28]

這樣的差距不斷呈現在社群媒體上。隨著愈來愈多人在網路上分享個人生活，大家對全球菁英的生活方式也有更多認識，姑且將這稱為「另一類人的生活2.0版」吧。里斯（Jacob Riis）在一九八〇年使用新的攝影技術揭露另一類人的生活，巨細靡遺地揭露曼哈頓公寓髒亂不堪的生活環境。菁英階級在看到這些影像後，自覺有責任對大眾伸出援手，因而制定法規改善擁擠的居住環境，並確保了適當的衛生條件。

如今，智慧型手機和社群媒體同樣讓大眾意識到社會的不平等，只不過現在展示的是上流社會生活。這一次不是由充滿罪惡感的菁英了解大眾的困境，反而是讓一般大眾更敏銳地見識到富豪和名人的生活方式。無論是在美國的拖車、小公寓，或是南半球的偏遠村莊裡，只要擁有一部一百美元的智慧型手機，任何人就能緊盯著菁英人士令人又羨又妒又憤恨不平的花錢行為。義大利的度假別墅、奢華的頂樓派對，還有精雕細琢的禪意花園，只要用手指輕輕一滑，全都一覽無遺。

事實上，這是開發中國家最常見的動態，因為這些國家的菁英和一般人之間的生活方式有著最顯著的貧富差距。由此而產生的憤恨情緒甚至可能引發及助長如阿拉伯之春這樣的革命爆發。例如：在二〇一一年十一月，維基解密（WikiLeaks）開始洩露美國駐突尼斯大使館的外交電報，揭發時任突尼西亞總統本・阿里（Zine el-Abidine Ben Ali）的貪腐行為。一個月後，突尼西亞便爆發了阿拉伯之春。[29]同樣地，早在二〇〇九年就有報導指出敘利亞獨裁者阿塞德（Bashar al-Assad）的妻子「在臉書上炫耀衣櫃裡滿滿的設計師服裝」，[30]同時其國內人民卻因為貧困和壓迫苦不堪言。一份英國報紙將她貼上「地獄第一夫人」（The First Lady of Hell）的標籤，[31]而且很快就在社群媒體上瘋傳。這樣的情緒點燃敘利亞民眾的不滿，最終導致二〇一一年的敘利亞內戰。

人們向來就會關注紙醉金迷的生活方式，例如在鍍金時代，報紙上就有豪華舞會和華麗豪宅的相關報導，但到了現代，許多名人的生活都是毫無保留地全面公開。由於自己的平凡生活和富豪生活的差異變得比過去更顯而易見，也難怪會引起嫉妒和怨恨情緒。此外，那些甚至不是名人，只是軟體工程師或金融專家等上班族菁英，也都過得比自己好，或許這才是更令人惱火的重點。麥克費和布林優夫森對這個問題做了很清楚的解釋：「對於擁有特殊技能或適當教育的勞工而言，現在正是最好的時代，他們能利用科技創造及獲取價值。不過，對於只具備『普通』技能和能力的勞工而言，現在則是最糟糕的時代，因為電腦、機器人和其他數位科技都正在以驚人速度學會他們擁有的技能和能力。」[32]在美國，自從數位革命開始以來，收入不平等的貧富差距便不斷加劇。過去五十年來，收入最高的二〇%勞動者的家庭收入成長速度，比起中間二〇%勞動者更快了三倍。[33]

這個不平等現象更助長左右派的民粹主義發展，而且他們的憤怒不只針對億萬富豪和企業，也包括被他們視為腐敗和追逐私利的整個全球菁英階層。

新式印刷機

儘管財富分配愈來愈不均，但幾世紀以來，做為權力和財富重要來源的「資訊」已變得民主及大眾化，人人都能取得。現在只要輕觸一下按鍵，幾乎就能得知天下事。除了資訊的使用，連資訊的生產也變得民主及大眾化。社群媒體和媒體來源的去中心化，使得新意見能受到關注，不論教育程度或地位，任何人都能加入這場全球對話。

這並不是史上頭一遭科技讓人人都能生產及使用內容。如同歷史學家帕默（Ada Palmer）提到古騰堡（Gutenberg）時表示：「在他引發的印刷革命中，許多時候都是又可怕又美好。」不過，她也補充指示，從十五世紀就已經出現的眾多新媒體形式，「讓我們知道民主表達總能幫助實現權力的民主化，有助於社區組織、正義、人類尊嚴和繁榮」；[34]但我想補充的是，至少就整體和長遠來看會是如此，因為這樣的轉型在短期內可能會造成嚴重的混亂，例如在歐洲發明印刷機後，就發生長達一百五十年的宗教戰爭。

網路資訊的民主化也讓政治出現了轉變。Twitter在二〇〇九年伊朗「綠色革命」（Green Revolution）中幫助促成抗議活動，而這場在中東發生的早期革命，也成為二〇一一年真正引發政界大地震的阿拉伯之春的預告。網路讓人民能避開傳統的媒體和專制政府控制，因此可以提供前所未有的透明度，使得異端思想能迅速傳播開來，同時能跨越國界動員民眾，展開集體行動。整個阿拉伯世界有數百萬人發起示威，抗議貪腐、經濟管理不善和獨裁弊端，這是自一八四八年歐洲革命之後，最大一波的多國民主起義。

然而，事實證明民主政治和資訊科技之間的相互支持關係太脆弱，因此很快就出現裂痕。社群媒體或許可以有效地快速激發能量及吸引關注，但要建立持久的運動時，其零碎且缺乏領導者的本質，就會變得難以達成真正的長期政治變革。自阿拉伯之春發生起，後續出現的每次民主運動都遭到鎮壓。在美國出現的「占領華爾街」左派動盪雷聲大雨點小，並沒有對華府的主要政策造成任何影響。雖然以網路輔助的社會運動在某種程度來講有助民主，但其同樣有一個嚴重的缺陷，即其匿名性及如同暴民的本質助長了非自由主義的傾向。法國在二〇一八年時出現黃背心運動（Yellow Vest protest）反對提高燃料稅，雖然在短時間內受到大量支持，但不久後就又成為零散且群龍無首的活動，甚至出現暴力或仇外事件。

由於網路成為民眾運動得以展開的空間，導致專制國家紛紛不滿而試圖以激進的審查機制進行鎮壓。最著名的例子就是中國的防火長城（Great Firewall）網路審查機制，不僅非常全面且能有效鎮壓多數有異議的聲音。中國不僅自動封鎖一些會威脅現有政治體制的言論，若有人上網搜尋「香港獨立」、「達賴喇嘛」或「天安門大屠殺」等詞彙，都會得到「查無相關結果」的答案。同時，中國還招募極端民族主義的網路使用者，這些網路暴民被稱為「五毛黨」（50 Cent Army），每發表一則譴責西方價值觀並讚揚習近平的言論，就能得到小額報酬的回饋。在中國的社交媒體平臺上，凡公開反對該政權的貼文都會遭大量支持共產黨的評論淹沒，且這些持不同意見者會被譴責成叛徒。

二〇〇〇年時，柯林頓總統就曾批評中國的網路審查機制，並認為這最終會是徒勞無功。他說：「祝你們好運吧。這種事根本就像是硬要把果凍釘到牆上一樣困難。」[35]中國的防火長城無視柯林頓的輕視，並且證明這種機制比許多人想得還有效。不過即使在這種極致壓抑的環境中，不論是防火長城或共產黨的網軍都無法完全過濾掉持不同意見的聲音。二〇二二年秋天在中國主要城市發生的反封城（anti-lockdown）抗議活動就是一個例子。撇開中國不談，像越南這樣同樣擁有專制政體的國家也發現難以完全審查所有社交媒體。包括民主政體在內的各國政府在審查機制方面都愈來愈狡詐。比如印度與土耳其政府就經常在危機發生的期間關閉網路，避免異議散播。而俄羅斯自從對烏克蘭展開全面入侵（full-scale invasion）後，就試圖模仿中國的網路監視機制，不過效果顯然有限。雖然社交媒體是言論自由的強大助力，但各國政府也找到了應對的新方式。

因此，現在很難樂觀地說社交媒體是一個完全民主的地方。新資訊科技在賦予社會邊緣聲音力量的同時，也讓極端意見有了發聲之地。再者，要將異議轉化成實際力量並非易事。在臉書上面按讚不過是在高科技世界表示善意的訊號。更何況，西方民主國家也出現一股令人感到不安的趨勢：以讓無聲者發聲的名義，導致許多人最終不得不保持沉默。

舊部落意識與新網路

二〇二一年，評論家諾亞・史密斯（Noah Smith）觀察後道：「社會排擠（Social ostracism）自古有之，但社交媒體卻是新事物。」[36] 換句話說，因有著非主流的信念而遭排斥並非新鮮事。比如蘇格拉底就是因為其顛覆性的觀點而遭毀謗並最終遭處決。「排擠」（ostracism）這個詞彙源於古雅典，當時雅典有一個正式的投票機制，用以決定是否將某人放逐出該座城市。綜觀歷史，持異議者與反傳統者通常都會因持反面觀點、錯誤思想或其他不墨守成規的思想或行為而遭清洗或懲罰。對地球上多數人類而言，嚴格遵守可接受的理念已經是一種常態。若有人想擴展或打破邊界，比如伽利略（Galileos）與甘地（Gandhis）等，都必須面對嚴厲的後果。

現今社會中的懲罰也許沒有過去那麼嚴苛，但科技的發展徹底改變非主流言論的範圍與環境。回到過去一九四〇年代時，就像洛克威爾（Norman Rockwell）的著名畫作《言論自由》（*Freedom of Speech*）畫的那樣，在充滿新英格蘭式直接民主的市政廳會議中，有一名男子起身發言。通常我們能假設發言者與聽眾間一定具有相似的社會與文化背景。會議廳中的每個人都是來自相同城鎮的白人。如無意外，他們通常都是一起長大的基督教徒，且都會到同一家教堂做禮拜。所以即使有人不同意發言者的觀點，那麼發言者也能直接聽到並進行回應。比如聽眾在座位上開始躁動或者低聲抱怨，則發言者就能知道自己說出來的資訊並沒有得到接受。

但在現代網路如 Twitter 這樣的發聲平臺中，這種共通性（commonality）並不存在。當在討論有爭議性的話題時，大家都會「察言觀色」（read the room），這表示雖然對話者之間在距離、國籍與文化上有所差異，但都是這個有著共同規範的網路公共空間的一份子。這就難怪早期的網路夢想家在嘗試打造數位化且普遍的文化時會遇到阻礙。

麥克魯漢在一九六〇年代提出「地球村」（global village）這個詞彙，用來描述世界愈發緊密的互相連接關係。在一九九〇年代時，冷戰結束且全球化快速發展，凡提到這個詞彙就讓人聯想到一個繽紛的世界，大家手牽手圍出一個眾人歡聚一堂的世界，而網路正是讓整個世界無縫連接的工具。不過麥克魯漢並沒有那麼樂觀。他擔心在這個由科技所連接的社區中，陌生人會像村子裡的三姑六婆一樣愛探聽別人的事情、窺探別人的隱私，且社會行為的範圍會強制變得愈來愈狹窄。這不正是今天的網路世界樣貌嗎？在某些左派網路圈中，若用與自己身分認同群體不同的角度寫故事，就有可能會被譴責是挪用他人的生活經驗。[37]又或者把自己在疫情期間戴口罩的照片發到網路上去，就有可能讓許多保守派的網路社群把你列入黑名單。這是情緒激昂的少數份子的暴政，即某些網路狂熱份子小團體試圖控制言論走向。

資訊革命讓我們社會中最不負責任且最愛帶風向的成員擁有更多權力，但他們的言論與觀點往往非常荒唐且危險。某些左派成員提倡要開放邊界、支持生態恐怖主義（ecoterrorism），甚至揚言應廢除警察制度。而右派則似乎更容易受到網路陰謀論的影響，比如「匿名者Q」（QAnon）的追隨者、反對疫苗者、氣候變化否定論者與白人至上主義者。邊緣運動一直存在是一個事實。早在十六世紀時，就有一些新教狂熱份子堅信世界末日將至，於是他們直接占領了整個德國城市，並殺光一切反對者。大眾本來就相信各種關於女巫、猶太人、共濟會、不明飛行物（ＵＦＯ）、甘迺迪（ＪＦＫ）與披頭四相關的陰謀論。再加上網路世界中各種陰謀論者聚集，因此這種力量又更加強大。像瓊斯（Alex Jones）就利用假槍擊、撒旦全球主義陰謀集團與同性戀青蛙（gay frogs）的妄想，打造出一個價值數百萬美元的事業，甚至連川普都曾向他表示過善意。

再加上俄羅斯與其他邪惡參與者的幫助，這些網路渠道加速錯誤資訊（misinformation）的傳播，嚴重侵蝕大眾對民主程序的信任。多項民調一致發現，約有三分之二的共和黨人相信二〇二〇年的總統選舉有舞弊與非法的情況。[38]雖然這個選舉懷疑論是透過傳統方式傳播，但社交媒體無疑是讓這個彌天大謊深植於美國民眾心中的工具。

而現在人工智慧的進步，更是會讓錯誤資訊的問題變得更嚴重。若把生成式ＡＩ運用到好的方面，則能在幾秒鐘內創造出從未出現過的藝術作品，比如由林布蘭所畫的巨石強森（Dwayne "the Rock" Johnson）肖像畫，或從未真正存在過的歌曲，比如辛納屈（Sinatra）翻唱泰勒絲（Taylor Swift）的歌曲。但這項科技也能輕易地被用在不好的地方。比如烏克蘭戰爭期間就有許多深度偽造的影片大量出現，例如某個影片的內容是普丁宣布烏克蘭軍已經入侵俄羅斯。[39]這個影片很快就被拆穿是假的，但隨著深度偽造影片的品質與數量提高，問題只會愈演愈烈。

這種真假難分的狀況，已經開始侵略世界上最大的民主國家「印度」。在印度南方的泰米爾納德邦（Tamil Nadu）中，具國家主導地位的印度人民黨（Bharatiya Janata Party）正苦於如何在當地取得進展，此時突然流出一部短片，內容是他們的敵對政治家說出其所屬黨派的腐敗問題。[40]遭到指控的政治家表示該短片是經過深度偽造的影片，但分析專家卻無法確定到底他所言是否屬實。從這件事上來看，我們就能知道這種「深度偽造」能如何破壞美國政治的穩定。在總統選舉前夕，網路上突然出現一則影片，內容指出某位候選人接受中國共產黨官員的賄賂。雖然經過主流媒體與事實查核機構（fact-checker）確認後指出這是假訊息，但國家的半數人民卻在各自政黨領袖的鼓吹下，認為這件事其實是真的。

我們應該對諸如此類的危險干預保持警戒，但也不能因此失去理智地把問題全然歸咎於科技。因為不幸的是，人類的天性就是容易受到與偏執、陰謀及妄想相關的言論影響，而這些其實早在科技發展前就已經存在。比如《錫安長老會紀要》（*The Protocols of the Elders of Zion*）。這本粗俗的反猶太宣傳冊在一九〇三年時問世並流傳數十年，不僅助長歐洲的反猶大屠殺（pogroms），還成為納粹主義（Nazism）意識型態的指南之一。再者，一九七八年的瓊斯鎮大屠殺（Jonestown Massacre）也是一個例子，近千人在該事件中喪命。這是某個古老邪教在無網路的世界中所進行的一次試圖改變他人信仰的大規模毒害事件。雖然社交媒體與ＡＩ科技或許會加速仇恨與瘋狂行為的傳播，但其實恐怖的想法能利用各種方式傳播，無論是高科技或低科技。

機器人（還沒）搶走你的工作

對大多數人而言，科技進步所帶來的最大威脅並非仇恨團體在網路上盛行，也不是言論被「取消」（canceled）或者被審核，而是擔心自動化終有一天會取代他們的工作。不僅藍領勞工因自動化而心生擔憂，連好萊塢演員與編劇在二○二三年罷工活動中的主要訴求，也提及影視公司使用ＡＩ生成的演員與對話會帶來的影響。

毫無疑問，某些產業已經受到機器化時代的影響。比如收銀員就是一個例子，在自助結帳機器普及後，相關工作的職缺就大幅減少。[41]不過，除了亞馬遜的一些實驗商店，收銀員這個行業還沒完全被取代。有些顧客還是喜歡具人情味的服務，況且商店中還是需要有人來監督機器運作。二○一八年時，英國下議院針對乏味且普通的洗車廠工作發表了一份自動化與就業情況報告。這又是一個因機器人而失業的故事，且內容是在抱怨勞工階級的工作機會因此而減少嗎？不，事實上，這份報告中主要講的不是自動化，而是**去自動化**（de-automation）。英國在二〇〇六年至二〇一六年區間失去了超過一千一百家自動洗車廠，並且同時新開設了一至兩萬家人工洗車廠。[42]顧客更喜歡人工洗車，原因是價格更便宜、更方便，而且還是由人類進行洗車工作。順帶一提，這份報告主要講述的是人工洗車場違反環境與勞工法的問題。

雖然洗車場並非主要的就業產業，但往更深遠的角度來看，就能看出人類遠遠未被機器人取代。即便在 COVID-19 新冠疫情的衝擊後，自動化也並未完全取代大量低技術體力工作者的工作。與此相反的是，由於社會重新開放，因此目前的經濟狀況是需求高漲而勞力短缺，這是現代史中前所未見的情況。[43]雇主開始爭搶員工，連初階或無須技術的職缺都是如此。不僅有餐廳願意提供簽約獎金給員工，甚至有些地方因人手短缺的關係，即使員工醉酒後工作也只是被叫回家休息而沒有被開除。[44]大眾擔心的那個機器將取代數百萬工作機會且導致「工作終結」（the end of work）的未來還沒出現，至少目前是這樣。[45]

的確有些職缺消失了沒錯，但實際上也出現了許多新的工作機會。[46]對某些勞工來說，科技並沒有取代他們，而是化身輔佐他們身心靈的工具，提高了他們的能力。我們目前還處於協作機器人（cobot）初期發展階段。但我們可以想像一些可能性——農夫手上拿著顯示農田衛星圖的平板，上面還有無人機空拍的輔助影像，而農夫只要透過這一個媒介，就能同時控制數臺收割機。某個機器學習工具掃描過無數病例，並尋找出一些可遵循的模式後，醫生再開始利用這些輔助資訊進行各種不同的手術。工廠的工頭正在巡視一條裝配線，而這條裝配線的其中一半是機器人操作，而另一半的技術員、程式設計師與工程師團隊則負責指導、修復與支援機器的工作。這些行業都因數位化而改善，不僅流程更加精簡，在培訓勞工方面也更有效率。軟體也造就新領域的誕生，比如電玩遊戲、社交媒體與應用程式的發展，這些都創造出不同類型的新工作。

不過人類還是不能放下擔憂，畢竟從長遠來看，AI造成失業的可能還是存在。安德里森早在二〇一一年時就曾說過軟體「正在吞噬這個世界」，[47] 不過風險投資家卡多斯基（Paul Kedrosky）與諾林（Eric Norlin）卻認為，隨著ChatGPT的誕生，軟體的「吞噬將終結」。ChatGPT本身就是一款軟體，不僅便宜、好用而且有可能顛覆許多產業。這款軟體能回答的問題包羅萬象，[48] 還能撰寫行銷稿件、新聞與法律文件等文章。同時，它還能增強現有軟體的功能。比如賽富時（Salesforce）就把這項科技整合到他們的工具中，在業務接觸新客戶時，ChatGPT會提供該公司相關概述、找出正確人員的資訊，並撰寫出一封客製化的電子郵件，甚至若有必要，還能調整郵件內容口吻使其不要太過正式。[49]Instacart公司也推出了ChatGPT整合功能，[50]這個功能會推薦食譜，並把食譜內的材料轉換成購物清單，再幫客戶加到他們的線上購物車中。此外，聊天機器人（Chatbot）軟體還能用來打造**其他**軟體。畢竟聊天機器人產出的東西是文字，而電腦程式碼本身也是一種文字。因此，現在大家只要提供一些提示給ChatGPT，就能打造出自己的軟體。[51]打造出ChatGPT的公司「OpenAI」共同創始人卡帕蒂（Andrej Karpathy）就曾說：「目前最熱門的新程式語言就是英文。」[52]這些跡象都顯示出，世界上將有更多軟體誕生，而這也表示會有更多工作因此受到影響或自動化。

這並不僅限於行銷、法律或程式設計等相關行業的白領職缺。想像一下AI化的機器人。目前證實有許多藍領工作因過度複雜而無法自動化，但若是會思考的機器人呢？或許就能應付這些工作了。目前最備受矚目的例子應屬自動駕駛車輛，這不僅能轉變個人的交通習慣，甚至會使卡車司機、公車司機甚至是Uber司機都失業。這項科技目前還處於早期階段，不過有一天，它可能會取代近四百萬美國司機的工作，而這些司機大都是沒有大學學位的男性。保守派的電視主持人卡爾森（Tucker Carlson）就曾表示，如果是他就會禁止這些無人駕駛的卡車以保護藍領勞工的工作機會。[53]

這種新盧德主義（neo-Luddism）不僅出現在右派中。蓋茲（Bill Gates）就曾在二〇一七年時提出過「機器人稅」（robot tax）這個詞彙，理念是，若有企業要以機器取代人工，則需強制支付一筆稅金給美國國稅局（IRS），不過這從每個角度來看都是難以實施的方式。二〇二一年，由於航運積壓訂單過多，導致全球供應鏈大亂，拜登政府撥款六．八四億美金用於現代化美國多個港口，前提是這些港口改造時不得加裝任何會導致職缺淨損失的科技。[54]這種方式其實是有害無利，等於選擇低效率而非生產力。這就讓人想起經濟學家傅利曼講過的一個故事，他在一九六〇年代造訪某個亞洲國家。當時他前往一個運河建設現場參訪，發現工人使用的居然是鏟子，而不是機械化的拖拉機與挖土機，這讓他很困惑。他問了一名政府官員，對方回答他：「這你就不懂了。這其實是一個就業計畫。」這時傅利曼才恍然大悟地說：「喔，我還以為你們是要建運河呢。如果你們只是想創造工作機會，那你應該讓工人用湯匙挖啊，用鏟子幹麼。」[55]

自動化讓大眾擔心是合理的，畢竟現在我們能看到AI已經取得重要進展。不過從歷史長河來看，科技的進步往往會創造出更多工作機會，並且會讓我們的生活變得更加美好。拒絕這種進步是一種愚蠢的行為。若這種技術進步真的會導致「工作終結」，[56]那我們應該重新思考的是這個社會。一九三〇年時，凱因斯就曾預言未來的生產率將大幅提升，他的孫子輩以後每週只要工作十五小時左右就足夠。[57]這聽起來很像馬克思的烏托邦思想，到時候大家會過著「早上捕魚，下午狩獵，傍晚飼養家畜，晚上發表一些生活評論」的生活，不必拘泥於獵人、漁民、放牧者或評論家等特定職業。

我們其實也不應該因為心中的想像與恐懼而太過擔心。畢竟從長期來看，科技進步從來沒有造成大規模失業過。而且到目前為止，不論是凱因斯或馬克思，他們對這方面的言論都不太準確。當然，若有選民要求政治家讓政府保護他們的工作，他們可能也沒辦法拒絕。但不論如何，領導者都不應該阻礙科技進步。領導者應該要想辦法製造新工作機會並輔佐培育新產業，而不是堅持讓工人用湯匙而非鏟子來進行挖掘工作。

隨著ＡＩ進步，的確會改變我們對人類能力的基本看法。施密特（Eric Schmidt）、哈騰洛赫（Daniel Huttenlocher）與季辛吉（Henry Kissinger）在《ＡＩ世代與我們的未來》（*The Age of AI*）一書中指出，自啟蒙運動後，人類就認為「人類心智」能夠解開宇宙謎題。人類能以理性思考解釋那些早期被視為神聖力量產物的現象。比如以前人們認為，太陽升空就是太陽神乘著戰車從天空穿梭而過。不過ＡＩ是一種複雜的產物，它擁有無垠的資料集與計算，因此人類難以理解它究竟是如何得出結論的。隨著ＡＩ的能力日漸提升，我們不得不相信電腦知道什麼是最好的，就像啟蒙運動前的人類相信神祇，我們對ＡＩ充滿信心。[58]加州大學洛杉磯分校的戈德堡（Ken Goldberg）提出相似觀點。他認為哥白尼式革命排除地球是宇宙中心點，實際上是將人類的理性與智慧置於核心地位。一場全新革命即將到來，當人工智慧超越人類智慧的那一刻，我們就被迫必須重新評估自己的位置。[59]

生物學變得更聰明

除了AI，我們正在親眼目睹第四次工業革命另一項可能同樣會使社會徹底變化的事件：生物工程學（bioengineering）革命。從很多方面來看，這兩者緊密相關。比如「蛋白質摺疊」（protein folding problem），這是一種預測生物體組成所需蛋白質胺基酸（amino acid）排序的三維結構。這自一九六〇年代起就成為生物學界公認最困難的挑戰之一。而在二〇二〇年，研究者利用一款叫AlphaFold的AI工具大致解開了蛋白質摺疊問題，進而使生物科技（biotechnology）領域屢屢出現各種突破。[60]

從更廣泛的角度來講，則可以將生物科技革命視為資訊革命的另一面，只是它涉及的不是位元與位元組，而是與編碼生命體結構有關的DNA及RNA核苷酸。在超過三十億年的時間中，進化皆是由物競天擇的力量引導，因此有一些突變得以存活，而有一些突變則已然消失。但現在，人類正逐步掌控自然。現代生物科技崛起讓科學家能直接干擾活細胞中的DNA，並進行生物工程或人類工程改造。如革新CRISPR基因組編輯（gene-editing）科技的先驅道納（Jennifer Doudna）與生物化學家史騰伯格（Samuel Sternberg）所寫：「這是有史以來第一次，我們擁有編輯活人DNA甚至未來世代DNA的能力，從本質上來講，這讓我們能引導物種的進化。」[61]

二〇〇〇年，當人類基因組計畫（Human Genome Project）完成人類DNA全基因碼初始草稿時，柯林頓總統當即宣布：「今日起，人類將開始逐步學習上帝創造生命時使用的語言。」[62]隨後二十年間，人類基因組測序的成本從一億美金降到不超過一千美金。[63]過去需要花費數年才能完成的過程，現在只要幾天就能做到。在二〇二〇年一月三日星期五的中午，有一支中國研究團隊收到一根內含新型冠狀病毒DNA的試管。在星期天凌晨兩點時，他們就已經完成該病毒基因組分析。[64]

於是兩家相隔千里，卻同樣苦苦經營且沒沒無聞的生物技術公司，就此展開屬於自己的輝煌時期。莫德納（Moderna）公司位於麻薩諸塞州，在此之前，他們的困境是投資者懷疑他們是否真的能根據信使核糖核酸（mRNA）製造出疫苗，實現這種原本是空談幻想的計畫。[65]在二〇一九年時，德國某家專攻mRNA的公司「BioNTech」籌集到的資金僅為預期金額的一半多一點。[66]誰想得到突然間出現新冠病毒疫情，並讓這兩家公司有證實自己願景的機會。DNA是細胞核中最大型的靜止檔案，而mRNA基本上是DNA的轉錄訊息，用以傳遞製造蛋白質的指令。收到樣本後的科學家很快發現，這種特定的病毒表面上有棘蛋白（spike protein），只要破壞它就能抑制該病毒的繁殖能力。在找到該病毒的基因組後，這些公司就利用mRNA打造出棘蛋白的「轉錄快照」（mugshot），再用mRNA把這些快照貼到我們身體的各處去。於是當真正帶有棘蛋白的病毒入侵時，我們的免疫系統就能識別出來，並且提前做好對抗此病毒的準備。至少從理論上來講是這樣。

最後，事實也證明這個技術取得成功，並挽救了成千上萬條性命。除此之外，疫苗研發的速度也是前所未見的。二〇二〇年四月，《紐約時報》預測說按照新疫苗的過往研發速度，至少要到二〇三三年底才有辦法開始接種。要想在二〇二一年中前成功研發出新冠疫苗，《紐約時報》表示這完全是「不可能的任務」。[67]然而，莫德納疫苗與輝瑞的BNT疫苗在二〇二〇年底就開始開放接種。

只不過，科學會給予，政治卻會奪取。[68]大多數美國人最後還是接種了疫苗，但有一小部分憤怒的聲音拒絕接種。他們斥責政府強制接種疫苗是一種越權的暴政。美國的兩黨陣營中都有較顯眼的反疫苗者，只不過保守派特別利用這個議題去煽動共和黨的基層選民。凡斯就指責拜登的疫苗強制接種是一種「赤裸裸的威權主義」。[69]不論專家如何勸誘與解說，還是有部分人無法被說服，他們拒絕接種疫苗及其他先進藥物，卻會去使用那些庸醫稱為神奇療法的羥氯奎寧（hydroxychloroquine）與伊維菌素（ivermectin）等藥物。類似的錯誤資訊伴隨著明顯的陰謀論在全球傳播，比如有人說比爾·蓋茲之所以資助疫苗，是想趁機在人體內植入微晶片。

人們拒絕接種疫苗的行為反映出危險的極化現象，同時也表現出對菁英階級的普遍不信任。因為專家在伊拉克戰爭、金融危機或疫情早期要大眾不要戴口罩的言論，都讓人們感到失望，而科技則加劇這種不信任。《專業之死》（*Death of Expertise*）的作者尼可斯（Tom Nichols）就曾說，如今的世界變得太過複雜，導致一般民眾因無法理解事情運作而感到無助，並開始對專家產生不滿的情緒。再加上網路上有無數訊息，他們只要點擊就能瀏覽，因此大眾就更偏向自己尋找真相而不願聽從專家的建議。他們忽視了網路上充斥著各種錯誤的垃圾訊息，只有真正的專家才能成功越過這場虛假資訊暴風雪，並找到真相。[70]於是當涉及疫苗時，雖然多數人開心地認為這是足智多謀的人類所創造出的奇蹟產物，但還是有不少人拒絕採納專家的建議。再加上新技術在短時間內就製造出疫苗，這點讓他們感到不安。

大眾對基因改造生物體（GMO）也有類似的懷疑。若要用現在的科技與種植方式，則要想滿足二〇五〇年時的世界預期食物需求，則需要使用相當於非洲與南美洲面積加總大小的農地才行。[71]但在GMO的幫助下，農民就能以更少的資源種植出更多的食物，而且還有助於讓農作物適應氣候變遷並變得更加營養。一九五〇年代曾出現一種木瓜輪點病毒（papaya ringspot virus），當時幾乎摧毀夏威夷歐胡島（Oahu）上的所有木瓜。但一名在該地區長大的康乃爾大學科學家打造出免疫於該病毒的基因改造木瓜，並拯救了當地的相關產業。後來，木瓜生產商廣泛採用了這項新技術。現在夏威夷所產的木瓜中，有八〇％都是基因改造的木瓜。[72]

稻米，許多亞洲國家貧民的唯一主食。這種農作物也有類似的故事，結局卻沒有那麼歡樂。全球每年有一百萬人會因缺乏維生素A而死亡，其中多數是兒童，此外有高達五十萬人會因缺乏這項營養素而失明。[73]於是當科學家在二〇〇〇年培育出富含維生素A的新型稻米後，他們就希望能利用他們所發明的「黃金米」（Golden Rice）來大幅改善這個問題。不過當時GMO技術在全球引起焦慮，許多政府紛紛禁用這種技術。在菲律賓發生的一次事件完全能反映出這種反彈，二〇一三年時，反GMO活動支持者將能夠救命的黃金米連根拔除，而無助的農民只能眼睜睜看著事件上演。這些反動派（reactionaries）認為他們抗議的是一項會導致當地農業落入跨國公司手中的陰謀科技。[74]因此截至本書完成之時，黃金米都沒有達到廣泛應用並拯救數百萬生命的目的。世界上還是有很多人擔心基因改造植物與動物會帶來的後果，不過其實人類長期以來早已不斷進行著選擇性育種這種粗糙版的基因工程技術。

當涉及改造人類基因時，我們都必須謹慎小心，因為這與對社會造成的影響息息相關。不過若從健康的角度來看，基因編輯或許是天賜之物。CRISPR 能用以替代造成某些疾病的特定突變，且已在治療患有鐮狀細胞貧血症（Sickle cell anemia）的患者身上展現出前景。研究者的希望，是最終能利用 CRISPR 修復造成更複雜遺傳疾病或致使罹癌率提高的突變。這能在孩子尚未出生前就完成。二〇一八年時，中國科學家賀建奎宣布他成功利用 CRISPR 修改了兩對雙胞胎胚胎的基因編碼，讓他們擁有ＨＩＶ抗體，[75]而且這些擁有抗體的嬰兒已經出生。這消息一出馬上震驚世界。科學界普遍斥責這種行為，認為不應在不經妥善監管或無適當風險考量的情況下魯莽干預人類基因組。因此後來賀教授遭判刑入獄並受到強烈譴責。不過，這項技術在預防疾病方面的潛力相當可觀，可能會在未來受到廣泛認可。

這種革命性的科技需要受到妥善監管。現在的我們，無比接近赫胥黎（Aldous Huxley）在《美麗新世界》（*Brave New World*）一書中描寫的世界。在那裡，嬰兒的身心靈特徵都能夠訂製。如果你認為人們現在對菁英感到不滿，那麼想像一下，假設富豪只要支付額外費用就能獲得完美的後代，屆時會如何？那樣的社會將挑戰古典自由主義的基本論點：人生而平等。

因此雖然CRISPR與其他生物技術的發展極具遠景，但就跟AI一樣，都迫使人類需要去反思這對人類會有什麼意義與影響。學者哈拉瑞（Yuval Noah Harari）指出，雖然社會、政治與經濟在千年的歷史洪流中經歷許多變化，但其實**智人**（*Homo sapiens*）在身心靈方面的改變並不多，起碼迄今為止是如此。而生物與運算的雙革命結合後，將使人類擁有進一步擴展自己身心靈的能力。他認為，這件事的結果就是創造出擁有神力的超人：**神人**（*Homo deus*）。[76]

超脫於反烏托邦

未來逐漸變得清晰。科技的進步將以我們現在無法想像的方式改變社會。史蒂文森（Neal Stephenson）簡直可以說是具有預知力的科幻作者。他創造出「元宇宙」（metaverse）這個詞彙指稱虛擬世界，並以「虛擬化身」（avatar）指稱人類的數位化身。同時，他也想像到了AI將如何改變人類體驗。在他於一九九五年創作的小說《鑽石年代》（*The Diamond Age*）中，寫到有一本由「智慧」（Smart）AI驅動的故事書幫助某個女孩擺脫貧困生活，並且化身她的私人教師，不僅有永無止盡的耐心，還會在她絕望時給予鼓勵。現在很多人只要想到AI或數位世界，就會想像出如《駭客任務》（*The Matrix*）中所描述的那種荒涼反烏托邦的世界，或者更充滿世俗感的擔憂是，害怕會變成世人皆對電玩遊戲成癮、虛擬生活取代現實生活的世界。不過，無論是在史蒂文森的故事，或現實世界中打造AI一對一教學的新創公司，他們都展現出AI擁有樂觀前景的一面。[77]在比較古早的時代，只有少數貴族擁有聘請私人家教的能力，但如果

ＡＩ能讓所有人都接受專屬教育，那麼這可說是讓「人人都成為國王」的例子。

然而，革命性的改變從定義上來看就是極具顛覆性的改變。資訊革命激進地重塑整個世界，若近一步發展，則可能在更大的程度上使人感到恐懼。整體生產力會上升並且創造更多財富，讓所有人獲益，但許多工作會消失。現有的規範將會被打破，但我們希望大家的生活品質能夠改善。不過真正的擔憂在於隱私，談到最前端科技時，政府如何監管企業與自己的權能將是一個非常實際的議題。不過這些並非無解的問題，[78]我們當然能在享受數位生活好處的同時，保護我們的隱私與民主。只要我們能想出周詳的規則來規範ＡＩ與生物工程革命，那麼人類就不會失去人性。應該說，很有可能我們會更享受這一切。因為這些變革將讓我們對自我的概念、對獨特人性的覺知有更多不同的想法。

在科技末日論的各種說法中，往往忽略的是其無限的潛力。先人渴望能有一種裝置，讓他們免於奴役，且不再需要去做那些辛苦乏味的工作。亞里斯多德就在其著作《政治學》（*Politics*）中，想像出了一個沒有奴隸制與勞役的烏托邦。「如果只要透過預期指令就能讓工具執行任務，就像代達洛斯

（Daedalus）的雕像或赫菲斯托斯（Hephaestus）的三腳架……這些工具自己進入眾神聚會場所，縫紉機會自己織布、樂器會自己演奏，這樣工匠大師就不再需要助手，自然也就不再需要奴隸。」[79]現在的我們離亞里斯多德的願景愈來愈近，但在進入那個世界後，我們必須捫心自問：如果不再需要工作與生產，那麼人類存在的意義為何？再者，如果AI電腦比人類大腦的分析更加精準，這樣人類還剩下什麼？屆時的我們可能會將人類的獨特特點定義為情感、道德與最重要的社交力（sociability），即我們與其他人類一起工作、遊玩與生活的能力。「人生來就是社交動物」（Man is by nature a social animal），亞里斯多德兩千多年前在同一本書內也這麼說過。或許我們正在回歸最遠古的智慧。

　　目前尚未有任何國家透過自動化實現大眾富足，但科技革命的確創造出更強大的生產力與財富，因此，也使政治鬥爭從經濟逐漸轉移到其他戰場。從前的左、右派分歧主要是大政府或小政府的爭議，而現在儼然已經轉向對尊嚴、地位與尊重的考量。我們逐漸以不同的觀點去思考關於自己的核心定義，同時也在思考如何將這個定義轉換至更廣泛的社會與政治範圍。

第八章
部落的復仇——身分認同

在法國開香檳、施放煙火迎接一九六八年到來時，當時的法國總統獻上新年賀詞。「今日的法國，不可能再像過去那樣因危機而停滯不前。」戴高樂（Charles de Gaulle）如此斷言。他在二戰期間領導自由法國（Free France）、建立法蘭西第五共和（Fifth Republic），致詞當下也正帶領法國實現戰後的長期繁榮發展。[1]不過，在他發表新年訊息後，才過了短短五個月，巴黎便彷彿又回到法國大革命期間的光景。連根拔起的樹木，以及隨手拆毀的路標，都被做成臨時路障，重重封鎖了法國首都的寬敞大道。經濟活動戛然而止。社運學生占領大學建築物，對學術界及其他領域的傳統權力階級制度發出挑戰。光是在五月三十日這一天，包括學生示威者和總統支持者，就有近百萬名巴黎人一起走上街頭。年輕人蔑視舊世代的順從，在巴黎四處寫滿「禁止『禁止』！」（It is forbidden to forbid!）的塗鴉。[2]法國總統戴高樂或許是對自身安全感到擔憂，因此早在前一天便緊急逃往位在西德的軍事基地。這個曾經歷過暴力和混亂的國家，再一次瀕臨危機邊緣。

一九六八年夏天，革命來到了美國中心地區。正當民主黨準備八月在芝加哥召開全國代表大會（national convention），芝加哥市也正在醞釀即將發生的暴力衝突。在一個月前，美國左派的兩位最重要代表人物，包括甘迺迪（Robert F. Kennedy）和金恩（Martin Luther King Jr.）才剛剛遭槍擊身亡。多年來，異議文化（culture of dissent）逐漸興起，對於從種族主義、戰爭到毒品法的一切都表示反對。反抗傳統常規、階級制度和權威的世代正在崛起。在芝加哥，民主黨政治家正為建制派候選人的美國副總統韓福瑞（Hubert Humphrey）造勢時，會議廳外的情緒卻開始變得充滿敵意。在幾英里外的地方，警方衝破希爾頓飯店（Conrad Hilton Hotel）的窗戶追捕抗議的年輕人，用警棍制伏他們能逮到的任何對象。催淚瓦斯甚至滲進了韓福瑞的飯店套房裡。[3]電視攝影機將這場動亂播送到世界各地時，抗議者反覆高喊著：「全世界都正在看！」[4]

全世界都看到了，革命也進一步更擴散出去。一九六八年一整年，全球的抗議運動蔓延，在西德、墨西哥和日本等不同國家遍地開花。無論是民主制度或獨裁政體，資本主義或共產國家，無一例外。在西方，學生抗議過度的消費主義和自由市場；到了東歐，則是集結起來反對共產主義。在羅馬的城市主要大學前，警方與數千名扔石塊和推倒車輛的學生抗議者展開激烈衝突。[5]在布拉格，俄羅斯的坦克肆無忌憚地開在鵝卵石街道上，碾碎路面及改革者要求「有人性的社會主義」（socialism with a human face）的口號。

在經過半個多世紀後，一九六八年依舊陰魂不散，還是能挑起各種情緒。正如政治評論家弗魯姆（David Frum）所言，關於那個年代有兩種截然不同的敘事：「在兒童讀的神話版本中，美國人在寒冬中抱緊取暖，過得很悲慘……直到一九六〇年代英勇、開朗的示威者出現解放眾人。在家長的看法中，愛國主義（patriotism）的黃金年代和責任義務都被逃避徵兵、整天吸大麻，從嬉皮（hippie）換成雅痞（yuppie）的不事生產者給毀了。」[6]這些分歧觀點現在依然繼續影響著美國的政治意識型態。

從許多方面來看，一九六八年都在預告將會重整西方政治秩序的兩大趨勢，包括身分政治的出現，以及隨之而來的極化擴大。民主黨在金恩遇刺後，全面通過民權立法，並提名了韓福瑞，儘管有抗議的聲音，他仍是該黨歷史上最支持社會主義的自由派總統候選人。隨著在西方世界出現更具文化意識的「新左派」（New Left），藍領勞工也慢慢地開始遠離傳統的左派政黨。種族暴動變得司空見慣、社會問題受到矚目，中間派（middle-ground）共識也瓦解了，左右兩派都出現對教條主義狂熱的支持。在短短幾年內，一九六〇年代的革命徹底改變文化，並打破幾世紀以來對於性別、種族和權威階級制度的社會習慣（mores）。從墮胎到住宅保障，從投票權到平等就業法律，六〇年代啟動了一系列的改革。從「#MeToo」、「黑人的命也是命」（Black Lives Matter），到保守主義者對抗批判種族理論（critical race theory），幾乎每一個當代社會運動都是在和六〇年代首次提出的觀點展開激辯。過去，政治主要是受到經濟的強勢影響，如今則是受到身分認同的改變。

六〇年代並未達成最熱切擁護者所盼望的政治革命。在法國，戴高樂擔心的共產主義滲透（takeover）並未成真。若一九六八年春天的事件會令人聯想到一七九〇年代初的雅各賓派狂熱，那麼一九六八年的夏天則頗有隨後發生的拿破崙反革命影子。在一九六八年七月，由於法國選民堅決反對行動主義左派的激進主義，使得戴高樂的政黨贏得七四%的議會席次。到了同年年底，勞工已重返工作崗位，學生也回到校園上課，保守主義者則持續占領愛麗舍宮，直到一九八一年。在美國，提出右派「法律與秩序」（law-and-order）口號的尼克森（Richard Nixon）於一九六八年擊敗韓福瑞，贏得大選。兩年後，不列顛的保守黨大獲全勝，取得政權。六〇年代在共同的社會改革議題上未能成功取得長期共識，反而暴露出新的文化分裂，成為新的政治戰線。

需求層次

革命的爆發可能是出自於走投無路和絕望，就像是一七八九年的法國大革命，不過富裕的狀態也可能引起不同種類的革命，也就是身分認同革命。正如政治學家英格爾哈特（Ronald Inglehart）所說，社會需求和個人需求很類似，都是依據馬斯洛的「需求層次」（hierarchy of needs）理論。在金字塔的底部是食物、安全和住所，在人類歷史中，多數時候的社會活動都是以這些項目為目標。不過，在物質需求獲得滿足後，人們就會把關注重心轉移到更高階層的需求，也就是個人自由和自我表達的抽象價值。[7]換句話說，當經濟和科技革命提高生活標準，順便帶來錯位和迷惘後，往往會造成身分認同的革命。人們在和傳統的經濟和社會角色分離後，就會產生感到希望或感覺恐懼的任一反應。過去的邊緣化團體將改變視為解放，並得到新發現的尊嚴（dignity），反觀在上層的人則是害怕失去原有的地位。

一九六〇年代和一九七〇年代經歷了二十世紀最快速、最徹底的身分認同革命。[8]到了一九六八年，西方世界由於全球化和科技進步使得戰後經濟蓬勃發展，因此迎來了轉折點。不再受到戰爭和飢餓恐懼威脅的青壯年人，開始對於由不知民間疾苦菁英所管理的社會產生不滿。他們渴望擁有更多個人權利，以及更具包容性的公民身分（citizenship）願景，能擴大納入在歷史上遭忽視的群體。里拉（Mark Lilla）觀察到，在歐洲，抗議者仍主要認為自己是在發動階級戰爭，而非文化戰爭。[9]諷刺的是，由於文化分歧尚未成為政治爭論的中心，因此舊世界中的社會變革就會更快、更持久。例如墮胎就很少成為政治話題。[10]

隨著一九八〇年代和一九九〇年代形成了新的經濟共識，文化開始取代經濟，成為政治的主要戰場。在美國，比起階級，人們開始更關注種族、宗教、性別等個人身分認同，並埋下了延續至今的文化戰爭種子。這個過程在歐洲花了更長的時間醞釀，但在主要受到移民的影響之下，同樣也形成極化和身分政治的結果。到了一九九〇年代，開始出現新的身分認同革命。這場慢慢進行的革命是構造上的轉變，而非天翻地覆的大變革。同樣地，這一次也是結構變化比政治革命先發生。在柏林圍牆倒塌後，更快的全球化和科技改變開創了自由市場政治的全新黃金時代。在左派搭上新自由主義的順風車後，右派立刻面臨該如何讓自身和左派做出區別的嚴重危機。保守派領悟到，若他們想和愈來愈溫和的中間偏左派分出區別，就需要更加強對身分政治的重視力道。

有些右派領袖很早就察覺到風向。一九九二年，共和黨總統候選人布坎南（Pat Buchanan）挑動政治爭端，高喊著：「這個國家正在發生宗教戰爭。這是文化戰爭，就和冷戰對於我們將成為何種國家一樣至關重要，因為這是為了捍衛美國靈魂的戰爭。」[11]從後面的幾十年看來，他說的沒錯。

無產階級團結起來

對任何一位十九世紀的西方政治觀察家而言，今日分為左派雅痞和保守派藍領勞工的政治局勢實在很不可思議。馬克思和恩格斯在一八四八年共同寫下的《共產黨宣言》中提到：「迄今所有現存社會的歷史都是階級鬥爭的歷史。」[12]若是不看細微的歷史差異，那麼馬克思對歐洲政治的評價大致都算中肯。自從工業革命開始後，歐洲政治確實一直是由勞工階級左派，和資產階級右派之間的對抗來決定。這樣的分立一直延續到《共產黨宣言》出版了一百年之後。工廠工人聯合起來爭取更好的薪資、更縮短的工時、更安全的工作環境，這一切歷歷在目。在此同時，美國也發生了影響深遠的勞工運動，還有針對例如關稅等政策的激烈經濟辯論，不過隨著種族問題的加入讓一切變得更複雜。

西方世界一直到第二次世界大戰之後才達成共識。成功的公式就是民主制度加上市場，再加上福利國家。在歐洲，保守主義者和社會民主主義者都學會避免戰間期的極端左右派極化，並接受更合作的治理方式。在美國，經濟大蕭條和戰事進一步促成大家對於政府介入經濟必要性的共識。甚至連總統艾森豪（Dwight Eisenhower）——即使他屬於共和黨——也支持小羅斯福幾乎所有的「社會主義」計畫，從社會安全福利到超過九〇%的邊際稅率。[13]簡單來說，過去激烈反對福利國家的右派，現在也順應了。

當然，這個不平等和政治極化程度都很低的所謂世紀中理想國，是建立在種族排除（racial exclusion）的基礎之上。歷史學家科比（Dorothy Sue

Cobble）所稱的「美國社會民主主義全盛期」，[14]多數時間都和《黑人歧視法》重疊並不是巧合。在二十世紀上半期，兩黨都心照不宣地同意不去挑戰白人至上的基礎。在一九三〇年代，僅有四％的美國黑人擁有投票資格，[15]一九二四年的《移民法案》（Immigration Act）則透過有效禁止所有非白人和非北歐人的移民，成功安撫本土主義者（nativist）。

南方白人以繼續壓制美國黑人為前提，有條件地支持新政計畫的政策重分配。[16]也難怪新政立法會禁止國內工人和農場工人成立工會以及獲得社會安全福利，因為這些都是以黑人為主的族群。[17]為了回報小羅斯福，南方以行動表示對他的大力支持。在一九三六年的總統選舉中，小羅斯福在密西西比州的得票率為九七％，在南加州的得票率為九九％。[18]

到了一九五〇年代，歧視種族的北方紅線制度（redlining）政策，以及南方的合法種族隔離，都意味著美國白人和黑人各自過著不同的生活。隨著經濟急速成長，美國白人可以在安全的郊區住宅區裡追求美國夢。美國看似已經達到穩定的平衡狀態。美國政治學會（American Political Science Association）

在一九五〇年發表了〈邁向更負責兩黨制〉（Toward a More Responsible Two-Party System）報告。報告的結論如下——美國民主制度需要的是更減少妥協、更加強政黨凝聚力、更鮮明獨特的政綱。簡單來說，就是要走向**更**極化。[19]

很快地，這樣的願望成真了。對經濟政策的共識為社會議題開啟大門，得到公眾的關注，白人的統治地位將遭到破壞。這些改變雖然將帶領美國更進一步實現其建國理想，卻也讓街頭陷入混亂。

美國的成熟發展過程

在一九五〇年代，許多美國家庭都會在星期一晚上聚在電視機旁，準時收看每週播放的《我愛露西》（*I Love Lucy*），這是那個年代最受歡迎的電視節目。不過，到了一九六〇年代，《我愛露西》所描繪的和諧家庭生活已經顯得非常過時了。「你們的兒女／不會再乖乖聽話」，[20]這是巴布．狄倫（Bob Dylan）在一九六四年唱出的歌詞。那個年代的年輕人留著模仿披頭四的蘑菇頭髮型，寬鬆的休閒褲也都換成牛仔褲。

美國也是在一九六四年開始大規模介入越戰，這場衝突不僅對越南造成實質上的嚴重破壞，也導致美國在文化上分裂。許多被徵召入伍的美國年輕人開始情緒激昂地反對美國參戰。有些人逃到加拿大，有些人則透過遊行、燒毀自己的徵兵卡、發動絕食抗議或占領大學建築物等方式表達憤怒不滿，一些越戰退役軍人更公開丟棄自己獲頒的英勇勛章。「地下氣象員」（Weather Underground）是美國國內的極左派恐怖主義團體，他們採取更激烈手段，使用炸彈攻擊包括美國國會大廈、美國國防部五角大廈和美國國務院等目標。

美國年輕人抗議戰爭的同時，也開始反抗被他們視為太過於保守的整個舊文化。在一九六七年，共十萬名美國年輕人聚集到舊金山的海特—艾許伯里（Haight-Ashbury）街區，參加由搖滾樂和迷幻藥助陣的「愛之夏」（Summer of Love）。兩年後，有近五十萬人湧入胡士托音樂節，罕醉克斯（Jimi Hendrix）對美國國歌的變調演奏似乎體現出當下正在發生的變化，包括對規則靈活變通、獲得新的自我表達自由，並且願意挑戰美國政治的結構。

很快地，由反文化（counterculture）運動帶頭開始的社會變革為整個國家留下深刻影響。在一九七一年，有三五％的美國人認為婚姻是很過時的觀念，[21] 而且在很短的時間內，對待毒品的寬鬆態度便迅速獲得接受。在一九六七年，有過吸大麻經驗的美國人僅有五％；[22] 但到了一九七九年，承認自己曾在一年內吸過大麻的高中生比例已達到五一％。[23]

在相同的這段時期，美國人也迅速失去對傳統受敬重機關的信任，包括從教會到政府等。從一九五七年到一九七五年，每週參加彌撒（mass）的美國天主教徒比例已經從七五％減少至五四％。[24] 在一九五八年，有七一％的美國人信任政府總是或多數時間都會做出正確的事，[25] 但過了二十年之後，有相同看法的美國人只剩下二九％。[26] 在政府先是對越戰的情況說謊，接著又發生水門案的醜聞之後，美國大眾就不再一味地先相信政府了。在六〇年代抗議運動剛開始時，學生組織者溫伯格（Jack Weinberg）曾對全國人民說過：「永遠不要相信三十歲以上的人。」（You can't trust anyone over 30.）到了一九七〇年代，似乎也沒什麼人能對任何人付出信任了。對權威和機關的完全信賴崩潰，成為滋養民粹主義、陰謀論和「後真相」（post-truth）世界的溫床。

歐洲的寂靜革命

歐洲的情況和美國很類似，是由新世代帶頭變革，並將政治參與和表達的自由置於傳統政治權威之上。這就是英格爾哈特所謂的「後物質主義（postmaterialist）世代」，他們一心一意追求個人自我實現，而不是占有物質或安全感。英格爾哈特在一九七〇年針對六個西方國家的人民進行調查。在二戰期間成長的人當中，物質主義（materialist）價值觀對上後物質主義價值觀的比例高達三比一。不過，在戰後出生的十五至二十四歲的族群中，則以「後物質主義」價值觀為主流。[27]透過這個分類，可以極精確地預測一個人會對學生運動產生的觀感。在偏好如秩序和物價穩定等「物質主義」價值觀的人當中，僅有一六%支持學生抗議活動。在看重如政治參與和言論自由等「後物質主義」價值觀的人當中，對學生抗議活動的支持率則有七一%。[28]

在歐洲，儘管法西斯主義因為第二次世界大戰而背負罵名，但在如德國和義大利等軸心國（Axis）國家中，商業、學術和政府權威的基礎結構大致上都維持原樣。隨著冷戰加劇，打擊共產主義成為當務之急，因此也意味著會暫時擱置對抗法西斯主義的工作。在西德和奧地利，回歸正常生活的納粹重新在政府和社會中擔任要職。學生革命者和其批評者之間新出現的分歧，成為世代之間巨大無比的抗爭，比起在美國更是明顯。

在西德，年輕人起身反對曾參與大屠殺酷行的領導世代，使得這樣的隔閡格外明顯。在一九六八年，西德政府的兩位領導者，包括總統呂布克（Heinrich Lubke）和總理基辛格（Kurt Georg Kiesinger）相繼被揭發和納粹政權有掛勾。[29]在德國基督教民主黨（Christian Democratic Union）的政黨代表大會上，社會運動者克拉斯費德（Beate Klarsfeld）走上講臺甩了基辛格一巴掌，對著他大喊：「納粹！」左派激進鬥士（militant）恩斯林（Gudrun Ensslin）的評論便能表示撕裂整個國家的矛盾：「他們是曾經歷奧斯威辛集中營的世代，這是不爭的事實！」[30]

隨著六〇年代的年輕人開始擔任權威要職後，文化變革也跟著迅速開始。歐洲在整個六〇年代和七〇年代，經歷了一波前所未見的世俗化（secularization）浪潮。在一九六三年到一九七六年之間，西德每年的離婚人數增加超過兩倍。[31]在荷蘭，一九七五年每週參加彌撒的天主教徒人數也比一九六五年更減少一半。[32]事實上，在西歐的世俗化程度遠比在美國更高。在西歐的基督徒之中，如今只有不到四分之一的人堅信上帝；相較之下，美國基督徒則為七六％。[33]墮胎法律也相應改變了。在一九七〇年代之前，冰島是歐洲唯一將墮胎合法化的非共產國家。不過到了一九七一年四月，法國的《新觀察家》（*Le Nouvel Observateur*）雜誌刊出一份由三百四十三位女性簽署的請願書，[34]其中包括女性主義哲學家西蒙·波娃（Simone de Beauvoir）和演員凱薩琳·丹妮芙（Catherine Deneuve），這些女性公開承認曾非法墮胎，並要求修改刑法。隨著文化常規轉變，歐洲國家很快地接連放寬墮胎法律。法國在一九七五年去除對墮胎的刑罰，[35]西德和義大利則分別在一九七六年和一九七八年跟進。

在短短幾年內，新左派（將社會議題擺在階級衝突之上，因此加上「新」）

改革了歐洲的文化領域，比美國的新左派更成功地贏得民心。輿論的徹底改變迫使右派在各式各樣的社會議題上做出妥協。文化戰爭以對左派有利的情況搶先落幕，而且政治依然主要是關於經濟問題的階級對抗，在這個情況下，歐洲的文化保守主義者正在迅速地失寵，也因此，文化反彈在歐洲造成的震盪遠比在美國來得少。此外，歐洲的多黨制確實更擅長接納不一樣的身分認同和利益，並能消除一些在美國造成騷動的黨派緊張。例如：一九八〇年代傾向左派的德國選民可以在社會民主、中間黨派及綠黨之間做選擇。由於有各種選項，就能防止讓美國兩黨制困擾的磨擦和極化。

沉默大多數

相較之下，極化導致美國分裂成兩邊。美國勞工階級和政治左派開始遠離彼此是造成這一切的源頭。一九四八年，勞工階級的白人選民投給民主黨的機率比一般民眾多出一二%。一九六八年的局勢開始出現變化。在那一年投給民主黨的美國勞工階級白人比例，只比所有選民多出三個百分點。到了一九七二年，共和黨的美國勞工階級白人支持率，比全體選民多了四個百分點。[36]一九六八年改變了美國政治的基本規則。美國在一九六〇年代經歷的反彈，比起歐洲都更大也更持久，但會這樣是因為美國當時觸碰到其政治和社會關係中最敏感的種族議題。

「我是隱形的，」黑人小說家艾利森（Ralph Ellison）在一九五二年這麼寫道，「純粹是因為人們拒絕看見我。」[37]到了一九六〇年代，美國黑人要求社會看見他們。從帕克斯（Rosa Parks）發起的罷車運動（bus boycott）、金恩的「我有一個夢想」（I Have a Dream）演說，到「自由之夏」（Freedom Summer）投票登記運動，民權運動的漫長故事對許多人都不陌生。美國最高法院在一九五四年宣布學校種族隔離的作法違憲；十年後，《民權法案》（Civil Rights Act）宣布種族歧視為違法行為。詹森總統強行通過一九六五年《選舉權法》（Voting Rights Act），最終保障了美國黑人的投票權，卻也因此長期受到南方同黨的民主黨人仇視。同年，詹森政府廢除「國籍」移民配額，不再只是獨厚來自新教西北歐的移民，並就此迎來亞洲和拉美移民的新時代。

這一路上的每個階段，所有的進步都和激烈反彈如影隨形。民權運動的故事同時也是提爾（Emmett Till）遭私刑殺害、小岩城（Little Rock Nine）騷擾事件和金恩遭刺殺的故事。支持種族隔離的極端主義者為了阻擋種族平等的趨勢不擇手段。金恩在今日幾乎可說是受到舉世尊敬，但在當時代的許多白人都對這位充滿領袖風範的民權領袖深感懷疑。在金恩遇刺的前一晚，有將近七五%的美國人對他抱持負面觀點。[38]在他遭刺殺身亡後，將近三分之一的美國人認為他遭到謀殺是自作自受。[39]由此看來，也就不難想像白人對於黑豹黨（Black Panther）這類激進團體會做何反應了。

一九六〇年代的身分認同革命幾乎是立刻就引發巨大反彈，並造成政治極化的惡性循環。在美國，男性、白人、基督徒都是長久以來居於上位的團體，他們突然間感覺自己的優勢地位岌岌可危。女性或種族弱勢族群愈是要求平等，白人男性就愈感覺受到威脅。以白人和男性為核心的身分政治開始在全美各地加速展開。

儘管社會變革看似無所不在，但對多數美國人而言，許多由學生倡導的改革還是顯得很激進。六〇年代和七〇年代給人的印象是穿著紮染服裝的長髮嬉皮正捲著大麻菸的畫面，但這樣情景和當時多數美國人的真實生活幾乎沾不上邊。對許多人而言，在胡士托的狂歡就跟此前一個月登陸月球的成就一樣遙遠。雖然現在回想反越戰運動，都會認為當時大獲成功，但越戰在很大一部分人心中始終還是很受歡迎。[40]

這類美國人害怕自己所熟悉的國家正在消失。尼克森在一九六八年的總統大選中利用這股普遍的不安，宣稱他是為「大多數美國人、被遺忘的美國人、不大聲喊叫、不示威的族群」而奮鬥；他後來稱這些人為「沉默大多數」（the great silent majority）。[41]一九七〇年，武裝的國民警衛隊在肯特州立大學（Kent State University）朝著一群發動和平示威的學生開槍，造成四人死亡。如今，那張慌亂無主的十四歲女孩跪在一具屍體身旁的經典照片，已成為全然殘酷暴行的象徵。不過在當時，多數美國人都認為學生是挑起那次屠殺的滋事者。[42]沉默大多數是真實存在的人。

令人悲痛的是，沉默大多數抗議核心的「犯罪」也是真的。在那個時期，有各種不同的因素導致犯罪率飆升，包括過多在嬰兒潮（baby boom）時期出生的年輕男性、導致城市空洞化的郊區化（suburbanization）和「白人外流」（white flight）[43]、毒品氾濫、精神醫療機構閒置。犯罪飆升更加強對嚴格執行「法律與秩序」政策的支持。在馬丁·史柯西斯（Martin Scorsese）一九七六年執導的電影《計程車司機》（*Taxi Driver*）中，年輕的越戰退役軍人崔維斯·畢克爾（Travis Bickle）開著車，在充斥妓女和罪犯的紐約市髒亂街頭穿梭。崔維斯為了救一名兒童而在妓院殺害兩名男子後，被媒體封為英雄。這部電影捕捉到那段時期的風氣，當時對於常態和秩序的嚮往，已經取代最初對新自由的興奮情緒。

引入平權行動（affirmative action）和「強制性校車」——以校車將學童送到外區上學來達成種族融合——後，即使是白人溫和派都對種族融合感到不安。有位民主黨年輕參議員在一九七五年將「校車」政策稱為「愚蠢構想」。（那位年輕參議員就是拜登。）[44]到了一九七〇年代，有多達九一%的美國白人反對校車政策。[45]住房融合的努力同樣失敗，而且美國城市至今仍存在不同種族涇渭分明的情形。[46]如同自由主義小說家暨社會運動家梅勒（Norman Mailer）以第三人稱直白地談論自己時的敘述：「那是很單純的情緒，並讓他很不愉快——他漸漸對黑人還有他們的權利感到厭煩了。」[47]如果《計程車司機》是記錄那個時代對法律與秩序的執念，那麼一九七六年的另一部電影則在暗示白人反對情緒的高漲。《洛基》（*Rocky*）以義大利裔的美國工人洛基為主角，他挑戰成功，擊敗了炫富的黑人重量級冠軍克利德（Apollo Creed）。這是當年最賣座的電影。

以種族為核心的抗爭過於激烈，導致美國政黨制度從根本上徹底重整。自重建時期以來，美國黑人一直是共和黨的關鍵選民。道格拉斯（Frederick Douglass）曾說過，「共和黨是一艘船，其餘的就是一片汪洋大海」（the Republican party is the ship and all else is the sea）。[48]一九三二年，美國黑人對胡佛的支持度更高於小羅斯福，比例為二比一。[49]不過，他們的忠誠支持慢慢且堅定地轉移了。小羅斯福將會贏得許多黑人選民的選票，甘迺迪和詹森則透過支持民權立法更鞏固美國黑人的支持。在一九六四年的總統大選中，共和黨候選人高華德（Barry Goldwater）僅獲得六%的黑人選票。[50]

儘管高華德慘敗，但一九六四年的那場選舉卻是讓保守派找到可行新策略的明燈。共和黨將重心放在爭取南方白人的支持，大多是透過利用南方白人對種族融合的深刻恐懼，這也就是後來所謂的「南方策略」（Southern strategy）。高華德開創這個新方法僅僅過了四年，尼克森就將它運用到爐火純青的地步。在一九六八年，差不多整個南方都離開民主黨的懷抱，轉而選擇尼克森，或支持隔離主義的「狄克西民主黨」（Dixiecrat）參選人華勒斯（George Wallace）。詹森曾在他簽署《民權法案》的那一天說過：「好吧，我想在你們還有我的這輩子裡，我們都會失去南方的支持了。」[51]儘管南方白人的民主黨人，如卡特和柯林頓還是會繼續贏得南方許多州的支持，但詹森基本上沒說錯。南方不再是民主黨不可動搖的票倉，並漸漸發展為美國有最多共和黨支持者的地區。

吸引南方的白人，意味著共和黨要拋棄其原本追求種族平等的形象。儘管尼克森在一九六〇年參選時獲得四〇%黑人的選票，但他在一九七二年競選時，所獲得的非白人支持率則已降低至一三%。[52]民權運動終結了戰前由經濟決定政治的「大帳篷政黨」（big tent parties）。過去透過經濟政策的連結，讓南方的隔離主義者和北方的自由主義者共同站在民主黨的陣營，但這樣的情景再不復見。保守主義者轉向了共和黨，自由主義者則是選擇民主黨。

在歷經奴隸制度和種族隔離的漫長歷史後，民權運動總算讓美國黑人融入其國家的政治生活之中。不過，這些進步不僅沒有開啟後種族的和解時代，反而激起極為強烈的反彈，甚至導致美國政治從根本上重新整頓了一遍。這是美國政黨自重建時期結束之後，首次因為種族而非經濟分成了兩邊。一九六〇年代的激烈種族融合對抗只是尚未出現的文化戰爭預兆。

無名的問題

民權運動是其他社會革命的高效催化劑。從靜坐抗議、聯合抵制到遊行，黑人民權領袖為其他邊緣團體開創了能讓他們發出不平之鳴的模式。這些團體中以女性主義運動為主。值得注意的是，在一九六〇年代和一九七〇年代逐漸加強的性別關係轉變具有震盪效果。數千年來，男性統治女性一直是人類社會的主要特徵。其他團體在不同時期會出現興衰，總是有不同團體互相統治對方，但在討論性別關係時，地球各地的故事基本上都大致相同，總是男性在控制女性。正如女性主義哲學家西蒙·波娃在《第二性》（*The Second Sex*）中提到，女性「始終是從屬於男性，因此其依附性（dependency）並不是歷史事件或社會變革的結果，亦即不是**偶然發生**的」。

隨著一九二〇年通過《第十九條憲法修正案》（Nineteenth Amendment）保障婦女的投票權，讓女權運動者慶祝取得早期的成功。然而，選舉權對美國女性的現實生活情況並沒有帶來太大變化。如同過去這類情況的發展，科技進步會創造社會變革的條件。美國食品藥物管理局（Food and Drug Administration）在一九五七年核准第一款避孕藥的使用。再到一九六五年，最高法院在《格里斯沃德訴康乃狄克州案》（*Griswold v.Connecticut*）決議中，裁定康乃狄克州禁止銷售供已婚夫婦使用避孕用具的行為違法。在當時，四十五歲以下的已婚夫婦當中，有六三%會使用避孕用具，而其中又有四分之一是服用避孕藥。[53]

正是在一九六三年這樣的背景下，記者弗里丹（Betty Friedan）出版極具開創性的專著《女性的奧祕》（*The Feminine Mystique*）。弗里丹在參加史密斯學院十五週年的同學會時，調查其同學的生活情況。這些畢業於女子菁英學院的女性在中產階級家庭生活的幸福表象之下，許多人內心都有著壯志未酬的不滿足感。弗里丹在《女性的奧祕》中將這樣的現象稱為「無名的問題」（the problem that has no name）。

她的書甫問世即造成轟動，在出版後的三年內便創下賣出近三百萬本的佳績。[54]如同史托（Harriet Beecher Stowe）的《湯姆叔叔的小屋》（*Uncle Tom's Cabin*）在一八五〇年代激起對奴隸制度的關注，《女性的奧祕》也成為喚醒整個世代認知美國女性困境的號召。弗里丹和來自全國各地約三十名女性一起創立全國婦女協會（National Organization for Women），[55]這是明確仿效全國有色人種協進會（National Association for the Advancement of Colored People）成功例子的社運團體。

像是全國婦女協會這樣的團體帶頭發起「第二波」的女性主義運動，並且不再只滿足於要求投票平權。女性主義者現在主張平等機會的法律、墮胎權，以及由州政府提供的兒童照顧。她們開始重新塑造女性生活可以擁有或應該擁有的模樣。「婦女解放」以驚人的速度迅速開展。在《格里斯沃德案》保護婚內使用避孕用器的權利後，最高法院隨即又將同樣的權利擴大至未婚伴侶，後來又在一九七三年的《羅訴韋德案》（*Roe v. Wade*）中承認墮胎的權利。到了此時，「性革命」（sexual revolution）已發展到巔峰。根據一九六四年的報告，多數美國女性在婚前都未曾有過性行為，當時的離婚率也僅有五%。[56]到了一九七五年，八八%的大學女性都表示已有性經驗，[57]而當時的每年離婚率也增加了兩倍以上。[58]

許多批評家公開譴責這些變化完全就是核心家庭（nuclear family）的滅亡。但是大家別忘了，在所有變化中，改變最劇烈的其實是女性的物質處境。

在弗里丹的世代，擁有大學學歷的女性很罕見，而那些實際取得大學學歷的女性去讀大學，往往也只是為了獲得「太太」的身分，也就是幫自己找到適合的丈夫。[59]但一九六七年之後便不是如此；到了二十世紀末，擁有大學學位的美國女性比例已從八%增加至二三%。在相同的這段時期，全職母親的比例也減少了一半以上。[60]從六〇年代以後，法律和社會態度就不斷地在改變，證明即便是根深柢固的權力關係也並非永遠不可動搖。即使如今的女性在許多權力層面的代表性依然不足，但進步從未停止。美國的女性參議員在一九九〇年僅占二%，但到了二〇二三年已經達到二五%。[61]在二十一世紀初，美國女性的教育程度已經超越男性，包括從高中到專業學位都是。

儘管六〇年代和七〇年代的女性主義運動大多著重於關注中產階級白人女性的困境，但同時也鼓舞了長期生活在社會邊緣的其他團體。其他的身分認同團體也緊跟在女性主義運動之後發起行動。在一九六〇年代，「同性戀」（homophile）運動的行動者開始更公開地表達他們的性認同。美國的酷兒（Queer）族群長期持續受到迫害。參議員麥卡錫（Joseph McCarthy）在一九五〇年遭指控為共產黨員的獵巫行動，和假設當權男同志會構成威脅的道德恐慌「薰衣草恐慌」（lavender scare）有著密切關係。[62]

不過到了六〇年代末，時勢慢慢地開始轉為反對麥卡錫時代的偏執。在一九六九年六月二十八日凌晨，警方突襲紐約市克里斯托弗街上的石牆酒吧（Stonewall Inn）。同志酒吧長久以來一直是管理機關的整治目標，但這一次，包括男女同志、變裝皇后和跨性別者的顧客群起反擊。他們朝著制服警察投擲硬幣、石塊和磚頭。動亂持續了好幾天，行動者也在這段期間創立同志解放陣線（Gay Liberation Front）。這場運動主張將共同追求更廣泛的解放抗爭，和各種反資本主義、反帝國主義、反種族事業結盟。

大眾對同性戀的態度幾乎不太軟化。在一九八七年，七五%的美國人仍認為同性戀行為「一定是錯誤」，這個比例比起一九七三年還高了五%。[63]不過和民權及女權倡議者一樣，同志權利的行動者已經開始改變對話，也開始讓想法更傳統的美國人深深感到不自在。

新大覺醒運動

若說六〇年代是白人激烈反對民權運動的時代，那麼七〇年代就是基督徒對婦女解放和同志權利表現出強烈反彈的時代。在一九六〇年代初，宗教依然具有凝聚美國人生活的作用，黑人浸信會（Black Baptist）牧師、主流新教教會、天主教教區，以及猶太教會眾，紛紛團結起來支持民權（即使同時也有許多南方教會支持種族隔離）。不過，到了一九七〇年代，讓整個國家產生分歧的墮胎、避孕、女性主義和同志權利的文化戰爭，也讓全國的宗教團體分裂了。在隨著時間加劇的趨勢中，宗教信仰變得和右派走在一起，世俗主義則是向左派靠攏。隨著上教堂的人逐漸減少，宗教保守主義者便團結起來捍衛他們所謂的美國傳統基督教價值。

美國的宗教人士和世俗主義者之間的分歧於是愈來愈擴大。一方面，認為宗教是生活中「非常重要」一部分的美國人比例顯著減少，在一九六五年到一九七八年之間，已從七〇%下降至五二%。[64]不過從另一方面來看，在一些因為傳統美國價值衰微而感覺受到威脅的新教徒之中，則有重新恢復信仰的情況。更狂熱、對政治更積極的基督教風格以驚人的力道和速度出現了。卡特（Jimmy Carter）在一九七六年打著「重生的基督徒」（born-again Christian）名號參選總統，這是多數美國人都不認識的名詞。四年後，包括卡特、雷根和安德森的三位總統參選人都以重生的基督徒或福音派人士自稱。

當有些美國人拋棄父母的信仰並跨越宗教藩籬參與社會生活時，一些新教徒卻漸漸將自己孤立起來。對種族融合和進步主義課程（progressive curriculums）的擔憂，致使大量的白人基督徒離開公立學校，轉往私立教會學校就讀。一九五四年時，美國只有一百二十三所非天主教教會學校，到一九七〇年時已經有兩萬家左右。[65]保守派基督教正在社會中打造屬於自己的社會，他們也讓黨派政治發生改變。

在一九七三年之前，民主黨與共和黨人每週去教會的頻率並沒有太大差別。到一九九二年，黨派間經常去做禮拜的人的差異數已擴大到一一%。[66]在一九七三年之前，民主黨與共和黨選民對墮胎問題的立場差不多，因此並未引起嚴重分歧。[67]直到一九七六年選舉前，兩位總統候選人福特（Gerald Ford）與卡特都表達自己反墮胎的立場。不過《羅訴韋德案》使保守派選民採取行動，導致墮胎問題成為兩黨間的關鍵爭議。在一九八〇年大選時，雷根承諾支持立憲禁止墮胎，並反對政府就墮胎給予任何補助，因而獲得全國生命權委員會（National Right to Life Committee）的支持。[68]

反墮胎運動伴隨婦女權運動的出現引起更廣泛的反彈。在二十世紀初第一波女性主義運動期間，兩黨間都有婦女參政權支持者。到一九七一年時，與民主黨相比，共和黨人更願意就婦女權立法給予支持。[69]共和黨的第一夫人貝蒂．福特（Betty Ford）是公認的《平等權利修正案》（Equal Rights Amendment）忠實支持者，這項修正案的內容是就婦女平等權利立憲。不過到了一九七〇年代中期，保守派社運行動者推動一項大規模的運動，讓公眾輿論轉向反對該修正案。像施拉夫利（Phyllis Schlafly）這樣的社會運動者就警告說，《平等權修正案》會產生歧視家庭主婦，並強迫將婦女列入徵兵制範圍等疑慮。從某種程度上來講，施拉夫利等於開創了現代右派運動者常用的「激怒」（trolling）策略，刻意以有爭論的言論來激怒左派。她多次在演講時以「我要感謝我的丈夫弗雷德，是他讓我今天有機會站在這裡……」做為開頭，並表示：「我很喜歡以這種方式說話，因為婦女解放運動者一聽到就會跳腳。」[70]從一九七〇年代中開始，共和黨在婦女議題上就堅持保守立場。

雷根將宗教右派的力量納入囊中，讓其成為自己陣營的核心力量。一九七九年時，自由大學（Liberty University）的電視福音布道創始者老傑瑞．法威爾（Jerry Falwell Sr）創立了道德多數派（Moral Majority）。這個組織是一個遊說團體，很快地讓保守基督徒與共和黨成為同盟。其次，這個組織也全力支持雷根，幫助鞏固他的政治觀點。保守派理念宣揚團體基督教之聲（Christian Voice）成立於一九七八年，他們敦促支持者應「讓上帝重回美國領導層，投給雷根，讓他當選美國總統」。[71]

雷根是昔日的好萊塢明星，也是史上第一名離婚後當選美國總統的人，但他似乎不太可能成為基督教右派支持的對象，這情況與近期離婚並想轉行選總統的娛樂圈人士一樣。不過雷根在表達基督教美國這個議題的焦慮上非常成功，且說詞無人能比。雷根的競選活動之一，就是接受著名電視福音布道者金貝克（Jim Bakker）的採訪，對方對卡特未以福音派觀點治理國家的做法提出不滿。雷根回答：「你有過這種感覺嗎？就是如果我們現在不這麼做，那這個社會有可能會變成另一個所多瑪與蛾摩拉的所在國，而我們就會成為見證世界末日（Armageddon）的世代？」[72]這讓福音派感到前所未有的文化圍攻感，並讓他們決定要反擊。於是他們齊心協力地把票投給了雷根。[73]

自那之後，宗教右派對共和黨的控制就愈來愈強大。到一九九〇年代時，過去一直是民主黨核心選民的天主教徒更傾向支持共和黨。[74]在二〇二〇年的大選中，有七一%經常到教堂做禮拜的白人將票投給了川普。[75]現在的政治關鍵是文化戰爭，宗教是美國社會中最大的分歧點之一。

第三條道路的崛起

「雷根革命」（Reagan Revolution）不僅促進保守派基督徒與政治右派間

的同盟，更是將自由市場意識型態帶回白宮。在雷根的早年職業生涯中，他喜歡在搭長途火車時閱讀奧地利經濟學家海耶克（Friedrich Hayek）的著作。雷根一開始是堅定的民主黨支持者，並擔任演員工會的主席，但從很大程度上來講，他在閱讀海耶克的作品後轉變成共和黨的支持者。[76]海耶克在一九四四年的著作《到奴役之路》（*The Road to Serfdom*）中，大肆批評社會主義的命令控制式（command-and-control）政策。不過這本書的核心預測是「政府干預經濟必然會走向獨裁」這件事已經有事實證明是錯誤的。比如北歐的丹麥跟瑞典兩國，他們是世界上具備最完善社會福利系統的國家，但至今仍是世界上最自由的國家之二。

在戰後數十年間，海耶克好像還在打一場失敗之戰。畢竟當時社會民主主義仍是大西洋兩岸的主流。不過在一九八〇年雷根競選總統時，海耶克與其他新自由主義知識份子的理念卻崛起了。當時，一九七〇年代的通膨與停滯問題嚴重困擾美國社會，而課徵稅收與支出政策卻顯得毫無助益。反倒是新自由主義對這看似棘手的一系列問題卻有簡單的答案，那就是減少政府干預。至少從短期來看，這個答案相當有效。不知應歸功於「雷根經濟學」（Reaganomics）的自由市場政策，還是聯準會的貨幣緊縮政策，總之通膨受到控制且經濟成長得以恢復。選民對此顯然相當滿意，並連續三屆將共和黨人送進白宮執政。

後來一九九二年時，終於有民主黨人當選，他懷著雄心壯志踏入白宮。柯林頓在競選時承諾會推動全民健保（universal healthcare），但這個因第一夫人全力提倡而得名的法案「希拉蕊健保」（Hillarycare）卻在國會挫敗。民主黨在一九九四年的期中選舉遭遇重創，導致四十年來首次出現共和黨占領國會兩院的情況出現。[77]由於柯林頓是一名務實主義者，他知道必須要找到並改變政策走向。於是這名溫和派阿肯色州民主黨人找上他最信任的顧問莫理斯（Dick Morris）。他是柯林頓的政治智囊，後來卻成為共和黨的策略家。在莫理斯的幫助下政府找到三角（triangulation）策略，即在激進共和黨政策與不受歡迎的大政府民主政策中，找出受歡迎的中間派立場。

柯林頓在轉向中間立場上相當成功。他簽署了包括著名的《北美自由貿易協定》（NAFTA）在內的近三百項貿易協定。同時，他對電信業去管制化，並廢除《格拉斯—斯蒂格爾法案》（Glass-Steagall Act）限制銀行業的關鍵條款。[78]在柯林頓執政期間擔任聯準會主席的葛林斯潘（Alan Greenspan）曾說：「他真是我們擁有過最好的共和黨總統。」[79]其實這個說法並不公正。柯林頓其實是支持經濟成長新世代的最佳「新民主黨」（New Democrat）成員，他打破黨內舊有的課徵稅收與支出政策。他確實是使社會福利條件變得困難，並曾說出他與團隊「廢除我們目前所知的社會福利制度」這段臭名遠播的話，但他相信明理且有限的政府干預有助市場順利運作。這一切都是為了打造出一個更優秀且更有效益的社會安全網，並讓國家內的不幸之人擁有更多機會。在柯林頓執政期間，美國最貧困的民眾的生活的確明顯改善。

在歐洲，所謂的新自由主義逐步崛起。柴契爾夫人可說是雷根在英國的政治知音，她當時大力推動去管制與接受私有化的政策。[80]在英吉利海峽彼岸，即使是在像法國這種由密特朗（François Mitterrand）這類不可能支持相關理念的社會主義總統帶領下，國家產業私有化運動還是獲得推崇。歐洲的左派對受歡迎的自由市場經濟沒有應對之法，於是他們走上柯林頓的新民主黨政策，並獲得豐厚的回報。到一九九四年時，英國的工黨已經連續四次在選舉中失利。同年，東尼．布萊爾當選為工黨主席，並將舊有的「勞工的黨」重新定位成「新工黨」。[81]在布萊爾的帶領下，新工黨開始在資本主義與社會主義間尋找中間路線，即所謂的「第三條道路」。這點從本質上來講，等於接受了去管制化並接受私有化的共識。當人家問柴契爾，她最偉大的政治成就為何時，她回答：「東尼．布萊爾。」布萊爾與柯林頓的共通點是具領袖魅力且能言善道，他們都是靠著攏絡與保守派對手的經濟政策持相反意見的選民，以壓倒性的勝利贏得選舉。由於主要政黨在經濟政策上愈來愈接近，政治的主要戰場不得不轉向其他地方。

核心崩解

歐洲的民粹主義者提出歐洲大陸普遍感到自主權喪失。從經濟方面而言，新自由主義改革的核心是華盛頓共識，在保護全球資本主義的同時忽視民主要求，創造出一種全球主義菁英無法積極反映民眾訴求的印象。在政治方面，由於國家將權力轉移給歐盟官僚機構，這導致歐洲人覺得代理機構自主權的喪失。從文化方面而言，大規模移民讓歐洲白人覺得自己成為熟悉土地上的陌生人，這種趨勢在往後十年會愈發嚴重。這些方面互相影響，加油點火地在各方面提升民眾的錯位感，導致民眾更容易受到右派民粹主義者試圖製造文化戰爭的煽動言論影響。

對歐洲而言，這股因移民而起的反彈並非新鮮事，其實這種不滿的傾向長期來都一直潛伏在禮貌政治的表象之下。比如在二戰結束後，西德積極從南歐與東南歐包括土耳其等地招募「移工」（guest worker）。到一九七三年時，德國已有約一〇%勞動力都是外籍人士，[82]這也讓土生土長的德國人有所不滿。而英國國內也有愈來愈多來自前殖民地的移民，因此很快地就引起英國人的強烈不滿。保守派政治家鮑爾（Enoch Powell）在臭名昭著的一九六八年「血河演說」（Rivers of Blood）中，就曾這樣抱怨過：「這簡直就像是看著一個國家不斷幫自己的火葬堆加柴添火。」[83]雖然鮑爾後來因失言而遭踢出內閣，但根據當時的民調顯示，約有六一％的英國人認為移民對英國有負面影響，僅有一六％民眾認為這使國家受益。[84]

不過這股對移民的反彈直到一九九〇年後才浮出水面。當柏林圍牆於一九八九年倒塌後，就好像新大門對整個歐洲大陸的移民打開。在一九九〇年代的南斯拉夫內戰（Yugoslav Wars）期間，巴爾幹半島無數難民逃往歐洲其他地區。一九九五年《申根公約》（Schengen Agreement）有效地廢除多數歐盟國家間的邊境管制。這之後，民眾開始發現移民數量的增加。在一九八九年後的十年間，將庇護與移民政策視為主要擔憂的德國人從原本的一〇％提高至七〇％。[85]

由於國家政府將權力轉交給歐盟，因此讓民眾開始產生即將喪失身分認同的感覺。從很多方面來看，歐盟的成立與存在是相當成功的創舉，並且替歐洲大部分地區帶來前所未見的經濟成長與穩定。但在情感方面而言，歐盟本身就象徵著冰冷的布魯塞爾官僚機制，因此難與熱忱歐洲民眾融合，導致隔閡不斷。畢竟從一開始，歐洲民眾對於交出國家主權這件事就不抱熱情的態度。根據一項二〇〇三年的研究顯示，包括當選的政治家、資深公務員與媒體領袖等國家菁英份子中，有八九%認為他們的國家因歐盟成員身分而受益，但在一般民眾間，這個數字卻只有五二%。[86]

更多人的感受是覺得失去對事務的掌控力，而全球貿易的崛起、新政治權力結構與移民普遍化更加深了這種感受。歐洲各國的民粹主義政黨迅速地利用起這種不安感。貝魯斯柯尼（Silvio Berlusconi）在一九九四年與二〇〇一年時皆當選成為義大利總理，並獲得反移民政黨北方聯盟（Lega Nord）的支持。這個政黨的領導人而後在其政府中擔任部長一職，並呼籲海軍應用火炮擊沉載著非法移民的船隻。[87]在法國二〇〇二年的總統選舉中，極右派的民族陣線以驚人成績獲得第二名，這也引起世界震驚。

在二戰後的幾十年間，歐洲的中間力量一直團結無比。不論是中間偏右或中間偏左的陣營，即便在經濟政策上有著分歧，但他們在支持歐洲整合與增加移民數量方面都相當團結。不過在整合與移民的步調加速後，這種共識也隨之瓦解在貿易與移民方面應採取開放或封閉政策的分歧，已逐漸取代長期以來的左右派分歧。如保護主義在全球化時代崛起與新盧德主義在科技深度轉變時期出現一樣，民粹民族主義利用新出現的不安感，從這場認同革命中汲取力量。隨著這種民粹主義逐漸滲透進主流政治，傳統的階級對立關係不再。到一九九九年時，奧地利的極右派自由黨（Freedom Party）已經取得國內多數勞工的支持。[88]在諸多西歐國家中，主流政黨獲得的選票數量下降，從一九七〇年代的八〇%下降到二〇一〇年代不到六〇%。[89]

歐洲的引爆點

到二〇一〇年代中期，歐洲與美國一樣遇到了引爆點。在二〇一五年時，歐洲有紀錄的非法移民已超過百萬人，[90]這個數字是過去五年加總起來的兩倍。其中多數人來自中東，由於伊斯蘭國（ISIS）的威脅，導致大量飽受戰火摧殘的伊拉克與敘利亞難民選擇出逃。有一名叫做艾蘭·庫迪（Alan Kurdi）的敘利亞男孩完全能呈現出這些絕望難民的困境。當時這名男孩的家人嘗試越過危險的地中海，最後的結果是他的屍體在土耳其岸邊被發現。整個歐洲在接受大量移民方面似乎遇到挑戰。「交給我們！」德國總理梅克爾（Angela Merkel）的話語反映了時代的精神。德國在二〇一五年接收了兩百一十四萬移民，創下歷史新高紀錄。[91]

不過隨著尋求庇護者的數量持續增加，反對者的聲音逐漸蓋過最初的支持聲浪。不久後，右派民粹主義就在整個歐洲大陸獲得勝利。德國議會自一九四五年來都未曾出現過極右派的黨派，但現在許多德國人反對梅克爾這種歡迎移民的做法。在二〇一七年時，德國另類選擇黨（Alternative for Germany）突然成為德國聯邦議院中的第三大黨。在北歐，極右派瑞典民主黨（Sweden Democrats）受支持的程度也不斷攀升，[92]但該黨可是昔年新法西斯運動的產物。他們的領導者奧克松（Jimmie Åkesson）曾說：「伊斯蘭教是自二戰後的最大威脅。」而在他的領導下，這個政黨在二〇一八年的選舉中取得史上最佳成績，贏得超過一七%的選票。[93]在不列顛，英國獨立黨（UK Independence Party）也煽動對放任移民的擔憂，而後在二〇一五年的英國國會選舉中，該黨獲得的選票數量位列第三。隔年，英國通過公投確定脫歐後，等同實現了他們存在的理由。

歐洲的右派民粹主義將移民問題視做他們的關鍵議題。事實上，從法國的勒朋到荷蘭的懷爾德斯（Geert Wilders）等民粹主義者，他們在某些社會議題上都選擇左派立場，並將自己的理念與反伊斯蘭教移民的觀點連在一起。「同性戀者應得的包括親吻、結婚、生兒育女的自由，都是伊斯蘭教所反對的事情。」[94]懷爾德斯在二〇一六年這樣對自己的選民說。歐洲民粹主義者沒有攻擊同性婚姻或墮胎權，藉此避開與社會自由主義主流觀點發生衝突，但他們選擇透過煽動更深層次的文化焦慮來吸引選民注意力。

右派就曾警告說，從巴黎的郊區到布魯塞爾的郊區莫倫貝克都已淪陷為伊斯蘭基本教義派的溫床。二〇一五年時，法國的小說家兼煽動者韋勒貝克（Michel Houellebecq）出版了一本叫做《投降》（*Submission*）的小說，內容描述一個被移民淹沒且人人遵守伊斯蘭教法的反烏托邦法國。這種類型的恐懼在移民危機爆發前就已充斥整個歐洲。二〇〇九年時，瑞士投票禁止建造宣禮塔，[95]且至少有七個歐洲國家禁止在公共場合戴波卡罩袍（burqa）。

分崩離析

川普要是在歐洲的話，一定能跟歐洲那些民粹主義者相談甚歡。但在美國兩黨模式已根深柢固，因此要成功推動第三黨的上臺幾乎是不可能的事情。因此從這一點來看，川普比他的歐洲同僚做得更好，他成功帶領兩個政黨中的一個，並藉此登上了最高職位。共和黨的民粹主義轉向其實是源於其一九九〇年代時面對的兩難困境。柯林頓在其任職期間實施了一些典型的民主黨政策，包括提高稅賦與推動全民健保等，這些策略都非常清晰明確。金里奇（Newt Gingrich）在其政治宣言《與美國簽約》（Contract with America）中聚焦討論經濟議題，這是共和黨員在一九九四年期中選舉時競選的立法議程。裡面主張預算平衡、減稅與社會福利改革等議題，並譴責柯林頓的「新民主黨」完全是從前亂開支的舊民主黨的翻版。這場選舉的結果，是金里奇成為眾議院議長，而共和黨取得史上最漂亮的一次選舉勝利。

不過就在柯林頓因受到打擊而選擇轉向經濟中間派時，金里奇也不得不跟上腳步進行調整。這樣一來，右派該如何區別界定自己？共和黨為了與柯林頓的中間主義勝利模式競爭，於是推動新階段的文化戰爭。金里奇在一九九六年時提出《捍衛婚姻法案》（Defense of Marriage Act），嚴格限縮婚姻的定義為「一男一女的結合」。左派在經濟議題上選擇往中間靠攏，保守黨就讓文化愈往右派靠攏，他們大肆譴責同性戀、女性主義者與自由主義者，稱他們是「真美國人」的敵人。金里奇甚至在一九九四年時發給黨內成員的清單上，列出一些能用來形容敵對黨的詞彙，內容包括「背叛者、怪誕、衰退、摧毀、吞噬、貪婪、愛說謊、可悲、激進、自私、丟臉、有病、偷竊與叛國賊」等。[96]金里奇現在更傾向於使用這種焦土政策（scorched-earth）般的策略，這種手段為共和黨最終走向極端主義埋下伏筆，畢竟他們在與背信棄義的自由主義者戰鬥時，在使用的武器上完全沒有限制。因此，他們不得不用一些激進的方式來實現保守派的勝利，包括利用美國人對菁英階級的不信任，並不斷加深這種感覺。

在金里奇的描述中，柯林頓並非溫和的民主黨員，而是極端的自由主義者暨菁英主義者，這樣的人不僅沒有良好的道德觀念，且與一般的美國民眾脫節。

金里奇把多數時間用在譴責柯林頓的婚外情上，卻不去想其實自己當時也是出軌的狀態。超級極化（hyperpolarization）的時代已然展開。金里奇將激進保守派成員帶進國會，並兩次導致政府停擺（government shutdown）。[97]

不過後來金里奇做得太過頭，最後他這種愛煽動鬧事的風格還是讓許多美國人選擇與他分道揚鑣。民眾普遍並不支持彈劾柯林頓總統。選民在一九九八年的期中選舉時教訓了共和黨，這最終導致金里奇辭職。反觀柯林頓，他在卸任時的最終支持率民調是歷屆總統中最高者。[98]小布希上任時採取「激情保守主義」（compassionate conservatism），有意識地背離了金里奇時代的激進主義與陰暗面。[99]小布希標誌性的國內成就就是典型的共和黨經濟政策「減稅」。小布希在二〇〇四年時贏得約四四％拉丁裔選民的支持，[100]甚至推動了一項移民法案，只不過因法案過於溫和，最後無法獲得足以通過的共和黨支持。

美國經濟崩潰加上歐巴馬這位黑人總統當選，使民粹主義共和黨人重新復興。二〇〇八金融危機不僅摧毀布希王朝的威望，如我們所見，也侵蝕民眾對美國菁英階級殘存的信任。在歐巴馬就職後一個月左右，消費者新聞與商業頻道（CNBC）的桑特利（Rick Santelli）就在芝加哥商品交易所（Chicago Mercantile Exchange）中，針對總統的法拍屋救濟計畫發表了一次慷慨激昂的演說。「這就是美國！」桑特利憤怒地說。當桑特利脫口而出要在「七月展開芝加哥茶黨運動」時，他根本沒想到會受到全國保守派的熱烈歡迎。[101]

雖然茶黨成立最初的目的是反對歐巴馬的「社會主義」紓困計畫，但這個鬆散的草根聯盟並沒有嚴格遵循保守主義財政路線。在二〇一二年的某調查中，有八九%的茶黨支持者表示歐巴馬政府的手管得太寬，不過卻有六二%的人表示他們支持社會安全制度與健保。在南卡羅萊納州市政廳中，一名年長的市民告訴共和黨代表說：「叫政府少管我的健保。」[102]

歐巴馬任職期間，種族仇恨是影響政治觀點不可避免的因素。到處都是種族主義陰謀論。川普曾經誘使大眾懷疑歐巴馬的出生地是肯亞，在歐巴馬公開出生證明前，超過四〇%的共和黨人相信他出生於海外，[103]其後雖然某些聲音消退了，但仍有不少人直到現在還是堅持懷疑他。而在他的任期尾端，則是有四三%共和黨人相信他是祕密的穆斯林。[104]川普無論做為候選人或是總統，都傾向製造種族仇恨與仇外心理，其黨派也跟著他的風格。財政保守主義與自由市場改革已經不再是重點，而是改由關稅、禁穆斯林與打造邊境牆登上舞臺。

川普個人的變化在某些方面上展現出共和黨從雷根意識型態走向另一端的過程。在一九八七年時，這位地產富豪曾呼籲應降低赤字、促進中美洲和平，並支持與蘇聯進行核裁軍（nuclear disarmament）談判。[105]不過他當時就很執著於日本與沙烏地阿拉伯等國應繳交保護費給美國這件事。[106]川普跟其他共和黨人不同，他曾在一九九九年時表示支持全民健保與富人稅，[107]但讓他成為政治焦點的，卻是他對歐巴馬出生證明的無端指控。至於讓他進入白宮任職的原因，則是對移民與全球化雙威脅的警告。他是一名行銷大師，因此他試過各種政治立場，最後決定捨棄無效的，留下那些有用的。

從很多方面來看，與其說川普的崛起是充滿敵意的接管，不如說是共和黨數十年來深刻自省後的產物。雷根的自由市場與傳播民主模式已經死亡。布坎南與金里奇開闢的民粹主義新道路，讓共和黨傾向川普。

主流共和黨在移民或貿易等方面的立場長年來總顯得與選民不一致。在二〇一三年時，共和黨選民因八人幫（Gang of Eight）提出的移民改革法案而感到不滿。這個兩黨聯盟中的魯比歐與葛瑞姆（Lindsey Graham）兩名參議員都在後來轉向川普主義。到了二〇一六年，共和黨選民已經準備好要接受轉變。當川普站在川普大廈（Trump Tower）那座金電梯上宣布競選總統時，許多建制保守派震驚不已，但勞工階級保守派卻因此欣喜若狂，因為終於有人站出來反對讓他們不滿了數十年的社會變革。包括穩若磐石的邊境線、法律與秩序及對抗「政治正確」之戰，這些都完美貼合共和黨選民的內心訴求。因此，其實川普是西方民眾國家中，身分認同政治革命的巔峰而非起因。

美國的部落主義

如今的美國在文化議題上的分歧比其他幾個主要西方國家都還嚴重。如果把美國分成一藍一紅兩個國家，那麼藍色部分看起來會向是北歐國家那樣的世俗主義與社會民主主義的避風港，而紅色部分就更像是波蘭或土耳其等國那樣的保守宗教社會。根據二〇二〇年皮尤研究中心（Pew Research Center）的一項民調顯示，右派美國人中有六五%認為若國家能「堅持傳統生活方式，則未來會更美好」，但左派中只有六%的人認同這個看法。在歐洲，法國左派堅持傳統的思想則有較高的威望，與右派差距僅一九%，但美國卻有五九%。在二〇一八年的某項民調中，有七一%的美國保守派認為宗教在社會中應扮演更重要的角色，但只有二九%的自由派認同這種觀點。在歐洲，波蘭因墮胎與LGBTQ族群權利問題成為極度分裂的國家，但與該國的分歧相比，美國的左右理念差異卻高了十七個百分點。[108]

文化極化通常會導致政治極化出現。川普在二〇一六年獲得共和黨提名讓許多人震驚，這就讓他在十一月當選這件事沒有那麼出人意料了。雖然川普與過往典型的共和黨標準候選人非常不同，但那些從前投票給共和黨的人，大多數都在二〇一六年與二〇二〇年時投給了川普。[109]政黨隸屬關係根深柢固，並與個人內心深處的身分認同共鳴，因此在現代來看，換黨派等於是背棄自己的部落。盲目支持者會毫無理性地攻擊對立黨派，而無論自己黨派的領導者傳出多少醜聞或多低俗，他們都能視若無睹。不過，人們寧願逃避現實也不願否定自己的團體認同，這有什麼奇怪的嗎？

因此，那些最初反對川普的共和黨菁英與選民在他獲得提名後轉向支持他，就也不太讓人意外了。在川普任期間，他在共和黨人內的支持率從未低於七七%。[110]而且對絕大多數共和黨人來講，他們在「二〇二〇年選舉舞弊」這個前總統撒的謊上，只有堅信不移或當然相信這兩個回答。[111]數世紀以來，戰爭通常都是因宗教分歧而展開，但是現在，兩個政黨的支持者卻跟民調人員說，比起小孩跟擁有不同宗教信仰的人共結連理，他們跟擁有不同政黨理念的人結婚才讓他們更加失望。[112]現代政治就是不管怎樣都要堅持支持團隊，並堅守自己的部落身分認同到底。

移民戰爭

在二〇一六年的總統選舉中，連續幾波移民引起的社會與人口結構變化終於爆發出嚴重反應。年長勞工階級白人認為他們的地位受到存在威脅。[113]在一九七〇年時，美國的外籍人口比例達到最低點僅四．七％，但現在卻高了三倍且超過一三％。[114]在一九七〇年的期中選舉中，有高達九二％的選民是白人，到了川普競選時，僅有七四％選民是白人。[115]在這期間，許多川普的死忠支持者也都說過，他們明明在自己的國家內，卻感覺自己像是陌生人。[116]隨著美國愈發往多元化發展，國內保守派國民就愈希望能回到原先的社會。

如同在一九六八年時，年齡也是二〇一六年時區分左右派的主要因素，當時年長的美國人很難理解同性婚姻與族群多元等議題。歐巴馬在二〇〇八年勝選體現了這種代溝——對年輕人來講，歐巴馬當選是持續追求種族平等的自然結果，但對老年人來講，選一個名字聽都沒聽過的黑人當總統，那就等於完全背棄他們年輕時那個時代的一切。[117]若去比較支持歐巴馬與希拉蕊的選民，與那些一度支持歐巴馬卻轉向川普的選民，兩者間最大的分歧就在於「移民」問題。[118]與歐洲相似，美國接受右派民粹主義是起因於人口結構變化的反彈，而這種變化的確是正在改變該國的面貌。近年來席捲西方國家的民粹主義反彈並不僅起於經濟混亂。

移民議題的出現，可能代表的是人們因全球化與現代化帶來的轉變而感到不安。人們很難直接看到商品與服務的全球化，不過大量移民帶來的強烈變化衝擊感是很強烈的，比如可能突然有一天，你就發現周遭的人開始跟你不一樣，他們說著與你不同的語言，也會前往不同的宗教場所。反移民情緒背後可能有一些與經濟相關的原因，但其實最強烈反對移民的人反而並非需要與移民直接爭搶工作的族群。相反地，他們只是真心覺得自己的國家與文化受到威脅，他們希望找到辦法保護他們珍愛的生活方式。而正是因為人們心中有這些擔憂，卡爾森與其他蠱惑民心的政客才能以「大取代」（Great Replacement）這種偏激且陰謀論的說法煽動人民。於是將移民擋在牆外，就成為阻止各種令人不安的變化的象徵。

神逝

除了人口結果轉變，另一個讓美國保守派感到不安的問題是世俗化。第二次世界大戰後，北歐與西歐國家快速地世俗化，美國雖在宗教信仰方面有降低的現象，但程度並不太明顯，不過在過去幾十年來，這個情況有了急劇轉變。在一九七二年至一九九一年間，無宗教信仰者的比例沒有變化，但自一九九一年至二〇一八年，卻立刻從原本的六%提高到二三%。[119]在二〇〇七年至二〇二〇年間，美國在宗教信仰方面下降比例是四十九個受調國家中最高的。[120]在一九八二年時，有五二%的美國人表示上帝在他們的生活中扮演重要角色，但時間來到川普當選的年份，卻只有二三%的人還保有這個想法。[121]因此尼采（Nietzsche）的宣言可以說即便是在美國也實現了，只不過稍比其他西方國家晚一點而已。他說：「神已死，是我們殺了他。」

美國近年來的世俗化現象與政治極化間彼此影響。在一九八〇年代，我們能看見基督教右派與共和黨之間有著密切關係。在一九九〇年代至二〇一〇年代間的政治極化浪潮中，從前明確的身分認同類別崩垮，黨派隸屬關係現在與意識型態、種族與信仰密切相關。極化與世俗化會互相強化彼此。右派在基督教信仰方面的政治化，讓世俗化美國人不僅把票投給左派，還直接放棄了宗教信仰。在同性婚姻與墮胎成為主要政治議程後，民主黨支持者的教會參與率明顯下降。與此同時，基督教徒在政治上更傾向支持共和黨，[122]因為他們認為這能保護國家免受日益趨向無宗教信仰的左派禍害。

結果就是，世俗化讓美國人進一步分裂。在調查「對美國公民來說，應把信仰基督教當作要事」的問題時，左派與右派間有二十三個百分點的差距，[123]而在英國這個差距卻只有七個百分點，也就是說，宗教對英國公共生活的影響並沒有那麼大。在二〇〇九年時美國基督教福音派的白人中，支持共和黨與民主黨的比例是二比一左右，但過了十年後，這個數字已經成為四比一。[124]世俗化快速的腳步等於替激烈的文化戰爭火上澆油。不僅讓基督教右派更堅持自己的信仰，也讓世俗左派開始尋找能替代宗教的意義之源，並重新將熱忱放到政治上。從歷史來看，自由主義的強大之處在於它能將人們從專斷束縛中釋放，但它的弱點是，當舊結構崩潰時無法填補空虛。

偉大覺醒？

各種轉變加在一起，導致保守派認為他們在自己的土地上變成了陌生人。文化戰爭的爭議目標持續轉變讓這種疏離感愈來愈強烈。雖然權威很快就指出美國右派在言論與策略上有激進變化，但數據卻顯示民主黨才是大幅改變**思維**的一方。在一九九四年時，只有三二%的民主黨人與三〇%的共和黨人相信移民能讓國家變強。在二〇一七時，持同觀點的共和黨人比例略有小幅提升，但支持移民的民主黨人比例卻飆高到八四%。[125]

這股趨勢也對美國文化戰爭諸多議題造成影響。總體來講，在過去二十五年間，這個國家變得愈發寬容。比如異族通婚（interracial marriage）支持率從原先的六四%提高至九四%。[126]不過在某些社會議題上，左派的聲音儼然壓下了這個國家內的其他音量。白人民主黨人在面對種族與種族主義議題時往往偏左，即便是黑人選民平均而言也是如此，記者伊萊夏斯（Matthew Yglesias）將這種現象稱為「偉大覺醒」。[127]

年輕民主黨人的進步非常超前。自二〇一〇年以來，蓋洛普（Gallup）民調持續顯示出，有約一半的美國年輕人表達對社會主義觀點的欣賞。[128]在二〇二〇年的某項民調中，有六四%的大學生支持刪減警察資金（defund the police）運動，而全美國僅有三四%的人支持這一立場。[129]美國各地大學都出現學生運動的回歸，這讓人不禁回想起一九六〇年代那些激進主義的做法，學生大喊要演講者下臺與占領建築物，並抗議被視為種族主義或歧視的行為。

共和黨擔心現代左派的「文化極端主義」（cultural extremism），因此開始轉向政治激進主義，他們用力一搏以在選舉中獲勝，藉此阻止他們認為的進一步文化衰退。當代美國生活的悲慘不對稱是由於右派通常在政治方面占優勢，但他們渴望擁有文化力量，而左派則是擁有文化優勢，卻不斷想要得到政治力量。在左派看來，共和黨擁有某些讓他們不滿的內在優勢，比如參議院與選舉人團都偏向農村、眾議院的傑利蠑螈（Gerrymandering）現象、保守派主宰的最高法院，以及美國憲政體系中的其他反多數決特徵。他們試圖用文化力量來塑造政治的行為，卻往往是危險且不自由的追求。而右派則著眼左派在媒體、大學、好萊塢，甚至大公司中的內在優勢，把它們視為新激進進步意識型態的泉源。

白人與定期做禮拜的基督教徒在數量上雖然下降，但他們在政治力量方面卻有很高的影響力，他們認為文化戰爭——「覺醒運動」（wokeness）、取消文化（cancel culture）、世俗化、傳統愛國主義衰退、逐漸接受性取向差異等，儼然已構成一場存在危機。二〇二〇年川普在黑人、拉丁裔與亞裔選民中取得進展，這表示保守派的基礎選民可能並未減少，亦表示社會保守主義、低稅賦、對「社會主義」與反覺醒的敵意有相當廣泛的吸引力。不過保守派的數量是否真實下降並非重點。左派主導文化的地位讓共和黨人**感覺**自己受到攻擊，並且決心反擊。

從文化戰爭中誕生的不可思議盟友

個人身分認同在二十一世紀逐漸成為極化政治的戰場，這點不僅出現在西方國家，在世界各地都是如此。現在這個文化戰場已經與實際戰場融合。這股現代化強風在阿拉伯世界引起激烈的伊斯蘭反彈。中東有許多地區處於政治停滯狀態，即在政治、公民與社會領域普遍停擺，但當經濟、全球化與科技進入這些區域後，非正宗的現代化引起一種政治化的宗教致命反彈。如果問題出在失敗的西式現代化上，那麼穆斯林基本教義派的解決方法就是：伊斯蘭教。與世界其他地區的社會反彈相似，伊斯蘭世界出現嚴重的反女性主義與反女性的特色。

在俄羅斯保守派的想法中，莫斯科一直是「第三羅馬」（third Rome）。在基督教的西方（羅馬）與東方（拜占庭）首都淪陷後，俄羅斯的東正教會就成了真正基督教的守護者。在保守份子普丁的夢想中，要將新俄羅斯帝國與他描繪出的基督教道德最後捍衛者的形象緊密相連，共同對抗墮落、世俗化、支持同性戀的西方國家。在俄羅斯入侵烏克蘭的兩週後，俄羅斯東正教會主教基里爾（Patriarch Kirill I）荒誕地指出，同志驕傲遊行（gay pride parades）是引發俄烏戰爭的原因之一。[130] 幾週以後，普丁發言表示西方以「取消」《哈利波特》（*Harry Potter*）作者羅琳（J. K. Rowling）跨性別觀點的方式，想要取消俄羅斯文化。[131]

在中國，雖然習近平的官方意識型態是共產主義，但愈來愈往右派對文化不滿的方向靠攏。中國政府表示自己反對女性主義、LGBTQ文化、弱勢種族與族群主張，支持應由男性養家糊口並支持漢族本位（Han Chinese majority）。男性新聞主播就被警告，在著裝、語調與行為方面都不能展現出「陰柔氣息」。某些中國觀察家語帶諷刺地指出，中國這是在複製美國一九五〇年代的場景，包括快速地建設高速公路、隨處隨地抽菸、工作場合內的性別歧視與地緣政治傲慢感。

莫斯科與北京政府都認為必須壓制國內的自由主義並加強國家軍力以震懾他國，這樣才有助於削弱由美國引領的全球自由主義力量，並達到捍衛自身文化的目的。這種針對西方展開的文化平衡對抗僅是地緣政治革命的一部分，而正是這種革命，塑造出自冷戰後最危險且不可預期的國際環境。

第九章
雙重革命——地緣政治

在兩千四百多年前，史上最早，同時也是最偉大歷史學家之一的修昔底德（Thucydides），透過《伯羅奔尼撒戰爭史》（*History of the Peloponnesian War*）描寫在他的時代裡兩大主要城邦開戰的根本原因。他寫道：「雅典的崛起，以及此事逐漸帶給斯巴達的恐懼，致使戰爭變成不可避免的結果。」[1]雅典逐漸壯大，就更有勇氣擴大在軍事和外交上的野心，因而和當時雄霸一方的斯巴達產生衝突。斯巴達的不安逐漸加深，並感到迫切需要捍衛自身地位，最終導致的結果就是伯羅奔尼撒戰爭。這場戰爭讓雙方受到重創，終結了希臘的黃金年代，並為羅馬開啟征服希臘世界的機會大門。結構變化不僅讓同民族內部發生權力轉移（power shift），也造成了不同民族**之間**的權力轉移。這些轉移會產生新的野心和焦慮，而且經常都是以爆發戰爭收尾。

崛起的強國威脅要取代現有強國，並最終導致兩方開戰，這樣的現象是大家耳熟能詳的故事。歷史學家保羅．甘迺迪在他的權威著作《霸權興衰史》（*The Rise and Fall of the Great Powers*）中，闡述過去五百年來的霸權發展模式。在更近期，政治學家艾利森（Graham Allison）的作品引發了對「修昔底德陷阱」（Thucydides Trap）的激辯。[2]艾利森記錄過去五百年來，十六個關於崛起強國挑戰既有統治強國的不同案例，包括從十六世紀初上位的哈布斯堡帝國對抗法國，到二十世紀擴張主義的日本威脅美國主導地位等案例。這些案例當中有十二件是以戰爭作結。[3]而在今日，最重要的問題是：「美中兩國是否注定會走上這條相同的道路？」若是他們真的這麼做了，勢必會讓二十一世紀變得動盪不安，發生激烈衝突。

今日我們所目睹發生在世界舞臺上的一切變化，都可以用地緣政治革命

（geopolitical revolution）來概括。地緣政治革命的出現次數不多，我們正在經歷的則是現代史上第三次重大的地緣政治革命。第一次發生在十五世紀，歐洲國家崛起，造就了我們如今很熟悉的世界：商業和資本主義、全球貿易和大國外交（great-power diplomacy）、科學革命和工業革命。另外也帶來西方世界國家的長期統治，以及對全球大多數非西方國家的殖民和統治。第二次的強國權力轉移發生在十九世紀末，美國崛起了。美國在開始工業化後，很快便晉升世界最強大國家之列。[4]最關鍵的是，美國的力量變得比其他國家聯合起來都更強大，因而在二十世紀的地緣政治上扮演舉足輕重的角色。美國共擊敗三次新興強國建立霸權的努力。在第一次和第二次世界大戰中，美國的介入成為打敗德國的決定性行動。到了冷戰期間，美國組織及帶領成功遏制蘇聯的聯盟，直到蘇聯解體。

過去三十年，開始高速展開第三次權力轉移，我們也因此見證現代史上前所未有由單一強國主導全球局勢，但沒有令人憂心的挑戰者挑起嚴重紛爭的情況。冷戰結束後，俄羅斯衰落，中國仍處於低度開發狀態，其他如英國、法國、德國、日本的主要強國，則依然和美國維持親密盟友的關係。在這樣的「美利堅治世」（Pax Americana）期間，受惠於全球化和自由化的整體全球經濟，造就了驚人成長的發生。不過，這些力量最終推動了現代的第三次重大地緣政治轉變，美利堅治世逐漸沒落。

這樣的轉變，與其說是西方沒落，不如說是因為其餘地區興起，以及許多非西方國家的經濟提升，自信也提高了。我是在《後美國世界》（*The Post-American World*）裡首次提到這個現象，而且從這本書在二〇〇八年出版後，這樣的趨勢更是變得愈來愈明顯。中國向來是地緣政治革命的核心國家，並在僅僅一個世紀內，就從經濟和科技弱勢竄升到領先地位。另外，我們也都看到俄羅斯的復興。俄羅斯不僅靠著持續成長的全球經濟體對自然資源的貪婪需求獲益，也感受到來自西方勢力及思想擴散的威脅。諷刺的是，美利堅治世造就的環境，反而催生出對美國霸權形成最大挑戰的兩個國家，包括讓中國崛起成為對等競爭者（peer competitor），並使得俄羅斯能重返世界舞臺興風作浪。目前的地緣政治革命就像是新興大國與既有強國終將無法避免交戰的尋常故事。

不過，今日的世界發生了另一場革命，一場始於思想領域的革命轉變了這個世界。這是一場受到美國霸權大力推動而發生的自由主義革命，並改變了各國往來的方式。學者在談到自由主義是國際關係中的意識型態時，指的並不是左派政策，而是對於自由、民主、合作和人權的尊重。這樣的看法經常和對強大力量與自身利益給予高度評價的現實主義（realism）或「現實政治」（realpolitik）相左。認為政治局勢自修昔底德的時代以來，已和過去為人熟悉的強權政治模式有著天壤之別，這樣的主張或許會顯得一廂情願，但事實的確如此。自一九四五年開始，這個世界的組織結構就一直是採取強調規則、規範和價值的新方法。現在有數以千計的國際協定和規定負責管理各國的行為，還有國際組織負責建立用來展開討論、辯論和行動的論壇。

如同我們已經看到的，各國之間的貿易、投資、旅行和通訊往來也出現了爆炸性成長。各國間的相互依賴程度之高，同樣前所未見。在第一次世界大戰前，各國間確實也有貿易來往，但數量較少，也都只有單純的雙邊協議。「貿易開放指數」（trade openness index）是將全球進出口總數除以全球 GDP

所計算出來的結果。一九一三年的貿易開放指數約為三〇%，[5]現在則接近六〇%，並從二十一世紀中期開始，一直維持穩定水準。新冠疫情確實重新調整了貿易的方向，但長期看來似乎並未造成整體貿易衰退。現在，金錢、商品和服務以錯綜複雜的方式在世界各地流通，經常在最終產品正式發行之前，會不停地多次來回流通。無論是在過去曾經勢不兩立，例如南韓和日本，或者如今是競爭對手，如美國和中國，各國在經濟上的關係都變得極為緊密。大眾旅行的發展突飛猛進，成為主要全球產業。在新冠疫情之前，二〇一九年的國際旅行數量為十五億，[6]而根據二〇二三年的初步資料，顯示這個數字已經幾乎完全恢復。這個令人驚嘆的相互聯繫或許會讓各國建立起全新型態的關係，進而約束已經發展數千年的常見強權政治。

我不是天真；我很明白在緊急關頭時，力量還是會勝過一切，政治會凌駕經濟，許多全球規則和規範照例會被打破，國際組織也往往無法發揮約束力量。以聯合國大會為例，多數時間都是在空談，真正的力量還是掌握在各國手中。不過，回想一下一九四五年之前的世界局勢，一個真正的現實政治叢林，相較之下自由主義革命的影響就顯而易見。這個世界從好幾個世紀無休止的衝突，演變成歷史學家蓋迪斯（John Lewis Gaddis）口中的「長期和平」（Long Peace），[7]這是現代史上沒有爆發大國戰爭的最長時期，將近八十年，而且還在持續下去。從一九四五年開始，過去司空見慣以武力併吞領土的情況已近乎消失殆盡，正因如此，俄羅斯入侵烏克蘭才會變成惹眼的異象。法國和德國曾在八十年裡交戰三次，二戰之後，由於兩國形成了歐洲秩序，使得這兩大強國之間幾近不可能開戰。一九九〇年代初，我觀察東亞的經濟蓬勃發展，曾詢問過新加坡英明又堅毅的國父李光耀，隨著東亞各國的勢力崛起，他們是否會重演歐洲武裝衝突的歷史。「**不會，**」他當時如此回答，「**亞洲各國已經在越南等國家，見到戰爭對國家造成的傷害。在東南亞國家，我們則看見貿易和合作能帶來的成果。**」[8]他的意思其實就是我們能從過去記取教訓，並選擇互惠互利的未來。事實上，儘管東亞存在著猛烈的經濟成長、邊境爭議和歷史恩怨，但一直是維持和平狀態。

各國之間透過貿易和投資變得密不可分。自由主義的思想、價值和實務已經散播出去。具體問題的相關規則經常是能協助所有國家的實用解決方案，除了變得愈來愈普遍，也形成管理國際生活各個面向的條約、法律和規範網絡。曾是少數北大西洋國家特有的民主制度和法治，現在也已經在世界各國變得盛行。確實還是有許多國家沒有自由，而且相互依賴也未能平息所有地緣政治的緊張局勢，美中關係就是其中一例，這些都是事實。但值得一提的是，儘管美中兩國之間有各種摩擦，卻一直沒有相互開戰。民主制度在經過幾十年的快速發展後，現在陷入了完全衰退，有許多國家的民主都正在倒退。我在一九九〇年代觀察到的「非自由民主」（illiberal democracy）現象，[9]如今已經變為迅速發展的產業。儘管如此，綜觀歷史，上一世紀在國際事務方面發生自由主義革命，並打破持續好幾世紀的「現實政治」，這也是不爭的事實。

包含大國政治回歸以及自由主義國際秩序提升的雙重革命是同時發生的，而它們的發展也將左右整個世界的未來。退回到「現實政治」的做法儘管貌似合理，但也意味著全球化崩潰，以及要恢復成民族主義和競爭集團。這樣的倒退在過去便曾經出現過。或者，我們會看見相互依賴的力量推動各國追求和平、

世界上有民主國家和獨裁國家

根據魯爾曼（Lührmann）等人（2018）的分類標準和 V-Dem 專家的評估對政治體制進行分類。

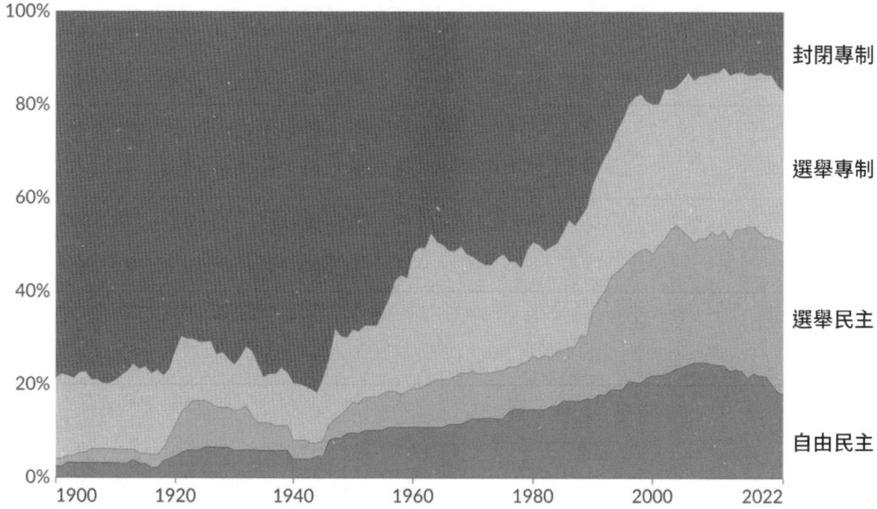

OurWorldinData.org/democracy | CC BY

資料來源：基於魯爾曼等人（2018）的 OWID 數據：V-Dem（v13）。

注：自 1900 年以來，封閉專制政權的比例大幅增加，因為 V-Dem 從那時起涵蓋了更多的國家，通常是殖民地。

1. V-Dem：多面向民主（Varieties of Democracy, V-Dem）計畫發布關於民主與人權的數據和研究。它依靠約 3,500 名國家研究專家和其自身研究人員的補充工作來評估政治機構和權利保護。該項目由瑞典哥德堡大學的 V-Dem 研究所管理。了解更多：民主數據 —— 研究人員如何衡量民主？多面向民主數據 —— 研究人員如何衡量民主？多面向民主數據 —— 研究人員如何衡量人權？

1900 年到 2022 年的全球民主化發展。

發展更堅實的經濟連結，並在如氣候變遷等共同關心問題上更密切合作。這樣的結果需要最重要國家的優秀元首一致行動，以創造對未來的共同願景。最有可能的是，我們未來要面對的世界會不穩定地夾在以上兩種情景之間，同時存在地緣政治的緊張局勢，以及合作和經濟連結。相互依賴有時能發揮限制地緣政治冒險的作用，有時卻會被企圖取得比其他國家更多優勢的國家當成武器使用。對這兩種革命的管理將會極度複雜又危險，還要不斷面臨陷入戰爭的風險。

美利堅治世的根基

自遠古時期，世界上就一直存在權力競爭和「現實政治」。以規則為基礎的自由主義秩序則相對較新，它和許多自由主義的觀點一樣，都源自於啟蒙運動，而且可以說是始於荷蘭。格勞秀斯（Hugo Grotius）是荷蘭的外交官暨法學家，他在一六二五年寫了《戰爭與和平法》（*On the Law of War and Peace*），闡述以自然權利和理性，而非共同宗教為基礎的國際法觀念。[10]一百五十年後，啟蒙運動典範哲學家康德（Immanuel Kant）在流血衝突不斷的法國大革命當中，寫成並發表〈論永久和平〉（Toward Perpetual Peace）這篇議論文。[11]康德描述了能實現永久和平狀態的必要條件，而不只是短暫的沒有戰爭。他的想法明顯地符合當代的觀點。他主張的世界是各個共和國在經濟上相互依賴，而公民會更偏好貿易而非戰爭，也擁有決定政策的權力。他追求由法律而非力量統治的自由國家聯邦，而這樣的想法正是如聯合國等國際組織理念的先驅。康德對未來的展望是根植於人類的權利，而不是國家的私利。

這些想法有很長一段時間都只是理想化的理念。但在十九世紀，融合新教使命感的強權國家英國出現了。英國人開始自認為他們不只是在追求毫不掩飾的私利，也是在實現英國的價值觀和理想。平心而論，英國人追求的目標經常就是毫不掩飾的私利，但在他們的做法裡也是偶有善舉。英國強權提供了如「公海自由」的全球公共財，這是由格勞秀斯率先發展的概念。公海自由意味著英國皇家海軍會鎮壓海盜，因此無論是否為英國船隻，只要是從事貿易的和平船隻，英國皇家海軍都會為其提供保護。英國也利用其海上力量為自由提供更實際的保障。在英國廢止奴隸貿易後，除了會對英國人民積極地執行該項禁令，甚至延伸對其他國家實行。到了一八六〇年，英國皇家海軍的西非艦隊（West Africa Squadron）共查獲約一千六百艘奴隸船，[12]解救了十五萬人。在強權國家之中，英國是最先積極地和其他國家提出道德議題，並且注重國際法觀念，還有以規則為基礎之國際秩序的國家。事實上，英國加入第一次世界大戰的一個主要動機就是因為道義上的理由，是為了支持受到德國侵略的盟國比利時。如果是現實主義者，應該會和德國達成協議，歷史學家弗格森（Niall Ferguson）便主張英國當時應該採取這樣的做法。[13]

在十九世紀末擔任了四任英國首相的格萊斯頓是自由黨的政治家，他在一八八〇年大選的競選活動期間曾發表一系列知名演說。他提倡以「對自由的熱愛」和「所有國家的平等權利」所推動的外國政策。他譴責在鄂圖曼帝國統治下對少數族群的迫害。他甚至提到在遙遠的阿富汗村莊裡所面臨的困境。當時英國和俄羅斯在阿富汗展開地緣政治的「大競逐」（Great Game），這是十九世紀對於支配中亞的權力競爭：

請記得，我們口中所稱的野蠻人也有權利。[14]請記得，他的屋子儘管簡陋，也擁有幸福快樂；請記得，在冬雪籠罩的阿富汗山村裡，生命在全能上帝眼中皆是神聖不可侵犯，猶如祂對你自身生命的看法。請記得，上帝以相同的血肉創造人類，以對彼此的愛將你們結合在一起；那樣的愛不受限於大不列顛島的海岸線，不受限於基督教文明的邊界；那樣的愛跨越整個地球表面，在無邊無際的範圍內，不分卑劣與偉大，將所有人接納其中。

格萊斯頓在任時，並不是主張理想主義的政治觀點，但他的觀念和演講卻產生了長遠影響。格萊斯頓的想法很快就被極度欽佩他的威爾遜承襲下來。威爾遜將美國視為世界上的善良勢力，正如同格萊斯頓將英國塑造出來的形象，同時威爾遜也受到康德理念很深的影響。在第一次世界大戰後，威爾遜曾試著建立第一個重大全球組織「國際聯盟」，以達成發展長久和平的目的。不過，威爾遜有時是無情的理想主義者，無法真實感受到實際的政治和人際關係，因此在國外和國內的外交方面出現嚴重失誤。他最終主導出一場報復性的和平，致使德國心生不滿，並退出國際秩序。在美國國內，參議院拒絕讓美國加入國際聯盟，因而使得這個新國際組織落到缺乏世界最強國家支持的窘境。全球秩序轉為踏上一條更暗淡的道路。債務危機、惡性通貨膨脹、經濟大蕭條和法西斯主義興起接踵而來，第二次世界大戰的戰火也將威爾遜的希望徹底吞噬。

不過，在二戰後的斷垣殘壁之中，出現另一股建立自由主義國際秩序的努力。這一次的創造者是政治手腕比威爾遜更高明的政治家，小羅斯福。小羅斯福在威爾遜任內擔任海軍助理部長，並曾在一九一九年的和平協商期間短暫地到訪巴黎。他和威爾遜擁有相同的理念，只是認為威爾遜的方法過於理想化，因此小羅斯福尋找能在強權政治的現實中落實這些理想的方法。他對於聯合國的願景確立了強國的地位和影響力，讓他們能在穩定世界中擁有話語權，以及享有特權地位。儘管小羅斯福的多數願景都達成了，但冷戰的開始也很快就讓這些計畫付諸流水。

「美國世紀」（American Century）成為美國在二戰後所塑造的世界秩序定義。如前面所提，這個詞是由極具影響力的雜誌出版商魯斯在一九四一年二月所創造，敦促滿心不願的美國接下領導全球的衣缽。在珍珠港事件事件後，美國逐漸贊同魯斯的願景，但在那之前，先回想一下二戰之後的時局。美國在當時並不是全球公認的霸權。即使在一九四五年之後，法國和英國依然維持正式的帝國體制，因此在全球大部分地區還是保有深遠的影響力。[15] 蘇聯超級強權在全球各地不斷與華府的影響力展開競爭。別忘了，「第三世界」（Third World）這個詞是起源於全球的第三個區域。第一世界指的是美國、美國的西方盟國和日本，第二世界是共產主義國家，第三世界則是剩下的所有地區，而且每個國家都要被迫在和美國或蘇聯結盟之間做取捨。美國在經濟和文化上當然都是主導國家，但對於從波蘭到中國的全球多數人口，並不認同現在是「美國世紀」。「自由主義國際秩序」在創立之時，所涵蓋的範圍僅限於北美、西歐和少數幾個亞太地區國家。

冷戰結束後，隨著數十個國家脫離共產主義、社會主義和計畫經濟，自由主義秩序也迅速地擴大。不過，即便在當時，一開始並沒有太明顯的美國霸權跡象，多數觀察家也都未能發覺。英國首相柴契爾在一九九〇年曾提出世界正在分裂成三個新政治領域，並分別是由美元、日圓和德國馬克（deutsche mark）所主導。[16] 季辛吉在一九九四年的著作《大外交》（*Diplomacy*）中，曾預測過新多極時代的來臨。當然，在美國還是有少許的必勝主義（triumphalism）心態。一九九二年的總統競選活動透露明顯的虛弱及倦怠感。「冷戰結束；日本和德國贏了。」[17] 這是民主黨明日之星宋卡斯（Paul Tsongas）反覆掛在嘴邊的話。觀察亞洲經濟成長的人士開始使用「太平洋世紀」（Pacific Century）一詞。即便是認為世界正走向自由市場、自由貿易和民主的人士，也不必然認為美國會因此取得優勢。

在這些分析當中，保守派時事評論家柯翰默（Charles Krautham）一九九〇年發表在《外交事務》（*Foreign Affairs*）的文章〈單極時刻〉（The Unipolar Moment），頗有先見之明地提出明顯不同的意見。[18] 不過，即使是這樣的必勝主義觀點，還是如同文章標題所指，對其擴張抱持著保留態度。柯翰默在之後的《華盛頓郵報》（*Washington Post*）專欄中便預測：「單極時刻將會很短暫。」[19]他主張，德國和日本這兩個逐漸崛起的「區域強國」，已經開始實行獨立於美國的外交政策。除了美國以外的政策制定者都很樂見單極消退，也認為很快就會發生。巴爾幹半島在一九九一年開始分裂時，盧森堡外交部長普斯（Jacques Poos）公開表示：「這是屬於歐洲的時刻。」他進一步解釋：「若要說到歐洲人能解決哪一個問題，一定是南斯拉夫問題。[20]這是歐洲的國家，由不得美國人置喙。」不過，事實證明只有由北約組織（NATO）聯盟帶領的聯合國具備綜合的力量和影響力，可以有效干預及終止在波士尼亞和科索沃的戰事。

同樣地，當一系列恐慌從一九九七年開始讓亞洲經濟陷入混亂，也只有美國才有能力穩定全球金融體系。美國為受創最嚴重的國家規畫一千兩百億美元的國際金援，解決了危機。《時代》雜誌以三位美國技術官僚（technocrat）做為封面人物，包括財政部長魯賓（Robert Rubin）、聯準會主席葛林斯潘和美國財政部副部長桑默斯（Lawrence Summers），標題寫著「拯救世界委員會」（The Committee to Save the World）。[21]

不同於多數人的期待，冷戰過後的三十年內都是「美利堅治世」。美國不僅在政治、經濟和軍事上居於領導地位，在意識型態方面也一樣。民主制度成為全世界的主要政治制度，實行選舉和開放經濟被視為對國家的最佳實務。這就是福山在一九九二年提出「歷史的終結」評論時的意思，他想說的是，關於政治革命的漫長辯論結束了。不過他並**沒有**說如戰爭或恐怖主義等重大歷史事件已經終結，例如那些只看標題的人士就經常會有這樣的預設。對於在這幾十年期間成長的人來說，美利堅治世似乎是理所當然，並會持續下去的狀態。支持自由貿易和自由市場的華盛頓共識，並不只是美國政策制定者硬推銷給不情願外國人的想法，事實上是學者、知識份子和記者之間的共同看法，而且在各國採行其中一些構想後，也確實獲得了成長及活力，其中以中國和印度在一九九〇年代到二〇〇〇年代的變化最為亮眼。

不過，我們所經歷的是一個大國政治不存在，而且美國力量沒有競爭對手的罕見時期。美國在全球GDP的占比和軍事費用皆遠高於所有其他國家。甚至是美國親密盟友的日本和德國，雖然原本有機會成為美國的經濟競爭對手，但在一九八九年後的多數時間裡，也紛紛因為國內問題而焦頭爛額。日本陷入長期的經濟衰退，德國則是忙著與東德統一的工作。現在，我們看到世界正在恢復成有多個強國並存的局勢，地緣政治革命也正在從各個面向轉變國際關係。這個變化除了源自於中國崛起和俄羅斯復興，還包括更廣、更良性的因素，亦即世界其他國家的崛起。

其他後進國的崛起

未來幾十年後的歷史學家在記錄我們目前所屬時代的敘事時，一定會認為當今世界的主導趨勢是「其他後進國的崛起」（the rise of the rest）。許多在過去很貧困的國家歷經幾世紀以來落後於西方國家、遭西方國家殖民，並在全球強權政治中維持邊緣地位後，現在都變得經濟富裕、國力強大。過去二十年，工業化西方以外的世界各國都出現過往難以想像的成長速度。儘管中間還是有景氣循環變化，但整體而言確實是呈現向上趨勢。[23]在一九九〇年，所謂的新興市場（emerging market）在全球經濟的占比為三分之一，如今則已經接近一半。[24]這樣的成長造就一種難以輕易界定特性的新國際動態。對於這個世界到底屬於單極、雙極或多極，學者各持己見。不過，事實卻是無論這些新興國家是否被歸為強國，當中有許多國家都是依自身利益強力展開行動，也會抵抗更大強國的圍堵（corral）。在現今的世界中，有愈來愈多國家都在追求能夠不受限地自由行動。儘管不是所有國家都能成功，但成功的國家已足以製造出更無拘無束的國際制度。

我們活在後美國世界中，但也不是說美國勢力已經出現顯著的衰退。到目前為止，美國還是全球最大的經濟體，占了大約四分之一的全球輸出量，而且超越分占二、三名的中國及日本加起來的數量。[25]自一九八〇年代開始，美國的占比便驚人地持續維持穩定，[26]即使在經過二〇〇八年的全球金融危機後，美國的復甦還是來得比世界其他國家更快、更穩健。美國的軍事實力幾乎無人能出其右，其軍事國防費用遠多於緊追在後的十個國家費用加總。[27]

美國的實力並未衰退，但其影響力已經減弱了。影響力這種能力可以讓他人依照自己對他們的安排行動。全球影響力只有一部分是受到如軍事規模和GDP等硬實力（hard power）所影響，而國家的全球相對地位也是其中一項決定因素。因此，儘管美國實力依舊強大，其相對的主導地位卻已經下降。從中國加入世界貿易組織前夕的二〇〇〇年到二〇二二年之間，美國經濟體規模已經從過去大於中國經濟體七五〇%，變成僅有四〇%。[28]在這段時期，從印度、沙烏地阿拉伯、土耳其到巴西等國家，他們的經濟成長速度都比美國更快速。[29]在所有這些國家的社會裡，可以觀察到他們的經濟變得更強大，對其文化更驕傲，在地緣政治方面的行動也變得更大膽。他們除了更有自信、追求更大的影響力，也拒絕承受華府（或北京）方面的恃強凌弱。在美國和中國明顯超越其餘國家的情況下，儘管這個新的現實或許未能製造出真正的多極世界，但二十一世紀的強國也比較無法使用像過去華府和莫斯科那樣的相同方式，統治其他各國。

即使在例如國家對思想和議題的影響力、國家成為眾人仿效模範的能力等軟實力上，也都能觀察到這樣的改變。我在一九八〇年代造訪自己從小生長的印度時，當時多數的印度人都深深為美國著迷。美國的政治、思想、藝術和文化強烈地吸引印度菁英份子。美國成為他們對現代性的定義。不過，許多印度人對美國感興趣都不是基於太崇高的理由。我記得有些人會問我關於川普的事，當時他只是房地產大亨名人。他是美國財富的象徵，富有、愛炫耀、粗俗且驚世駭俗。在那個時代，要是想找到最大、最浮誇的事物，往美國去找就對了，外國的人甚至開始在各自國內追蹤美國籃球和美式足球的比賽。不過，今日對於現代性的定義已經不一樣了。例如：到新加坡、北京或杜拜旅行時，在某些重要面向會讓人感覺彷彿進入了未來世界；那些城市不僅擁有令人驚豔的高科技基礎建設，當地人民也都對他們過去的成長及未來的成就充滿驕傲。至於川普，當然現在世界各地都有人會問我關於他的事情，但不是因為他是美國財富的象徵，而是因為他是美國失能（dysfunction）的象徵。

文化會緊跟在實力之後。新興國家開始蓬勃發展後，也開始珍視自身的文化。他們創造出各自的名人八卦文化，但在過去，這類消息都是以西方八卦為主。在印度的報紙或電視節目上，可以看到好幾十位比八〇年代的川普更富有的印度商人相關報導；事實上，他們也比當今許多美國億萬富豪更富有。孟買的安巴尼（Ambani）家族是全球排名前十大的最富裕家族，但在這些全球富豪排行榜中，還有數十位非美國籍富豪。[30]目前全球最高的五座摩天大樓分別位在波斯灣國家（Gulf States）、馬來西亞和中國。[31]如今在多數東亞地區，韓國流行文化在音樂、電視節目和電影方面都占據主導地位，甚至在西方世界也大受歡迎。在印度，寶萊塢（Bollywood）和充滿活力的電視板球轉播壓縮了播放好萊塢電影的空檔，能留給美國體育運動的時段更是微乎其微。美國不再是唯一能讓人體驗到未來發生的地方了。

除了其他各國崛起，另一個原因是對美國信心的流失。美國是如何失去光環的呢？我在導論中曾提到，第一次的挫折是伊拉克戰爭，致使美國看似無堅不摧的軍事形式出現裂痕。這個全球的單一強權擁有龐大無比的國防預算，卻無法成功擊退由叛亂份子組成的雜牌軍。平民死傷人數以及CIA黑牢（black sites）虐囚事件的曝光，更進一步地破壞美國擁護人權的聲譽。接著，赫赫有名的美國金融業在二〇〇八年引發的金融危機，則削弱了美國經濟正當性。此時，全球各地突然都對華盛頓共識產生質疑。川普在其總統任期間，為美國帶來的政治與道德正當性危機，更是壓倒駱駝的最後一根稻草。美國人對川普的看法比世界各地的人更分歧許多；在美國境外的多數人都認為川普是危險的煽動者。但也有一些知名的例外情況，例如在肯亞、以色列和菲律賓的人民就不是如此認為。實際上，在川普就任之前，全球便有許多人不再將美國的政治制度視為值得崇拜或效法的對象。美國的現狀結合了包括科技創新、世界一流大學、強大人口結構等傑出優點，以及異常醒目的缺點，如槍枝暴力、毒品泛濫和持續的不平等。

崛起和復興

我在寫《後美國世界》時，就已經出現其他後進國崛起的現象。但在之後幾年裡，隨著中國和俄羅斯挑戰美國的影響力，以及創造全新的全球格局，才導致了真正名副其實的地緣政治革命。

中國的崛起過去是這個時代裡最了不起的經濟故事，而現在，經濟正在改變地緣政治。國際制度的未來取決於以下這個基本問題：「中國的目的是想摧毀制度，或只是想在制度內變得富裕強盛？」在毛澤東時期，中國的目的顯然是前者、資助世界各地的革命運動，以及聯合抵制多數的國際組織。不過鄧小平在一九七〇年代末接班後，中國便決定追求財富和受他國尊敬，而不是搞破壞及從事革命。中國在既有的秩序內變得強大。現在的中國已成為聯合國的第二大資助國，而且不同於美國，中國都是準時地支付全額。[32]中國在垂涎聯合國的領導位置。[33]中國對聯合國維和部隊貢獻的金額，比聯合國安理會其他常任理事國加起來更多。[34]在二〇〇八年金融危機期間，中國和美國等其他主要國家共同採取行動，穩定國際經濟。

過去幾任中國領導人的信念是追求悄悄的「和平崛起」，以讓中國在美國領導的主要國際秩序中適應下來；但中國國家主席習近平似乎擁有不一樣的看法。隨著美國因為反恐戰爭、全球金融危機和民粹主義混亂而衰弱，習近平也嗅到能推翻美國無可匹敵地位的機會。他開始談起「東升西降」的言論。習近平在二〇一七年十月的中國共產黨第十九次全國代表大會上演說，反映出他對其所謂新結構現實的解讀。「中國的國際地位空前提高。」[35]他如此聲稱，並補充表示，中國正在「為其他開發中國家開闢新道路，以實現現代化」。習近平宣告著：「新時代……見證中國更靠近世界舞臺中心，並為人類做出更大貢獻。」在其他的演說中，他似乎想表示中國將成為全球貿易體系新的擔保者，[36]因為美國已將重心轉向內部，開始發展保護主義。這些言論暗示了一種充滿善意的中國領導力。不過，從中國一些近期行為來看，顯示中國並非這一類的良善霸權（benign hegemon）。中國就領土爭議對印度展開軍事行動、要求澳洲在從華為到香港的一系列爭議中必須屈從中國，以及聲稱長期以來公認的國際水域實屬中國所有。中國為一個又一個國家提供大量基礎建設資金，但經常會附帶沉重的還款條件。中國也會將大量的高科技監視設備提供給受惠的獨裁政府，同時以提供援助的承諾誘使小國停止承認臺灣。東南亞國家在二〇一〇年對北京的行動提出抗議時，後來在習近平任內擔任外交部長的楊潔篪便直白地回應：「中國是大國，而其他國家都是一些小國，這是無法改變的事實。」[37]

當然，中國對國際制度的態度並非一成不變。無論是要和國際制度更整合或是保持距離，北京都會觀察風向，並評估其他國家的發展情形。中國本身的政策會受到其他國家的行動影響，特別是被中國視為其理所當然受眾的「全球南方」（Global South）國家。毛澤東曾主張「農村包圍城市」策略，運用在國共內戰時期，意思就是要由貧窮農村的多數人反對城市的少數人；放在冷戰時期的脈絡，就是要拉攏未開發的第三世界，對抗富裕資本主義社會的小集團。[38]在今日，習近平也透過主動接觸開發中國家，從事相同的行動。

對這些開發中國家來說，地緣政治很重要，發展也是。他們希望能在兩者之間取得平衡，要找出方法和中國展開經濟合作，同時和美國維持某種地緣政治關係；他們既要投資經濟的未來，也希望做好風險管理，以防範中國的統治。儘管中國和美國在許多方面的競爭正變得愈來愈白熱化，但他們也都是密不可分且擁有各自動能的全球經濟一部分。因此在近幾年來，儘管出現了緊張局勢，但貿易往來卻未見明顯消退。在過去十年，剔除通膨影響後，美中的商品貿易事實上是趨於穩定，而非急遽下降。[39]從通用汽車（General Motors）、蘋果（Apple）到 Nike 等許多美國的最大型企業都需要中國市場，中國也需要美國消費者來帶動中國的經濟成長。[40] 消費者也能受惠。所謂的「沃爾瑪效應」（Walmart Effect）是指美國人能買到各種低價商品，而這個結果主要就是因為從中國進口。即便是美國持續成長的綠能經濟，也有一部分要歸功於中國。隨處可見的太陽能板價格之所以能如此經濟實惠，正是因為多數都是在中國製造。（雖然隨著拜登政府通過補助國內太陽能製造業的《降低通膨法案》，這樣的情況可能會有所改變。）另外，中國持有將近一兆美元的美債。儘管這些密不可分的關係可能會持續逐漸交惡，但短期內不太可能會瓦解。

破壞者國家

若中國是挑戰者，俄羅斯就是破壞者（spoiler），是堅決打破既有國際制度規則和規範的強國。俄羅斯在普丁的統治下，變成了充滿怨恨的國家，並堅信其帝國與榮耀都在美利堅治世期間遭到了剝奪。普丁很幸運的是，油價在他就任總統的早期穩定上漲，因而讓俄羅斯的GDP從二〇〇〇年到二〇〇七年間幾乎成長兩倍，[41]並讓大量現金湧進俄羅斯國庫。剛剛變得富裕的俄羅斯對周圍地區打著機會主義算盤。普丁已經鞏固對國內的控制權。他居高臨下地坐在自己一手打造的「垂直權力」（vertical of power）頂端，展開要恢復俄羅斯在歷史上的影響力，以及對西方利益和理想展開反擊的重大工作。後來的發展包括以軍事行動介入喬治亞和敘利亞、資助在歐洲的親俄民粹主義政治團體、干預美國和其他民主國家的選舉、網路攻擊，這些都是為了實現前述的目標。煽動不穩定也正好對俄羅斯有利，因為國際的緊張局勢造成油價以及構成俄羅斯經濟和預算命脈的重要商品價格上漲。

普丁對烏克蘭的戰爭是從二〇一四年就開始，並在二〇二二年厚顏無恥地全速展開行動。蘇聯解體後，俄羅斯從未完全接受烏克蘭獨立，因為烏克蘭的獨立就是在提醒俄羅斯失去帝國的痛苦。到了二〇二二年，普丁深信西方在休養生息，北約也無能為力。二〇二二年俄羅斯入侵烏克蘭是歐洲自第二次世界大戰之後，第一次的全面陸地戰爭。為了懲罰俄羅斯的侵略行為，華府和其盟國將開放貿易系統的相互依賴當成對付莫斯科的手段。幾週之後，全球金融網絡以迅雷不及掩耳的速度和俄羅斯切割得一乾二淨。主要的俄羅斯銀行遭禁止存取 SWIFT，這是負責支持國際銀行之間絕大多數跨境資金流通的系統。數千億美元的俄羅斯海外資產遭到凍結。[42]

儘管制裁造成嚴重打擊，但這場戰爭對一般烏克蘭平民更是造成悲慘後果。不習慣國際戰爭的世界驚恐地看著俄羅斯轟炸烏克蘭城市、數百萬難民逃離家園、烏克蘭的農產品在港口腐爛，烏俄兩國雙雙陷入類似第一次世界大戰的困境裡。由於重要糧倉變成戰場，世界各地的窮人都受到影響，全球的糧食價格開始暴漲。[43]

儘管俄羅斯行事殘暴，卻無法打敗國土面積和軍隊規模都比自己小了許多的烏克蘭。烏克蘭獲得大量的西方援助，在高層策略和軍隊的決心方面也都優於俄羅斯。俄羅斯軍隊之所以受到嚴重傷害，在於比起下屬的能力，普丁更重視忠誠，也因為他允許俄羅斯軍事機構貪腐，以及他逼迫俄羅斯軍隊去打一場不公不義的戰爭。這不是說俄羅斯的軍力不強，而是說有高估的情況，這點也適用於其整體實力。的確，若俄羅斯動用其世界最龐大的核武儲備，還是有能力造成嚴重破壞，但它在其他許多方面卻明顯不足。俄羅斯的經濟與社會指標都顯示出這個國家以不可阻擋的趨勢走向衰退。這點有一項令人詫異的統計可作證——現今的預估數字指出，十五歲的俄羅斯男孩與同年紀的海地男孩相比，兩者的預期壽命相同。[44]這裡要提到的是，俄羅斯是都市化與工業化社會，在教育與識字程度方面與其他歐洲國家相等或甚至超越那些國家。[45]不過由於酗酒、人口衰減、貧困、失業與腐敗的政治菁英等問題，導致這個社會再不具備與其他現代國家競爭的能力。不過綜合來看，雖然俄羅斯不斷衰退，但其仍有強大的能力與動機能繼續製造混亂。俄烏戰爭（Russia-Ukraine War）就是「現實政治」重返國際舞臺的最慘烈實證。

過度剛硬或過度懷柔？

地緣政治的穩定為何會瓦解？中國崛起與俄羅斯的回歸是經濟導致的不可

避免結果，還是西方國家的錯？

有一些現實主義者認為俄羅斯的侵略行為，是由於冷戰後北約成員國數量穩定增加而導致。一九九〇年代就北約擴大有過辯論，而我對這個問題抱持著相對懷疑的態度。當時的我贊同將主要的東歐國家，包括波蘭、匈牙利、捷克等國納入北約，但須止步於此，並停下來考慮俄羅斯的利益與是否會挑起其敏感神經。我的想法從那時到現在都未曾改變，小布希在二〇〇八年布加勒斯特峰會（Bucharest Summit）中權衡利害關係後，決定在不提出正式邀請的情況下，替烏克蘭開啟加入北約的機會之門。我個人認為這件事的結果就是激怒俄羅斯，並讓烏克蘭暴露在安全風險之下。[46]不過回顧一九九〇年代，當時東歐與中歐國家尚未從莫斯科半世紀統治造成的創傷中恢復，這些國家迫切想尋求可靠的支持，若完全將其棄之不顧，則會在歐洲的中心地帶製造出一個不穩定的區域。

即便北約沒有擴張，俄羅斯可能還是會侵略烏克蘭，該區域的許多聲音甚至認為說不定這件事會更早發生。對俄羅斯而言，烏克蘭有顯著的重要性。追溯俄羅斯的歷史，最早可至中世紀的基輔羅斯公國（Kievan Rus），其首都為基輔。當時的莫斯科在超過三百年間持續著對烏克蘭多數地區的統治。昔年，普丁稱蘇聯解體為「本世紀最嚴重的地緣政治災難」，[47]並做出了解釋。他指出，有數百萬俄羅斯人不再歸俄羅斯母國的統轄。從他的觀點可看出，他們將烏克蘭人視為次等俄羅斯人，並且認為烏克蘭是俄羅斯的附庸國。即便俄羅斯在一九九〇年代經歷過一段虛弱期，但仍不惜掀起兩場血戰以捍衛其對車臣（Chechnya）的控制權。普丁定下目標誓要恢復俄羅斯的力量，這就不可避免表示必須收復烏克蘭，使其重回母國懷抱。[48]

蘇聯是世界上最後一個跨民族帝國（multinational empire），只要回顧歷史，我們就能馬上知道當這類帝國崩潰時會發生的情況。通常帝國強權會不惜一切代價保有其曾經的領土控制範圍。法國將阿爾及利亞視為法國的核心區域，因此不惜發動殘酷戰爭以延續自己的權益。他們也曾試圖延續對殖民地越南的統治，這點與荷蘭對印尼的做法如出一轍。英國更是在茅茅起義（Mau Mau rebellion）期間，在肯亞屠殺了上萬生命。因此，普丁對烏克蘭發動的攻擊可被視為是一場帝國的復辟之戰。他在發動侵略之前詳細闡述了自己的觀點，稱烏克蘭並非一個「真正」的國家，而應被視為俄羅斯的一部分。雖如此，仍有許多人將這場戰爭的原因歸咎於美國，認為美國在對俄政策方面表現得過度強硬與自信。

但當提到中國時，這種觀點就有了反轉，人們普遍認為華府的態度過於軟弱順從。對抱持這種觀點的人而言，美國歡迎中國加入國際體系，並開啟貿易與投資的大門，但卻未曾考慮過中國的剝削經濟現實與獨裁傾向。這種做法的初衷，是相信中國會成為一個穩健且負責任的民主國家，不過堅持與中國展開全方位對抗的新冷戰支持者（Cold Warrior）則認為，美國長達數十年來的「接觸」（engagement）政策是幼稚且失敗的策略。最後中國並未轉型成一個自由主義民主國家。

事實上，華府對中政策從來都不是純粹的接觸政策，其核心目標也不是將中國變成丹麥。這個政策融合了接觸與威懾策略，有時又被稱為「避險」（hedging）政策。自一九七〇年代起，美國官方的論點就是：「與其讓中國因無法參與其中而心生怨懟，不如讓中國進入全球經濟與政治體制。」不過華府在努力接納中國的同時，也扶持其他亞洲強權以做為一種平衡機制。美國在日本與南韓部署軍隊、強化與印度間的關係、擴大與澳洲及菲律賓兩國的軍事合作，並向臺灣出售軍武。[49]

這些平衡發揮了一定程度的作用。在尼克森對中國遞出橄欖枝之前，中國是世界最大的流氓國家（rogue state），從拉丁美洲到東南亞，只要哪裡有叛亂與游擊行動，他們都會在背後提供資金與政治支援。因為毛澤東對自己的想法有著執念，認為自己是一場革命運動的先驅，並將靠著這場運動摧毀西方國家的資本主義體系。為達成這個目的，即便製造出核武末日也在所不惜。毛澤東在一九五七年於莫斯科的演說中表示：「如果最壞的情況真的發生，那麼世界會有一半人口死亡，不過這麼一來將能夠徹底摧毀帝國主義，讓整個世界走向社會主義。」這樣對比之下，從鄧小平時代以來，中國在國際舞臺的角色一直是一個相當克制的國家，自一九八〇年代後就未曾發動戰爭，也不再支援世界各地的武裝叛亂。若從這個角度來看，美國兩黨所支持的對華政策達到很好的效果。

不過習近平走的是更果敢武斷的外交政策之路。他推翻了多數使中國獲得成功的中國共識，包括屏棄鄧小平的「韜光養晦」政策及胡錦濤的「和平崛起」承諾。中國在喜馬拉雅山脈與印度軍隊爆發的衝突、施壓要求南韓放棄美國導彈防禦系統與對臺進行威嚇軍演等行徑，皆指出中國的行動既不韜光養晦，亦不和平。或許這一天的到來其實並不可避免，因為中國在經歷長時間伺機而動後，已做好展現實力的準備。中國認為自己是強權之一，並應得到相應的待遇。

我們無法確定，若華府對中國與俄羅斯採取不同的政策，現在的世界會是什麼模樣。那樣的情景很吸引人。如果能將一個謙卑且民主化的俄羅斯像戰後德國一樣納入自由秩序，那麼會是怎樣的情境？如果美國的政策制定者在北京政權變得如此茁壯之前，就先意識到中國的野心並對其做出回應，那麼情況會有所不同嗎？這樣一來，中國會不會更像是一九八〇年代的日本，雖然在經濟上有威脅，但在地緣政治上的危險卻小上許多？話說回來，諷刺的是，有一些推崇「現實政治」最高宗教領袖經常主張說，強權間的衝突是競爭國家野心博弈之下不可避免的後果，然而與此同時，他們卻仍要指責美國的手段過度強硬或過度軟弱。不管怎麼說，國內領導層的更迭與全球力量平衡的改變，才是讓莫斯科與北京展開這些行動的關鍵。俄羅斯從一九九〇年代的虛弱期中恢復，這個在冷戰中失利的復甦之國很有可能會想展開報復。至於中國，他們在成為世界第二大經濟體後並不會甘居於此，而是會追求更高的位置。因為中國與日本不同，他們既不仰賴華府提供安全保護，也不因歷史而受束縛。習近平在二〇一五年時公布「中國製造」計畫，[50]制定出中國在經濟主要領域占據主導地位並實現自給自足的目標。不論是川普政府的關稅政策或拜登政府的科技禁令，提出的時間都是在這個計畫之後。因此可以說，單極時刻（unipolar moment）不可能永遠持續，歷史總有重演的一天。

獨裁政權危機

若你是美國人、波蘭人或新加坡人，就會自然地覺得開放貿易、自由市場與開放技術不但美好且值得推崇。但在像習近平這類人的眼裡卻不是如此。畢竟是這些力量交織在一起才推動經濟現代化，讓世界有了中產階級，並且這些人能自由地工作、往來各國、賺錢，並獲得資訊交流與參與娛樂的權利。他們甚至變得更加勇於要求，然而這也使獨裁政權憂心起自己對權力的控制，並開始進行鎮壓。位於東亞的南韓與臺灣曾有過獨裁政權，但在經歷快速工業化時期後，中產階級增加並開始呼籲他們應擁有更多的政治自由。[51]這時，政權通常會以暴力的手段鎮壓民眾的聲音，但他們往往僅能堅持幾年，後續就不得不開放真正的選舉。然而現在的中國讓我們看到的，卻是只要該獨裁政權繼續堅持，那麼經濟成長不必然會促使民主化。不過，習近平替自己設定的這項任務可說是相當艱巨——即使他看到周圍的社會出現轉變，他還是要限制任何進一步的變革。

而在習近平擴大對政治控制的過程中，或許出現了一項更嚴重的結構性變化，也就是中國的經濟成長黃金年代終結。從鄧小平在一九七八年展開改革開始，到習近平於二〇一三年上臺的期間內，中國的GDP以驚人的九．九%持續成長。但在習近平上臺後，這個成長率就掉到了六．二%。[52]這種下降趨勢的部分原因是COVID-19新冠疫情的衝擊及早期的一些政策。比如中國現在會面臨人口挑戰正是因為過往的一胎政策，因此經濟成長趨緩是必然的結果。中國或許已走到「追趕」（catch-up）效應成長的終點，因為數億農民從農村遷徙到都市的這種現象是僅此一次的劃時代運動。隨著薪資上升而競爭力下降出現，中國很有可能會與許多類似的開發中經濟體一樣，落入相同的中等收入陷阱（middle-income trap）。

但習近平的國家主義轉向（statist turn）不但沒有幫助，反而使經濟成長在過去幾年中進一步放緩。即便在解除對於新冠疫情的清零政策之後，中國的經濟也未如多數人預期的那樣復甦。經濟學家辜朝明就曾做出警告，指出中國很有可能面臨「日本化」（Japanification）的風險，陷入房地產債務與競爭力下降的惡性循環。[53]與此同時，劉宗媛亦指出，包括需求（demand）、債務（debt）、人口結構（demographics）與脫鉤（decoupling）在內的「4D」困境將嚴重破壞中國成長。[54]換句話說，就是消費者需求不足、過度仰賴政府借款、勞動力市場太小導致無法平衡掉人口老化與減少的影響，再加上與西方經濟體的脫鉤，這些綜合因素導致中國的經濟前景與幾年前相比明顯慘澹不少，畢竟當時的中國正處於經濟高峰期。美國在「中國威脅」的恐懼低氣壓環繞下經常忽略這些趨勢。華府有能力且應該與北京政權競爭，並且不應再將中國想像成高聳入雲的巨人。

這邊要再次強調，不是所有中國問題都應直接歸咎於習近平的政策。不過他為何會突然轉向，放棄那些替中國帶來繁榮與全球聲譽的政策呢？其實有跡象顯示，是因為他看到經濟自由化正深刻地改變中國，而他對這種變化感到擔憂。這讓他覺得，共產黨在這個由資本主義與消費主義主導的社會中，正處在失去影響力的邊緣。[55]他擔憂的是中國會成為下一個蘇聯，先是共產黨對自己失去信心，而後逐步進行改革，最終被那些由他們釋放的社會力量剷除到一邊。

因此習近平採取了一系列削弱私營部門的政策，包括打壓科技公司與億萬富翁並支持國有企業等。他成為一個更加毛澤東思想的領導者，塑造對政治領袖的個人崇拜、重新提倡共產主義意識型態元素、以貪腐相關的罪名掃除諸多黨內官員，並促進更充滿敵意的民族主義。他加強共產黨的控制與鎮壓力道，將維吾爾族人送進再教育營、粉碎香港的自治，甚至命人追蹤海外的那些批評政府者，對他們進行恐嚇或逮捕。[56]鄧小平設立任期限制的目的是避免再出現像毛澤東那樣的專制者，而習近平取消了這一限制。[57]由委員會統治的時期已經過去，並由一人統治所取代。學者易明（Elizabeth Economy）認為，習近平的改革意味著中國社會的整體變革，如毛澤東的集體化（collectivization）與鄧小平的適度（moderation）政策，其規模可謂是中國的「第三次革命」。[58]這場革命的主要原因雖是應對中國內部的情況，但有部分原因是應對由美國與西方國家塑造的世界引起的外部恐懼。

文化平衡

中國與俄羅斯都認為自由國際秩序不符合他們的利益，甚至在某種程度上對他們造成威脅。美國在中東與亞洲國家持續推動民主制度，似乎更加坐實這些擔憂。不過最近，美國國內的價值觀也開始被視做威脅。普丁跟習近平試圖對抗的不僅是美國的自由民主政治體制，還有其國內的社會自由主義。

俄羅斯一直想獲得西方國家的技術與經濟實力，但卻對其價值觀抱持猶豫且矛盾的態度。彼得大帝（Peter the Great）一六九七年隱藏身分前往荷蘭共和國時，他最先做的是向當時技術領先的荷蘭學習現代造船技術，而非研究他們的自由政治或對少數民族的寬容態度。三個世紀後，當俄羅斯領導者於一九九四年與歐盟簽訂「夥伴合作協議」（Partnership and Cooperation Agreement）時，[59]他們這樣做更多是出於經濟考量而非文化親切感。從十九世紀起，就有許多人認為比起莫斯科與聖彼得堡菁英的貴族政治，俄羅斯農民集體且在地扎根的生活方式更美好。[60]這點從托爾斯泰在《戰爭與和平》（*War and Peace*）和《安娜・卡列尼娜》（*Anna Karenina*）中對貴族的尖銳描述可見一斑。根據定義，「真正」的俄羅斯人是對幾乎所有外來事物抱持不信任態度的人。

雖然這點從沙皇時代起就開始有諸多變化，但從很多方面來看，普丁的政治意識型態都反映出「正統、獨裁與民族性」等傳統原則，[61]也就是對俄羅斯獨特宗教、統治者與文化的忠誠。從某種意義上來看，這些價值觀之所以在現代俄羅斯復甦，是因其對一九九〇年代推崇之西方多元化、民主與全球主義意識型態的反彈。俄羅斯的摩托車運動，正是這種舊式俄羅斯價值觀的其中一個例子。其源於一九八〇年代末，原本是某個半自由主義幫派受西方個人主義啟發，因此展開的接納反文化、反蘇聯獨裁的運動。但在數十年後，這些摩托車騎士卻成為民族主義與宗教保守主義暴徒，他們攜帶聖母瑪利亞或史達林的聖像效命於普丁，並會做出暴打批評政府者與抗議者的行為。有一個叫做夜狼（Night Wolves）的組織就視捍衛「神聖俄羅斯」為自己的使命，[62]他們認為自己是「真正宗教的最後堡壘」，並致力於抵抗來自西方國家的影響。

普丁還提倡舊式的父權制與男子氣概至上。可能有些西方觀察家會覺得他所謂的男子氣概表現很可笑，比如打赤膊騎馬或者猛衝跳入冰水中等，但他的確很沉迷於某類型的大男人主義行為，甚至會將其運用在外交政策上。德國總理梅克爾在二〇〇七年參訪普丁的鄉間宅邸時，普丁就故意放自己的大型黑拉布拉多狗出來嚇這位怕狗的總理。[63]更近期的事件，則是普丁在描述俄羅斯對烏克蘭的軍事行動時，稱其為一場阻止西方國家扭曲俄羅斯社會內性別價值觀的戰役。他說西方國家會導致傳統的「母親和父親」被「家長一號、家長二號、家長三號」等稱呼取代。[64]由於俄羅斯入侵烏克蘭，因此許多西方國家公司與親西方國家的俄羅斯人紛紛離去，但這點對普丁來講，是在各方面都相當良好的發展，因為這淨化了原先充滿外來價值觀的國家。普丁為了加強對文化戰爭的打擊，在二〇二二年十二月實施一項措施，嚴禁任何媒體提到LGBTQ關係。[65]在二〇二三年七月時他又簽署另一項法案，將所有跨性別相關的荷爾蒙療法與手術列為非法行為。[66]

在普丁與習近平這類人眼中，自由主義是意識型態霸權的一種型態，亦是因美國在冷戰後成為地緣政治霸權而生的產物。習近平領導下的中國比俄羅斯更有決心阻止西方國家的滲透，就算說習近平在應對這種威脅時選擇推動溫和版的毛澤東文化大革命也不為過。

中國最初始的文化大革命自一九六六年持續至一九七六年，在這期間出現數波大規模的清洗與動盪，造成數十萬人喪命、數百萬人遭囚禁或流離失所，甚至有許多知識份子在這期間被迫自盡。毛澤東召集了大批紅衛兵，這些年輕人有著滿腔熱情，想將中國打造成理想中的烏托邦，並要求破除包括舊習俗、舊文化、舊習慣與舊思想在內的「四舊」。而包括在那些「四舊」中的，正是數千年來影響並塑造出中國文化的父權制、階級制度與和諧觀等儒家教條。於是社會變得動盪不安。勞工階級辱罵黨領導階級，孩子指責父母，學生蔑視、毆打甚至殺害教師。[67]這可說是人類史上最接近純粹社會革命的一次——全方位地顛覆中國傳統秩序。

這場由毛澤東主導的瘋狂動亂對青年習近平造成創傷，當時他身為高階黨員的父親遭貶謫、監禁，顏面盡失，甚至連他的母親都被迫必須公開譴責自己的丈夫。就這樣，年僅十五歲的習近平被遣送到偏鄉，連續七年過著住窯洞、挖溝渠的生活。而在現代，習近平版本的文化大革命，實際上就是充滿保守、懷舊、傳統元素的文化**反革命**。

習近平的中國夢——用他的話來說就是「中華民族偉大復興」——即擁抱民族主義、讓漢族占據主導地位、捍衛傳統社會秩序。在他的領導之下，中國出現迫害少數民族、壓制宗教團體的政策，並且不再注重英語的學與用。[68]這個國家也再度轉向提倡父權制。毛澤東雖然有著實行大規模屠殺與暴政的形象，但他也有女性主義箴言「婦女能頂半邊天」以及歡迎婦女讀大學、進入科學界的言行舉止留世。

但在習近平領導下的政府，其政策是將家庭團結置於女性選擇權之上。中國在二〇二一年通過所謂的「強制冷靜期」法條以阻礙民眾離婚，[69] 法官會建議對婚姻不滿的夫妻先嘗試解決問題再考慮離婚，而在該政策實施的幾個月後，離婚率竟下降超過三分之二。即便現在中國急迫要提高出生率，扭轉一胎政策造成的災難性影響，但仍禁止未婚女性凍卵，[70] 僅允許男性冷凍精子。與此同時，支持LGBTQ的組織被迫解散，且監管機關會大肆打擊那些被認為有陰柔「花美男」氣息的中國藝人，[71] 抨擊他們是在效仿韓流（K-pop）及西方國家明星的性別扭曲行徑。習近平試圖透過這些保守轉型控制的不僅是經濟，還有中國的社會結構。他想保留獨特且由同類事物組成的中國文化，以凝聚文明的方式對抗西方國家的自由化。

習近平的首席政治顧問兼思想家王滬寧就將自由主義視為共產黨的宿敵。有一名化名「N. S. Lyons」的神祕中國觀察家就表示，王滬寧就像是輔政大臣一樣，從江澤民到胡錦濤時期都扮演提供建議給領導者的角色。但習近平卻是將他推到中國權力核心的人，讓他成為政治局七常委之一。[72]一九八〇年代，改革派催生了天安門廣場的民主抗議活動後，王滬寧獲得一筆獎學金並前往美國旅居六個月。Lyons將其稱為「當代中國的托克維爾」。[73]然而，王滬寧看到的美國卻讓他反感不已。美國的毒品、流浪漢與犯罪氾濫及企業霸權現象讓他感到厭惡，因此對自由主義現代性產生牴觸心理。他將這段旅居經歷寫成一本叫做《美國反對美國》的回憶錄，這本書在過去三十年間引領中國政策走向。王滬寧返回中國後，就成為政治改革與放寬黨控制的最強烈反對者。他不再是曾經的理想主義者，反而認為美國式的現代性是一種危險的溶劑，會逐步瓦解社會中重要的各種價值與意義。

若從這個論點來看，就能知道為什麼接受所謂「虛無主義」（nihilistic）西方國家文化的藝人會成為被打擊的目標，也解釋了為何習近平不願讓中國完全成為符合西方國家模式的開放且無拘束的消費社會。換句話說，雖然習近平意識到全球化與快速成長能提升國力，但其背後的代價卻是破壞既有規範，並且要讓每個人都有表達自己身分認同的自由。他希望在保有成長收穫的同時，調節甚至完全制止社會變化的步調。不過根據歷史，從長遠來看這不會是一項能獲得成功的策略。

我們能將中國與俄羅斯的文化壓制，視做是保守主義對世界各地自由革命引領轉型的反彈。這兩個國家之所以反抗自由國際秩序，是因為他們不僅想挑戰西方的霸權地位，亦想挑戰西方意識型態的主流地位，這兩者皆對他們造成威脅。

既不自由，也非國際化，更非井然有序

中俄帶來的挑戰是否就表示自由國際秩序注定要失敗？尚未如此。伏爾泰說過，神聖羅馬帝國既不神聖，也非羅馬，更非帝國。歷史學家弗格森對自由國際秩序也提出過相同的評論——它既不自由，也非國際化，更非井然有序。[74]的確，我們經常過度誇大這個國際體系的功能。這個體系在某種程度上具備自

由與開放的特質，並且被大多數但不是所有世界強權都接受。其雖然成功阻止許多大型戰爭爆發，卻未能阻止小規模的戰爭與衝突。話雖如此，自一九四五年起，尤其在冷戰結束後，諸多組織包括聯合國、國際貨幣基金組織、聯合國教科文組織（UNESCO）、聯合國兒童基金會（UNICEF）與世界貿易組織等，從小規模開始逐漸發展到涵蓋世界更多角落。這個秩序的靈活性是其優點之一，並且已證實能在包括奈及利亞、沙烏地阿拉伯到越南等各種政權體系下運作。不僅如此，它還在經歷各種危機、戰爭與國家顛覆後倖存下來，這都是因為它提供一個包羅萬象的框架，雖不保證但卻有助於鼓勵國家間的和平、穩定與文明互動。它撐過共產主義與伊斯蘭恐怖主義的考驗，而它之所以能持續存在，歸根究柢是因為多數國家與人民都追求和平與穩定，他們追求在開放世界中進行貿易並得以繁榮發展。

目前世界秩序面對的基本挑戰是，想像、打造並維持這一秩序的國家「美國」無法或無意繼續扮演霸權的角色。美國大眾對於維持國家在全球的角色上，有者比以往更加強烈的矛盾心理。最主要的是，雖然美國仍是至關重要的參與者，但卻不再是至高無上的主宰者。「他國崛起」打造出一個擁有更多積極參與者的世界，這些參與者無意再單純聽從華府的命令，他們追求的是讓自己獲得更大的利益。因此，新「後美國時代」已經逐漸成形。但那會是什麼樣子的呢？世界若失去自由主義超級強權國，是否還能維持自由主義國際秩序呢？目前的國際體系在過去的兩個世紀間逐漸成長演變，期間曾占據霸主地位的英、美兩國都推崇啟蒙運動的理念，即包括個人自由、民主制度、政治自由、法治與人權等思想。當然，有時這些更多是理想而非實踐。

而現在，這個秩序面臨的最大挑戰，就是如何應對俄羅斯的復仇主義（revanchism）與中國的崛起，除此之外，還須應對各式各樣的問題。比如氣候變遷、大流行傳染病、恐怖主義與難以預測的新技術散播等，都需要國際間的各國合作才能共同處理。我們需要利用威懾、干預與調節等手段，才能找出應對這些挑戰的綜合策略。否則，我們最後將會見證現有秩序逐步被瓦解侵蝕的時刻。民族主義競爭的現象愈演愈烈，這將使我們回到新保守主義學者卡根（Robert Kagan）所稱的國際「叢林」社會。[75]在那裡，規則、規範與價值觀都不存在，且處處充滿暴力與動盪。

若要維護國際體系，則表示首先必須正面就俄羅斯的侵略行徑做出回應，因為這個行徑就是對該秩序最迫切的威脅，我們不應再容忍這種情況持續下去。自一九四五年起，各國普遍遵守的「不應以武力改變國界」這個支撐國際穩定的基本規則已搖搖欲墜。難堪的是，俄羅斯侵略烏克蘭後不僅沒有落得與世界隔絕的境地，反倒仍與世界上許多國家維持著良好的關係，不過至少，世界多數富裕且具生產力的國家已將之拒於門外。現在的俄羅斯愈來愈像中國的附庸國，並面臨科技衰退、經濟停擺與外交無力的未來。不過就算烏克蘭有世界最富裕國家的支持，但這些並無法確保他們能在戰鬥中獲勝。曾經的北越在經濟上並不富庶，且與南越相比，其外援數量少上許多，卻仍在最後成為越戰的贏家。因此烏克蘭若想取得長久和平，必須在戰場上獲勝，或至少要達到相當的成果才行。不過無論如何，俄羅斯已親手安排好自己的命運。未來的俄羅斯注定不會是一個充滿活力且先進的國家，更無法將國土民情與其體系推廣到全世界，做為其他國家的榜樣。

中國帶來的明顯是更艱巨且更有影響力的挑戰。中國在未來數十年內可能仍保持世界第二大經濟體的地位，不僅擁有先進技術、強大軍力、龐大人口，更能在文化方面持續創新並取得成就。若以純粹的硬實力來衡量，我們正走向一個雙極世界，美國與中國在傳統的經濟、技術與軍力方面，都遠勝其他國家。不過，中國在許多方面明顯相對較弱，尤其是在將實力轉為影響力方面略顯遜色。它幾乎沒有盟友，且缺乏議程設定（agenda-setting）的能力，此外，有愈來愈多鄰國及全球其他地區的國家對其抱持懷疑觀望的態度。中國的經濟模式走向衰退，人口結構的前景也非常堪憂。話雖如此，中國境內擁有豐富的資源可供利用，這點遠勝除美國外的任何國家。

然而，這並不代表衝突必然發生。若中、美兩國走向互相對抗的零和關係，那麼可能會導致全球化瓦解、經濟與安全領域崩壞，並使開放的國際秩序破碎。有一些跡象表明，我們正逐步靠近這樣的世界。如ＡＩ模型與晶片等高科技領域已經出現脫鉤的現象，一邊是獨立的「自由世界」技術平臺，而另一邊則是中國的平臺。不過，我們能找到一種在激烈競爭中與中國維持和平的方式，這亦是世界多數人希望看到的結果。

最重要的是，我們還要去考慮到世界其他的區域。美國必須面對的現實是，歐洲的經濟成長仰賴的是其與中國之間的良好商業關係。此外，中國還是亞洲多數國家、南美洲與非洲等地區的最大外部貿易夥伴。[76]這些國家都希望能跟中國維持穩健的貿易關係，這樣就能使用更實惠的中國技術，並獲得中國的援助、貸款與技術支援。與此同時，也有許多國家對中國抱著警戒的態度，並希望與美國建立更牢固的地緣政治關係。事實上，他們是想從這張國際菜單中，在挑一些美國料理的同時選一些中國料理。若華府或北京政權要求各國只能選擇固定的套餐組合，要想接近美國就必須拒絕中國，反之亦然，則這些國家將會陷入艱難的選擇困境。從經濟制裁無法有效威懾俄羅斯或對其造成嚴重損害來看，我們就應該知道世界經濟體就像廣泛的宇宙，很多國家都願意進場跟任何一國進行交易，並且不會去考慮美國的期望或動向。

華府需要針對兩國關係的複雜性制定面向北京的策略，必須將中國視為競爭者、顧客、對手但同時也是合作者。以科技為例。過去幾年間，為避免中國將某些科技用在軍事領域，因此美國試圖限制中國接觸一些最高等級的科技，比如最精密的電腦晶片等，但同時也允許中國自由購買其他大部分的物品，比如普通電腦晶片。出於國安考量，美國還限制了中國出售某些技術及購買特定公司的能力。拜登政府形容此政策的說法是，在最重要的技術領域外築起「高牆」以保護「小院」。[77]這是很明智的想法，不過從理論的角度來講很容易，實際維持這種政策卻很困難。政治家會因互相競爭而禁止更多中國產品，而美國公司則會以遊說的手段排擠競爭。因此，我們都能預期甚至可能會出現「中國製汽車對美國國安造成威脅」的論點。

那麼是否存在一個穩定的平衡點，讓兩國在這個點上可以做為競爭對手共存？習近平領導之下的中國目標並不明確。中國跟俄羅斯不同，它並非是一個目空一切想燒毀一切的流氓國家。但它的行為卻經常對秩序基礎有腐蝕性。習近平想打造的是一個更與世隔絕的政治體制，在經濟方面能自給自足，而在社會方面則能最大幅度降低西方國家觀念與文化的影響。其目前的發展已造成更緊張的局勢，各種行動與反應、誤解與溝通不良都可能出現。在這個過程中，美國與中國朝著愈發敵對的方向前進，甚至可能引爆近八十年來首次的大國戰爭。

在開發中國家裡面，對中美競爭有最大影響力的就是印度，因為印度不但是世界人口最多的國家，還是世界第五大經濟體，而這個排名還在不斷上升中。[78]隨著印度的實力持續增強，亦逐漸成為制衡中國不可或缺的力量。不過，其他中等強國在抗衡北京政權方面也能扮演重要角色，這些國家包括沙烏地阿拉伯，位於東南亞的印尼與越南，位於非洲的南非、奈及利亞與肯亞。

就目前來講，我們還是應清楚意識到西方國家仍有強大的力量。支持烏克蘭的聯盟國，包括美國、加拿大、歐洲、東亞民主國家、澳洲、新加坡與其他西方外援國（the West Plus）加在一起，總共占全球GDP近六〇%。在烏克蘭危機與俄羅斯威脅出現後，整個歐洲變得更加團結，與西方外援國的關係相比以往也更加緊密。要如何維持聯盟的團結將會是一項挑戰，但這挑戰並不會比冷戰時期要面對的問題還困難，畢竟當時諸多國家更想在美國與蘇聯間尋找第三條道路。不過只要成功，西方外援國就會更有支撐力，並且能擴大和平與自由的範圍。

那些建立歐盟的外交官熟知歷史，並決心確保歐洲不再爆發戰爭，而現今的歐洲領導者在做日常決策時，也開始會注入一種類似的歷史責任感。[79]歐盟自成立以來就懷抱著遠大的理想，但至今仍未成功克服分歧，尚未能一致地像團體般行動。若歐洲能成為世界舞臺上的一個戰略性角色，那麼就有可能改變現狀，這也將會是俄羅斯侵略的最大地緣政治後果。

與此同時，美國應在考慮到歷史後果的情況下行動，且必須謹記上世紀的教訓。即在這個國際體系中，若最強大的強權退回孤立與保護主義，則將導致侵略與非自由主義盛行，而一個有超級強權參與的體系，則能保障和平與自由。那麼，隨著美國霸權衰退，誰又將填補權力真空？對美國來講，與更加團結的歐洲及日本、韓國、澳洲、新加坡等國攜手合作或許會是個好方法。此外，或也能納入印度、土耳其與其他國家。讓維護國際秩序的責任不再由霸權國家獨攬，而是由圍繞著共同利益與價值觀的強權聯盟來維持。

本土與境外的非自由民主

除了捍衛國際自由秩序，我們可能還面臨一個更大的挑戰，即如何捍衛**社會內部**的自由，而這兩件事其實息息相關。印度就是一個例子。在經濟起飛後，印度國內的民粹民族主義大量湧現，即印度教民族主義（Hindutva），主張的是印度教至高無上的地位。在莫迪（Narendra Modi）領導下的印度顯露出一個更大的全球問題，即潛在盟友國內民族主義政治具非自由主義色彩時，美國應如何面對？

我們先談回一九九七年，當時奧班與普丁都還未上任，西方國家為全球其他各國推行選舉制度而歡呼時，我就看見了「非自由民主」的現象。[80] 當時俄羅斯、斯洛伐克、秘魯與菲律賓等國實施的就是這種體制，選舉產生的領導者會濫用權力剝奪人們的權利，讓古典自由主義與憲政政府的精髓淪為空洞。不幸的是，自那時起，民主倒退名單只增不減。土耳其與匈牙利等西方盟友已能明顯看出倒退的情況，其他如以色列與印度等民主國家仍充滿生機，但也露出令人擔憂的前景。至於我早期發現的那些區域，比如俄羅斯與白俄羅斯，則已完全淪為操縱選舉的獨裁政體。[81]根據自由之家的數據統計顯示，在過去十六年間，自由民主制度同時在質與量兩方面顯露下滑的現象，而社會學家戴雅門（Larry Diamond）將之稱為「民主衰退」。[82]

世界各地的民粹主義要角經常主張包括多元主義、寬容、世俗主義在內的開放社會價值觀，都是從西方引入的觀點。他們會宣稱自己要用一種區別於西方自由主義的方式，打造真正的民族政治文化。很有可能，這些社會中世界主義與自由主義思想的衰退，代表雖然人們認為這些思想都是由受過西方教育或影響的菁英所提出，但實際上這些思想表象之下，潛藏著的是並不寬容的民族主義觀點。印度的第一任總理尼赫魯（Jawaharlal Nehru）是哈羅公學與劍橋大學培育出來的菁英。他曾對美國的大使說：「我會是最後一位統治印度的英國人。」[83]尼赫魯與其同僚在印度獨立後，打造出一個與英國及西方在價值觀方面有深厚共鳴的國家。他們建立出一個世俗、多元、民主且推崇社會主義的印度。然而後來，在印度擺脫造成嚴重功能失調與腐敗的社會主義遺產時，我是第一個歡慶的人。現在，社會主義不是各國唯一進行事後評論的西方觀念。

包括新聞媒體自由、司法獨立、宗教寬容等各種啟蒙運動的觀念，在印度、土耳其與巴西等國逐漸消失。俄羅斯與中國確實在其他國家內煽動反西方國家的不滿情緒，並且已經開始利用這些現存的反彈力量。自由國際秩序是啟蒙運動中的核心元素，但這在許多地方都被視為是西方主導國際體系的遺留物。

當然，在西方國家內也有人會拒絕這些啟蒙運動的觀念。許多選民會選擇支持民粹主義者，因為這些人將自己包裝成與既有秩序及其深刻價值觀對立的象徵。隨著愈多的變動與轉型出現，人們開始感到驚慌失措與焦慮，並開始擔心世界會分崩離析且錯位混亂，讓他們失去那個曾經的社會。有些人已經準備好支持激進主義，即使這代表讓一切都付之一炬也在所不惜。這種非自由主義的趨勢，或許就是我們在進步上面臨的最大威脅。

結論

無盡深淵

一九二九年，咆哮的二〇年代走到巔峰，經過幾十年令人陶醉，並且堪比我們在近期經歷的經濟和科技加速後，具影響力的美國記者李普曼寫下《道德序論》（*A Preface to Morals*），並成為暢銷書。書裡探討了他眼中的當時代主要問題。李普曼認為，在二十世紀中期創造出現代生活的革命，同時也對心理造成巨大影響，民眾失去了長久以來做為支撐的信仰、傳統和社區。李普曼寫道：「由於祖輩奉行的方式消亡，人們對於自己為什麼誕生、為什麼必須工作、該敬愛誰、必須為了什麼而追求榮耀、哀傷及受挫時該向誰求助等問題的確定性都遭到了剝奪。」[1]李普曼書中的題詞是引自阿里斯托芬（Aristophanes）：

「旋風稱王，趕走了宙斯。」[2]換句話說，社會慣例和秩序已經由混亂所取代。既不會有新的信仰教規，也不會有新權威來取代被替換的東西，根據李普曼的主張，這是由於「現代性的酸蝕性（acids of modernity）極為強烈，因此無法容忍思想具體形成能讓人類依賴的新正統觀念」。[3]又或者，這是因為如同本書關於馬克思和恩格斯論點的題詞所說：「一切堅固的事物皆煙消雲散，所有神聖的事物盡遭褻瀆。」

本書的主題是探討不間斷的行動和反應、進步和反彈。即使是製造出持續繁榮的最成功革命，如本書舉例的荷蘭、不列顛和英國的革命，都還是引起了極度的反抗。失敗的法國大革命導致對激進變革的恐懼，投下至今仍揮之不去的陰影，並成為今日保守主義的起源。如今，即使是在國際政治的領域，也可以看到這樣的拉鋸動態。經過多年的全球化和整合之後，習近平和普丁都在擔心國家會逐漸脫離自己的掌控，變得更受到一系列全球價值的影響，因此他們轉而重中國家利益和文化更重於世界主義利益和文化。川普、英國脫歐派、奧班、波索納洛，以及全球和他們有相同理念的民粹主義者，也都是受到類似的力量驅使。他們在國內抨擊包括執政黨、法院和媒體的自由主義思想與機構，因為他們擔心現代性的酸蝕性會破壞舊有的生活方式。即使是在古典自由主義發源地的荷蘭，隨著近期懷爾德斯勝選，也展現出這種靠向非自由民粹主義的力量。

全球自由主義的危機並不是憑空出現。這樣的結果是源自於社會快速轉型，以及領導者利用了對這一切變化的恐懼。事實上，對多數人而言，全球化和數位革命為整個世界帶來的是無數正向改變。這些力量實現科技的大眾化、釋放創新、延長預期壽命、分配財富，並將地球的偏遠角落連結起來。在如今的地球上，幾乎沒有人的生活境遇是比一百年前更惡劣。（不說其他的，光是之前的平均壽命就比現在少了一半。）[4]不過，使社會快速現代化的力量也具有深刻的破壞性。進步往往會推翻傳統的生活方式，讓許多人感到茫然失措，物質進步雖能提升平均生活標準，卻也打散了個別的社區和群體，而對某些人來說是解放運動的身分認同革命，則令其他許多人感到極度不安。隨著私人企業透過跨越國界提高效益和擴大規模，人們儘管從低價中獲利，卻感覺自己毫無權力。

屠圖（Desmond Tutu）大主教是引導南非脫離種族隔離走入民主制度的關

鍵人物，他曾寫下：「身而為人，就是為了追求自由。」（To be human is to be free.）[5]我們都想要變得自由。我們想要有選擇，有自主權，以及對個人生命的掌控能力。跨越不同時代的成堆證據都能支持這個主張，其中最遠可追溯至逃離法老的希伯來人。在更近代，則有翻越柏林圍牆的東德人、要求民主制度的阿拉伯人、暗中跨過南方邊境的北韓人、湧進美國和歐洲的移民，還有奮勇犧牲以求生活在自由世界裡的烏克蘭人。然而，我們也知道，人類在擁抱自由後，最後會在安逸時感到極度不安。前人頌揚的前衛運動，令我們感到無所適從。自由和自主經常都是以權威和傳統為代價而換來。隨著宗教和社會慣例的束縛力量逐漸消逝，個人將有所得，但社群則往往有所失。結果就是人們變得更富裕、更自由，卻也變得更寂寞。我們尋覓某種特別事物、特別歸屬，希望能填補失落感、填滿法國哲學家帕斯卡爾（Blaise Pascal）所謂的「無盡深淵」（infinite abyss）。[6]

縱觀古今歷史，政府經常會界定何謂有意義的生活，再指揮民眾朝著該目標努力。在中世紀，最高層次的志業就是要為上帝的榮耀及其選中的守護者——

君王——服務。在之後，許多人的志業變成要為祖國或是共產事業而服務。現在只有包括伊朗、北韓的少數幾個國家仍以這種方式組織起來，採行國家主導的意識型態，因為那樣的做法幾乎在世界各地都造成災難。相反地，自由主義國家不會告訴公民何謂美好生活，而是交由每一位個人自行決定。自由主義國家會實行諸如選舉、言論自由、法院等程序，以協助保障自由、公平競爭和機會平等。現代社會保護個人的生活和自由，因此個人就能各自隨心所欲地定義、追求自己的幸福和滿足，而且是以不侵犯他人追求相同目標的能力為前提。不過，自由會令人變得不知所措。丹麥哲學家齊克果（Søren Kierkegaard）曾說：「焦慮是自由的暈眩。」（Anxiety is the dizziness of freedom.）[7]構思個人的生活意義並不容易，向《聖經》（Bible）或《古蘭經》（Quran）諮詢意見要簡單多了。在許多人眼中，自由主義的理性計畫不足以替代在過去出於對上帝的敬畏而驅使人們建造大教堂、創作交響樂的信仰，也無法像民族主義那樣輕易地號召人們拿起武器上戰場。

福山在他以其知名論文〈歷史的終結？〉擴充寫成的著作中描述自由主義

民主的勝利，他在其代表性名言後面加了幾個字當作書名，成為《歷史之終結與最後一人》（*The End of History and the Last Man*）。福山的擔憂在於，儘管戰勝共產主義令西方社會變得富裕又祥和，卻也讓每個人都變得隨波逐流，變成「最後一人」（last man）。[8]「最後一人」是源自於德國哲學家尼采的思想；尼采認為最後一人安靜且滿足，一心只渴望和平及秩序，這樣他就能追求個人的安逸，尼采也提出與其成對比的**超人**（*Übermensch*）。超人不但充滿力量、有創意，也會依自己的主觀意志塑造世界。福山憂心的重點在於，自由主義計畫奪走了能激發人類行為的重要因素，包括對抗意識、野心、對認同的渴望。福山在描述戰勝共產主義後的景象時，認為由於人們沒有偉大的意識型態事業要捍衛，所以會一直追求物質需求和渴望，並因此感覺空虛、孤單和意志消沉。

民粹主義、民族主義和威權主義就會趁虛而入，填補這股空虛感。它們會為人們帶來德裔美國學者佛洛姆（Erich Fromm）所謂的「逃離自由」（escape from freedom）。佛洛姆是研究法西斯主義興起的知名心理學家，他主張當人類經歷過自由的混亂後，就會變得害怕。「受驚嚇的個人會尋求某個能讓自己依附的人或事物；他再也無法忍受自己是單獨個體，並會不顧一切試著擺脫那樣的狀態，藉由消除『自己』（the self）的這個負擔，以求再次感覺安全。」[9]匈牙利總理奧班在說明個人的非自由主義意識型態時，便主張自由主義太過於重視個人和自我（ego）。他在二〇二三年曾告訴卡爾森：「有些事情絕對比『我』、比自我更重要，那就是家庭、民族、上帝。」[10]奧班的政策（據稱）目的是要將這些事物奉為圭臬，以及借用佛洛姆的話來說，「消除『自己』的這個負擔」。同樣地，普丁懇求俄羅斯人不要聽從西方個人自我表達的魅惑妖言，而是要提供助力，讓俄羅斯變得再次偉大。習近平對於中國的偉大民族復興計畫也是類似的論調，並讚頌與西方個人主義截然不同的中國文化。即使是在西方，民粹主義者同樣在針對上帝、國家和傳統的至高無上重要性侃侃而談。這些觀點都造成強大的迴響。正如社會心理學家海德特的主張，左派的道德只提出道德五大基礎原則當中的關愛（care）和公平（fairness）（而且很可能是逐步演變）。右派的道德還納入忠誠（loyalty）、權威（authority）和聖潔（sanctity）的其他價值。[11]但正是這三個價值觀驅使共和黨選民對美式足球聯盟（NFL）球員在唱國歌時單膝跪地或對相關人士指責種族主義是美國建國核心的行為感到憤怒。他們希望領導者能捍衛這些關於忠誠、秩序和純潔的價值。在歷史上，這些返祖（atavistic）的衝動產生了許多活力，但請大家別忘了，它們也同樣製造出大量殘酷和壓迫事件。[12]

民粹主義意識型態能滿足現代性在內心製造的空虛嗎？我不能肯定。說到底，儘管人們會因為人人自由的後果而不安，都還是希望自己能擁有。每個人每天都透過各式各樣的方式展現出這樣的想法。所有正在改變社會的力量，亦即李普曼所謂的「現代性的酸蝕性」，都是人類自由選擇的後果。畢竟，如果大家決定到教會禱告，教堂就不會閒置了；要是年輕人選擇不離開去尋找更高薪的工作，小鎮和社區就不會變得空洞化；若是消費者選擇摒棄點幾下就能購物的便利性，改到當地商店消費，網路革命就不會造成實體店關門大吉；如果人們和家族往來密切，並且總是選擇和有相同信仰的對象結婚，家族紐帶就不會鬆開。**我們**都是現代性的酸蝕性，我們集體選擇的行動方式會進而創造出令人感覺不安寧的世界。

關於這些變動的說明當中，其中以記者埃倫哈特（Alan Ehrenhalt）的見解最精闢，他是在一九五〇年代的芝加哥南區長大。他在自己的《失落城市》（*The Lost City*）一書中，講述緊密交織的社區網絡如何維繫及豐富他的童年生活，以及他重遊舊地，探索那些網絡現在消失的原因。[13]他最後找到的答案很簡單，就是「選擇」。在過去的時代，人們之所以固守在各自的鄰里，是因為當地銀行是能獲得借貸的唯一地方、當地工廠是能找到工作的唯一地方，而且只有當地的領袖能讓人同時獲得借貸和工作。上教堂是宗教義務，也具有市政和經濟方面的助益，因為牧師能幫忙向銀行家美言、推薦幾句。隨著經濟逐漸不再受到當地人脈和關係的束縛，人們也找到其他且更好的前途後，就會搬走了。即使在留下來的人當中，科技也讓情況改變了，有時候的方式還很令人意外。埃倫哈特還記得貧困但豐富的社區生活，當時大家會在夏季一起聚在外頭，或是一群人一同到電影院看戲。[14]空調出現後，人們變得愈來愈少待在戶外，當電視開始無所不在，社區的人一起去看電影的情況也逐漸減少了。

社群是由階層和約束所構成及維繫下去。我們在擺脫威權及逃離高壓政治時得到許多，卻也無可避免地失去社群。我們會在失去後開始想念，並帶著一股放大的懷舊心情回憶過去。關於舊時代人們是如何接受這個世界的運作方式，李普曼是這樣說的：「當過去的人們相信事件的發生都是上帝意志的體現時，他可以說：「祢的旨意得成。」（Thy will be done.）但在失去信仰後，情況就變了：「當人們認為事件發生的原因都源自於多數人的投票結果、主管的命令、鄰人的意見、供需法則，以及自私自利者的決定時，人們就會因為別無選擇而屈服。人們遭到征服，但未信服。」[15]換句話說，人們可以在屈從於現代生活現實的同時，依然拒絕接受造成現實的合理理由，例如工廠倒閉或是外來文化的影響力。在未信服的情況下，人們就會受到攻擊主管、鄰人、菁英階級的意識型態誘惑，而這些人都是迫使自己屈服的偉大陰謀一部分，是為了讓自己成為他們邪惡計謀下的受害者。人們雖然自由，卻感覺遭受壓迫，因此就會尋找能反擊的方法。

那該怎麼辦？

幾乎在世界各地都能看到對上帝、宗教、專家、政治家、制度和規範失去信心後所造成的影響。這些影響經常會發展成很糟糕的結果，並把外表看起來與眾不同、說話帶著外國口音或是崇拜陌生神明的人士，統統當作是造成舊時代瓦解的代罪羔羊。有些學者發現，在多數針對西方世界的民粹主義怒火底下，都隱藏著更年長、更多白人群體對於國家正隱約發生的人口轉型，也就是「大取代」（great replacement）的恐懼。近期許多煽動者所使用的煽動性言語和提倡政策，便是在利用這樣的焦慮和恐懼情緒。不過，將所有這些反應都歸因於種族主義並不正確。對於不停在改變的世界、確定性的喪失，以及社區的崩潰，存在著一種更廣大的不安情緒。面對這樣的不安，必須要嚴正思考和因應。

其中的一些因應措施會牽涉到加強社區的特定政策和計畫，進而有效減少找不到歸屬感和感到不安全的情形。像是免費的幼兒園、有補助的安親班，以及有薪育嬰假等計畫，都能支持家庭生活。建設當地基礎設施、投資教育機構以及提倡公民參與，都能讓個人與其城鎮和地方的交流變得更密切。現在大學院校應該試著建立以學習和自由交流想法為主的社群，而不是透過投入和自身核心使命無關的政治動機來追求關聯。合理的市場監管搭配財富重分配，可以減少勞工階級的不穩定感。在華府的政治家當中，拜登是真正關心未受過高等教育美國人的少數政治家之一，畢竟他就是在那樣的環境中長大。他有許多政策和支出計畫都是在幫助這個深感受到忽視的美國族群。《降低通膨法案》有很大一部分將會針對薪資低於平均，以及大學畢業率低於平均的郡，且其中有絕大多數都是共和黨票倉。[16]

不過，想想長期趨勢。根據一項估計，在二〇一〇年之後的十年內，美國前五十三個最大都會地區占了所有人口成長的七一%、占所有就業成長的三分之二，並占所有經濟成長的四分之三。[17]二十個最大城市則占所有就業成長的一半。新冠疫情後的工作模式改變，或許會讓這樣的速度放慢，但要完全逆轉的可能性不大。我們需要找出方法，以建立能將比過去差異更大的美國不同地區維繫在一起的社區。長期以來，我一直都在美國推廣某種全國普及服務，以達到上述這樣的目標。第二次世界大戰後的幾十年，帶給世人的印象都是國家運作得更順暢，有更堅定的團結意識，這些都是因為並肩作戰的共同經驗將一整個世代的美國人緊緊維繫在一起。如同考斯（Mickey Kaus）在《平等的終結》（*The End of Equality*）中提到，約翰·甘迺迪是美國最富有家族的後代，也是喬特（Choate）中學和哈佛大學的校友，他在太平洋戰場指揮魚雷快艇，船上的作戰同袍包括了機械工、工廠工人、卡車司機和漁民。[18]如今，如果金融家和軟體工程師，以及建築工人、教師及農民的子女，都能一起就讀公立學校、在國家公園裡工作、在部隊裡服務，那麼經過數年後，或許就能消弭彼此在相互理解上的隔閡，並且解決美國嚴重的極化問題。[19]

經濟措施無法完全解決主要是由文化造成的問題。我們建立的移民制度，需要讓所有人認同是以規則為依據，而且公平。氣候變遷、貧窮和政治不穩定，正在為西方製造一連串難以收拾的移民湧入浪潮。在二〇二二年，共有兩百四十萬人非法跨越美國南方邊境進入美國。[20]許多移民會付錢給人蛇組織，由人蛇組織帶著他們前往美國邊境，到達後再透過申請庇護身分而滯留美國，接著歷經漫長時間審理他們的案件。有些人會就此悄悄進入美國經濟，成為其中的一部分。在歐洲，類似的變動也正在發生。庇護政策是在大屠殺之後才出現，最初是為了少數因為身分、信仰或政治觀點，而面臨嚴重人身迫害的人士所設計。如今，這個系統正因為逃離各式各樣危機的接連不斷人潮，而面臨著沉重壓力。這些一波又一波不受控制的移民潮，以及對於移民正在引發無政府狀態的感受，比起任何其他問題都更能激發現代的民粹主義。若說敘利亞的難民危機加速歐洲民粹主義右派的崛起，這樣的主張一點都不誇大其實。正如作家弗魯姆所說：「若自由主義者堅持唯有法西斯主義者能加強邊境，選民將會雇用法西斯主義者去完成自由主義者拒絕執行的工作。」[21]

針對這樣的時期，人們是可以思考其他的政策倡議和調整，但相較於正在發生的改變所帶來的深奧心理特性後，它們似乎就顯得不太重要了。有幾位政治家事先便預見其中的一些變化，其中一位就是新加坡的國父李光耀。在他過世前的二十年間，我在好幾個場合中都有機會和他交談，而他一次一次反覆談論的一個主題也讓我留下深刻印象。大家經常讚頌他，只花一個世代的時間就讓新加坡從貧窮走向繁榮，同時也會稱讚他那手段高深的外交政策。不過在他看來，自己最大的成就其實是讓原本一盤散沙般的新加坡成為華人、馬來人、印度人與其他民族組成的大熔爐。這樣的國族建構實驗內涵仰賴專注發展多元文化主義願景，也就是必須推行混合式的居住區與教育，讓各族群不會故步自封地發展自己的圈子，而是在公共空間一起培育後代。「**我們要打造一個共有的公民文化**。」他告訴我。

但李光耀總理也鼓勵這些社群保留自己的語言、習俗儀式、節慶與信仰。他擔心的是，太多人因生活在快速發展的東亞地區而忘了自己的根。他說：「我們把過往拋卻。這讓人心生擔憂，害怕我們的某部分過去將蕩然無存。」[22]他談起在一九六〇年代至一九七〇年代時，馬來西亞正從英語教育轉向使用馬來語為主要教學語言，於是有大量馬來西亞人選擇搬到澳洲與加拿大，因為他們希望自己的後代能接受最好的教育。「他們的小孩經常會在青少年時期快結束時離開家裡。於是突然間，這些父母才發現他們的決定帶給自己很大的空虛感。他們選擇給小孩一個用英語學習現代教育的機會，卻在過程中逐漸地失去了他們的孩子。」所以直到現在，新加坡的領導者都會致力於讓公民保留自己的社群與文化，避免他們變成背祖忘宗「新興青年」。他們希望維持這個先進經濟體與英才領導制度有效運作，但同時也希望在這個社會中生活的人知道自己的根本在哪裡，而不是將這一點拋諸腦後。不過要怎麼在給予新機會的同時讓人們保留傳統認同，這中間需要一種微妙的平衡。

李光耀提到的馬來西亞父母的故事，其實在移民群體耳中聽起來都熟悉到深有同感。不管父母多有毅力地讓小孩持續學習與傳承舊國的語言與傳統，現實是他們在一個全新的世界裡生活成長，因此相比父母滴滴涓涓灌輸的舊文化，他們更容易受到新文化影響而塑形。其實在這本書裡面，我們談到數百年歷史的那些變革與進步、失去與反彈等故事，都能用移民生活來做隱喻。這些移民希望能在經濟與技術方面取得進步，因此選擇前往新的地方。他們成功適應後在那片土地培育自己的後代，於是他們的後代比在根源國的孩子擁有更多機會。不過隨著年齡漸長甚至退休後，這些人就會開始懷念他們拋棄的那些文化與社群。有些人會開始聽一些老歌、看老電影，有些人會選擇與自己有類似經歷的移民小團體往來，也有一些人會開始找各種方式，就是想回到自己的根源國。他們渴望回到曾經那麼迫切想離開的地方。

我們是否能按李光耀想像的方式，打造出一座抵制現代化的壁壘？日本曾經有一段時間找到了解決這些問題的方法。他們以實際行動抑制資本主義發展，並減緩不平等的區域。他們努力地保留下傳統文化的許多核心元素，且即便在勞動力短缺的情況下，他們也不接受過多移民。事實上，日本是少數幾個右派民粹主義的先進工業國之一。自由民主黨持續執政，至今已步入第七個十年。不過，日本也付出了代價。他們的經濟停滯且一成不變，社會中仍充斥著階級制與父權制，至於勞動力短缺的問題更是已經造成影響。日本雖然已經在各方面進行改變，但他們還有很長的一段路要走。

事實上，隨著時間推移，我們都逐漸與愈來愈多舊文化背道而馳。就算是在白人勞工階級美國人裡面，也存在著一種疏離感。根據二〇一六年的一項調查結果顯示，有近半數人同意這個陳述：「各種變化真的太多了，這讓我明明生活在自己的國家，卻經常覺得非常陌生。」[23]所有事情似乎都在不斷改變。不管是哪裡的人都會移動，他們離開家園前往新地方，並在那裡展開新生活、交新朋友。而在這之中會出現代表融合的異族通婚。他們的後代必須在不同文化傳統中選擇，而在他們選擇的那一刻，也等於打破舊文化秩序中的權威與階層結構。這完全就是既期待又怕受傷害的人類冒險，我們會打破隔閡與偏見，並在更深的個人層次中，擁抱我們共同的人性。因此若想在迅速邁入未來的同時一味地「固守過去」，這好像是不太可能的事情。其實現在已經有很多國家開始打造「共同國」（universal nation）的概念，他們接納來自不同種族、階層和那些擁有不同信仰的人，同時也讓曾躲在影子裡的那些人，能在明亮的陽光下驕傲地自由前行。

自由信仰

自由主義的問題從很多角度來看都是因為它太過成功，並且一直扮演著世界各國政治現代化的要角。回顧數世紀前的生活，充斥著君主制、貴族制、教會階級制度、審查制度、官方法定歧視及國家壟斷的經營權。由於自由主義思想提倡的是個人的自由與權利、反對暴政及國家控制，並賦予普通人權力，於是隨著時間推移，這些傳統與舊制度都因自由主義的獨特魅力而破碎與瓦解。至於經濟方面的自由主義理念則包括尊重私有財產、使用開放市場、貿易與自由交易，這些幾乎在全球各地推行，當然，還是會因應做一些重要的調整，以確保更平等的經濟與更公平的競爭。不過自由主義並非完美的體制，其中還是有一些不足的短處與過度誇張的地方，因此讓它的敵人有充分的理由能攻擊它。這場戰爭從遙遠的過去就已然展開。

這種政治角逐的效果在像荷蘭、英國與美國這樣的國家中清晰可見，自由主義者爭取更自由、開放的環境，以及擁有更多個人權利。而他們往往會遇到渴望保留舊秩序的保守力量。然而隨著時間推移，政黨間的競爭產生微妙效果，自由主義者與保守主義者都變得更加圓滑，這類型的國家因此找到了前進的方式，或許是一種比自由主義者期望的慢，但卻比保守主義者期望的還快的步調。所謂改變，是順應著社會的趨勢順勢而為，而非與之逆向而行。這正是為何自然（organic）且由下而上的革命會成功，但法國大革命卻失敗的原因。法國的方式是上面的階層將激進思想強加於其他階層，他們很少考慮國家在這種發展中的位置。因此就導致出現嚴重破壞、社會混亂、暴力四起的環境，最終走向獨裁政體。

正如法國大革命展現的那樣，並不會有哪一方在道德方面是完全正確的，若硬要那樣做就等於在嚴重誤解歷史。我使用「自由主義」（liberal）代表那些希望獲得更多自由並捍衛法治的群體，而保守主義在本質上並非與這種自由主義相對立。保守主義代表歷史悠久且有重要地位的一方，他們更在意的是如何用謹慎的方式讓一切延續。他們通常也會接受社會應改變的這點，只不過他們會擔心若改革的速度過快，是否會徹底破壞社會結構。現代保守主義者常會提到的代表人物是英國國會議員柏克，我們之前也提到過，他以用敏銳的言詞反對法國大革命而聞名。不過，其實伯克是傳統意義上的自由主義者。他曾熱切支持美國革命，同時也因抨擊英國在印度的腐敗統治而聞名。他認為法國大革命太過激進，且是架構於抽象理論上，並未考量社會實踐的革命運動。法國大革命的倡導者說它是自由主義的產物，但事實上它是嚴重非自由主義的運動。伯克也曾警告過這場革命將會導致暴力衝突與無政府狀態發生，事實證明他是對的。

現代著名保守主義者喬治．威爾（George Will）其實也是傳統意義上的自由主義者。他在自己的書《保守主義的感性》（*The Conservative Sensibility*）中，主張保守主義是一種試著保存自由主義的意識型態。在他看來，美國建國者們最初制定的是一個擁抱古典自由主義觀點與原則的政府，因此他認為真正的保守主義者應該保護這些理念。其實，共和黨人與民主黨人都是傳統上的古典自由主義擁護者。只不過其中一方傾向認為政府較少干預有助自由與繁榮，另一邊則認為政府應積極保護人民的權利，並促進機會平等。每一方都可能走太遠，但其實兩邊都有自己的價值。他們雙方都拒絕如奧班或川普政府這類代表倒退且非自由意識型態的存在，這類政府主張的是威爾稱為「王座與聖壇」（throne-and-altar）的舊歐洲思想，[24]是一種真正反動的世界觀，幾乎等於威權主義。威爾確切指出這種世界觀不應存在於現代世界。自由主義成功的最大證明，莫過於其成為保守主義者也珍視的存在。

而今，對那些擁抱啟蒙運動、慶祝至今為止的進步，並希望社會繼續前進的人來說，最重要的任務是從過去的爭鬥中學習。不要屈從於狂妄自大，應相信每一種權利進步理論後面都有其道理，且都應該去實行。不要把國家當作新計畫的實驗品。不要想從上層將改變強加於他人身上，而是應該與社會結構中的真實社群與個人合作，以教育和說服的方式讓他們理解你的理念。即便有某段時間某種令人厭惡的資訊廣泛傳播，也不要因此放棄言論自由。不要受身分認同政治吸引，這從本質上就是非自由的產物，因為它以類別劃分人類而非將其視為個體。太強硬或太快速的步調引起的往往是反彈而非進步。接受民主中不可避免的一部分就是妥協。其實這是一種美德，因為這代表有考慮到其他人的熱情與期盼所在。

想想一九六〇年代至一九七〇年代的西方國家，特別是美國，它在自由上取得許多重大進展，比如正式廢除了《黑人歧視法》。而就像我在這本書前面章節提到的，最重要且持久的改變是婦女的解放。過去，她們在歷史上幾乎各個社會中都是次等公民。不過從伊斯蘭基本教義主義到基督教保守主義都出現一些反動運動，他們是對這一重要進步最反彈的群體。伴隨這些進步浪潮而來的，是各種誇張行徑、激進主義與暴力。在一九七一年到一九七二年間短短十八個月內，因某些激進分子不再相信體制改革的有效性，而導致本國境內發生約兩千五百起爆炸事件。[25]美國的地下氣象組織（Weathermen）與黑豹黨及歐洲的赤軍旅（Red Brigade）並未進一步推動改革，而是引起持續數十年的反彈。在我們這個孤立與分裂的時代，大家對革命或更多是對反革命的渴望清晰可見。右派蔑視自由主義核心特點讓人不安，並且構成相當嚴重的危險。不過左派中也有許多人想去除自由主義包含「言論自由」在內的某些規則與程序，並希望能只得到「正確」的結果，因此他們想要禁止那些有著「錯誤」思想的人發言，他們想以配額或法令來實現種族平等，他們想利用教育與藝術來達成某些政治目標，而非實現這兩者本身的價值。有些人對自己的理論觀點深信不疑，比如「尋求庇護者的權利」就是，因此他們會很想將這種抽象的道德觀強推給並不情願接受的社會。不過這種自上而下的革命運動，不論是由左派或反動右派發起，通常最後都只會製造更多動盪而非進步。

二十世紀末，哲學家柏林（Isaiah Berlin）認為，那些執著相信他們找到答案，並不滿自由主義重視規則、程序與妥協的人將會面臨一些危險。這是給右派與左派中那些具有非自由主義傾向的人的警鐘。

若你真的相信解決所有人類問題的方式存在，且只要大家做該做的事情，我們就能走向這個理想社會的話，那麼你跟你的追隨者就也必須相信，為了開啟這扇人間天堂的大門，那麼付出任何代價都在所不惜。只有愚蠢與惡毒的人才會反對某些完美的真理。因此，就必須去說服那些反對者，說服不了就立法限制他們，如果連法律也沒用，那麼就不得不使用一些更具強制性的手段，如果必要的話，就連使用暴力、恐怖行徑、屠殺等都必須執行……我們必須不得不用權衡、交易與妥協等手段，才能防止某種生活模式被對手摧毀。我知道，對於擁抱理想主義與熱忱的年輕人來說，這種方式太過溫和，這是一種溫馴、理性且過於平庸粗俗，與豐富堆疊的情緒顯得格格不入。但請相信我，不管從實務或理論上來看，人是沒辦法事事順心、得償所願的。否定這一點，並去追求單一且支配一切的唯一真理，往往會走上使用脅迫手段的道路。而後，就是鮮血與毀滅。打破雞蛋以後，你並不會看到美味可口的歐姆蛋，反之你只會看到一堆碎雞蛋，那象徵著無數可能被殘害的生命。最後，那些熱忱的理想主義者會忘記自己最初追求的歐姆蛋，而只是單純日復一日地打蛋。[26]

極端主義可能會讓人感到滿足，但往往是漸進式的改革能產生更持續的改變。如果自由主義者能明白時間站在他們這一方，並理解其實對手並不一直是愚蠢邪惡，那麼他們或許會發現自己能逐漸取得更廣泛的認同，而「進步」雖以緩慢的步調前進，但總會漸漸實現。那些想抑制混亂的人應該記住，試圖去壓抑各種變化，都只是導致挫敗感累積，最後爆發成革命。與其去維持現況的各個方面，不如效仿一八三二年後的英國保守主義者，他們接受《改革法令》

漸進式的民主化，並遵循著「只有持續改革，才能永保昌盛」的觀點。[27]十九世紀末的英國保守黨領導者班傑明．迪斯雷利接受勞工階級成為選民，並且去尋求他們的政治支持，當然，通常也取得了不錯的成果。現在的保守主義者接受並捍衛勞工、年長者、婦女與少數族群應得的機會與福利，而在前人提出這類理念時，他們都曾經是反對者。至於拜登總統，他好像也滿了解妥協的精隨。他擔心會再次出現二〇一六年的民粹國家主義大爆發狀態，因此他接受以溫和且改良的方式，在某方面從新自由主義共識轉向執行某些民粹主義政策，這包括拒絕新貿易協定、補貼美國製造業，甚至他也建築了小範圍的墨西哥與美國邊境之牆。我想，他的觀點應該是：「為保護整體自由主義計畫，適當的讓步比冒著崩潰的風險堅持不變更好。」走向更完美的社會是一趟漫長的旅程。

最大的挑戰是如何讓這趟旅程擁有道德意義，讓它像宗教曾做到的那樣，賦予驕傲與目的感並且填補心靈上的空虛。在英國與美國，快步調的變革之所以沒有導致爆發共產主義或法西斯主義革命的原因之一，正是因為社會中包括宗教、傳統與社群等古老元素，在變革風暴中心擔任穩定者的角色。歷史學家希墨法（Gertrude Himmelfarb）把這稱為「維多利亞時代的道德資本」，[28]正是這樣一個傳統寶庫，穩定了快速改變的社會。如果是李光耀的話，他一定很能理解並贊同這個觀點。然而，成長、科技、都市化、世俗化與異族通婚等，都逐步腐蝕著這些舊有錨點。因此新方法必須讓人們有目標，避免他們淪至隨波逐流的處境。社群的形成應圍繞自由主義的理念與實踐。就拿現在的歐盟來講，它單純被視為一個位於布魯塞爾的無靈魂官僚主義機構。不過它其實是一個偉大想法的實際體現，那些數百年來交戰的國家，現在卻形成一個緊密連結的政治團體。「這個歐洲理念值得歌頌，而這光明的藍旗應受眾人揮舞。」[29]創作歌手波諾（Bono）寫過這段話。我們應自豪於包括自由、個人權利、宗教自由、民主等自由主義理念，正是這些觀點讓我們的生命有了意義，讓我們不單單只是「最後一人」，是在地球上虛度光陰的一群世俗男女。

備受尊敬的藝術史學家克拉克（Kenneth Clark）在自己的權威電視節目《文明》（*Civilisation*）中問：「像羅馬這樣曾經主宰一切、技術先進、文化豐富且繁榮昌盛的帝國，為何最後會分崩離析，讓歐洲陷入野蠻行為猖獗的黑暗時代？」他的結論是，其實這背後不僅有物質原因，同時還有精神層面的因素。「一個文明的毀滅通常多是因缺乏信心而導致。憤世嫉俗與幻滅的情緒對我們的殺傷力，比起炸彈並無不足。」現代文明讓一般人能擁有的自由、財富與尊嚴達到史無前有的程度，它以各種方式，在各方面讓數十億人獲得力量。如果這樣的文明瓦解，那麼新黑暗時代便會降臨。而追根究柢的原因，是我們目光短淺，我們因為一些內部紛爭與其他各種小爭執，就忘記我們是有史以來最偉大傳統的繼承者，這個傳統解開人類的思想與精神束縛，創造出現代世界，而現在，它最偉大的成就是否實現將仰賴眾人的努力。

謝詞

查看這本書的原始合約時，我驚訝地發現是在十年前簽的。之所以拖了這麼久，部分原因是我在過程中決定寫兩本小書，一本關於通識教育，另一本關於後疫情時代的世界。但主要原因是我需要時間去閱讀、研究和思考這個日益擴展的主題。即使在英國脫歐和川普當選之前，我就已經清楚地意識到政治辯論正在開闢一個新方向，我想揭示這種變化背後更深層的力量。「（這本書原來的標題是「超越左與右」（Beyond Left and Right）」。我一直對國家如何以及為何隨著時間的推移而有不同的發展，深感興趣。我二〇〇三年的著作《自由的未來：國內外的不自由民主》（*The Future of Freedom: Illiberal Democracy at Home and Abroad*）分析了新興的民粹主義、對民主的威脅，以及現代化的曲折道路——儘管在隨後的二十年裡，這一趨勢變得更加黑暗和複雜。

在這段漫長的旅程中，我倚賴一群出色的夥伴來幫助我。自二〇一九年以來，喬納森（Jonathan Esty）一直是我這個計畫的主要研究員，負責歷史研究並隨著手稿的進展進行編輯。他現在是約翰霍普金斯大學高級國際研究院的博士生。安德魯（Andrew Sorota）於二〇二二年從耶魯大學畢業後接過接力棒，明確地定下了這個計畫的哲學方向，並努力不懈地推動本書順利完成。喬納森和安德魯是真正在智識上能夠深度合作的夥伴，他們評論草稿並提出改進建議，這些建議總是讓書籍內容變得更好。他們還與我一起在「施密特未來」（Schmidt Futures）的其他計畫上合作，這是一個由艾力克與溫蒂・施密特（Eric and Wendy Schmidt）創立的創新慈善事業，我在那裡擔任高級顧問。

在這本書的最後潤色階段，我請了兩位我非常重視他們判斷力和智慧的人來審查手稿——喬納（Jonah Bader），我在CNN節目中的製作人，以及史都華（Stuart Reid），《外交事務》雜誌的執行編輯，現已成為一位廣受讚譽的作家。他們都在忙碌的日程中抽出時間來審閱手稿，並提出了恰到好處的問題，以加強這本書的論點。

我要感謝尼克（Nick Cohen）和約翰內斯（Johannes Lang）對「全球化」和「身分政治」這兩章的深入研究與編輯。娜塔莉（Nathalie Bussemaker）對整本手稿做了細緻而全面的事實核查，摩爾（Andrew Moore）則是出色的意見提供者。他們四人也都在施密特未來工作。

還有其他幾位協助進行補充事實核查和文字編輯的人，包括維多莉亞（Victoria Hsieh）、安娜（Anna Miller）、賽琳娜（Selina Xu）、克萊兒（Claire Zalla）和卡蒂亞（Katia Zoritch）。我也感謝那些在我思考、閱讀和研究這本書的十年間幫助過我的人。約翰（John Cookson）在英國政治和貿易政策方面做了出色的工作。加萬（Gavan Gideon）深入研究了荷蘭和英國的歷史。斯科特（Scott Remer）研究了民族主義理論。阿達姆（Adham Azab）翻譯了法國檔案資料，這些資料豐富了我對左右派起源的討論。

當然，這些人都不需要對我的任何錯誤負責，我也無意暗示他們同意我所寫的一切。

過去二十多年來，德雷克（Drake McFeely）為我的五本書擔任編輯，他是我不可或缺、充滿耐心的朋友，也是個哲學家，還是我在這些工作中的指導者。可惜的是，這將是我們最後一本共同完成的書，因為德雷克即將退休，結束他在諾頓出版公司出色的職業生涯，多年來他一直是該出版公司的董事長兼總裁。另外，企鵝出版集團的傳奇編輯斯圖爾特（Stuart Proffitt）再次同意在大不列顛和大英國協出版這本書。他的評論總是寶貴的，即使是帶有批評性的。他明智地建議我為這本書加上副標題，以便讓讀者更清楚地了解其範圍。我的代理人魏利（Andrew Wylie），他的毅力始終讓我感到驚訝。（他獲得了對電子郵件最快回應的獎項。）感謝德雷克的助理編輯卡洛琳（Caroline Adams）讓整個工作過程保持正軌，以及夏洛特（Charlotte Kelchner）迅速而出色地對手稿進行文字編輯。

我要感謝CNN的同事。梅蘭妮（Melanie Galvin）專業地管理我的職業生涯，她能夠同時應對多項事務，從未放鬆。珍妮佛（Jennifer Dargan）協助安排我的媒體露面，克里斯（Chris Good）負責我的電子報和社群媒體帳號。湯姆（Tom Goldstone）是我信任的夥伴和朋友，在潔西卡（Jessica Gutteridge）的協助下負責我的每週節目，丹（Dan Logan）則能力出眾地領導我的紀錄片部門。他們管理著一群頂尖製作人、製作助理和實習生，每天與我合作，創作出最高水準的節目內容。此外，要感謝CNN的眾多編輯、工作人員、技術人員、化妝師和其他同事。這些個人名單太長，無法一一列舉，但請知道，我深深感激你們每天所做的工作。我也要真誠地感謝我的研究助理克萊兒（Claire Zalla），以及《華盛頓郵報》觀點團隊的大衛（David Shipley）、麥克（Mike Larabee）、克里斯汀（Christian Caryl）和其他成員，他們使我的每週專欄成為現實。

像這樣投入一個密集的計畫，會對家人和朋友有許多要求。我特別要感謝艾力克，他不僅透過施密特未來資助了這本書的研究支持，而且多年來一直是我的好朋友和深思熟慮的對話者。感謝我的家人：我的子女奧馬爾、莉拉和索菲亞，我的前妻寶拉，我的兄弟阿爾沙德和曼蘇爾，我的姊姊塔斯尼姆，以及他們的配偶安、瑞秋和維克拉姆。

我把這本書獻給所有在我生活中扮演導師角色的人，無論是在印度還是美國，從學校到大學到研究所，以及在職場上。我堅信，運氣在任何人的成功中都扮演著重要角色，但幸運的一部分是有人願意花時間和精力教導你、指導你，並給予你成長的機會。如果沒有他們，我今天不可能站在這裡。

注釋

導論　為數眾多的革命

1. Emily Herbert, *Robin Williams: When the Laughter Stops 1951–2014* (London: Blake, 2014), "Twenty Great Robin Williams' Jokes."
2. 1996 年的提名候選人杜爾（Bob Dole）是唯一的例外，他 92 歲時確實在 2016 年選舉中支持了川普。
3. "Full text of Tony Blair's speech to the TUC," *Guardian*, September 12, 2006.
4. *Merriam Webster Online*, s.v., "Revolution."
5. 5.Howard W. French, "The History of Tough Talk on China," *Wall Street Journal*, December 10, 2016.
6. 請參閱：Laura Paisley, "Political Polarization at Its Worst since the Civil War," *USC Today*, November 8, 2016; and Rachel Kleinfeld, "Polarization, Democracy, and Political Violence in the United States: What the Research Says," Carnegie Endowment for International Peace, September 5, 2023.
7. George F. Will, "The End of Our Holiday from History," *Washington Post*, September 12, 2001.
8. Alfred, Lord Tennyson, "Morte d'Arthur," Poetry Foundation.
9. 9.Louis-Henry-Charles de Gauville, *Journal du Baron de Gauville, depute de l'ordre de la noblesse, aux Etats-generaux depuis le 4 mars 1789 jusqu'au 1er juillet 1790* (Paris: Gay, 1864), 20.
10. 10.Timothy Tackett, *Becoming a Revolutionary: The Deputies of the French National Assembly and the Emergence of a Revolutionary Culture (1789–1790)* (University Park: Pennsylvania State University Press, 2006), 201, quoted in John Richard Cookson, "How French Racehorses Are to Blame for U. S. Partisan Politics," *National Interest*, July 7, 2016.

第一章　第一場自由主義革命——尼德蘭

1. 請參閱：Thomas Cahill's books on the Greeks, Jews, and Irish; and Arthur

Herman, *How the Scots Invented the Modern World: The True Story of How Western Europe's Poorest Nation Created Our World & Everything in It* (New York: Three Rivers, 2001).

2. 請參閱：Jonathan I. Israel, *The Dutch Republic: Its Rise, Greatness, and Fall; 1477–1806*, The Oxford History of Early Modern Europe (Oxford: Clarendon, 1998); and Simon Schama, *The Embarrassment of Riches: An Interpretation of Dutch Culture in the Golden Age*, 1st ed.(New York: Knopf, 1987).
3. Angus Maddison, *Dynamic Forces in Capitalist Development* (Oxford: Oxford University Press, 1991), 30.
4. Wantje Fritschy, *Public Finance of the Dutch Republic in Comparative Perspective* (Leiden: Brill Academic, 2017).
5. 請參閱："Murano Glass," *Scholarly Community Encyclopedia, citing David J. Shotwell, Glass A to Z* (Iola, WI: Krause, 2002), 586–87.
6. Geoffrey Parker, *The Military Revolution: Military Innovation and the Rise of the West, 1500–1800*, 2nd ed. (Cambridge: Cambridge University Press, 1996).
7. 戴蒙（Jared M. Diamond）曾在他的著作中敘述過這個故事，請參閱：*Guns, Germs, and Steel: The Fates of Human Societies* (New York: W. W. Norton, 1999). 對於戴蒙的觀點，經濟史學者德隆（Brad DeLong）最近加入了持續進行中的論戰，討論其優點和局限，並提出也許西方主導地位的關鍵變量的完整列表是「槍砲、病菌、鋼鐵、煤礦、奴隸、海洋帝國、半島、山脈、降雨和機會」。細節請參閱：Brad DeLong, "Guns, Germs, Steel, Coal, Slavery, Sea-borne Empires, Peninsulas, Mountain Ranges, Rainfall, & Chance:Jared Diamond's 'Guns, Germs, & Steel' After Twenty-Five Years," Brad DeLong's Grasping Reality. 也可參見：William H. McNeill, Plagues and Peoples (New York: Anchor, 2010).
8. Johan A. W. Nicolay, "Terp Excavation in the Netherlands," *Encyclopedia of Global Archaeology* (2014): 7271–73.
9. Jan de Vries, "On the Modernity of the Dutch Republic," *Journal of Economic History* 33, no. 1 (1973): 191–202.
10. Jan Luiten van Zanden, *The Long Road to the Industrial Revolution: The European Economy in a Global Perspective, 1000–1800* (Leiden: Brill Academic, 2009), 98–100.
11. Russell Shorto, *Amsterdam: A History of the World's Most Liberal City* (New York: Vintage, 2014), 178.
12. Letter from Richard Clough to Thomas Gresham, Antwerp Wednesday 21 August 1566, from *Relations politiques des Pays-Bas et de L'Angleterre sous le règne de*

Philippe II, 4th ed. J.M.B.C. Kervyn de Lettenhove (1885) 337–39; 341–44.

13. Nicholas Sander, "A Treatise of the Images of Christ and of His Saints, 1566," collected in Robert S. Miola, *Early Modern Catholicism: An Anthology of Primary Sources* (Oxford; New York: Oxford University Press, 2007), 59.
14. 這裡我僅是大略描述情境。荷蘭人建立海外帝國的過程也存在壓迫及血腥，亦曾徵召過成千上萬名奴隸到印尼和其他地方的大農場從事勞動。但與當時的其他主要國家相比，尼德蘭的國內治理仍然有其特色，一如我前文所描述的。
15. Oscar Gelderblom, "The Golden Age of the Dutch Republic," in *The Invention of Enterprise*, ed. David S. Landes, Joel Mokyr, and William J. Baumol (Princeton, NJ: Princeton University Press, 2010), 161.
16. Jan Lucassen and Richard W. Unger, "Shipping, Pro ductivity and Economic Growth," in *Shipping and Economic Growth 1350–1850*, ed. Richard W. Unger (Leiden: Brill Academic, 2011), 7:31.
17. Tim Blanning, *The Pursuit of Glory: The Five Revolutions that Made Modern Europe, 1648–1815* (New York: Penguin, 2008), 188.
18. Blanning, *Pursuit of Glory*, 96.
19. Robert K. Massie, *Peter the Great: His Life and World* (New York: Wings, 1991), 180–86.
20. Blanning, *Pursuit of Glory*, 98.
21. Blanning, *Pursuit of Glory*, 98.
22. Sir William Temple, *Observations upon the United Provinces of the Netherlands* (London: Edward Gellibrand, 1676), 99–100, quoted in Marjolein 't Hart, "Cities and Statemaking in the Dutch Republic, 1580–1680," *Theory and Society* 18, no. 5 (1989): 663–87.
23. Matías Cabello, *The Counter-Reformation, Science, and Long-Term Growth: A Black Legend?*, unpublished.
24. Oscar Gelderblom, "The Golden Age of the Dutch Republic," in *The Invention of Enterprise*, ed. David S. Landes, Joel Mokyr, and William J. Baumol (Princeton, NJ: Princeton University Press, 2010).
25. Alexandra M. De Pleijt and Jan Luiten Van Zanden, "Accounting for the 'Little Divergence': What Drove Economic Growth in Pre-industrial Europe, 1300–1800?," *European Review of Economic History* 20, no. 4 (2016).
26. Kees Klein Goldewijk, "Three Centuries of Global Population Growth: A Spatial Referenced Population (Density) Database for 1700–2000," *Population and*

Environment 26, no. 4 (2005): 343–67, 356.

27. Paul Kennedy, *The Rise and Fall of the Great Powers: Economic Change and Military Conflict from 1500 to 2000* (New York: Random House, 1987), 69.
28. Liam Brunt and Cecilia García-Peñalosa, "Urbanisation and the onset of modern economic growth," *Economic Journal* 132, no. 642 (2022).
29. Israel, *Dutch Republic*, 681.
30. Oscar Gelderblom, "The Golden Age of the Dutch Republic," in *The Invention of Enterprise*, ed. David S. Landes, Joel Mokyr, and William J. Baumol (Princeton, NJ: Princeton University Press, 2010), 159.
31. Karel Davids, "Openness or Secrecy? Industrial Espionage in the Dutch Republic," *Journal of European Economic History* 24, no. 2 (1995).
32. James D. Tracy, *The Founding of the Dutch Republic: War, Finance, and Politics in Holland 1572–1588* (Oxford: Oxford University Press, 2008), 312.
33. Israel, *Dutch Republic*, 2.
34. Israel, *Dutch Republic*, 2.
35. Shorto, *Amsterdam*, 274.
36. Israel, *Dutch Republic*, 612, 633.
37. Philip Mansel, *Louis XIV: King of the World* (Chicago: University of Chicago Press, 2020), 562–63.

第二章　光榮革命——英格蘭

1. Thomas Babington Macaulay, *History of England from the Accession of James II* (1848), Volume 2, Chapter 10.
2. Walter Scheidel, *Escape from Rome: The Fail ure of Empire and the Road to Prosperity* (Princeton, NJ: Princeton University Press, 2019), 363.
3. 勿與羅琳小說中魔法部的巫審加碼（*Wizengamot*）搞混。
4. Scheidel, *Escape from Rome*, 365.
5. James W. Wood et al., "The Temporal Dynamics of the Fourteenth Century Black Death," *Human Biology* (2003), cited in Sharon N. DeWitte, "Age Patterns of Mortality During the Black Death in London, A.D.1349–1350," *Journal of Archaeological Science* 37, no. 12 (December 2010).
6. 請參閱其他：Guillaume Vandenbroucke, "From Ye Olde Stagnation to Modern

Growth in England," *Economic Synopses*, no. 3 (2023); Mark Bailey, "Society, economy and the law in fourteenth-century England," University of Oxford; Gregory Clark, "Microbes and Markets: Was the Black Death an economic revolution?" *Journal of Demographic Economics* 82, no. 2 (2016):139–65.

7. Deirdre N. McCloskey, "Bourgeois Virtues?," *Prudentia*, May 18, 2006. 想了解關於資產階級美德的更多內容，請參閱：Deirdre N. McCloskey, *The Bourgeois Virtues: Ethics for an Age of Commerce* (Chicago: University of Chicago Press, 2007).
8. Barrington Moore, *Social Origins of Dictatorship and Democracy: Lord and Peasant in the Making of the Modern World* (Boston: Beacon, 1993), 30.
9. Eric Hobsbawm, *The Age of Revolution* (New York: Vintage, 1996), 51.
10. Patrick Wallis, Justin Colson, and David Chilosi, "Structural Change and Economic Growth in the British Economy before the Industrial Revolution, 1500–1800," *Journal of Economic History* 78, no. 3 (2018):27.
11. Christopher Brooks, "The English Civil War and the Glorious Revolution," in *Western Civilization: A Concise History* (Portland: Portland Community College, 2019).
12. 「戰爭結束時，有大約 6.2 萬名士兵死亡，或許還有 10 萬人死於與戰爭有關的疾病」：Jonathan Healey, *The Blazing World: A New History of Revolutionary England, 1603–1689* (New York: Knopf, 2023), 203.
13. 他的兒子查理二世持續這樣的情況。山繆．皮普斯的日記便寫道：「我發現……為了一筆錢，我們將與法國國王結盟……這筆錢將大大地幫助國王，以致於他甚至不需要國會。」請參閱："Wednesday 28 April 1669," *The Diary of Samuel Pepys*.
14. "September 1642:Order for Stage-plays to Cease," in *Acts and Ordinances of the Interregnum, 1642–1660*, ed. C. H. Firth and R. S. Rait (London: His Majesty's Stationery Office, 1911), 26–27. British History Online.
15. "Overview of the Civil War," UK Parliament.
16. Howard Nenner, "Regicides," *Oxford Dictionary of National Biography*, September 23, 2004.
17. D. F., *The Dutch-mens Pedigree: or A relation, shewing how they were first bred, and descended from a horse-turd, which was enclosed in a butter-box....* 1653 年於倫敦印行。並於康希爾的聖邁克爾教堂（St. Michaels Church）門口出售。
18. "Friday 19 July 1667," *The Diary of Samuel Pepys*.
19. "Monday 29 July, 1667," *The Diary of Samuel Pepys*.

20. Steve Pincus, *1688: the First Modern Revolution* (New Haven, CT: Yale University Press, 2011), 233–34.
21. 至於荷蘭，在 1702 年威廉過世後，他們決定暫時不設省督，鞏固了尼德蘭的共和政體。共和國再延續了一個世紀，然後才在法國大革命的戰火中被摧毀：在 1815 年的維也納會議上，尼德蘭重生為王國，奧倫治家族正式成為荷蘭君主，至今仍然保有該地位。
22. Pincus, *1688: the First Modern Revolution*, 94.
23. 英格蘭可能成為人類史上第一個永久停留在學者艾塞默魯（Daron Acemoglu）和羅賓森（James A. Robinson）所說的「自由的窄廊」內的社會：一條介於暴政和無政府狀態之間的道路。請參閱：Daron Acemoglu and James A. Robinson, *The Narrow Corridor: States, Societies, and the Fate of Liberty* (New York: Penguin, 2019).
24. Douglass C. North and Barry R. Weingast. "Constitutions and Commitment: The Evolution of Institutions Governing Public Choice in Seventeenth-Century England," *Journal of Economic History* 49, no. 4 (1989): 803–32.
25. John Brewer, *The Sinews of Power: War, Money and the English State, 1688–1783* (Cambridge, MA: Harvard University Press, 1990), 154–55.
26. 關於更多宗教寬容的內容，請參閱：Mark Koyama and Noel D. Johnson, *Persecution and Toleration: The Long Road to Religious Freedom* (New York: Cambridge University Press, 2019).
27. Israel, *Dutch Republic*, 630.
28. Mansel, *King of the World*, 318.
29. "Huguenots and the World of Finance: Part One," Hugue not Society, April 25, 2022.
30. Karel Davids, *The Rise and Decline of Dutch Technological Leadership* (Leiden: Brill, 2008), 153–54.
31. Israel, *Dutch Republic*, 1014.
32. 經濟學家麥克洛斯基（Deirdre McCloskey）以「四個 R」的說法延伸了梅因的思想，即現代世界由閱讀（Reading）、改革（Reformation）、（在尼德蘭的）反抗（Revolt）和（1688 年在英格蘭的）革命（Revolution）所形塑而成。17 世紀末的英格蘭在革命方面更達到了巔峰，達成了第五個也是最關鍵性的「R」：對於資產階級的重新評價（Revaluation of the bourgeoisie），亦即「由 R 引起的對普通人進行平等主義的重新評價」，引自：in Scheidel, *Escape from Rome*: 489.

33. Sidney W. Mintz, quoted in Jan de Vries, *Industrious Revolution* (New York: Cambridge University Press, 2008), 31.
34. "Daily supply of calories per person," 1800, Our World in Data, citing S. Broadberry, B. Campbell, A. Klein, M. Overton, and B. Van Leeuwen. (2015) British Economic Growth, 1270–1870. Cambridge: Cambridge University Press and Table 1.2 from Fogel, R. W. (2004) The escape from hunger and premature death, 1700–2100: Europe, America, and the Third World (Vol. 38). Cambridge University Press.
35. Daniel Defoe, *The Complete English Tradesman* (1726), chapter 22, quoted in Robert C. Allen, *British Industrial Revolution in Global Perspective* (New York: Cambridge University Press, 2009), 25.
36. Scheidel, *Escape from Rome*, 382.
37. Scheidel, *Escape from Rome*, 369.
38. Hobsbawm, *Age of Revolution*, 106.
39. 最著名的輝格史觀歷史學家麥考萊男爵（Lord Macaulay）在其 1848 年出版的《英國史》（*History of England*）一書中宣稱：「我們國家在過去 160 年的歷史顯然是一部身體、品德和智力進步的歷史。」

第三章　失敗的革命——法國

1. Herbert Butterfield, *Christianity and History* (New York: Scribner, 1949), 11.
2. 荷蘭對哈布斯堡王朝發動了八十年戰爭，且相應地在國內發生了多場政變，但仍然設法建立了一個遠不如當時歐洲政權暴力的政治秩序。而儘管英格蘭在 1688 年的光榮革命幾乎沒有發生流血事件，緊隨其後的卻是 1642 年至 1651 年更血腥的英國內戰。
3. Mansel, *King of the World*, 634.
4. Robert Darnton, *The Revolutionary Temper: Paris, 1748–1789* (New York: W. W. Norton, 2023).
5. Simon Schama, *Citizens: A Chronicle of the French Revolution* (New York: Knopf, 1990), 1028.
6. Schama, *Citizens*, 1031.
7. "The Proclamation of the Duke of Brunswick, 1792," in *Readings in European History*, ed. J. H. Robinson (Boston: Ginn, 1906), 2: 443–45.

8. Malcolm Crook, *Elections in the French Revolution: An Apprenticeship in Democracy, 1789–1799* (Cambridge: Cambridge University Press, 2002), 85. 克魯克指出，儘管選民必須是納稅者的規定被取消，但家庭傭人和其他被視為「家屬」（dependents）的人在 1792 年仍然被排除在選舉名冊之外。
9. Lemarchand Guy, "Sur les élections pendant la Révolution: Patrice Gueniffey," *Le nombre et la raison. La Révolution française et les élections. In: Annales de Normandie*, 47e année, n° 5, 1997. Etudes médiévales. Journées d'histoire du droit—1996. pp. 607–12.
10. 想要更了解羅伯斯庇爾這個人的各種面向——民粹主義、知識份子、理想主義和冷酷無情——請參閱已故小說家曼特爾（Hilary Mantel）的傳記小說，她以描繪權力殿堂中冷酷無情的人物而聞名，包括《狼廳》（*Wolf Hall*）中的克倫威爾（Thomas Cromwell）和亨利八世：Hilary Mantel, " 'What a man this is, with his crowd of women around him!'," *London Review of Books*, March 30, 2000.
11. 請參閱圖 3：Anonymous, *Robespierre guillotinant le bourreau*, Louvre, Paris, France. 這幅諷刺漫畫描繪羅伯斯庇爾踐踏 1791 年至 1793 年的憲法，將法國所有其他人送上斷頭臺，最後以「將劊子手送上斷頭臺」做為結局。
12. 據估計，在被正式判處死刑的案件中，這些恐怖統治的受害者有約 59% 是工人或農民，24% 是中產階級，8% 是貴族，6% 是神職人員，1.5% 是其他人，請參閱：Donald Greer, *Incidence of the Terror during the French Revolution* (Cambridge, MA: Harvard University Press, 1935), 97. 但值得注意得是，上述估計並未考慮到更多未經審判而被私刑處死的受害者。
13. Schama, *Citizens*, 1477.
14. Jacques Mallet du Pan, *Considérations sur la nature de la Révolution de France, et sur les causes qui en prolongent la durée* (1793), 63.
15. William Doyle, *The Oxford History of the French Revolution*, 2nd ed. (Oxford: Oxford University Press, 1990), 278.
16. 貝爾（David Bell）認為，在國王的神聖權利被粉碎後，拿破崙模式展示了一條以「萬民擁戴」（man of the people）做為表象來通往權力的道路，將對於民主和軍國主義的衝動融合進「強人崇拜」（cult of the strongman）當中。請參閱：*Men on Horseback: The Power of Charisma in the Age of Revolution* (New York: Farrar, Straus and Giroux, 2020).
17. Schama, *Citizens*, 184.
18. Mansel, *King of the World*, 123.
19. Schama, *Citizens*, 189.

20. 同樣地，「doux commerce」這個字為「溫和或和平的商業」之意，本來是受法國哲學家孟德斯鳩（Montesquieu）所推崇……但是，這種以互惠互利貿易取代戰爭的願景，更像是由 19 世紀自由貿易日益興盛的英國人所實現的，而不是雅各賓派、拿破崙或歷屆法國政權。請參閱：Baron de Mon tesquieu, *The Spirit of the Laws*, trans. Thomas Nugent, ed. Franz Neumann (New York: Hafner, 1949).
21. 引用自：Mansel, *King of the World*, 180.
22. Mansel, *King of the World*, 357, 643.
23. Table from Stephen Broadberry and Leigh Gardner, "Africa's Growth Prospects in a European Mirror: A Historical Perspective," working paper series at the University of Warwick (2013):18.
24. Blanning, *Pursuit of Glory*, 54–56.
25. 夏瑪在《公民》（*Citizens*）中描述了這個場景：這個時代是「純粹的個人魅力……他們正在目睹一場解放，一個未來能夠自由改變的預兆……體現了哲學家對於自由的狂熱：令人振奮地瞥見了極致的美好（Sublime），對於此美好的體驗是崇高的，崇高的並非體驗此美好的觀眾。Schama, *Citizens*, 131.
26. 請參閱：Rachel Hammersley, "Parallel revolutions: seventeenth-century England and eighteenth-century France," in *The English Republican Tradition and Eighteenth-Century France: Between the Ancients and the Mod erns* (Manchester: Manchester University Press, 2016).
27. Monsieur Navier, "Address" (1789), in Richard Price, "A Discourse on the Love of Our Country" (1789), quoted in Steve Pincus, *1688: the First Modern Revolution* (New Haven, CT: Yale University Press, 2011), 11.
28. 請參閱：Peter McPhee, "The French Revolution, Peas ants, and Capitalism," *American Historical Review* 94, no. 5 (1989): 1265–80.
29. 該論點最著名的支持者為勒費弗爾（Georges Lefebvre），請參閱：*The Coming of the French Revolution*, trans. R. R. Palmer (Princeton, NJ: Princeton University Press, 2015).
30. 我們可以從雅各賓派激進且突然的土地改革中看到後來失敗的社會實驗的影子，例如史達林快速且極端的集體化（collectivization），或毛澤東的大躍進。
31. Hobsbawm, *Age of Revolution*, 158–59.
32. Thatcher, *The Downing Street Years* (New York: HarperCollins, 1993), 753.
33. Ed Simon, "Why the French Revolution's 'Rational' Calendar Wasn't," *JSTOR Daily*, JSTOR, May 23, 2018.

34. Fondation Napoléon / K. Huguenaud, GRAFFITIS À L'EN TRÉE DU TEMPLE D'ISIS À PHILAE, 1798, Egypt.
35. "The Lévée en Masse" (August 23, 1793), Fordham Modern History Sourcebook.
36. Schama, *Citizens*, 858.
37. William Wordsworth, "The Prelude," Book 11, Vol. 4 (1850).
38. Roberts, *Napoleon: A Life*, 37.
39. Francis Fukuyama, *Political Order and Political Decay* (New York: Farrar, Straus, and Giroux, 2015), 17.
40. 這與印度獨立後幾十年來阻礙經濟成長的「許可證制度」（License Raj）沒有什麼不同。
41. Roberts, *Napoleon: A Life*, 936–37. 需要注意的是，歷史上對大軍團倖存人數的估計有所不同，從 4 萬人到 12 萬人都有。
42. Alistair Horne, *Seven Ages of Paris* (New York: Knopf, 2002), 181–82.
43. Jean-Alexandre-Joseph Falguiere, La Triomphe de la Revolution, 1882, wax figure, 97 × 130 × 99 cm, Musee de Grenoble, Grenoble, France.
44. 44. 戴高樂（Charles-de-Gaulle）於 1958 年取得政權，其相當於一場不合法的政變，儘管他的崛起後來得到了選舉「認可」（ratified）。
45. 這個說法來自他的著作的書名，內容是有關後拿破崙時期的光輝歷史：Adam Zamoyski, *Phantom Terror: The Threat of Revolution and the Repression of Liberty, 1789–1848* (United Kingdom: William Collins, 2014).
46. Zamoyski, *Phantom Terror*, 96.
47. Count Franz Anton von Kolowrat, letter of June 1833, quoted in Zamoyski, *Phantom Terror*, 342.
48. 托克維爾的完整發言：「諸位，我深深相信：我們此刻正睡在一座沉睡的火山上。我對此深信不疑……正如我所說的，這種邪惡遲早會帶來一場最嚴重的革命。雖然我不知道它將如何發生，也不知道它會何時到來——但請相信，它必將發生。」請參閱：Alexis de Tocqueville, *Recollections of Alexis de Tocqueville* (New York: 1893).
49. 從現在的角度對 1848 年事件的描寫，請參閱：Christopher Clark, "The Revolutionary Waves of 1848," in *Revolutionary World*, ed. David Motadel (Cambridge: Cambridge University Press, 2021).
50. Giuseppe Tomasi di Lampedusa, *Il Gattopardo*, trans. Archibald Colquhoun (New York: Pantheon, 1960), 22.
51. Leon Trotsky, "Two Speeches at the Central Control Commission, 1927," trans.

John G. Wright, *The Stalin School of Falsification* (New York:9
52. Guillaume Daudin, Kevin O'Rourke, and Leandro Prados de la Esosura, "Trade and Empire, 1700–1870," OFCE, 23.
53. Alfred Cobban, *A History of Modern France, Vol. 2* (Penguin, 1963), 49–52, quoted in Andrew Roberts, *Napoleon: A Life* (New York: Penguin, 2015), 571.
54. Hobsbawm, *Age of Revolution*, 177–78.
55. Daron Acemoglu et al., "The Consequences of Radical Reform: The French Revolution" (Cambridge, MA: National Bureau of Economic Research, April 2009), https://doi.org/10.3386/ w14831.
56. Eric Hobsbawm, *The Age of Capital, 1848–1875* (New York: Vintage, 1996), 15.

第四章　眾革命之母——工業化的不列顛

1. Hobsbawm, *Age of Revolution*, 29.
2. 經濟歷史學家莫基爾（Joel Mokyr）在其 1992 年的著作中對「博學者」（savants，理論科學思想家）和「製造者」（fabricants，工業中親力親為的工人）進行了區分。請參閱：Joel Mokyr, *The Gifts of Athena* (Princeton, NJ: Princeton University Press, 2002).
3. William M. Cavert, *The Smoke of London: Energy and Environment in the Early Modern City, Cambridge Studies in Early Modern British History* (Cambridge: Cambridge University Press, 2016), 21.
4. Vaclav Smil, *Energy and Civilization: A History* (Cambridge, MA:MIT Press, 2018), 12, 301.
5. Alessandro Nuvolari and Christine Macleod "Patents and Industrialisation: An Historical Overview of the British Case, 1624–1907," *SSRN (Social Science Research Network)* (2010), 6.
6. Robert Burrell and Catherine Kelly, "Parliamentary Rewards and the Evolution of the Patent System," *Cambridge Law Journal* 74, no. 3 (2015): 423–49.
7. S. R.Epstein, "Craft Guilds, Apprenticeship, and Technological Change in Preindustrial Europe," *Journal of Economic History* 58, no. 3 (1998): 684–713.
8. Blanning, *Pursuit of Glory*, 243–44.
9. David Cannadine, *Victorious Century: The United Kingdom, 1800–1906* (New York: Viking, 2018).

10. Robert C. Allen, "Engels' Pause: Technical Change, Capital Accumulation, and Inequality in the British Industrial Revolution," *Explorations in Economic History* 46, no. 4 (2009): 418–35, see Fig. 1 and Table 1.
11. J. Braford DeLong, *Slouching Towards Utopia: An Economic History of the Twentieth Century* (New York: Basic, 2022), 18.
12. 這部分的資料較雜亂，但仍顯示這段期間開始時的預期壽命約在 37.5 歲上下，結束時則為 41 歲。請參閱："Life Expectancy, 1743 to 1875," Our World in Data.
13. 儘管大量移民到北美洲和大洋洲，但不列顛的人口仍在高速成長。（注意：此數字不包括愛爾蘭，該國人口因爲馬鈴薯饑荒而下降。）請參閱："Population of England over history, Our World in Data, "https://ourworldindata.org/grapher/population-of-england-millennium.
14. 1Impact of the Industrial Revolution," in *Britannica.com.*
15. Tim Hitchcock, "London, 1780–1900," Digital Panopticon.
16. "Railways in Early Nineteenth Century Britain," UK Parliament.
17. "British Railways," *Britannica.com*.
18. Daniel Boorstin, *The Discoverers* (New York: Vintage, 1983), 71–73.
19. Boorstin, *Discoverers*, 89.
20. Oxford English Directory Online, s.v. "week-end."
21. Ian Buruma, *Anglomania: A European Love Affair* (New York: Vintage, 200), 138.
22. Buruma, *Anglomania*, 150.
23. Buruma, *Anglomania*, 156.
24. *King Lear*, ed. Barbara A. Mowat and Paul Werstine (New York: Simon & Schuster, 2015), 1.4.
25. Bret Devereaux, "Collections: Clothing, How Did They Make It? Part III: Spin Me Right Round... ," A Collection of Unmitigated Pedantry, March 19, 2021, citing E. W. Barber, *Women's Work: The First 20,000 Years: Women, Cloth, and Society in Early Times* (New York: W. W. Norton, 1996).
26. 關於德維羅的估計，引用資料請參閱：John S. Lee, *The Medieval Clothier*, Working in the Middle Ages Vol. 1 (Woodbridge: Boydell, 2018); Eve Fisher, "The $3500 Shirt—A History Lesson in Economics," SleuthSayers, June 6, 2013; Gregory S. Aldrete, Scott Bartell, and Alicia Aldrete, *Reconstructing Ancient Linen Body Armor: Unraveling the Linothorax Mystery* (Baltimore: Johns Hopkins University Press, 2013). 請注意，他的估計是中世紀和更古早時代生產前現代複合材料的工時平均值，並且他強調中世紀晚期的紡車是工業時代之前對於生產效率最大

的一次提升。

27. J. R.R. Tolkien, *The Two Towers* (Boston and New York: Houghton Mifflin, 1954, reprint 1994), Book Three, Chapter 4, "Tree beard," in 462.
28. J. R.R. Tolkien, *The Return of the King* (Boston and New York: Houghton Mifflin, 1955, reprint 1994), Book 11, Chapter 8, "The Scouring of the Shire," 981.
29. 戴蒙使用的這個詞並不是指工業化前的定居農業社會，而是指工業和農業時代之前的遊牧狩獵採集社會。
30. Frederic Harrison, "Words on the Nineteenth Century," quoted in Walter E. Houghton, *The Victorian Frame of Mind, 1830–1870* (New Haven, CT: Yale University Press, 1963), 42.
31. Oliver Goldsmith, "The Deserted Village," Poetry Foundation.
32. Robert C. Allen, "Engels' Pause: Technical Change, Capital Accumulation, and Inequality in the British Industrial Revolution," *Explorations in Economic History* 46, no. 4 (2009): 418–35.
33. 關於這種解釋，我所依據的參考為：W. Arthur Lewis, "Economic Development with Unlimited Supplies of Labour," *Manchester School* 22, no. 2 (1954): 139–91, as cited in Allen, "Engels' pause"; as well as Carl Benedikt Frey, *The Technology Trap: Capital, Labor, and Power in the Age of Automation* (Princeton, NJ: Princeton University Press, 2019), 131–37.
34. 請參閱：Richard Conniff, "What the Luddites Really Fought Against," *Smithsonian Magazine*, March 2011.
35. Neil Johnston, "The History of the Parliamentary Franchise," House of Commons Library, Research Paper 13/14, March 1, 2013. 根據作者的估計，在 1832 年改革法令頒布之前，這個擁有約 2,400 萬居民的國家中，只有 51.6 萬名有資格投票的選民。
36. E. A. Wasson, "The Penetration of New Wealth into the English Governing Class from the Middle Ages to the First World War," *Economic History Review* 51, no. 1 (1998): 28, fig. 1.
37. Hillary Burlock, "Rotten Boroughs," Eighteenth-Century Political Participation and Electoral Culture Project, UK Arts and Humanities Research Council, Newcastle University and Liverpool University, 2020–23.
38. Richard D. Altick, *The English Common Reader: A Social History of the Mass Reading Public, 1800–1900, 2nd ed.* (Columbus: Ohio State University Press, 1998), 324–26.
39. Emma Griffin, *Liberty's Dawn: A People's History of the Industrial Revolution* (New

Haven, CT: Yale University Press, 2014), 220.

40. Thomas Babington Macaulay, "Ministerial Plan of Parliamentary Reform— Adjourned Debate" (speech, London, March 2, 1831), accessed via House of Commons Hansard.

41. 1832 年後，英格蘭和威爾斯的 1,300 萬名成年男性人口中有 65 萬名選民。請參閱：John A. Phillips and Charles Wetherell, "The Great Reform Act of 1832 and the Political Modernization of England," *American Historical Review* 100, no. 2 (1995): 414.

42. 憲章派唯一尚未實現的目標是年度國會選舉。但是從美國兩年一次的國會選舉有著幾乎永不停息的政治鬥爭的情況來看，也許我們有充分的理由不採用這項改革。

43. Adam Zamoyski, "Scandals," in *Phantom Terror: Political Paranoia and the Creation of the Modern State* (New York: Basic, 2015), 368.

44. "Constructing the most accurate clock in the world," UK Parliament.

45. Adam Zamoyski, "Order," in *Phantom Terror: Political Paranoia and the Creation of the Modern State* (New York: Basic, 2015), 94.

46. Walter Scheidel, *Escape from Rome: The Failure of Empire and the Road to Prosperity* (Princeton, NJ: Princeton University Press, 2019), 383.

47. George Julian Harney to Friedrich Engels, March 30, 1846, in *The Harney Papers*, ed. Frank Gees Black and Renée Métivier Black (Assen: Van Gorcum, 1969), 240, quoted in Henry Weisser, "Chartism in 1848: Reflections on a Non-Revolution," *Albion* 13, no. 1 (1981): 14.

48. Miles Taylor, "The 1848 Revolutions and the British Empire," *Past & Present* 166, no. 1 (2000): 146–80.

49. 4What Was Chartism?," National Archives (UK).

50. Henry Weisser, "Chartism in 1848: Reflections on a Non-Revolution," *Albion*, 13, no. 1 (1981):16.

51. Avner Greif and Murat Iyigun, "Social Institutions, Violence, and Innovations: Did the Old Poor Law Matter?," December 25, 2012; and Marjorie Keniston McIntosh, "The Poor Laws of 1598 and 1601," in *Poor Relief in England, 1350–1600* (Cambridge: Cambridge University Press, 2011), 273–93.

52. Griffin, *Liberty's Dawn*, 27–28.

53. Timothy 6:10, King James Version.

54. Thomas Carlyle, "The Everlasting No," in *Sartor Resartus* (1833), 164–65, quoted

in Walter E. Houghton, *The Victorian Frame of Mind, 1830–1870* (New Haven, CT: Yale University Press, 1963), 73–74.
55. John Ruskin, *The Stones of Venice* (London, Smith, Elder, 1853).
56. Ruskin, *Stones of Venice*, 162–63.
57. Douglas A. Irwin and Maksym G. Chepeliev, "The Economic Consequences of Sir Robert Peel: A Quantitative Assessment of the Repeal of the Corn Laws," *Economic Journal* 131, no. 640 (2021):3322–37.
58. W. D.Rubinstein, "Wealth, Elites and the Class Structure of Modern Britain," *Past & Present*, no. 76 (1977): table 1, "Occupations of Wealth-Holders: Concise Ranking," 102.
59. George Eliot, *Middlemarch* (United Kingdom: Wordsworth, 1998), 458–59.
60. Alexander C.R.Hammond, "Heroes of Progress, Pt.9John Stuart Mill," *Human Progress* blog, Cato Institute.
61. Charles R. Morris, *The Dawn of Innovation: The First American Industrial Revolution* (New York: PublicAffairs, 2012), 70.
62. Kennedy, *Rise and Fall of the Great Powers*, 153.
63. John Darwin, *The Empire Project: The Rise and Fall of the British World-System, 1830–1970* (Cambridge: Cambridge University Press, 2009), 37.
64. Joel Mokyr, review of *How the World Became Rich: The Historical Origins of Economic Growth* by Mark Koyama and Jared Rubin, EH.net, July 2022.
65. George Orwell, *The Road to Wigan Pier* (London: Penguin Classics, 1937; reprint 2007), 229; cited in Alex Tabarrok, "Orwell's Falsified Prediction on Empire," Marginal Revolution, May 30, 2023.
66. Tabarrok,"Orwell's Falsified Prediction," Marginal Revolution, May 30, 2023, relying on data from Maddison Project Database 2020.
67. Kennedy, *Rise and Fall of the Great Powers*, 227.

第五章　真正的美國革命——工業化的美國

1. Chrystia Freeland, "America, Land of the Equals," *New York Times*, May 3, 2012.
2. Alexis De Tocqueville, "Individualism Stronger," in *Democracy in America*, vol. 2, *Influence Of Democracy On Progress Of Opinion*. 之後的歷史學家也同意這個觀點，請參閱：Daniel Walker Howe, *What Hath God Wrought: the Transformation of*

America, 1815–1848 (Oxford: Oxford University Press, 2009), 490.

3. Samuel Huntington, "Tudor Polity and Modernizing Societies," in *Political Order in Changing Societies* (New Haven, CT: Yale University Press, 1968), 134–35.
4. Bernard Bailyn, *The Ideological Origins of the American Revolution* (Cambridge, MA: Belknap, 1992), 283.
5. Quoted in Howe, *What Hath God Wrought*, 562–63.
6. Charles R. Morris, *The Dawn of Innovation: The First American Industrial Revolution* (New York: PublicAffairs, 2012), 89.
7. Edward G. Hudon, "Literary Piracy, Charles Dickens and the American Copyright Law," *American Bar Association Journal* 50, no. 12 (1964): 1157–60.
8. Paul Wiseman, "In trade wars of 200 years ago, the pirates were Americans," Associated Press, March 28, 2019.
9. 這段《聖經》中的話既令人敬畏又顯得不祥，它為歷史學家丹尼爾．沃克．豪（Daniel Walker Howe）所著的有關美國在電報和鐵路時代的歷史專書提供了標題：*What Hath God Wrought: The Transformation of America, 1815–1848*.
10. Abraham Lincoln, writing to Joshua Speed, quoted in Richard Cawardine, *Lincoln: A Life of Purpose and Power* (London: Vintage, 2003), 12, cited in Howe, *What Hath God Wrought*, 596.
11. Chester W. Wright, *Economic History of the United States* (New York: McGraw Hill, 1941), 707.
12. Adam Tooze, *The Deluge: The Great War, America and the Remaking of the Global Order, 1916–1931* (New York: Penguin, 2015).
13. Morris, *Dawn of Innovation*, 82.
14. Morris, *Dawn of Innovation*, 89.
15. Bradford J. DeLong, *Slouching Towards Utopia: an Economic History of the Twentieth Century* (New York: Basic, 2022), 62.
16. Robert Gordon, *The Rise and Fall of American Growth: The U. S. Standard of Living since the Civil War* (Princeton, NJ: Princeton University Press, 2017), 6.
17. Jonathan Rees, *Industrialization and the Trans formation of American Life* (Armonk, NY: M. E. Sharpe, 2013), 44.
18. Walt Whitman, "Crossing Brooklyn Ferry," Poetry Foundation, https://www.poetryfoundation.org/poems/45470/crossing-brooklyn-ferry.
19. Walt Whitman, "I Sit and Look Out," The Walt Whitman Archive.
20. Frances Dickey and Jimmie Killingsworth, "Love of Comrades: The Urbanization of

Community in Walt Whitman's Poetry and Pragmatist Philosophy," *Walt Whitman Quarterly Review* 21, no. 1 (2003):1–24.

21. David Kennedy, *Freedom from Fear: The American People in Depression and War, 1929–1945* (Oxford: Oxford University Press, 2001), 14.
22. Gordon, *Rise and Fall of American Growth*, 30.
23. Sam Bass Warner Jr., *The Urban Wilderness: A History of the American City* (New York: Harper and Row, 1972), 93.
24. Gordon, *Rise and Fall of American Growth*, 36.
25. Quoted in Michael Lind, *Land of Promise:An Economic History of the United States* (New York: HarperCollins, 2013), 223.
26. Seymour Martin Lipset and Gary Wolfe Marks, *It Didn't Happen Here: Why Socialism Failed in the United States* (New York: W. W. Norton, 2001), 263.
27. David Roediger, *The Wages of Whiteness: Race and the Making of the American Working Class* (Brooklyn: Verso, 1991).
28. Theodore Roosevelt, quoted in Frank Ninkovich, *Modernity and Power: A History of the Domino Theory in the Twentieth Century* (Chicago: University of Chicago Press, 1994), 4.
29. 這裡可以跟羅斯·佩羅（Ross Perot）在 1992 年的競選活動相對照，這是對於民粹主義到來的提前預告，雖然失敗了，卻能看出共和黨做為主要政黨在 2016 年被民粹主義俘虜的影子。
30. Thomas Frank, *The People, No: A Brief History of Anti-Populism* (New York: Metropolitan, 2020), 69.
31. Henry M. Littlefield, "The Wizard of Oz: Parable on Populism," *American Quarterly* 16, no. 1 (1964):47–58.
32. Bill D. Moyers, "What a Real President Was Like," *Washington Post*, November 13, 1988.
33. David M. Kennedy and Elizabeth Cohen, "Progressivism and the Republican Roosevelt," *The American Pageant* (New York: Houghton Mifflin, 2001).
34. Theodore Roosevelt, *The Works of Theodore Roosevelt, National Edition* (New York: Charles Scribner's Sons, 1926), 16–84.
35. Kathleen M. Dalton, "Theodore Roosevelt, Knickerbocker Aristocrat," *New York History* 67, no. 1 (1986):40.
36. Dalton, "Theodore Roosevelt, Knickerbocker Aristocrat," 41.
37. 37.Walter Lippmann, "Puritanism De Luxe in the Coolidge Era," *Vanity Fair*, May

1926.

38. Peter Clements, "Silent Cal," *History Today*, September 2003.
39. Terry Golway, "The making of the New Deal Democrats," *Politico*, October 3, 2014.
40. Bernard Bellush, *Franklin D. Roosevelt as Governor of New York* (New York: Columbia University Press, 1955), 282.
41. Kennedy, *Freedom from Fear*, 11–13.
42. Kennedy, *Freedom from Fear*, 43.
43. Kennedy, *Freedom from Fear*, 55.
44. Franklin D. Roosevelt, "Annual Message to Congress," The American Presidency Project, January 4, 1935.
45. Kennedy, *Freedom from Fear*, 247.
46. Sheri Berman, *The Primacy of Politics: Social Democracy and the Making of Europe's Twentieth Century* (Cambridge: Cambridge University Press, 2006).

第六章　全球化高速進行——經濟

1. Ivan T. Berend, *Decades of Crisis: Central and Eastern Europe before World War II* (Berkeley: University of California Press, 2001), 14.
2. Jeffry A. Frieden, *Global Capitalism: Its Fall and Rise in the Twentieth Century* (New York: W. W. Norton, 2007), 8.
3. Nicolas Barreyre, "The Politics of Economic Crises: The Panic of 1873, the End of Reconstruction, and the Realignment of American Politics," *Journal of the Gilded Age and Progressive Era* 10, no. 4 (2011):403–23.
4. Johan Norberg, *Open: The Story of Human Progress* (New York: Atlantic, 2020), 21–22.
5. 儘管「全球化」這個詞直到 1990 年代才被廣泛使用，但其基本動力早在 1800 年代初便開始發揮作用。
6. Kevin H. O'Rourke and Jeffrey G. Williamson, "When Did Globalisation Begin?" *European Review of Economic History* 6, no. 1 (2002):23–50.
7. Frieden, *Global Capitalism*, 5.
8. Frieden, *Global Capitalism*, 4.
9. 回顧歷史，「曲棍球棍狀」圖表顯示千年來的收入持平，直到 19 世紀初生活水準才呈指數成長。在 1800 年，全球 90% 的人口每天的生活費不到 1 美元，但如今，全球只有不到 10% 的人口生活在這種極端貧困狀態。正如經濟學家麥克洛斯基所指出的，自 1800 年以來，獲得商品和服務的平均機會增加了 3000%，而識字率增加了約 80%。請參閱：Norberg, *Open: Story of Human Progress*, 167–68.

10. Colin Williscroft, *A Lasting Legacy: A 125 Year History of New Zealand Farming since the First Frozen Meat Shipment* (NZ Rural Press, 2007).
11. 1Frieden, *Global Capitalism*, 5; Nayan Chanda, *Bound Together: How Traders, Preachers, Adventurers, and Warriors Shaped Globalization* (New Haven, CT: Yale University Press, 2008), 56.
12. *The telegraphic messages of Queen Victoria and Pres. Buchanan*, August 16, 1858, photograph, https://www.loc.gov/item/2005694829/.
13. Chanda, *Bound Together*, 66–67, 207.
14. Hobsbawm, *Age of Capital*, 34.
15. DeLong, *Slouching Towards Utopia*, 38, citing W. Arthur Lewis, *The Evolution of the International Economic Order* (Princeton, NJ: Princeton University Press, 1978), 14.
16. Hobsbawm, *Age of Capital*, 47.
17. Mark Mazower, *Governing the World: The History of an Idea, 1815 to the Present* (New York: Penguin, 2013), 26.
18. Mazower, *Governing the World*, 19–20.
19. Fareed Zakaria, *Ten Lessons for a Post Pandemic World* (New York: W. W. Norton, 2020), 219, citing William E. Gladstone, "Third Midlothian Speech, West Calder, 27 November 1879," English Historical Documents, 1874–1914, edited by W. D. Hancock and David Charles Douglas, citing Political Speeches in Scotland (1880), 1:115–17.
20. 請參閱：Oona A. Hathaway and Scott J. Shapiro, *The Internationalists: How a Radical Plan to Outlaw War Remade the World* (New York: Simon and Schuster, 2017), 188.
21. Peter Alexis Gourevitch, "International Trade, Domestic Coalitions, and Liberty: Comparative Responses to the Crisis of 1873–1896," *Journal of Interdisciplinary History* 8, no. 2 (1977): 281–313.
22. Richard Jensen, "Daggers, Rifles and Dynamite: Anarchist Terrorism in Nineteenth Century Europe," *Terrorism and Political Violence* 16, no. 1 (2004): 116–53.
23. Jensen, "Daggers, Rifles and Dynamite," 134; Mary S. Bar ton, "The Global War on Anarchism," *Diplomatic History* 39, no. 2 (2015): 303–30.

24. Quoted in David Harris, "European Liberalism in the Nineteenth Century." *American Historical Review* 60, no. 3 (1955): 514.
25. Gourevitch, "International Trade, Domestic Coalitions, and Liberty: Comparative Responses to the Crisis of 1873–1896," 281–313.
26. Quoted in David S. Mason, *A Concise History of Modern Europe: Liberty, Equality, Solidarity* (New York: Penguin, 2013), 95.
27. Mason, *A Concise History of Modern Europe: Liberty, Equality, Solidarity*, 100.
28. Frieden, "Failures of Development."
29. Mario J. Crucini and James Kahn, "Tariffs and the Great Depression Revisited," Staff Reports, Federal Reserve Bank of New York, 2003, 5.
30. Adam Tooze, *The Wages of Destruction: The Making and Breaking of the Nazi Economy* (New York: Viking, 2007), 8–12.
31. Berman, *Primacy of Politics.*
32. DeLong, *Slouching Towards Utopia*, 190.
33. Maurice Obstfeld, "Globalization and Nationalism: Retrospect and Prospect," Italian Economic Association Annual Meeting, October 24, 2019.
34. Henry R. Luce, "The American Century," *Diplomatic History* 23, no. 2 (1999): 159–71.
35. 35.Frieden, *Global Capitalism*, 278–81.
36. "World GDP Over the Last Two Millennia," Our World in Data, citing Max Roser, "World GDP Over the Last Two Millennia."
37. Marc Levinson, "The Trucker," in *The Box: How the Shipping Container Made the World Smaller and the World Economy Bigger*, 2nd ed. (Princeton, NJ: Princeton University Press, 2016), Chapter 3.
38. Chanda, *Bound Together*, 57; Ben Thompson, "The His tory of the Shipping Container created in 1956," IncoDocs (blog), August 31, 2018.
39. Frieden, *Global Capitalism*, 289.
40. Don Harris, *Pan Am: A History of the Airline that Defined an Age* (Anaheim: Golgotha, 2011), 35.
41. Our World in Data, 2023, citing Bastian Herre, Veronika Samborska, and Max Roser, "Tourism—International arrivals by world region"; Harris, *Pan Am: A History of the Airline that Defined an Age*, 60.
42. Harris, Pan Am, 41.
43. "Our World in Data, 2023, citing Bastian Herre, Veronika Samborska, and Max

Roser, "Tourism—International arrivals by world region."

44. Frieden, *Global Capitalism*, 297–99.
45. "Top marginal income tax rate, 1971 to 2017," Our World in Data.
46. Adam Tooze, *Crashed: How a Decade of Financial Crises Changed the World* (New York: Viking, 2018), 30.
47. Aled Davies, *The City of London and Social Democracy* (Oxford: Oxford University Press, 2017), 80.
48. Rana Foroohar, *Makers and Takers: The Rise of Finance and the Fall of American Business* (New York: Crown, 2016), 16.
49. Daniel Chudnovsky and Andrés López, "Foreign Investment and Sustainable Development in Argentina" (discussion paper, Working Group on Development and Environment in the Americas, 2008), 6.
50. Chanda, *Bound Together*, 254.
51. Tooze, *Crashed*, 54.
52. Jordan Weissman, "How Wall Street Devoured Corporate America," *Atlantic*, March 5, 2013.
53. Tooze, *Crashed*, 123.
54. Luca Ciferri, "New flagship model will complete Skoda rebirth," *Automotive News Europe*, July 2, 2001.
55. Tooze, *Crashed*, 120.
56. Brian Reinbold and Yi Wen, "How Industrialization Shaped America's Trade Balance," Federal Reserve Bank of St. Louis, February 6, 2020.
57. Filipe Larrain B., Luis F. Lopez-Calva, and Andres Rodriguez-Clare, "Intel: A Case Study of Foreign Direct Investment in Central America," CID Working Paper No. 58, *Center for International Development at Harvard University*, December 2000, 13.
58. Jeffrey D. Sachs, *Ages of Globalization* (New York: Columbia University Press, 2020), 179.
59. "World GDP over the Last Two Millennia," Our World in Data, citing Roser, "Economic Growth—The World Economy over the Last Two Millennia."
60. Fareed Zakaria, *The Post-American World* (New York: W. W. Norton, 2008), 7, 21.
61. 2022 年 7 月 19 日的《數據看世界》（Our World in Data）中引用了赫爾（Bastian Herre）的話：「世界各地的人們都獲得了民主權利，但有些人比其他人擁有更多權利。」
62. Zakaria, *Post-American World*, 44.

63. Francis Fukuyama, *The End of History and the Last Man* (New York: Free Press, 2006).
64. 想要更全面地了解西方通往自由民主的道路是多麼漫長和艱辛，請參閱：Sheri Berman, *Democracy and Dictatorship in Europe: From the Ancien Régime to the Present Day* (New York: Oxford University Press, 2019).
65. Stephen Kotkin, *Uncivil Society:1989 and the Implosion of the Communist Establishment* (New York: Modern Library, 2010).
66. Mark Beissinger and Stephen Kotkin, "The Historical Legacies of Communism: An Empirical Agenda," in *Historical Legacies of Communism in Russia and Eastern Europe*, ed. Mark Beissinger and Stephen Kotkin (Cambridge: Cambridge University Press, 2014).
67. Tamara Men, et al, "Russian Mortality Trends for 1991– 2001: Analysis by Cause and Region," *BMJ* 327, no. 7421 (October 25, 2003): 964.
68. Quoted in Timothy J. Colton, *Russia: What Everyone Needs to Know* (New York: Oxford University Press, 2016), 104.
69. Joseph Stiglitz, *Globalization and Its Discontents Revisited: Anti-Globalization in the Era of Trump* (New York: W. W. Norton, 2018), 191.
70. Zakaria, *Post-American World*, 102.
71. Nicholas R. Lardy, "Issues in China's WTO Accession," *Brookings Institution*, May 9, 2001, https://www.brookings.edu/testimonies/issues-in-chinas-wto-accession/.
72. Lardy, "Issues in China's WTO Accession."
73. Alessandro Nicita and Carlos Razo, "China: The Rise of a Trade Titan," UNCTAD, April 27, 2021.
74. Raymond Vernon, "International Investment and International Trade in the Product Cycle," *Quarterly Journal of Economics* 80, no. 2 (1966): 190–207.
75. David Barboza, "An iPhone's Journey, From the Factory Floor to the Retail Store," *New York Times*, December 29, 2016.
76. "Why Did the China Shock Hurt so Much?," *The Economist*, March 7, 2019.
77. Thomas Friedman, *The World Is Flat: A Brief History of the Twenty-First Century* (New York: Picador, 2007), 563.
78. As cited in Fukuyama, *Global Capitalism*, 175.
79. Mark J. Perry, "New US Homes Today Are 1,000 Square Feet Larger Than in 1973 and Living Space per Person Has Nearly Doubled," American Enterprise Institute, June 5, 2016.

80. "Percentage of Households by Number of Vehicles, 1960–2020," The Geography of Transport Systems.
81. Mark J. Perry, "Even with Baggage Fees, the 'Miracle of Flight' Remains a Real Bargain; Average 2011 Airfare Was 40% Below 1980 Average," American Enterprise Institute, October 6, 2012; "Domestic Round-Trip Fares and Fees," Airlines for America, June 1, 2023.
82. Eliza Barclay, "Your Grandparents Spent More of Their Money on Food than You Do," NPR, March 2, 2015.
83. Peter Liquori, "The History of American-Made Clothing," Goodwear, August 30, 2017.
84. United States Census Bureau, "1960 Census: Population, Supplementary Reports: Educational Attainment of the Population of the United States"; United States Census Bureau, "Census Bureau Releases New Educational Attainment Data."
85. Christopher J. Conover, "How Private Health Insurance Slashed the Uninsured Rate for Americans: Health Fact of the Week," American Enterprise Institute, September 16, 2011; Jennifer Tolbert, Patrick Drake, and Anthony Damico, "Key Facts about the Uninsured Population," KFF, December 19, 2022.
86. Michelle Millar Fisher and Amber Winick, "A Brief History of the Sonogram," *Smithsonian Magazine*, September 22, 2021; "CT scan and MRI introduced," PBS, *People and Discoveries* databank.
87. Rebecca L. Siegel et al., "Cancer statistics, 2023," *CA: A Cancer Journal for Clinicians* 73, no. 1 (2023): Table 6.
88. "Historical Income Tables: People," United States Census Bureau, table P-4.
89. Harold James, *The Creation and Destruction of Value: The Globalization Cycle* (Cambridge, MA: Harvard University Press, 2012); Stiglitz, *Globalization and Its Discontents Revisited: Anti-Globalization in the Era of Trump*.
90. Quinn Slobodian, *Globalists: The End of Empire and the Birth of Neoliberalism* (Cambridge, MA: Harvard University Press, 2018).
91. Helen Thompson and David Runciman, "Helen Thompson/Disorder," February 24, 2022 in *Talking Politics*, podcast, MP3 audio, 48:26.
92. Karl Polanyi, *The Great Transformation* (1944).
93. "Household debt, loans and debt securities," International Monetary Fund.
94. Geoffrey Kabaservice, "The Forever Grievance," *Washington Post*, December 4, 2020; Jeremy W. Peters, "The Tea Party Didn't Get What It Wanted, but It Did

Unleash the Politics of Anger," *New York Times*, August 28, 2019.
95. "Remarks by National Security Advisor Jake Sullivan on Renewing American Economic Leadership at the Brookings Institution," The White House, April 27, 2023.
96. Adam S. Posen, "The Price of Nostalgia," *Foreign Affairs*, May 2021.

第七章　資訊自由——科技

1. Tyler Cowen, *The Great Stagnation: How America Ate All the Low-Hanging Fruit of Modern History, Got Sick, and Will (Eventually) Feel Better* (New York: Dutton, 2011).
2. Francis J. Gavin, "How 1970s California created the modern world," Engelsberg Ideas, Axel and Margaret Ax:son Johnson Foundation, April 3, 2023.
3. Pew Research Center, "Internet/Broadband Fact Sheet," April 7, 2021.
4. "What Share of People Are Online?," Our World in Data.
5. The Radicati Group, "Email Statistics Report, 2022–2026," Statista, November 2022.
6. 6.Shradha Aneja, "ChatGPT hits 100 million users in two months—here's how long Instagram and TikTok took," *Business Insider India*, February 6, 2023.
7. Erik Brynjolfsson and Avinash Collis, "How Should We Measure the Digital Economy?," *Harvard Business Review*, November 2019.
8. Erik Brynjolfsson and Andrew McAfee, *The Second Machine Age: Work, Progress, and Prosperity in a Time of Brilliant Technologies* (New York: W. W. Norton, 2016), 109, relying on data from Daniel Weld, "Internet Enabled Human Computation," July 22, 2013, Slide 48.
9. International Federation of the Phonographic Industry, "IFPI:05 Digital Music Report," 6; International Federation of the Phonographic Industry, "Digital Music Report 2009," 6.
10. Wikipedia: Size comparisons, "Comparison of encyclopedias," 比較 2023 年左右的維基百科與 2013 年最後印刷的《大英百科全書》。
11. "Britannica for Sale," *Christian Science Monitor*, 1995.
12. "Unique devices," Wikimedia Statistics.
13. Brynjolfsson and McAfee, *Second Machine Age*, 116.
14. John Maynard Keynes, *The Economic Consequences of Peace* (1999), 11.

15. "Book Sales Statistics," WordsRated, June 13, 2023; April Berthene, "Ecommerce is 46.0% of All Apparel Sales," Digital Commerce 360, June 28, 2021; "What Is the Share of E-Commerce in Overall Retail Sales?," CBRE, May 16, 2022.
16. Yoni Applebaum, " 'I Alone Can Fix It'," *The Atlantic*, July 21, 2016.
17. Marshall McLuhan and Lewis H. Lapham, *Understanding Media: The Extensions of Man* (Cambridge, MA:MIT Press, 1994), 18.
18. 學者葛瑞爾（Tanner Greer）所收集的資料顯示，從 20 世紀初以來，全美人數超過百萬的志願性團體數量大幅下降。請參閱：Tanner Greer, "A School of Strength and Character," *Palladium*, March 30, 2023.
19. Joshua Hochberg and Eitan Hersh, "Public Perceptions of Local Influence," *Sage Journals*, January 14, 2023.
20. Daniel A. Cox, "Men's Social Circles Are Shrinking," Survey Center on American Life, AEI, June 29, 2021.
21. "Our Epidemic of Loneliness and Isolation," US Department of Health and Human Services, 4, 引用了霍爾特－朗斯戴（Julianne Holt-Lunstad）等心理學家的研究。
22. Zach Rausch and Jon Haidt, "The Teen Mental Illness Epidemic Is International, Part 1:The Anglospher," After Babel, Substack, March 29, 2023.
23. Olivia Solon, " 'Incel': Reddit Bans Misogynist Men's Group Blaming Women for Their Celibacy," Guardian, November 8, 2017.
24. Hannah Arendt, *Origins of Totalitarianism* (New York: Harcourt, 1968), 478.
25. David Goodhart, *The Road to Somewhere: The Populist Revolt and the Future of Politics* (London: Hurst, 2017).
26. "Josh Hawley: Coastal Elitist and Ticking Missouri Time Bomb," *St. Louis American*, March 22, 2018.
27. David Skolnck, "Vance flips on people leaving hometowns," *Vindicator*, August 13, 2022.
28. 艾倫哈特（Alan Ehrenhalt）在其 1996 年的著作中也討論了這點，請參閱：Alan Ehrenhalt, *The Lost City: Discovering the Forgotten Virtues of Community in the Chicago of the 1950s* (New York: Basic, 1996).
29. Judy Bachrach, "WIKIHISTORY: Did the Leaks Inspire the Arab Spring?" *World Affairs* 174, no. 2 (2011):35–44.
30. Claudia Rosett, "The Age of the Celebrity Tyrant," *Forbes*, August 27, 2009.
31. Roy Greenslade, "How Syria's 'Desert Rose' became 'the First Lady of Hell,' "

Guardian, August 1, 2012.

32. Brynjolfsson and McAfee, *Second Machine Age*, 11.
33. "A Guide to Economic Inequality," *American Compass*, April 27, 2021.
34. Ada Palmer, "We Are an Information Revolution Species," Microsoft.
35. "Full Text of Clinton's Speech on China Trade Bill," *New York Times*, March 9, 2000.
36. Noah Smith, "It's Not Cancel Culture, It's Cancel Technology," Noahpinion, Substack, February 16, 2021.
37. Alexandra Alter, "She Pulled Her Debut Book When Critics Found It Racist. Now She Plans to Publish," *New York Times*, April 28, 2019.
38. Philip Bump, "Six in 10 Republicans still Think 2020 Was Illegitimate," *Washington Post*, May 24, 2023.
39. Maroosha Muzaffar, "Deepfake Putin Declares Martial Law and Cries: 'Russia Is under Attack,' " *Independent*, June 7, 2023.
40. Nilesh Christopher, "An Indian Politician Says Scandalous Audio Clips Are AI deepfakes. We Had Them Tested," *Rest of World*, July 5, 2023.
41. "Employed Full Time: Wage and Salary Workers: Cashiers Occupations:16 Years and Over," FRED Economic Data, St. Louis Fed.
42. "Hand Car Washes," UK Parliament, November 6, 2018.
43. "Will the US Go into Recession?," Goldman Sachs, April 19, 2022.
44. Jane Black, "How to Make an Unloved Job More Attractive? Restaurants Tinker With Wages," *New York Times*, September 20, 2021; Jeanna Smialek and Sydney Ember, "Companies Hoarding Workers Could Be Good News for the Economy," *New York Times*, October 12, 2022.
45. Derek Thompson, "A World Without Work," *Atlantic*, July 2015.
46. "The Future of Jobs Report 2020," World Economic Forum, October 20, 2020.
47. 這段話改編自我在 2023 年 4 月 30 日於 CNN 節目中播出的片段，可以在 Fareed Zakaria 上觀看（@FareedZa karia）："Today's last look: ChatGPT is going to help software 'eat the world'," X, April 30, 2023, https://twitter.com/FareedZakaria/status/1652837826323439618. 該想法來自卡多斯基和諾林的部落格文章："Society's Technical Debt and Software's Gutenberg Moment," *Irregular Ideas with Paul Kedrosky & Eric Norlin of SKV*, SKV, March 21, 2023.
48. Alexandra Garfinkle and Dylan Croll, "How Business Is already Using ChatGPT and other AI Tech," Yahoo, February 14, 2023; Andrew Perlman, "The Implications of ChatGPT for Legal Services and Society," Center on the Legal Profession,

Harvard Law School, March 2023.

49. Techzine, "Salesforce Einstein GPT for Sales," YouTube, March 7, 2023, video, https://www.youtube.com/watch?v=UH4lIIcAZdY; Sales force Artificial Intelligence," Salesforce.
50. J. J. Zhuang, "Introducing the Instacart Plugin for ChatGPT," Instacart, March 23, 2023.
51. "Society's Technical Debt and Software's Gutenberg Moment," Irregular Ideas with Paul Kedrosky and Eric Norlin of SKV, SKV, March 21, 2023.
52. Andrej Karpathy (@karpathy), "The hottest new programming language is English," Twitter, January 24, 2023, https:// twitter.com/karpathy/status/1617979122625712128.
53. Ben Shapiro, "Should We Limit Technology to Protect Jobs? | With Tucker Carlson," Youtube, video, https://www.youtube.com/watch?v=awM0nrlOZxk.
54. Lisa Baertlein, "Focus: Jobs at Stake as California Port Terminal Upgrades to Green Technology," Reuters, June 8, 2023.
55. Stephen Moore, "Missing Milton: Who Will Speak For Free Markets?," *Wall Street Journal*, May 27, 2009.
56. Thompson, "World without Work."
57. David Kestenbaum, "Keynes Predicted We Would Be Working 15-Hour Weeks. Why Was He So Wrong?," NPR, August 13, 2015.
58. Henry A. Kissinger, Eric Schmidt, and Daniel Huttenlocher, *The Age of AI and Our Human Future*, 16–18. 揭露聲明：我擔任施密特未來公司的高級顧問，並在寫作本書時獲得相關支持。
59. Ken Goldberg, "Let's Give AI a Chance," *Boston Globe*, May 30, 2023.
60. Robert F. Service, " 'The Game Has Changed.' AI Triumphs at Protein Folding," *Science* 6521, no. 370, December 4, 2020.
61. Jennifer A. Doudna and Samuel H. Stern berg, *A Crack in Creation: Gene Editing and the Unthinkable Power to Control Evolution* (New York: Mariner, 2018), xvi.
62. Bill Clinton, "Announcing the Completion of the First Survey of the Entire Human Genome" (speech, Washington, DC, June 26, 2000), The White House at Work.
63. "DNA Sequencing Costs: Data," National Human Genome Research Institute.
64. Gregory Zuckerman, *A Shot to Save the World: The Inside Story of the Life-or-Death Race for a COVID-19 Vaccine* (New York: Penguin, 2021), 231.
65. Zuckerman, *A Shot to Save the World*, 157.

66. Zuckerman, *A Shot to Save the World*, 220.
67. Stuart A. Thompson, "How Long Will a Vaccine Really Take?," *New York Times*, April 30, 2020.
68. Fareed Zakaria, "Some Republicans Are Pushing People to Get Vaccinated. It May Be Too Late," *Washington Post*, July 22, 2021.
69. Jill Colvin, "Biden's Vaccine Rules Ignite Instant, Hot GOP Opposition," AP News, September 10, 2021.
70. Tom Nichols, "How America Lost Faith in Expertise," *Foreign Affairs*, February 13, 2017.
71. Susan Hockfield, *The Age of Living Machines: How Biology Will Build the Next Technology Revolution* (New York: W. W. Norton, 2020), 135.
72. Pamela Ronald, "The Case for Engineering Our Food," filmed in March 2015 in Vancouver BC, Canada, TED video; A. S. Bawa and K. R. Anilakumar, "Genetically Modified Foods: Safety, Risks and Public Concerns—A Review," *Journal of Food Science and Technology* 50, December 19, 2012.
73. Ed Regis, "The True Story of the Genetically Modified Superfood That Almost Saved Millions," *Foreign Policy*, October 17, 2019.
74. Mark Lynas, "The True Story about Who Destroyed a Genetically Modified Rice Crop," *Slate*, August 26, 2013.
75. Helen Regan, Rebecca Wright, and Alexandra Field, "The Scientist, the Twins and the Experiment That Geneticists Say Went Too Far," CNN Health, CNN, December 1, 2018.
76. Zakaria, *Ten Lessons for a Post-Pandemic World*, 119, citing Yuval Noah Harari, *Homo Deus: A Brief History of Tomorrow* (New York: HarperCollins, 2018).
77. Natasha Singer, "New A.I. Chatbot Tutors Could Upend Student Learning," *New York Times*, June 8, 2023.
78. Zakaria, *Ten Lessons for a Post-Pandemic World*, 120.
79. Aristotle, *Politics*, trans. CDC Reeve (New York: Hackett, 1998) Book 1, Chapter 4, lines 33–38.

第八章　部落的復仇——身分認同

1. Mark Kurlansky, *1968:The Year That Rocked the World* (New York: Random House,

2004), 5.

2. "Les Murs Parlent," *Le Monde*, May 3, 1973.
3. Joel Achenbach, "'A Party That Had Lost Its Mind': In 1968, Democrats Held One of History's Most Disastrous Conventions," *Washington Post*, August 24, 2018.
4. Kurlansky, *1968: Year that Rocked the World*, 282–83.
5. Sylvia Poggioli, "Valle Giulia Has Taken on Mythological Stature," NPR, June 23, 2008.
6. David Frum, *Global Capitalism: The 70's:The Decade That Brought You Modern Life* (New York: Basic, 2001), 349.
7. Ronald Inglehart, "The Nature of Value Change," in *The Silent Revolution* (Princeton, NJ: Princeton University Press, 1977).
8. 這並不是小看美國和英國婦女參政論者的功勞，但他們的運動是一場目的為擴大婦女投票權的改革運動，而不是為了整體社會的革命。
9. Mark Lilia, "Still Living with '68," *New York Times Magazine*, August 16, 1998, 34.
10. 近年來保守得幾乎全面禁止墮胎的波蘭則是個例外。
11. Patrick Joseph Buchanan, "Culture War Speech: Address to the Republican National Convention," Transcript of speech delivered on August 17, 1992, Voices of Democracy: The U.S. Oratory Project.
12. Karl Marx and Frederick Engels, *Communist Manifesto*, trans. Samuel Moore, 14, Marxists Internet Archive.
13. Lewis L. Gould, *The Republicans: A History of the Grand Old Party* (Oxford: Oxford University Press, 2014), 238; Emmanuel Saez and Gabriel Zucman, "The Rise of Income and Wealth Inequality in America: Evidence from Distributional Macroeconomic Accounts," *Journal of Economic Perspectives* 34 no. 4 (2020):21.
14. Dorothy Sue Cobble, *For the Many: American Feminists and the Global Fight for Democratic Equality* (Princeton, NJ: Princeton University Press, 2021), 4.
15. Ira Katznelson, *Fear Itself* (New York: W. W. Norton, 2013), 15.
16. Katznelson, *Fear Itself*, 95.
17. Katznelson, *Fear Itself*, 260.
18. Katznelson, *Fear Itself*, 165.
19. "Summary of Conclusions and Proposals," *The American Political Science Review* 44, no. 3 (1950):1–14.
20. Bob Dylan, "The Times They Are A-Changin'," *Bob Dylan Newsletter*.
21. Richard Zacks, "Easy Come, Easy Go," in *Rolling Stones: The Seventies*, ed. Ashley

Kahn, Holly George-Warren, and Shawn Dahl (Little, Brown, 1998), 54.

22. Frum, *Global Capitalism*, xxi.
23. Jon B. Gettman, "Crimes of Indiscretion: Marijuana Arrests in the United States," NORML, 2005, 28.
24. Frum, *Global Capitalism*, 149.
25. Frum, *Global Capitalism*, 4.
26. "Public Trust in Government:1958–2022," Pew Research Center, June 6, 2022.
27. Inglehart, *The Silent Revolution*, 104.
28. Ronald Inglehart, "The Silent Revolution in Europe: Intergenerational Change in Post-Industrial Societies," *American Political Science Review* 65, no. 4 (1971): 996. 儘管這是基於相關性且沒有控制年齡變因，但英格爾哈特的研究結果仍然顯示世代之間存在明顯代溝。
29. Kurlansky, 1968: The Year That Rocked the World, 145.
30. Robert Gerald Livingston, "Violence Is the Only Way," *New York Times*, January 3, 1988.
31. "Marriages, divorces (time series)," Statistisches Bundesamt.
32. Hugh McLeod, "The Religious Crisis of the 1960s," *Journal of Modern European History / Zeitschrift Für Moderne Europäische Geschichte / Revue d'histoire Européenne Contemporaine* 3, no. 2 (2005): 9
33. "Being Christian in Western Europe," Pew Research Center, May 29, 2018.
34. Tony Judt, *Postwar*, 488.
35. 雖然西德於 1974 年首次技術性地將墮胎合法化，但該法律於 1975 年被憲法法院推翻。隨後在 1976 年通過了僅有些微更動的條文，至今仍然有效。請參閱：Deborah L. Goldberg, "Developments in German Abortion Law: A U. S. Perspective," *UCLA Women's Law Journal*, 1995.
36. Everett Carll Ladd, "The Shifting Party Coalitions— from the 1930s to the 1970s," in *Party Coalitions in the 1980s*, ed. Seymour Martin Lipset (San Francisco: Institute of Contemporary Studies, 1981).
37. Ralph Ellison, *Invisible Man* (New York: Random House, 1952), 3.
38. James C. Cobb, "When Martin Luther King Jr. Was Killed, He Was Less Popular than Donald Trump is Today," *USA Today*, April 4, 2018.
39. Harry Enten, "Americans see Martin Luther King Jr. as a Hero Now, but that Wasn't the Case during His Lifetime," CNN, January 16, 2023.
40. "CBS News Poll: U. S. Involvement in Vietnam," January 28, 2018.

41. Richard Nixon, "Address Accepting the Presidential Nomination at the Republican National Convention in Miami Beach, Florida" (speech, August 8, 1968), The American Presidency Project.
42. Rick Hampton, "1970 Kent State Shootings Are an Enduring History Lesson," *USA Today*, May 3, 2010.
43. Steven Pinker, "Decivilization in the 1960s," in *The Better Angels of Our Nature: Why Violence Has Declined* (New York: Penguin, 2012).
44. Astead W. Herndon and Sheryl Gay Stolberg, "How Joe Biden Became the Democrats' Anti-Busing Crusader," *New York Times*, July 15, 2019.
45. Frum, *Global Capitalism*, 262.
46. Alana Semuels, "Where the White People Live," *The Atlantic*, April 10, 2015.
47. Kurlansky, *1968:Year That Rocked the World*, 43.
48. Lewis Gould, *The Republicans: A History of the Grand Old Party* (New York: Oxford University Press, 2014), 52.
49. Katznelson, *Fear Itself*, 175.
50. Rick Perlstein, *Reaganland: America's Right Turn 1976–1980* (New York: Simon & Schuster, 2020), 19.
51. Charles Kaiser, " 'We May Have Lost the South': What LBJ Really Said about Democrats in 1964," Guardian, January 23, 2023.
52. Perlstein, *Reaganland: America's Right Turn 1976–1980*, 19.
53. "Trends in Contraceptive Practice: United States, 1965–76," CDC, 2023.
54. "Betty Freidan and *The Feminine Mystique," The First Measured Century*, FMC Program Segments 1960–2000, PBS.
55. Dorothy Sue Cobble, *For the Many*, 374.
56. Frum, *Global Capitalism*, xxi.
57. Barbara A. DeBuono et al., "Sexual Behavior of College Women in 1975, 1986, and 1989," *New England Journal of Medicine*, March 22, 1990.
58. "Number and rate of divorces and number and percent of children under 18 involved annually in divorces:1950 to 1993," National Center for Education Statistics.
59. Betty Friedan, *The Feminine Mystique* (New York: W. W. Norton).
60. "Stay-at-home mothers through the years," U. S. Bureau of Labor Statistics, September 2014.
61. "The Data on Women Leaders," Pew Research Center, September 13, 2018.

62. "Homosexuals in the Federal Government and Personnel Security," Eisenhower Library.
63. Tom W. Smith, "Public Attitudes toward Homosexuality," NORC/University of Chicago, September 2011.
64. Albert L. Winseman, "Religion "Very Important" to Most Americans," Gallup, December 20, 2005.
65. Perlstein, *Reaganland: America's Right Turn 1976–1980*, 348.
66. Liliana Mason, *Uncivil Agreement: How Politics Became Our Identity* (Chicago: University of Chicago Press, 2018), 36–39.
67. Ezra Klein, *Why We're Polarized* (New York: Simon and Schuster, 2020), 59.
68. "Reagan Gets Backing of Right to Life Group for Stand on Abortion," *New York Times*, June 28, 1980.
69. Christina Wolbrecht, *The Politics of Women's Rights: Parties, Positions, and Change* (Princeton: Princeton University Press, 2000), 88.
70. Hanna Kozlowska, "Phyllis Schlafly, Arch Enemy of American Feminists, Died at 92," *Quartz*, September 6, 2016.
71. Perlstein, *Reaganland: America's Right Turn 1976–1980*, 724.
72. Perlstein, *Reaganland: America's Right Turn 1976–1980*, 626.
73. Perlstein, *Reaganland: America's Right Turn 1976–1980*, 911.
74. E. J. Dionne Jr., "There Is No 'Catholic Vote.' And Yet, It Matters," Brookings Institute, June 18, 2000.
75. Justin Nortey, "Most White Americans who regularly attend worship services voted for Trump in 2020," Pew Research Center, August 30, 2021.
76. Jacob Weisberg, "The Road to Reagandom," *Slate*, January 8, 2016.
77. Gary Gerstle, *The Rise and Fall of the Neoliberal Order: America and the World in the Free Market Era* (New York: Oxford University Press, 2022), 156.
78. The Clinton Presidency: Historic Economic Growth," The Clinton-Gore Administration: A Record of Progress; Gerstle, *The Rise and Fall of the Neoliberal Order: America and the World in the Free Market Era*, 157.
79. " 'Meet the Press' transcript for Sept. 30, 2007," NBC News, September 30, 2007.
80. Halimah Abdullah, "Reagan and Thatcher: 'Political soul mates,' " CNN, April 9, 2013.
81. "The lasting legacy of Mrs Thatcher," *Financial Times*, April 8, 2013.
82. Peter Gatrell, *The Unsettling of Europe: How Migration Reshaped a Continent* (New

York: Basic, 2019), 144.

83. Ian Aitken, "Enoch Powell dismissed for 'racialist' speech," Guardian, April 21, 1968.
84. Marcus Collins, "Immigration and opinion polls in post war Britain," *Modern History Review* 18 no. 4 (2016):8–13.
85. Gatrell, *Unsettling of Europe*, 290.
86. Liesbet Hooghe, "Europe Divided? Elites vs. Public Opinion on European Integration," IHS Political Science Series, April 2003, 2.
87. "Italian Minister Calls on Navy to Open Fire on Illegal Immigrants," *Sydney Morning Herald*, June 17, 2003.
88. Alexandra Grass, "Stammwählerschaft ist auf knapp 50 Prozent geschrumpft," *Wiener Zeitung*, July 4, 2000.
89. Jasmin Luypaert, "Decline of Mainstream Parties: Party Responses After Electoral Loss in Flanders," presented at the Belgian State of the Federation on December 2019, 3.
90. "Infographic—Irregular Arrivals to the EU (2008– 2023)," European Council, June 2023.
91. Cynthia Kroet, "Germany Set Immigration Record in 2015," *Politico*, July 14, 2016.
92. Danielle Lee Thompson, "The Rise of Sweden Democrats: Islam, Populism and the End of Swedish Exceptionalism," Brookings Institute, March 5, 2020.
93. Thompson, "The Rise of Sweden Democrats."
94. Mark Gevisser, "How Globalisation Has Trans formed the Fight for LGBTQ+ Rights," Guardian, June 16, 2020.
95. Ian Traynor, "Swiss vote to ban construction of minarets on mosques," Guardian, November 25, 2009; Marco Muller, "Which countries Have a 'Burqa Ban'?," Deutsche Welle (DW), August 1, 2019; Dustin Jones, "Switzerland Approves 'Burqa Ban' to Prohibit Some Face Coverings In Public," NPR, March 7, 2021.
96. Mason, *Uncivil Agreement*, 132.
97. See, for example, Steven Levitsky and Daniel Ziblatt, "The Unraveling," in *How Democracies Die* (New York: Penguin Random House, 2019).
98. Lydia Saad, "Bush Presidency Closes With 34% Approval, 61% Disapproval," Gallup, January 14, 2009.
99. Peter Baker, "Mourning 'Compassionate Conservatism' Along With Its Author," *New York Times*, February 10, 2023.

100. Roberto Suro, Richard Fry, and Jeffrey S. Passel, "IV. How Latinos Voted in 2004," Pew Research Center, June 27, 2005.
101. "CNBC's Rick Santelli's Chicago Tea Party," The Heritage Foundation, February 19, 2009, 2:55 to 4:36, https://www.youtube.com/watch?v=zp-Jw-5Kx8k&t=145s&ab_channel=TheHeritageFoundation.
102. Bob Cesca, "Keep Your Goddamn Government Hands Off My Medicare!," *HuffPost*, September 5, 2009.
103. Lymari Morales, "Obama's Birth Certificate Convinces Some, but Not All, Skeptics," Gallup, May 13, 2011; Stephanie Condon, "One in Four Americans Think Obama Was not Born in U.S.," CBS News, April 21, 2011.
104. Jennifer Agiesta, "Misperceptions Persist about Obama's Faith, but Aren't so Widespread," CNN, September 14, 2015.
105. Fox Butterfield, "Trump Urged to Head Gala of Democrats," *New York Times*, November 18, 1987.
106. Ilan Ben-Meir, "That Time Trump Spent Nearly $100,000 On an Ad Criticizing U. S. Foreign Policy In 1987," Buzzfeed News, July 10, 2015.
107. Hunter Schwarz, "The Many Ways in which Donald Trump Was once a Liberal's Liberal," *Washington Post*, July 9, 2015.
108. Fareed Zakaria, "The Abortion Battle May Be the Precursor to Even Larger Struggles," *Washington Post*, May 5, 2022.
109. Klein, *Why We're Polarized*, xiii.
110. "Presidential Approval Ratings—Donald Trump," Gallup.
111. Lane Cuthbert and Alexander Theodoridis, "Do Republicans Believe Trump Won the 2020 Election? Our research Suggests They Do," *Washington Post*, January 7, 2022.
112. Maxine Najle and Robert P. Jones, "American Democracy in Crisis: The Fate of Pluralism in a Divided Nation," PRRI, February 19, 2019.
113. Pippa Norris and Ronald Inglehart, *Cultural Backlash: Trump, Brexit, and Authoritarian Populism* (Cambridge: Cambridge University Press, 2019), 15–16.
114. "U. S. Foreign-Born Population Trends," Pew Research Center, September 28, 2015.
115. "Voting and Registration in the Election of November 1970," Bureau of the Census, figure 2; "Voter Turnout Demographics," United States Elections Project.
116. Daniel Cox, Rachel Lienesch, and Robert P. Jones, "Beyond Economics: Fears of Cultural Displacement Pushed the White Working Class to Trump," PRRI, May 9,

2017.
117. Norris and Inglehart, Cultural Backlash, 353.
118. Fareed Zakaria, "The Democrats should rethink their immigration absolutism," *Washington Post*, August 3, 2017.
119. Derek Thompson, "Three Decades Ago, America Lost Its Religion. Why?," *Atlantic*, September 26, 2019.
120. Ronald F. Inglehart, *Religion's Sudden Decline: What's Causing It, and What Comes Next?* (Oxford: Oxford University Press, 2021), 14.
121. Inglehart, *Religion's Sudden Decline*, 15.
122. Michelle Margolis, "When Politicians Determine Your Religious Beliefs," *New York Times*, July 11, 2018.
123. Zakaria, "The Abortion Battle May Be the Precursor to Even Larger Struggles."
124. Ronald Brownstein, "How religion widens the partisan divide," CNN, October 22, 2019.
125. Klein, *Why We're Polarized*, 12.
126. Milan Singh, "The rise of the liberal Democrat," Slow Boring, August 5, 2023.
127. Klein, *Why We're Polarized*, 130.
128. Lydia Saad, "Socialism as Popular as Capitalism among Young Adults in U.S.," Gallup, November 25, 2019.
129. "Students Show Mixed Support for Police and Movement to Defund," Generation Lab, July 6, 2020.
130. Peter Smith, "Moscow Patriarch Stokes Orthodox Tensions with War Remarks," AP News, March 8, 2022.
131. Pjotr Sauer, "Putin says West Treating Russian Culture Like 'Cancelled' JK Rowling," Guardian, March 25, 2022.

第九章　雙重革命——地緣政治

1. Graham T. Allison, *Destined for War: Can America and China Escape Thucydides's Trap?* (Boston: Houghton Mifflin Harcourt, 2017), vii.
2. Allison, *Destined for War*.（要注意的是，艾利森本人稱此困境為「修昔底德陷阱」。）
3. Allison, *Destined for War*.

4. 這段文字參考了我 2008 年的著作：*The Post-American World.*
5. "Globalization over 5 Centuries," Our World in Data. Data from Mariko J. Klasing and P. Milionis, "Quantifying the Evolution of World Trade, 1870–1949," *Journal of International Economics* 92, no. 1 (2014): 185–97; A. Estevadeordal, B. Frantz, and A. Taylor, "The Rise and Fall of World Trade, 1870–1939," *Quarterly Journal of Economics* 118, no. 2 (2003): 359–407; World Bank—World Development Indicators; Robert C. Feenstra, Robert Inklaar, and Marcel P. Timmer, "The Next Generation of the Penn World Table," *American Economic Review* 105, no. 10 (2015): 3150–82.
6. "International Tourism Growth Continues to Outpace the Global Economy," United Nations World Tourism Organization, January 20, 2020; "International Tourism Swiftly Overcoming Pandemic Downturn" United Nations World Tourism Organization, September, 19, 2023.
7. John Lewis Gaddis, *The Long Peace: Inquiries Into the History of the Cold War* (Oxford: Oxford University Press, 1989).
8. Fareed Zakaria, "A Conversation with Lee Kuan Yew," *Foreign Affairs*, March 1, 1994.
9. Fareed Zakaria, "The Rise of Illiberal Democracy," *Foreign Affairs*, November 1, 1997; and Fareed Zakaria, *The Future of Freedom: Illiberal Democracy at Home and Abroad* (New York: W. W. Norton, 2007).
10. Hugo Grotius, *The Rights of War and Peace* (2005 ed.) vol. 1 (Book 1) (Indianapolis: Liberty Fund, 1625).
11. Immanuel Kant, "Toward Perpetual Peace," in *Kant: Political Writings* (Cambridge: Cambridge University Press, 1991).
12. "Chasing Freedom: The Royal Navy and the suppression of the transatlantic slave trade," *1807 Commemorated*, Institute for the Public Understanding of the Past and the Institute of Historical Research, 2007.
13. Niall Ferguson, *The Pity of War* (New York: Basic, 1999).
14. William Ewart Gladstone, "Remember the Rights of the Savage" (speech, Dalkieth, UK, November 26, 1879), *Journal of Liberal History*, Liberal History Democrat Group.
15. 這一段，以及後面的三段，都參考了我 2019 年刊登在《外交事務》上的文章："The Self-Destruction of American Power" (July–August 2019). Reprinted by permission of *Foreign Affairs*, copyright 2019 by the Council on Foreign Relations.

16. R. W. Apple Jr., "The Houston Summit; A New Balance of Power," *New York Times*, July 12, 1990.
17. "Tsongas Campaign Rally," video, C-SPAN, March 16, 1992.
18. Charles Krauthammer, "The Unipolar Moment," *Foreign Affairs* 70, no. 1 (1990): 23–33.
19. Charles Krauthammer, "The Unipolar moment," *Washington Post*, July 20, 1990.
20. Mark Wintz, "Origins of the Crisis: The Breakup of Yugoslavia," in *Transatlantic Diplomacy and the Use of Military Force in the Post-Cold War Era* (New York: Palgrave Macmillan, 2010).
21. "Rubin, Greenspan & Summers," *Time*, February 15, 1999.
22. 就連中華人民共和國也舉行某種形式的選舉（雖然在每個階段都經過嚴格把關），許多獨裁政權也以「民主」為表象。
23. Zakaria, *Post-American World*.
24. 基於 IMF 提供的 1990 年名目 GDP 數據和 2023 年的估計。
25. "The top 10 largest economies in the world in 2023," *Forbes India*, October 16, 2023.
26. "GDP (current US$)," World Bank.
27. "U. S. Defense Spending Compared to Other Countries," Peter G. Peterson Foundation, April 24, 2023.
28. "GDP (current US$)—China, United States," World Bank.
29. "GDP (current US$)–India, United States, China, Brazil, Turkey, Saudi Arabia," World Bank.
30. Devon Pendleton, "These Are the World's Richest Families," Bloomberg, October 28, 2022.
31. Rosie Lesso, "What Are the 5 Tallest Buildings in the World?," The Collector, February 16, 2023.
32. Andrew Hyde, "China's Emerging Financial Influence at the UN Poses a Challenge to the U.S.," Stimson Center, April 4, 2022.
33. Bonnie S. Glaser and Courtney Fung, "China's Role in the United Nations," German Marshall Fund of the United States, December 1, 2022.
34. Fareed Zakaria, "The New China Scare," *Foreign Affairs*, December 6, 2019.
35. Xi Jinping, "Secure a Decisive Victory in Building a Moderately Prosperous Society in All Respects and Strive for the Great Success of Socialism with Chinese Characteristics for a New Era," Delivered at the 19th National Congress of the Communist Party of China, Xinhua, October 18, 2017.（習近平在中國共產黨第

十九次全國代表大會上的報告，《決勝全面建成小康社會　奪取新時代中國特色社會主義偉大勝利》，新華社，2017 年 10 月 18 日。）
36. Fareed Zakaria, "The Decline of U.S. influence Is the Great Global Story of Our Times," *Washington Post*, December 28, 2017.
37. Joshua Kurlantzick, "The Belligerents," *New Republic*, January 27, 2011.
38. 請參閱：Julia Lovell, *Maoism: A Global History* (New York: Alfred A. Knopf, 2019).
39. "9Trade in Goods with China," United States Census Bureau.
40. 本段和下一段的部分內容摘自：Fareed Zakaria, "U. S. and China are in a Cold Peace," *Washington Post*, August 5, 2021.
41. 41."GDP (Constant 2015 US$, Russian Federation)," World Bank.
42. "Confiscate Russian Assets? The West Should Resist," The Editorial Board, Bloomberg, July 18, 2023.
43. "Russia's Invasion of Ukraine Exacerbates Hunger in Middle East, North Africa," Human Rights Watch, Human Rights Watch, March 21, 2022.
44. 4areed Zakaria, "Russia's biggest problem isn't the war. It's losing the 21st century," *Washington Post*, June 30, 2023, citing Nicholas Eberstadt, "Russian Power in Decline: A Demographic and Human Resource Perspective," American Enterprise Institute, AEI Foreign & Defense Policy Working Paper 2022–01, August 2022.
45. "School Enrollment, Tertiary (% gross)—Russian Federation, European Union," World Bank; "Literacy Rate, Adult Total (% of people ages 15 and above)—Russian Federation," World Bank.
46. Fareed Zakaria, "Russia Is the last Multinational Empire, Fighting to Keep Its Colonies," *Washington Post*, March 31, 2022.
47. "Putin:Soviet Col lapse a 'Genuine Tragedy,' " NBC News, April 25, 2005.
48. Zakaria, "Russia Is the Last Multinational Empire."
49. 這個部分參考我的著作：*Ten Lessons for a Post Pandemic World*, 197–98 and Zakaria, "The New China Scare." Reprinted by permission of FOREIGN AFFAIRS, January/February 2020.Copyright 2020 by the Council on Foreign Relations, Inc. www.ForeignAffairs.com.
50. "Translation: Notice of the State Council on the Publication of 'Made in China 2025,'" Georgetown Center for Security and Emerging Technology, March 10, 2022; see also James McBride and Andrew Chatzky, "Is 'Made in China 2025' a Threat to Global Trade?," Council on Foreign Relations Backgrounder.
51. Fareed Zakaria, "What the West is still getting wrong about the rise of Xi Jingping,"

Washington Post, October 6, 2022.
52. "GDP Growth (annual %)–China," World Bank.
53. Tracy Alloway, Joe Weisenthal, and Isabel Webb Carey, "Richard Koo on China's Risk of a Japan-Style Balance Sheet Recession," Bloomberg, July 10, 2023.
54. Zongyuan Zoe Liu, interviewed by Tracy Alloway and Joe Weisenthal, "The Odd Lots," Bloomberg, August 21, 2023.
55. Zakaria, "What the West Is Still Getting Wrong about the Rise of Xi Jingping."
56. Tiffany May, "He Fled China's Repression. But China's Long Arm Got Him in Another Country," *New York Times*, August 26, 2023.
57. Zakaria, "It Takes Two to Tango. But Does China Want to Dance?," *Washington Post*, July 27, 2023.
58. Elizabeth Economy, *The Third Revolution: Xi Jinping and the New Chinese State* (New York: Oxford University Press, 2018).
59. Angela Stent, *Putin's World: Russia against the West and with the Rest* (New York: Twelve, 2019), 51.
60. Stent, *Putin's World*, 27.
61. 政治科學家也反映了這種變化，例如斯坦特（Angela Stent）。請參閱：Stent, *Putin's World*, 27.
62. 6eter Pomerantsev, *Nothing Is True and Everything Is Possible: the Surreal Heart of the New Russia* (PublicAffairs; Reprint edition, 2015), 186.
63. Tim Hume, "Vladimir Putin: I didn't mean to scare Angela Merkel with my dog," CNN, January 12, 2016.
64. " 'There will be dad and mum': Putin rules out Russia legalizing gay marriage," Reuters, February 13, 2020, another translation: "Extracts from Putin's speech at annexation ceremony," Reuters, September 30, 2022.
65. Emma Bubola, "Putin Signs Law Banning Expressions of L.G.B.T.Q. Identity in Russia," *New York Times*, December 5, 2022.
66. Neil MacFarquhar, "Putin signs a harsh new law targeting transgender people in Russia," *New York Times*, July 24, 2023.
67. Youqin Wang, "Student Attacks against Teachers: The Revolution of 1966," *Issues & Studies* 37, no. 2 (March/April 2001).
68. Li Yuan, 'Reversing Gears': China Increasingly Rejects English, and the World, *New York Times*, September 9, 2021.
69. Helen Davidson, "China Divorces Drop 70% after Controversial 'Cooling Off' Law,"

Guardian, May 18, 2021.

70. Carina Cheng, Oliver Hu and Larissa Gao, "Barred from Freezing Their Eggs at Home, Single Chinese Women Are Traveling Elsewhere," NBC News, September 4, 2023.
71. Robert Burton-Bradley, "Has China's push to ban 'effeminate' and 'sissy' men claimed its first victim? The tragic case of Zhou Peng," *South China Morning Post*, January 4, 2022.
72. 關於本節的內容，我參考了筆名為 N. S. Lyons 的中國觀察家暨評論員的精采分析，請參閱：Lyons, "The Triumph and Terror of Wang Huning," *Palladium*, October 11, 2021.
73. Lyons, "Triumph and Terror of Wang Huning."
74. Niall Ferguson, "The Myth of the Liberal International Order," Harvard Belfer Center, January 11, 2018.
75. Robert Kagan, *The Jungle Grows Back: America and Our Imperiled World*, First Vintage Books edition (New York: Vintage, 2019).
76. For sub-Saharan Africa, see: "Trade Summary for SSD for Sub-Saharan Africa 2021," World Integrated Trade Solutions, World Bank; for South America, see: "China Regional Snapshot: South America," Foreign Affairs Committee.
77. Fareed Zakaria, "Biden's Course Correction on China Is Smart and Important," *Washington Post*, April 21, 2023.
78. "GDP (current US $)—India, China, United States, Germany, Japan," 1960–2022, World Bank.
79. 這段內容參考了我的著作："The one hopeful sign coming out of Davos this year" by Fareed Zakaria, first published by the *Washington Post* on May 26, 2022.
80. 這段內容參考了我的著作："The narrow path to liberal democracy" by Fareed Zakaria, first published by the *Washington Post* on July 29, 2021.
81. Fareed Zakaria, "The Narrow Path to Liberal Victory," *Washington Post*, July 29, 2021.
82. Larry Diamond, "All Democracy Is Global," *Foreign Affairs*, September 6, 2022.
83. " 'It Was India's Good Fortune to Be a British Colony'," Outlook, February 5, 2022.

結論　無盡深淵

1. Walter Lippmann, *A Preface to Morals*, Social Science Classics Series (New

Brunswick, NJ: Transaction, 1929, reprint 1982), 21.

2. Aristophanes, *Clouds*, trans. Lippmann, *A Preface to Morals*, epigraph.
3. Lippman, *Preface*, 19–20.
4. Max Roser, Esteban Ortiz-Ospina and Hannah Ritchie, "Life Expectancy," Our World in Data, first published 2013; last revised October 2019.
5. Desmond M. Tutu, "The First Word: To Be Human Is to Be Free," *Journal of Law and Religion* 30, no. 3 (October 2015): 386–90.
6. Blaise Pascal, *Pensées*, trans. W. F. Trotter, 113.
7. Søren Kierkegaard, *The Concept of Anxiety: A Simple Psychologically Oriented Deliberation in View of the Dogmatic Problem of Hereditary Sin*, trans. Alastair Hannay (New York: Liveright, 2015), 188.
8. Friedrich Nietzsche, *Thus Spoke Zarathustra*, Prologue.
9. Erich Fromm, *Escape from Freedom* (New York: H. Holt, 1994), 150–51.
10. Interview with Viktor Orbán by Tucker Carlson, August 29, 2023, About Hungary (blog), https://abouthungary.hu/speeches-and-remarks/ interview-with-viktor-orban-by-tucker-carlson.
11. Jesse Graham, Jonathan Haidt, and Brian A. Nosek, "Liberals and Conservatives Rely on Different Sets of Moral Foundations," *Journal of Personality and Social Psychology* 96, no. 5 (May 2009):1029–46.
12. 福山後來在他的書中發展了「血性」（Thymos）的概念，將其視為人類社會中既必要又適得其反的力量。請參閱：Francis Fukuyama, *Identity: The Demand for Dignity and the Politics of Resentment* (New York: Farrar, Straus and Giroux, 2018).
13. Alan Ehrenhalt, *The Lost City: The Forgotten Virtues of Community in America*, 2nd ed.(New York: Basic, 1996).
14. Ehrenhalt, *Lost City*, 95.
15. Lippmann, *Preface*, 10.
16. "The Inflation Reduction Act and US Business Investment," US Department of Treasury, August 16, 2023.
17. Fareed Zakaria, "National Service Can Bring Us Together as a Nation," *Washington Post*, May 19, 2019, citing data provided by Mark Muro of the Brookings Institution.
18. Mickey Kaus, *The End of Equality*, A New Republic Book (New York: Basic, 1996), 50.

19. Fareed Zakaria, "National Service Can Bring Us Together as a Nation," *Washington Post*, May 9, 2009.
20. "Southwest Land Border Encounters FY22," US Customs and Border Prediction.
21. David Frum, "If Liberals Won't Enforce Borders, Fascists Will," *The Atlantic*, April 2019.
22. Fareed Zakaria, "A Conversation with Lee Kuan Yew," *Foreign Affairs*, March 1, 1994.
23. Daniel Cox, Rachel Lienesch, and Robert P. Jones, "Beyond Economics: Fears of Cultural Displacement Pushed the White Working Class to Trump" Public Religion Research Institute/*The Atlantic* Report, May 9, 2017.
24. George F. Will, *The Conservative Sensibility* (New York: Hachette, 2019), xxviii.
25. Eric Alterman, "Remembering the Left Wing Terrorism of the 1970s," *Nation*, April 4, 2015.
26. Isiah Berlin, "A Message to the Twentieth Century," Commencement Address at University of Toronto, November 25, 1994, *New York Review of Books*.
27. Thomas Babington Macaulay, *Speeches, Parliamentary and Miscellaneous* (London: H. Vizetelly, 1853), vol. 1, pp. 11–14, 20– 21, 25–26.
28. Gertrude Himmelfarb, *On Liberty and Liberalism: The Case of John Stuart Mill* (San Francisco, CA:ICS Press, 1990).
29. Von Bono, "Europe is a thought that needs to become a feeling," *Frankfurter Allgemeine Zeitung*, August 27, 2018.

授權來源

文字授權來源

- 引言取自馬克思和恩格斯的《共產黨宣言》第一章〈資產階級和無產階級〉（Bourgeois and Proletarians），英文版由穆爾（Samuel Moore）與恩格斯在1888年合作翻譯，布倫登（Andy Blunden）於2004年對1888年英文版做了修正；1987年、2000年發表於馬克思／恩格斯網路檔案館（Marx/Engels Internet Archive）（marxists.org），原始版本來自《馬克思／恩格斯文選》，第1卷，Progress Publishers，1969。根據創用CC授權姓名標示－相同方式分享授予複製和／或分發本文件的授權。
- 第七章〈資訊無拘束〉中對ChatGPT的討論改編自作者於2023年4月30日在CNN節目中播出的片段，可以在Fareed Zakaria上觀看（@FareedZakaria）："Today's last look: ChatGPT is going to help software 'eat the world'," X, April 30, 2023, https://twitter.com/FareedZakaria/status/1652837826323439618. 該想法來自卡多斯基和諾林的部落格文章："Society's Technical Debt and Software's Gutenberg Moment," *Irregular Ideas with Paul Kedrosky & Eric Norlin of SKV*, SKV, March 21, 2023.
- Portions of Chapter Nine, "The Dual Revolutions," draw on "The Self-Destruction of American Power." Reprinted by permission of FOREIGN AFFAIRS, July/August 2019.Copyright 2019 by the Council on Foreign Relations, Inc. www.ForeignAffairs.com; and "The New China Scare." Reprinted by permission of FOREIGN AFFAIRS, January/February 2020.Copyright 2020 by the Council on Foreign Relations, Inc. www.ForeignAffairs.com.
- 本書參考了作者之前發表的作品，尤其是他在《華盛頓郵報》上的專欄，這些文章可以在網站上取得（https://www.washingtonpost.com/ people/fareed-zakaria/），此外還有他在2008年和2020年出版的專著《後美國世界》及《後疫情效應》，皆由諾頓出版公司（W. W. Norton & Company）出版。

圖片授權來源

- P121 右圖　*Louis XVI has put on the red cap, he has cried "Long Live the Nation"* . . . Library of Congress, 1792.
- P121 左圖　*The Populace Compelling Louis XVI. to Adopt the "Red Cap,"* in *Cassell's Illustrated History of England, Volume 5*, 1865.
- P137　*An engraving of Robespierre guillotining the executioner after having guillotined everyone else in France*, taken from *La Guillotine en 1793* by H. Fleischmann, 1908, 269.
- P181　"World GDP over the last two millennia," Our World in Data, Global Change Data Lab, 2017, accessed June 29, 2023. Note from Our World in Data: 這裡所使用的 1990 年以來的資料來自世界銀行。此為 2011 年全球 GDP 總額，文章發表在：http://data.worldbank.org/indicator/NY.GDP.MKTP.PP.KD（於 2017 年 4 月 16 日查閱）。1990 年以前的資料是依據世界銀行的資料向前延伸的，對於 1990 年的觀察是根據 Maddison 資料所顯示的成長率。Maddison 的資料發表在此：http://www. ggdc.net/maddison/oriindex.htm。
- P213　James Gillray, "French Liberty, British Slavery," December 21, 1792, London. The Metropolitan Museum of Art.
- P227 上圖　*The Interior of the Crystal Palace (Fountain, Seen from the Front), The Illustrated Exhibitor*, 1851.
- P227 下圖　Adam Simpson, artwork for Tom Shone, "Surveillance State," *New York Times* book review of Jenni Fagan, *The Panopticon*, July 18, 2013.
- P261　*Union and Confederate veterans shaking hands at reunion to commemorate the 50th anniversary of the battle of Gettysburg*, Library of Congress, 1913.
- P455　Bastian Herre, Esteban Ortiz-Ospina, and Max Roser, "Democracy," Our World in Data, Global Change Data Lab, 2013 (updated 2023).

社會人文 BGB586

革命的年代

從十七世紀至今的全球化、科技化、地緣政治的衝擊

Age of Revolutions: Progress and Backlash from 1600 to the Present

作者 — 法理德．札卡瑞亞（Fareed Zakaria）
譯者 — 江威儀

副社長兼總編輯 — 吳佩穎
社文館副總編輯 — 郭昕詠
責任編輯 — 張彤華
校對 — 凌午（特約）
封面設計 — 張議文
內頁排版 — 蔡美芳（特約）

革命的年代：從十七世紀至今的全球化、科技化、地緣政治的衝擊 / 法理德．札卡瑞亞（Fareed Zakaria）著 ; 江威儀譯 . -- 第一版 . -- 臺北市 : 遠見天下文化 , 2024.07
584 面 ; 21×14.8 公分 . -- (社會人文 ; BGB586)

譯自 : Age of Revolutions: Progress and Backlash from 1600 to the Present

ISBN 978-626-355-859-5 (平裝)

1.CST: 革命 2.CST: 社會改革 3.CST: 全球化 4.CST: 歷史

571.71 113009953

出版者 — 遠見天下文化出版股份有限公司
創辦人 — 高希均、王力行
遠見．天下文化 事業群榮譽董事長 — 高希均
遠見．天下文化 事業群董事長 — 王力行
天下文化社長 — 王力行
天下文化總經理— 鄧瑋羚
國際事務開發部兼版權中心總監 — 潘欣
法律顧問 — 理律法律事務所陳長文律師
著作權顧問 — 魏啟翔律師
社址 — 臺北市 104 松江路 93 巷 1 號
讀者服務專線 — 02-2662-0012 ｜傳真— 02-2662-0007；02-2662-0009
電子郵件信箱 — cwpc@cwgv.com.tw
直接郵撥帳號 — 1326703-6 號　遠見天下文化出版股份有限公司

製版廠 — 中原造像股份有限公司
印刷廠 — 中原造像股份有限公司
裝訂廠 — 中原造像股份有限公司
登記證 — 局版台業字第 2517 號
總經銷 — 大和書報圖書股份有限公司｜電話 — 02-8990-2588
出版日期 — 2024 年 7 月 31 日第一版第 1 次印行
2024 年 9 月 5 日第一版第 2 次印行

定 價 — 700 元
ISBN — 978-626-355-859-5
EISBN — 9786263558571（EPUB）；9786263558588（PDF）
書 號 — BGB586
天下文化官網 — bookzone.cwgv.com.tw